城市轨道交通操作岗位系列培训教材

城市轨道交通工程车司机

主　编　王建光
副主编　谢春华　王华清
主　审　刘　杰

人民交通出版社股份有限公司
China Communications Press Co.,Ltd.

内容提要

本书为城市轨道交通操作岗位培训教材,全书共两篇,基础知识篇介绍轨道车各个系统的组成及工作原理,内容包括行车基础知识、轨道车概述、车体、走行系统、柴油机、制动系统、传动系统、电气系统;实务篇介绍轨道车运用方面的各项内容和安全注意事项,内容包括工程车一次出乘作业标准、工程车安全操作方法、JZ-7空气制动机七步闸流程、DK-1型电空制动机操纵及六步闸流程、过渡车钩的拆装作业流程、闸瓦间隙调整及更换作业流程、故障判断与处理、常用工器具的使用流程、岗位安全关键点。

本书可作为城市轨道交通相关从业人员的培训教材,也可供职业院校城市轨道交通相关专业学生学习使用。

图书在版编目(CIP)数据

城市轨道交通工程车司机/王建光主编. — 北京:
人民交通出版社股份有限公司,2017.8
城市轨道交通操作岗位系列培训教材
ISBN 978-7-114-13688-7

Ⅰ.①城… Ⅱ.①王… Ⅲ.①城市铁路—工程车—驾驶员—教材 Ⅳ.① U239.5

中国版本图书馆 CIP 数据核字(2017)第 037640 号

城市轨道交通操作岗位系列培训教材

书　　名:	城市轨道交通工程车司机
著 作 者:	王建光
责任编辑:	吴燕伶　王景景
出版发行:	人民交通出版社股份有限公司
地　　址:	(100011)北京市朝阳区安定门外外馆斜街3号
网　　址:	http://www.ccpress.com.cn
销售电话:	(010) 59757973
总 经 销:	人民交通出版社股份有限公司发行部
经　　销:	各地新华书店
印　　刷:	北京市密东印刷有限公司
开　　本:	787×1092　1/16
印　　张:	24.25
插　　页:	5
字　　数:	487 千
版　　次:	2017年8月　第1版
印　　次:	2017年8月　第1次印刷
书　　号:	ISBN 978-7-114-13688-7
定　　价:	65.00 元

(有印刷、装订质量问题的图书由本公司负责调换)

PREFACE 序

著述成书有三境：一曰立言传世，使命使然；二曰命运多舛，才情使然；三曰追名逐利，私欲使然。予携众编写此系列丛书，一不求"立言"传不朽，二不恣意弄才情，三不沽名钓私誉。唯一所求，以利工作。

郑州发展轨道交通八年有余，开通运营两条线46.6公里，各系统、设施设备运行均优于国家标准，服务优质，社会口碑良好。有此成效，技术、设备等外部客观条件固然重要，但是最核心、最关键的仍是人这一生产要素。然而，从全国轨道交通发展形势来看，未来五年人才"瓶颈"日益凸显。目前，全国已有44个城市轨道交通建设规划获得批复，规划总里程7000多公里，这比先前50年的发展总和还多。"十三五"期间，城市轨道交通发展将处于飞跃发展时期，相关专业技术人才将面临"断崖"处境。社会人才储备、专业院校输出将无法满足几何级增长的轨道交通行业发展需求。

至2020年末，郑州市轨道交通要运营10条以上线路，总里程突破300公里，人才需求规模达16000人之多。环视国内其他城市同期建设力度，不出此左右。振奋之余更是紧迫，紧迫之中夹杂些许担心。思忖良久，唯立足自身，"引智"和"造才"双管齐下，方可破解人才困局，得轨道交通发展始终，以出行之便、生活之利飨商都社会各界，助力国家中心城市和国际商都建设。

郑州市轨道交通通过校园招聘和订单班组建，自我培养各类专业技术人员逾3000人。订单班组建五年来，以高职高专院校的理论教学为辅，以参与轨道交通设计、建设和各专业各系统设备生产供应单位的专家实践教学为主，通过不断创新、总结、归纳，逐渐形成了成熟的培养体系和教学内容，所培养学生大都已成为郑州市轨道交通运营一线骨干力量。公司以生产实践经验为依托，充分发挥有关合作院校的师资力量，同时在设备制造商、安装商和设施设备维修维保商的技术支持下，编写了本套城市轨道交通操作岗位系列培训教材，希望以此建立起一套符合郑州市轨道交通运营实际且符合轨道交通行业发展水平的教材体系，为河南乃至全国轨道交通人才培养略尽绵薄之力。

教材编写过程中,得到了西南交通大学、大连交通大学、石家庄铁道大学、上海地铁维护保障有限公司、郑州铁路职业技术学院以及人民交通出版社股份有限公司的大力支持,在此一并表示感谢。

以羽扣钟,既有总结之意,也有求证之心,还请业内人士不吝赐教。

是为序。

张 洲
2016 年 10 月 21 日

FOREWORD 前言

城市轨道交通工程车辆对于城市轨道交通的安全运营起着至关重要的作用，其主要用于厂内调车作业、正线施工作业等。车辆段工程车辆主要有内燃调机、轨道车、平板车、接触网作业车、网轨检测车、钢轨打磨车等设备。工程车辆的运转情况直接影响到城市轨道交通运营情况，因此做好工程车辆的维护和检修工作就显得尤为重要。为了满足生产需求，使订单班学生在入司后能够快速、有效地掌握设备维护保养的各项基础知识，在今后的工作中奠定扎实的业务技能，我们特组织理论知识与实践经验丰富的各专业系统工程师，编著了这本教材。

本书分为基础知识篇与实务篇，涵盖了相关设备的理论知识、操作流程、安全风险源与关键点等相关知识。

本书由王建光担任主编，谢春华、王华清担任副主编，刘杰担任主审。具体编写分工如下：职小强编写第一章、第九～十一章，郭勇编写第二、三章及第十二～十四章，张荃莹编写第五～八章及第十五、十六章，侯成凯编写第十七章及附录，曹本星、史磊和梁伟在教材编写中提出了很多中肯的建议。以上人员均来自郑州市轨道交通有限公司。

本书编写过程中，得到西南交通大学、大连交通大学、石家庄铁道大学、上海地铁维护保障有限公司、郑州铁路职业技术学院以及人民交通出版社股份有限公司的大力支持，在此表示诚挚的感谢！

由于本书所涉及的知识内容及专业较多，并且专业知识更新和新技术应用速度较快，编写时间仓促，再加之编者水平有限，书中难免有不妥和错漏之处，恳请广大同仁和读者给予批评指正。

编　者
2016 年 10 月

INTRODUCTION | 学习指导

一、岗位职责

工程车技工所在的工程车组隶属车辆部设备室,工程车班组实行运管修一体化的运作模式,主要负责各类工程车辆的运用管理、检修保养等工作。其岗位职责包括安全职责和工作职责。

(一)安全职责

(1)对相应的生产工作负直接责任,做好生产第一现场的安全把控工作。

(2)保证安全生产的各项规章制度贯彻执行。

(3)组织学习并落实公司的各项安全管理规定和安全操作规程。

(4)参加公司组织的各项培训工作,努力提高业务技能水平,增强安全意识。

(5)定期开展自查工作,落实隐患整改,保证生产设备、安全装备、消防设施、救援器材和急救用具等处于完好状态,并能够正确使用。

(6)及时反映生产过程中存在的各类问题,及时找到解决途径确保安全生产,保障人身、设备安全。

(7)负责正线车辆救援等应急抢险工作。

(二)工作职责

(1)严格遵守各项规章制度,执行标准化操作规程,保证安全行车及运输生产任务的完成。

(2)爱护行车设备,按计划认真完成工程车驾驶、保养、检修任务。

(3)随时掌握工程车运行状态,及时汇报工程车使用情况。

(4)完成工程车日常保养及故障处理,统计分析故障原因,提出改进措施。

(5)严格服从调度命令,按车长或调车信号显示的手信号(调车电台控制信号)及地面显示的各种行车信号动车。

（6）参与物料、工具和备品配件需求计划的提报。

（7）协助做好班组内的工具、备件、耗材的使用及管理。

（8）协助专业技术人员完成技术攻关、改造工作。

（9）积极参加业务学习和培训,提高专业知识和技能水平,积极提出合理化建议；积极参加安全学习和思想政治学习,认真履行各种培训项目。

（10）按规定认真填写车辆运用、维修、安全等各类报表及台账。

二 课程学习方法及重难点

工程车技工应熟练掌握工程车辆的各类操作流程,熟悉各类工程车辆的结构,理解工程车辆个系统的工作原理与作用。学习本教材的内容应基础知识与实务相结合,课前熟知学习目标,有针对性地学习课文中的内容,课后对复习与思考中的问题,进行一一作答。

在具有一定工程车辆相关基础的条件下,首先要熟悉工程车辆的系统组成,各系统在工程车辆的作用,行车相关的基础知识；其次需要掌握各系统中各个部件的不同形式以及它们的作用；最后能了解整个工程车辆的操作。这为后续介绍的设备维护和故障处理打下了一定的理论基础。

本书基础知识篇的学习难点是掌握工程车辆各系统的组成和各设备零部件的作用,实务篇的难点是常见的故障处理和分析,另外行车相关的知识在没有实际工作经验的情况下相对比较抽象,也是理解的一个难点。这些内容要通过反复学习,并结合日常的工作经验,才能做到完全掌握。

三 岗位晋升路径

根据人员情况,定期对满足职级要求（工作年限、职称、学历、绩效考评）的人员,按照一定比例进行晋级。员工晋升通道划分：

（一）技术类职级序列

由低到高依次为：技术员、助理、工程师一、工程师二、工程师三、主管。

（二）操作类序列

由低到高依次为：初级工、中级工、高级工一、高级工二、技师一、技师二、高级技师。

CONTENTS 目录

第一篇 基础知识篇

第一章　行车基础知识 ·········· 2
　第一节　线路基础 ·········· 2
　第二节　信号设备 ·········· 10
　第三节　行车组织 ·········· 16

第二章　轨道车概述 ·········· 23
　第一节　轨道车的发展及特点 ·········· 23
　第二节　轨道车基础知识 ·········· 24
　第三节　轨道车主要运用技术参数 ·········· 27
　第四节　城市轨道交通轨道车辆的配置 ·········· 28
　第五节　城市轨道交通轨道车辆主要型号简介 ·········· 31

第三章　车体 ·········· 39
　第一节　轨道车车体 ·········· 39
　第二节　车钩缓冲装置 ·········· 43
　第三节　GCY-220 型轨道车体 ·········· 52
　第四节　GCY-300 型内燃调机 ·········· 53

第四章　走行系统 ·········· 56
　第一节　走行系统概述 ·········· 56
　第二节　走行系统分类 ·········· 58
　第三节　构架 ·········· 58
　第四节　轴箱装置 ·········· 60

第五节	轮对	65
第六节	弹簧减振装置	69
第七节	车体与转向架的连接装置	74
第八节	GCY-220型轨道走行系统	77
第九节	GCY-300型内燃调机走行系统	80
第十节	WGJ型网轨检测车走行系统	85
第十一节	PC-30型轨道平板车走行系统	88
第十二节	DGY-300型轨道车走行系统	92
第十三节	ZER4型蓄电池工程车走行系统	95

第五章 柴油机 100

第一节	柴油机概述	100
第二节	卡特C7发动机总体及相关定义	103
第三节	卡特C7发动机燃油系统	107
第四节	卡特C7发动机进气和排气系统	120
第五节	卡特C7发动机润滑系统	122
第六节	卡特C7发动机冷却系统	125
第七节	卡特C7发动机机体及运动部件	126
第八节	卡特C7发动机电控系统	129

第六章 制动系统 133

第一节	制动机概述	133
第二节	JZ-7型空气制动机的特点和性能参数	141
第三节	风源装置	143
第四节	JZ-7型自动制动阀	152
第五节	JZ-7型中继阀	162
第六节	JZ-7型自阀与中继阀的联系	166
第七节	JZ-7型作用阀	171
第八节	JZ-7型分配阀	174
第九节	JZ-7型单独制动阀	185
第十节	JZ-7型辅助阀及附属配件	189
第十一节	JZ-7型制动机综合作用	200
第十二节	制动机常见故障分析及处理	204
第十三节	DK-1型电空制动机概述	209
第十四节	DK-1型机车制动机组成	211

第十五节　DK-1 型空气制动机的综合作用……………………227
第十六节　平板车制动系统……………………………………232
第十七节　单元制动器结构及原理……………………………234

第七章　传动系统……………………………………………………242

第一节　液力变矩器结构及工作原理…………………………242
第二节　齿轮变速器结构及工作原理…………………………246
第三节　卡特 972G 液力—机械传动箱………………………252
第四节　传动轴及车轴齿轮箱…………………………………259

第八章　电气系统……………………………………………………265

第一节　内燃轨道车电气系统概述……………………………265
第二节　DGY-300 型内燃轨道车电路…………………………267
第三节　内燃轨道车电气系统使用及维护……………………275
第四节　ZER4 型蓄电池轨道车电气系统……………………276
第五节　ZER4 型蓄电池轨道车蓄电池组……………………291
第六节　ZER4 型蓄电池工程车电气柜………………………294

第二篇　实务篇

第九章　工程车一次出乘作业标准…………………………………302

第十章　工程车安全操作方法………………………………………310

第一节　DGY-300 型轨道车运行安全操作方法………………310
第二节　ZER4 型电力蓄电池轨道车安全操作方法…………318

第十一章　JZ-7 型空气制动机七步闸流程…………………………325

第十二章　DK-1 型电空动机操作及六步闸流程……………………330

第一节　制动机操作说明………………………………………330
第二节　DK-1 型电空制动机六步闸试验……………………332

第十三章　过渡车钩的拆装作业流程………………………………334

第十四章　单元制动器的维护与闸瓦的更换………………………336

第十五章　故障判断与处理…………………………………………340

第十六章　常用工器具的使用流程……352
第一节　钳形电流表……352
第二节　兆欧表(摇表)……358
第三节　万用表……359
第四节　扭力扳手的使用……363
第五节　LLJ-4D型机车车轮第四种检查器……365

第十七章　岗位安全关键点……368

附录　城市轨道交通工程车司机考核大纲……375
参考文献……376

第一篇 基础知识篇

第一章　行车基础知识

岗位应知应会

1. 了解城市轨道交通线路的分类及城市轨道交通限界。
2. 了解城市轨道交通轨道的结构组成及作用。
3. 掌握城市轨道交通常用线路标志及其含义。
4. 了解城市轨道交通车辆段的类型及功用。
5. 掌握信号设备专用术语的意义。
6. 掌握车厂及正线信号设备显示的含义。
7. 掌握手信号及音响信号的含义。
8. 掌握城市轨道交通行车组织的基本原则。
9. 了解城市轨道交通轨道及信号设备的相关基础知识。
10. 对城市轨道交通信号机显示、手信号、音响信号的基本含义有清楚的认识。
11. 对城市轨道交通行车组织规则及各类型行车组织方法全面掌握。

重难点

1. 线路标志的含义。
2. 信号机及手信号、音响信号的含义。
3. 城市轨道交通行车组织方法及工程列车开行的相关规定。

第一节　线　路　基　础

一、城市轨道交通线路和限界

1. 城市轨道交通线路

城市轨道交通是解决人口密集城市地面交通拥挤、市民出行困难问题的一种交通方式。城市轨道交通线路一般修建在城市的地下,以地下线路为主,部分线路根据地理条件和结合实际需要建为高架线路和地面线路。

城市轨道交通线路与国铁线路相同,是由路基、桥隧建筑物和轨道组成的一个整体的工程结构,是机车车辆和列车运行的基础。

城市轨道交通线路分为车厂线、正线、辅助线。车厂线是机车车辆停放与进行机车车辆检修等作业的线路;正线是运营载客线路;辅助线是为保证正线运营而配置的线路,如折返线、存车线、渡线、联络线、出入厂线等。正线列车运行方向按右侧行车,线路设计为双线单方向运行,分为上行线及下行线,两条线列车运行方向相反,但互不影响。列车可以通过折返线、渡线从上行线到下行线,或从下行线到上行线;也可以通过联络线从一条运营的线路到另一条运营的线路,如从1号线到2号线,从5号线到4号线。上下行线在联锁及车载信号等系统上设计有反方向运行的功能,根据运营组织的需要,可以组织列车反方向运行。

图 1-1、图 1-2 为城市轨道交通线路平面图和纵断面图实例。

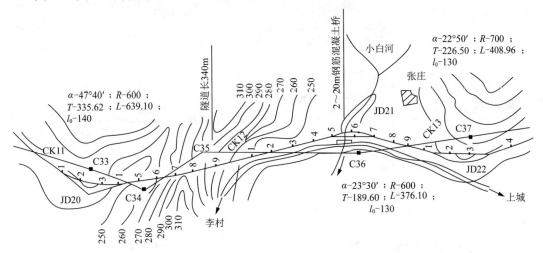

图 1-1 线路平面图

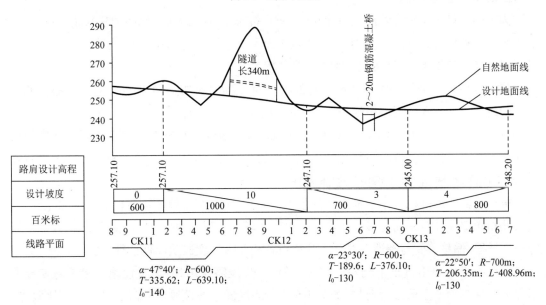

图 1-2 线路纵断面图

城市轨道交通线路曲线半径取决于运输要求和自然条件等因素,曲线半径是限制行车速度的主要条件之一。

在城市轨道交通线路上,曲线包括圆曲线和缓和曲线,均呈现在平面图上。圆曲线的要素,主要是曲线半径 R（m）和转向角度 α（°）。其他要素包括切线长度 T（m）和圆曲线长度 L（m），如图 1-3 所示。

直线与圆曲线之间应设置缓和曲线,如图 1-4 所示。从缓和曲线所衔接的直线一端起,它的半径由无穷大渐变到所衔接的圆曲线半径 R_0,这样,当列车由直线（或圆曲线）驶向圆曲线（或直线）时,离心力会逐渐增加（或消失）,减缓外轮对外轨的冲击,使列车运行平稳,旅客感到舒适,保证列车运行安全。

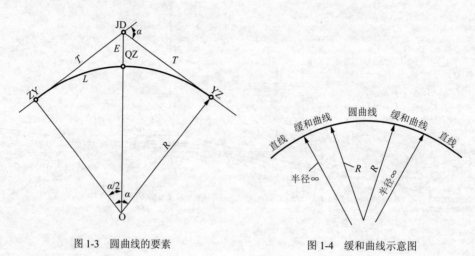

图 1-3 圆曲线的要素　　　　　图 1-4 缓和曲线示意图

2. 城市轨道交通限界

为了确保机车车辆在线路上安全运行,防止机车车辆撞击邻近线路的建筑物和设备,而对机车车辆和接近线路的建筑物、设备所规定的不应超越的轮廓尺寸线,称为限界。

限界分为建筑限界、设备限界和机车车辆限界。

建筑限界是一个与线路中心线垂直的横断面,规定保证机车车辆安全通行所必需的横断面的最小尺寸。凡靠近城市轨道交通线路的建筑物都不得侵入建筑限界之内。

设备限界是一个与线路中心线垂直的横断面,规定保证机车车辆安全通行所必需的横断面的最小尺寸。凡靠近城市轨道交通线路的设备设施（与机车车辆有相互作用的设备除外,如接触网、接触轨）都不得侵入设备限界之内。

机车车辆限界是机车车辆横断面的最大极限,规定机车车辆不同部位的宽度、高度的最大尺寸和底部零件至轨面的最小距离。当机车车辆运行时,包括平板车装载的货物,都不能因产生摇摆、偏移等而与隧道及线路上其他设备相碰撞、接触,从而保证行车安全。

线路限界主要由机车车辆轮廓线尺寸值决定,线路建筑物、设备设施的建筑与安装须以保证机车车辆安全通过为前提,如图 1-5 所示为区间直线地段圆形隧道设备及车辆限界。一切建筑物,在任何情况下,不得侵入建筑限界;一切设备,在任何情况下,不得侵入设备限界;机车、车辆无论空载、重载状态,均不得超出机车车辆限界。

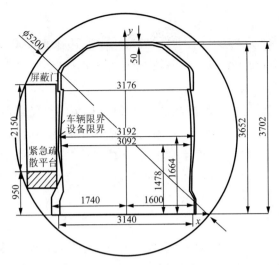

图 1-5 区间直线地段圆形隧道设备及车辆限界(尺寸单位:mm)

二、城市轨道交通轨道

轨道是列车运行的基础。它包括道床、轨枕、钢轨、连接零件、防爬设备和道岔等。城市轨道交通轨道一般分为整体道床轨道和碎石道床轨道两种,以水泥混合物的整体道床为主。道床上铺设轨枕,在轨枕上架设钢轨。相邻两节钢轨和端部以及钢轨和轨枕之间,用连接零件互相扣连。在线路和线路的连接处铺设道岔。在钢轨和轨枕上,安设必要的防爬设备。

1. 道床

道床就是铺设在路基面上的道砟层。它承受从轨枕传来的压力,并把它传给路基。同时,它还有缓和车轮对钢轨的冲击,排除轨道中的雨水,阻止轨枕滑移,校正线路平面和纵断面等作用。因此,道砟材料应当坚硬、稳定、有弹性,并有利于排水。

城市轨道交通地下线路普遍采用整体式道床,无须补充碎石或更换轨枕,而且整体性强、稳定性好、轨道几何尺寸易于保持,可以减少养护维修工作量;不足之处是工程造价高、施工难度大,一旦形成无法纠偏,出现病害难以整治,且道床弹性差,并且列车运行会带来一定的噪声与振动。高架线路可采用新型轨下基础。地面线路宜采用碎石道床,以降低投资。

城市轨道交通线路道床的纵向排水坡度可与线路坡度一致,一般不设置为平坡,道床面有坡度不小于3‰的横向排水坡。

2. 钢轨

钢轨是直接承受车轮压力并引导车轮运行方向的部件,具有足够的刚硬性和柔韧性。刚硬性是为了承受车轮的强大压力,同时防止过快的磨耗;柔韧性是为了减轻车轮对钢轨的冲击作用。因此,制造钢轨所用的钢材,一般都含有适量的碳、锰、硅等元素。钢轨的功用是支撑和引导机车车辆的车轮运行,并把车轮传来的压力传给轨枕,以及为车轮滚动提供阻力最小的表面,钢轨还有为供电、信号电路提供回路的作用。城市轨道交通两条钢轨距离一般采用标准轨距 1435mm。

钢轨的类型以每米长度的质量（千克数）表示，如 70kg/m、60kg/m、50kg/m 等。城市轨道交通正线一般采用 60kg/m 以上的钢轨，车厂则采用 50kg/m 以上的钢轨（车厂试车线为 60kg/m 以上钢轨）。

钢轨的长度一般来说是越长越好，这样可以减少接头的数量、节省接头零件和线路的维修费用，但是一根钢轨的轧制长度总是有限的，它受加工条件和运输条件等限制。目前我国钢轨的标准长度有 12.4m 和 25m 两种，此外还有若干种专供曲线地段铺设内轨用的标准缩短轨。钢轨接头采用对接，在曲线内轨采用现行标准的缩短轨，当采用缩短轨接头对接有困难时可采用错接，但其错开距离不应小于 3m。

3. 轨枕

轨枕是钢轨的支座。它承受从钢轨传来的压力，并把它传给道床；同时，轨枕还起着保持钢轨位置和轨距的作用。按照制造材料的不同，轨枕有钢筋混凝土枕和木枕，如图 1-6 所示。木枕因使用寿命短等原因而不采用，这里就不再介绍。钢筋混凝土轨枕使用寿命长、稳定性好、养护工作量小，加之材料来源较广，所以得到广泛应用。铁路普通轨枕的一般长度是 2.4m；道岔用的岔枕和钢桥上用的桥枕，其长度有 2.6～4.85m 多种。

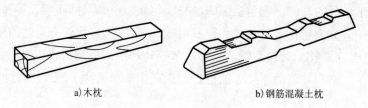

a) 木枕　　　　　　b) 钢筋混凝土枕

图 1-6　轨枕

4. 连接零件

钢轨连接零件包括接头连接零件和中间连接零件两类。两节钢轨的末端用接头连接零件连接。先用两块鱼尾板夹住钢轨，然后用螺栓拧紧。连接时，两节钢轨之间应当预留适当的缝隙，称为轨缝。这样，当温度发生变化时，钢轨就可以自由地伸缩。钢轨接头的轨缝应根据钢轨温度计算确定。装有绝缘的接头，轨缝在钢轨温度最高时，不应小于 6mm。最大轨缝不得大于构造轨缝。钢轨用中间连接零件式扣件扣紧在轨枕上，中间连接零件分为钢筋混凝土轨枕用和木枕用两种。常用的中间连接零件有三种：扣板式、拱形弹簧片式和 ω 形弹条式扣件。城市轨道交通所采用的中间连接零件主要为 ω 形弹条式扣件，如图 1-7 所示。

5. 防爬设备

列车运行时，常产生作用在钢轨上的纵向力，使钢轨做纵向移动，有时甚至带动钢轨一起移动。这种纵向移动称为爬行。列车的速度越快，轴重越大，爬行就越严重。线路爬行往往引起接缝不匀、轨枕歪斜等现象，对线路的破坏性很大，甚至造成涨轨跑道，危及行车安全。因此，必须采取有效措施来防止爬行。目前采用的方法是除了加强轨道的其他有关组成部分以外，通常还采用防爬器和防爬撑来防止线路爬行。

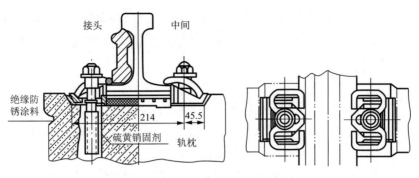

图 1-7 ω 形弹条式扣件(尺寸单位:mm)

穿销式防爬器由带挡板的轨卡和穿销组成,如图 1-8 所示。安装时,轨卡的一边卡紧轨底,另一边楔进穿销,使整个防爬器牢固地卡住轨底。这样,钢轨在受到纵向力时,由于轨卡的挡板紧贴着轨枕,于是轨枕和道床就阻止了钢轨爬行。为了充分发挥防爬器的作用,通常在轨枕之间还安装防爬撑,把 3~5 根轨枕联系起来,共同抵抗钢轨爬行,如图 1-9 所示。

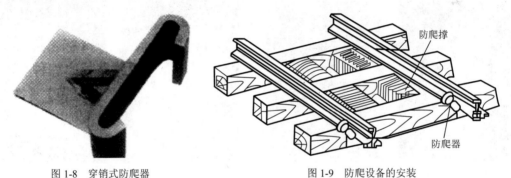

图 1-8 穿销式防爬器　　　　　图 1-9 防爬设备的安装

6. 道岔

道岔是实现机车车辆由一条线路转往另一条线路的连接设备,是轨道的重要组成部分。道岔的类型主要有单开道岔、双开道岔、三开道岔、交分道岔等,以下主要介绍单开道岔。单开道岔由转辙器、辙叉及护轨、连接部分组成,如图 1-10 所示。

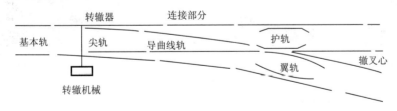

图 1-10 单开道岔

单开道岔以其钢轨每米质量及道岔号数区分类型。目前我国的钢轨有 75kg/m、60kg/m、50kg/m、45kg/m 和 43kg/m 等类型,标准道岔号数(用辙叉号数来表示)有 6 号、7 号、9 号、12 号、18 号、24 号等,除 6 号、7 号仅用于厂矿企业内部铁路或驼峰外,其他各号用于铁路正线和站线,其中,9 号和 12 号最为常用,在侧线通过高速列车的地段,则需铺设 18 号、24 号等大号码道岔。

目前，城市轨道交通正线主要使用9号、12号道岔，车厂线路使用5号、7号、9号道岔。

三、线路标志

城市轨道交通标志牌分为线路标志牌和行车标志牌。线路标志牌有里程标、坡度标、圆曲线和缓和曲线始点及终点标、曲线标、竖曲线始点及终点标、水准基点标、警冲标。行车标志牌有300m预告标、200m标、站名标、制动标、限速标、停车位置标等。

依据《地铁设计规范》（GB 50157—2013）、《铁路技术管理规程》，城市轨道交通正线设置有里程标（百米标、公里标）、坡度标、曲线及缓和曲线始点和终点标、进站预告标（包括400m标、300m标、200m标）和站名标、停车位置标、限速及取消限速标、一度停车标。车辆段内有警冲标、停车标、接触网终点标、一度停车标（××股道）。城市轨道交通主要的线路标志及含义如图1-11～图1-14所示。

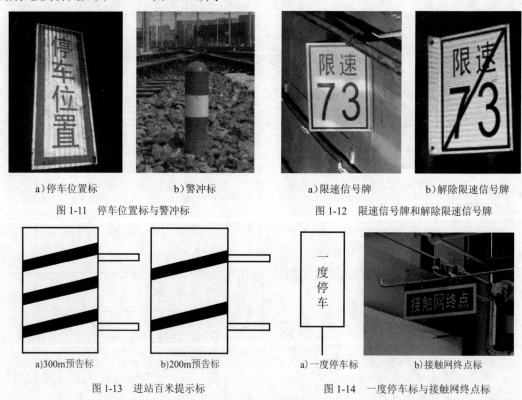

a)停车位置标　　b)警冲标　　　　　　a)限速信号牌　　b)解除限速信号牌

图1-11　停车位置标与警冲标　　　　图1-12　限速信号牌和解除限速信号牌

a)300m预告标　　b)200m预告标　　　a)一度停车标　　b)接触网终点标

图1-13　进站百米提示标　　　　　　图1-14　一度停车标与接触网终点标

四、城市轨道交通车辆段

（一）城市轨道交通车辆段概述

城市轨道交通车辆段是城市轨道交通系统的重要组成部分，它包括车辆段、综合维修中心、物资总库、培训中心和必要的生活设施等。城市轨道交通车辆段根据功能分为检修车辆段（简称，车辆段）和运用停车场（简称，停车场）。城市轨道交通车辆段设计是包括站场、线路、路基、桥梁、轨道、工艺、房建、给排水、牵引供电、环保等多专业的系统工程。其主要承担以下业务：

（1）列车在段内调车、停放、日常检查、一般故障检测和清扫洗刷。

（2）车辆的技术检查、月修、定修、架修和临修试车等作业。

（3）列车回段折返乘务司机换班。

（4）车内设备和机具的维修及调车机车的日常维修工作。

（5）紧急救援抢修队和设备。

（二）城市轨道交通车辆段的主要类型

1. 车辆段与正线接轨形式

车辆段出入线应按双线双向运行设计，并避免切割正线，有条件时可结合段型布置，实现列车掉头转向作业。车辆段、停车场出入线与正线的接轨形式，可分为单站双线接轨、两站（或一站一区间）贯通式接轨和两站（或一站一区间）八字接轨三种形式。

（1）单站双线接轨。出、入段线在一个站的同一端接轨，分别连通两正线，若接轨站为马式站，则入段线可同时连通左、右两正线。出（入）段线与正线立交。其优点是工程量较小，缺点是运营作业不够灵活方便。

（2）两站（或一站一区间）贯通式接轨。出、入段线分别在两个站（或一站一区间）接轨，同时连通左、右两正线。有时为节省工程量，辅助出、入段线在正线一侧接轨，通过渡线连通另一正线。车辆段顺向布置在两接轨站之间正线外侧。其优点是运营作业灵活方便，缺点是工程量较大。

（3）两站（或一站一区间）八字接轨。出、入段线分别在两个站（或一站一区间）接轨，接轨站一般设计为岛式站，出（入）段线同时连通左、右两正线。出入段线呈八字形式并行入段，车辆段与正线近似于垂直布置。其优点是作业灵活方便，出、入段线可实现列车转向作业；缺点是工程量较大。

2. 车辆段段型

根据车辆段出、入段线与正线的接轨形式，按照车辆段运用库的库型，可分为贯通式车辆段和尽端式车辆段两种。

（1）贯通式车辆段。车辆段运用库线采用贯通式布置。运用库线一般设计为贯通式2或3列位。两端咽喉通过走行线相连通。其优点是运用和检修作业顺畅方便，调车作业与出、入段作业可平行进行，车辆走行距离较短；缺点是占地较多，工程量较大。

（2）尽端式车辆段。车辆段运用库线采用尽端式布置。运用与检修部分宜横列布置，有时由于规划用地的限制，运用与检修部分只能纵列式反向布置，运用与检修之间需"之"字形折返调车，车辆走行距离较长。其优点是充分利用规划用地，占地较少，工程量较小。缺点是运用和检修作业不方便；调车作业与出、入段作业有干扰；运用与检修部分纵列式反向布置时，车辆走行距离较长。

由于贯通式车辆段运用和检修作业顺畅方便，若条件许可，车辆段应尽量设计为贯通式。

第二节 信号设备

一、信号概述

最早的轨道交通信号起源于英国，最初的列车指挥是由一位戴绅士礼帽、穿黑大衣和白裤子的铁路员工骑马在前引导运行的，他边跑边以各种手势发出信号指挥列车的前进和停止。1841年，英国人戈里高利提出用长方形臂板作为信号显示，装设在伦敦车站，这是轨道交通上首次使用臂板式信号机。自1863年英国在伦敦建设第一条地铁线路，轨道交通信号就应用到城市轨道交通线路中。

由于城市轨道交通线路的站间距小、运营线路条件差，仅仅靠机车信号显示、由司机来控制机车很难做到大密度运营。因此，人们开始研究使用计算机技术指挥列车运行。

城市轨道交通信号系统是保证列车运行安全，实现行车指挥和列车运行现代化，提高运输效率的关键系统设备。信号是指挥列车运行的信息。运用技术手段按照联锁要求、运用闭塞原理，自动完成对列车进路的安全防护，指挥列车运行、保证列车之间的安全间隔、提高行车效率的系统称为信号系统。

城市轨道交通信号系统一般由正线和车辆段两大部分组成，其中正线信号系统是指列车自动控制系统（ATC），主要由列车自动保护系统（ATP）、列车自动驾驶系统（ATO）、列车自动监视系统（ATS）及计算机联锁系统四个子系统构成。车辆段信号系统一般采用计算机联锁，由信号楼值班人员操作控制。

二、信号专业术语

（1）信号：指挥列车运行的信息。用技术手段保证行车安全、提高行车效率的系统称为信号系统。

（2）进路：在车站范围及区间线路上列车由某一指定地点（始端信号机）运行到另一指定地点（终端信号机）所经过的路段。

（3）联锁：在信号机、道岔及进路之间建立的相互制约的关系。目的就是当一条进路建立后，防止其他列车进入该进路，保证该进路的行车安全。

（4）闭塞：按照一定的规律组织列车在区间内运行的方法。

(5)长进路:具有延时保护区段的进路,称为长进路。一般为跨联锁区之间的进路。

(6)短进路:具有非延时保护区段的进路,称为短进路。一般为本联锁区里的进路。

(7)联锁站:有 SICAS 联锁计算机设备的车站。

(8)设备站:有与现场信号机、道岔设备接口的联锁接口设备(不含联锁计算机)的车站。

(9)轨道电路:以两条钢轨作为导线,在一定长度的钢轨两端装设绝缘节,在送电端接上电源和保护设备,在受电端接上继电器而构成的电路,称为轨道电路。用于轨道区段空闲与占用监测,并传递行车信息,通过轨道区段可判断出列车的位置及运行情况。

(10)转辙机:可转换道岔至定位或反位的装置。用于列车换线、换向行驶。

(11)信号机:用于防护进路,信号开放时允许列车通过进路,信号关闭时禁止列车通过进路。

(12)进路的基本要素(元素):信号机、道岔及轨道电路(轨道区段)。

三、信号的作用

在城市轨道交通运输系统中,信号指示列车的运行和调车作业的命令,向行车有关人员指示运行条件,对行车运行方向、运行间隔、运行进路及运行速度进行控制。

信号不仅是保证行车安全、提高运输效率的重要设备,而且是指挥行车、实现自动控制与远程控制的重要手段,其作用如下:

(1)确保列车运行的安全,防止追尾和冲突。先进的轨道交通信号系统能有效地对列车运行方向、运行间隔、运行进路及运行速度进行控制,防止列车出现追尾、冲突等事故。

(2)提高运行效率。信号系统通过高速的数据传输方式,先进的移动闭塞系统及各种清晰、明了的信号显示,有效压缩列车运行间隔以提高列车运行效率。

(3)实现列车运行的自动化。信号系统对列车运行的各种数据进行收集、分析,根据运行情况自动完成对列车的启动、牵引、惰行和制动,发送车门和屏蔽门同步开关信号等指令,实现列车运行自动化。

轨道交通信号系统是由各类信号显示、轨道电路(或计轴设备)、道岔转辙装置等主体设备及其他有关附属设施构成的一个完整的体系,是信号(显示)、闭塞、联锁的总称。

四、信号显示的意义

1. 正线地面信号机显示

(1)绿色灯光:允许信号,表示道岔已锁闭,进路中所有道岔开通直股,列车可以越过此信号机运行到下一个顺向信号机。

(2)黄色灯光:允许信号,表示道岔已锁闭,进路中至少有一组道岔开通侧股,列车可以不超过道岔侧向限速的速度,越过此信号机运行到下一个顺向信号机。

(3)红色灯光：禁止信号，不允许列车越过信号机。

(4)红色灯光+黄色灯光：引导信号，准许列车以不大于规定的速度（25km/h）越过该架信号机并随时准备停车。

2. 车厂/场信号机显示

(1)进段/场信号机采用高柱（高度根据车辆高度确定）黄、绿、红三灯位信号机构，绿灯封闭，红灯为常态。其显示及意义如表1-1所示。

高柱信号机显示意义　　　　　　　　　　　　　　　表1-1

序号	信号灯显示	行车指示	备注
1	1个黄色灯光	表明进场/段的进路开通，准许列车按规定的速度越过该架信号机进厂/场	
2	1个红色灯光	不准列车越过该架信号机	
3	1个红色灯光和1个黄色灯光	表明开放引导信号，准许列车以不大于25km/h的速度越过该架信号机并随时准备停车	

(2)四显示列车阻挡兼调车信号机，阻挡信号机采用黄、白、红三灯位信号机构，红灯为常态。其显示及意义如表1-2所示。

四显示信号机显示意义　　　　　　　　　　　　　　表1-2

序号	信号灯显示	行车指示	备注
1	白灯	允许按规定的速度越过该架信号机进行调车作业	
2	红灯	禁止列车越过该架信号机	
3	黄灯	表明出场/段的进路开通，准许列车按规定的速度越过该架信号机	运行至出段信号机前一度停车
4	1个红色灯光和1个黄色灯光	表明开放引导信号，准许列车以不大于25km/h的速度越过该架信号机并随时准备停车	

(3)矮型调车信号机，调车信号机采用蓝、白两灯位信号机构，蓝灯为常态。其显示及意义如表1-3所示。

调车信号机显示意义　　　　　　　　　　　　　　　表1-3

序号	信号灯显示	行车指示	备注
1	白灯	允许按规定的速度越过该架信号机进行调车作业	
2	蓝灯	禁止列车越过该架信号机	

(4)出段/场信号机采用高柱黄、绿、红三灯位信号机构，绿灯封闭，红灯为常态。其显示及意义如表1-4所示。

出段/场信号机显示意义　　　　　　　　　　　　　表1-4

序号	信号灯显示	行车指示	备注
1	黄灯	允许越过该信号机运行	运行至正线转换轨一度停车
2	红灯	禁止列车越过该架信号机	

3. 手信号(在地下车站显示手信号时按夜间方式显示)

(1)特殊情况下,列车运行时有关人员应遵守表 1-5 所示手信号的显示。

手信号含义　　　　　　　　　　　　　　　　　表 1-5

序号	手信号类别	显示方式	
		昼间	夜间
1	停车信号:要求列车停车	展开的红色信号旗,无红色信号旗时,两臂高举头上,向两侧急剧摇动	红色灯光,无红色灯光时,用白色灯光上、下急剧摇动
2	紧急停车信号:要求司机紧急停车	展开红旗下压数次,无信号旗时,两臂高举头上,向两侧急剧摇动	红色灯光下压数次,无红色灯光时,用白色灯光上下急剧摇动
3	减速信号:要求列车降低速度运行	展开的黄色信号旗,无黄色信号旗时,绿色信号旗下压数次	黄色信号灯光,无黄色灯光时,用绿色灯光或白色灯光下压数次
4	发车信号:要求司机发车	展开的绿色信号旗上弧线向列车方向作圆形转动	绿色灯光上弧线向列车方向作圆形转动
5	通过手信号:准许列车由车站通过	展开的绿色信号旗	绿色灯光
6	引导信号:准许列车进入车站或车厂	展开黄色信号旗高举头上左右摇动	黄色灯光高举头上左右摇动
7	降弓信号	左臂垂直高举,右臂前伸并左右水平重复摇动	白色灯光上下左右重复摇动
8	升弓信号	左臂垂直高举,右臂前伸上下重复摇动	白色灯光作圆形转动
9	"好了"信号	拢起的信号旗上弧线向列车方向作圆形转动	白色灯光上弧线向列车方向作圆形转动

(2)特殊情况下接发列车时显示手信号的时机和地点如表 1-6 所示。

接发列车手信号含义　　　　　　　　　　　　　　　表 1-6

手信号类别	何种情况下显示	显示时机	收回时机	显示地点
紧急停车信号	工程列车进站或通过车站,出现危及行车安全情况;客车进站,发现危及行车安全情况,但来不及按压站台紧急停车按钮或紧急停车按钮不起作用时	立即显示	列车停车后	就近显示
减速信号	发现工程列车或客车超速时	立即显示	列车头部越过信号显示地点后	头端墙侧扶梯口,靠近紧急停车按钮附近
引导手信号		看见列车头部灯开始	列车头部越过信号显示地点后	站台头端墙,屏蔽门与线路间站台上
"好了"信号	车站相关作业完成时		司机鸣笛或口头回示后	处理故障处
发车信号	电话闭塞法时	具备发车条件后	司机鸣笛或口头回示后	列车运行方向站台头端
道岔开通信号	车站(车厂)须现场人工排列进路(如道岔故障及联锁故障等)	进路排好时	列车头部越过信号显示地点后	在列车前方便于司机瞭望的适当安全避让位置

(3)调车手信号显示方式如表1-7所示。

调车手信号含义　　　　　　　　　表1-7

序号	调车手信号类别	显示方式	
		昼间	夜间
1	停车信号	展开的红色信号旗,无红色信号旗时,两臂高举头上,向两侧急剧摇动	红色灯光,无红色灯光时,用白色灯光上、下急剧摇动
2	减速信号	展开的绿色信号旗下压数次	绿色灯光下压数次
3	指挥列车或车辆向显示人方向来的信号	展开的绿色信号旗在下方左右摇动	绿色灯光在下方左右摇动
4	指挥列车或车辆向显示人反方向去的信号	展开的绿色信号旗上、下摇动	绿色灯光上、下摇动
5	指挥列车或车辆向显示人方向稍行移动的信号	左手拢起红色信号旗直立平举,右手展开的绿色信号旗在下方左右小摆动	绿色灯光下压数次后,再左右小动
6	指挥列车或车辆向显示人反方向稍行移动的信号	左手拢起红色信号旗直立平举,右手展开的绿色信号旗在下方上、下小动	绿色灯光平举上、下小摇动
7	三、二、一车距离信号:表示推进车辆的前端距被连挂车辆的距离	右手展开的绿色信号旗下压三、二、一次,分别表示距停留车三车(约66m)、二车(约44m)、一车(约22m)	绿色灯光平举下压三、二、一次
8	连挂作业	两臂高举头上,拢起的手信号旗杆成水平末端相接	红、绿色灯光(无绿色灯用白色灯光代替)交互显示数次
9	试拉信号	按本表第6项的信号显示,当车列启动后立即显示停车信号	
10	取消信号:通知前发信号取消	拢起的手信号旗,两臂于前下方交叉后,左右摇动数次	红色灯光作圆形转动后,上下摇动
11	停留车位置信号:表示车辆停留地点	拢起的手信号旗,单臂于前下方左右小摇动	白色灯光左右小摇动
12	道岔开通信号:表示进路道岔准备妥当	地下车站为绿色灯光高举头上左右小动;车厂(或地上车站)为拢起的黄色信号旗高举头上左右摇动	绿色灯光(无绿色灯光时为白色灯光)高举头上左右小摇动

(4)试验列车自动制动机的手信号显示方式如下:

①制动:

a. 昼间——绿色信号旗拢起高举,或徒手单臂高举。

b. 夜间——白色灯高举。

②缓解:

a. 昼间——用拢起的绿色信号旗在下部左右摇动。

b. 夜间——白色灯光在下部左右摇动。

③试验完了(或其他作业完成的显示):

a. 昼间——用拢起绿色信号旗作圆形转动。

b. 夜间——白色灯光作圆形转动。

4. 音响信号

（1）音响信号，长声为 3s，短声为 1s，间隔为 1s。重复鸣示时，须间隔 5s 以上。

（2）客车、车组、工程车、轨道车等列车的鸣笛方式如表 1-8 所示。

鸣笛方法　　　　　　　　　　　　　　表 1-8

序号	名称	鸣示方式	使用时机
1	起动注意信号	一长声 ——	1. 列车起动或机车车辆前进时（双机牵引时，本务机车鸣笛后，尾部机车应回示，本务机车再鸣笛一长声后起动）； 2. 接近车站、鸣笛标、隧道、施工地点、黄色信号、引导信号、天气不良时； 3. 在区间停车后，继续运行时，通知车长； 4. 客车在检修及整备中，准备降下或升起受电弓
2	退行信号	二长声 —— ——	客车、机车车辆、单机开始退行
3	召集信号	三长声 —— —— ——	要求防护人员撤回时
4	呼唤信号	二短一长声 ‥——	1. 客车或机车要求出入车厂时； 2. 在车站要求显示信号时
5	警报信号	一长三短声 ——‥‥	1. 发现线路有危及行车安全的不良处所时； 2. 列车发生重大、大事故及其他需要救援情况时； 3. 列车在区间内停车后，不能立即运行，通知车长时
6	试验自动制动机复示信号	一短声 ‥	1. 试验制动机开始减压时； 2. 接到试验制动结束的手信号，回答试风人员时； 3. 调车作业中，表示已接受调车长所发出的信号时
7	缓解信号	二短声 ‥‥	试验制动机缓解时
8	紧急停车信号	连续短声 ‥‥‥‥	司机发现邻线发生障碍，向邻线上运行的列车发出紧急停车信号时，邻线列车司机听到后，应立即紧急停车

5. 徒手信号

调车长或管理人员及行车有关人员检查工作或遇列车救援、发生紧急情况，没有携带信号灯或信号旗时，可用徒手信号显示。

徒手信号显示方式如表 1-9 所示。

徒手信号含义　　　　　　　　　　　表 1-9

序号	徒手信号类别	显示方式
1	紧急停车信号（含停车信号）	两手臂高举头上，向两侧急剧摇动
2	三、二、一车信号	单臂平伸后，小臂竖直向外压直，反复三次为三车、二次为二车、一次为一车
3	连挂信号	紧握两拳头高举头上，拳心向里，两拳相碰数次
4	试拉信号	如本表第 5 或第 6 项，当列车刚起动马上给停车信号（第 1 项）
5	向显示人方向稍行移动	左手高举直伸，右手平伸小臂左右摇动
6	向显示人反方向稍行移动	左手高举直伸，右手向下斜伸，小臂上下摇动
7	"好了"信号	单臂握拳面向运行方向，上弧圈做圆形转动

第三节 行车组织

行车组织工作是城市轨道交通调度指挥和运营工作的核心。列车的行车组织首先应确定最小行车间隔、停站时间、折返方式和时间等,在此基础上编制列车运行图、列车时刻表,控制中心调度、司机、车站等各行车岗位按照时刻表组织行车。

一、行车组织指挥架构

1. 行车指挥执行层次

行车指挥执行层次如图1-15所示。

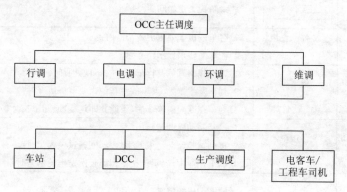

图1-15 行车指挥执行层次

行调-行车调度;电调-电力调度;环调-环境调度;维调-维修调度

2. 行车指挥层级

(1)行车指挥分为一级、二级两个指挥层级;二级服从一级指挥。

(2)一级指挥为:主任调度、行调、电调、环调、维调。

(3)二级指挥为:车站值班站长、DCC值班主任、检调、厂调、设施设备部生产调度。

(4)各级指挥要根据各自职责任务独立开展工作,并服从OCC主任调度总体协调和指挥。

3. 控制中心(OCC)

(1)OCC是城市轨道交通运营日常管理、设备维修、行车组织的指挥中心,设有主任调度、行调、电调、环调、维调,对全线列车运营和设备运行情况进行监视、控制、协调、指挥和调度。

(2)OCC是城市轨道交通运营信息收发中心。

(3)OCC代表运营分公司总经理指挥运营工作,代表轨道公司与外界协调联络城市轨道交通运营支援工作。

(4)行车工作由行调统一指挥。

(5)供电设备运作由电调统一指挥。

（6）环控和防灾报警设备运作由环调统一指挥。

（7）除车辆专业、供电专业、环控专业以外设备故障抢修由维调指挥，跨部门、跨专业的设备故障由维调指挥。

4. 车厂控制中心（DCC）

（1）DCC 是车厂管理、车辆维修组织和作业的控制中心，DCC 设有值班主任、厂调、检调。

（2）DCC 厂调负责车厂范围内的行车组织、维修施工管理。

（3）DCC 检调负责车辆日常检修、清洁、定修和临修工作控制，为城市轨道交通运营及设备维修施工提供数量足够和工况良好的电客车和工程车。

5. OCC、DCC 及车站的指挥工作关系

（1）主任调度是 OCC 当班期间运营组织的最高指挥者，各调度员由主任调度协调统一指挥，在处理突发事件、事故时，各调度员有责任向主任调度提供本岗位的协助处理方案，并及时报告相关信息。

（2）车站由值班站长，车厂由 DCC 值班主任统一指挥。

（3）列车在区间时，电客车由司机负责指挥，工程车由车长负责指挥；列车在车站时，由车站值班站长负责指挥，或由行调用无线调度电话直接指挥列车司机。

二、行车组织指挥原则

（1）行车时间以北京时间为准，从零时起计算，实行 24 小时制。行车日期以零时为界，零时以前办妥的行车手续，零时以后仍视为有效。

（2）空客车、工程列车、救援列车及调试列车出入车厂均按列车办理。

（3）客车在正线运行中，司机应在前端驾驶；推进运行时须在前端驾驶室配备司机或车站值班员共同监控客车运行。

（4）行车有关人员必须服从行调指挥，执行行调命令；行车指挥工作中，因对规章条文理解不同、未明确规定等原因产生分歧时，在确保安全的前提下，先按行调命令执行。

（5）指挥正线列车运行的命令和口头指令，只能由行调发布。行调发布命令前应详细了解现场情况，听取有关人员意见。调度命令的发布规定如下：

①发布书面命令的内容有：（特殊情况下可先用口头命令，事后补发书面）线路长期限速时/取消长期限速时（长期限速系指限速时间 24h 及以上）；非运营期间封锁线路/解封线路时；非运营期间从车厂加开工程车/调试车时；行调认为有必要记录的命令。

②发布口头命令的内容有：运营期间临时加开或停开列车（包括客车、工程车及救援列车）；客车推进运行、退行，工程车退行；停站客车临时变通过；发布电话闭塞法组织行车。

③除书面命令与口头命令外，行调可发布口头指令。

（6）行调发布的命令，车厂内电客车司机由派班员负责传达，其他岗位由车厂调度负责

传达；正线的司机、车长由车站值班站长负责传达。车站或车厂传达给司机或其他有关人员的书面命令应盖有车站(车厂)行车专用章。

(7)司机接到书面调度命令后,须与行调核对命令号码、发令人、发令时间及命令内容。

(8)书面命令须在《调度命令登记簿》内按照命令顺序填写且装订成册。

三、行车组织方法

(一)移动闭塞行车法

(1)运行模式:正常驾驶模式为ATO或ATP。遇非正常情况,司机须上报行调,按行调命令执行。

(2)闭塞区段:在CBTC模式下,移动闭塞没有固定的闭塞区段,列车运行闭塞区间的终端(移动授权)由前一列车在线路上的运行位置、运行状态等因素确定。

(3)行车凭证:车载信号显示。

(4)折返方式:信号设备正常,列车自动折返;信号设备不满足,人工驾驶实现列车折返。

(二)固定闭塞行车法

当无线通信移动闭塞功能故障或不能使用时采用固定闭塞。

1. 进路行车法

当信号系统只具备点式ATP功能时采用进路行车法。

(1)运行模式:正常驾驶模式为IATP模式,信号系统提供推荐速度和列车超速防护功能及防红灯冒进功能,列车按推荐速度运行。

(2)闭塞区段:同方向两架相邻信号机间的区域。

(3)行车凭证:地面信号及车载信号显示。

(4)区段占用:一个闭塞区段只允许一列车占用。

(5)折返方式:人工驾驶列车实现折返。

2. 区段行车法

当信号系统只具备联锁功能时采用区段行车法。

(1)驾驶模式:列车驾驶模式为NRM限速45km/h运行,信号系统只提供联锁基本功能,不提供列车超速防护。

(2)进路排列:行调关闭故障联锁区进路自排功能,并授权故障设备集中站控制。故障设备集中站负责在ATS/LCW工作站上排列本联锁区内列车运行进路。排列进路前须确认闭塞区段空闲。

(3)闭塞区段:相邻两站出站信号机之间的区域。

(4)行车凭证:地面信号显示。

(5)区段占用:一个闭塞区段只允许一列车占用。

(6)折返方式:车站负责排列折返进路,进路排列好后,司机凭地面信号显示动车进行折返。

(三)电话闭塞行车法

电话闭塞是一种在信号联锁故障或信号不具备联锁功能时,车站(车厂)人工办理相关区段内列车进路、钩锁进路上的相关道岔,与邻站(厂)之间以电话记录作为同意占用区间的凭证,填写路票交给司机,司机凭车站(厂)发出的路票行车的行车办法。

1. 电话闭塞法组织行车的原则

(1)控制权限:采用电话闭塞法行车的区段内,行车指挥权在车站。

(2)执行电话闭塞法区段,进路上的道岔优先使用 ATS/LCW 工作站锁定,当 ATS/LCW 工作站电子锁定无法使用时,由车站人员现场确认进路正确后使用钩锁器锁定(折返道岔钩锁器只挂不锁)。

(3)采用电话闭塞法行车的各车站不得办理通过列车。

(4)闭塞车站:正线全线信号联锁故障时所有车站均为闭塞车站,局部信号联锁故障时故障区域所有受影响的车站为闭塞车站。

(5)闭塞区段:闭塞区段为一站两区间。

(6)区段占用:每一个闭塞区段内只允许一趟列车占用。

(7)行车凭证:行车凭证为路票及车站发车信号或厂调指令。

2. 电话闭塞法的作业程序及规定

(1)行调发布电话闭塞法组织行车的命令前,任何人员进入轨行区均须得到行调同意。

(2)行调组织故障影响区域所有列车到达站线后,向故障联锁区各站通报列车位置,并及时向有关车站及司机发布命令:自发令时起,在×站至×站上/下行采用电话闭塞法组织行车。

(3)行调发布电话闭塞法组织行车的命令后,除进路准备人员外,其他人员进入轨行区须得到行调同意。

(4)行调发布电话闭塞法组织行车的命令后,各闭塞站的发车进路均视为有人。车站(有道岔站)可直接进入线路准备发车进路。

(5)对于接车进路,各站在行调发布列车位置的调度命令后,确认本站接车进路对应的区间无列车占用,且邻站防护设置后,方可下线路办理接车进路。

(6)行调核对列车位置时,应优先确认列车运行前方进路为有道岔进路的空闲情况,特别是站前渡线的终点站,必须严格确认接车站台空闲。确认完毕后应及时向车站通告确认结果。

(7)当列车停在区间道岔前方时,车站先与行调确认列车已停稳后,再按行调要求进入线路钩锁列车前方道岔。现场人员在来车方向设置防护并人工办理列车进路。

(8)在按电话闭塞法组织行车时,若行调因故组织列车退行或反向运行,必须与到达方向车站确认区间空闲,经到达站同意后,方可组织列车退行。

(9)在实施区段电话闭塞的线路发生故障后,列车停车非闭塞站时,则该站视为区间,由行调通知该列车动车到前方闭塞站后,按照电话闭塞法组织行车。

(10)当信号系统恢复联锁条件后,行调在发布取消电话闭塞法命令前,必须与车站确认线路上人员出清后,方可发布取消命令。

四、工程车开行规定

(1)工程车必须配备1名司机及1名车长,可以牵引运行,也可推进运行。

(2)工程车中车辆编挂由车长负责检查,工程列车出厂前厂调应向行调报编组情况,包括机车车辆组成编组顺序、列车总长度(按米往上取整),原则上单列出厂工程车的长度不得超过120m。

(3)工程车开行时,挂有装载货物高度超过轨面3800mm的车辆时,正线及辅助线的接触网必须停电,车厂范围内的接触网是否停电由施工申报部门在《施工作业令》中明确。

(4)工程车出车厂时,应在出厂信号机前一度停车,用车载无线电台或800M无线便携台与行调核实运行有关事项,确认信号机开放正确后方可动车。

(5)工程车在正线运行时,凭地面信号行车,工程车与前方列车间须至少保证两个区间的安全距离。

(6)工程车在车站始发或停车后再开时,司机要确认地面信号或按行调的命令行车。

(7)车站原则上不用接发工程车,开行装载有超长货物、超限货物、集重货物的工程车时,列车尾端须安排货物使用部门人员添乘监控。

(8)工程列车在施工区域内凭封锁命令及施工负责人动车指令行车。

①原则上封锁区域内单一路径上的道岔在施工前必须由行调全部单独锁定(行调不能锁定时由车站操作,下同),涉及多条行车路径时须先按单一路径组织施工,即先对单一行车路径上的所有道岔进行单独锁定,施工负责人得到行调本路径上道岔锁定好的通知后,方可指挥司机动车进行施工。

②封锁区域内需转线作业时,施工负责人必须确认转线线路安全后方可向行调申请转线,行调准备好转线进路后通知司机,司机凭施工负责人指令动车;转线完成后行调须准备好下一条行车路径并单独锁定道岔,再通知施工负责人组织对该路径进行施工。

(9)工程列车编挂平板车时,原则上不准安排在正线进行甩挂作业。因施工或装卸货物的特殊需要,在正线甩下作业时,作业时施工单位要有足够的安全防护,司机做好防溜安全措施,返回时要挂走。

(10)工程列车正线牵引运行时限速60km/h,推进运行限速30km/h,车厂牵引运行限速25km/h、推进运行限速15km/h,司机须掌握好运行速度。

五、列车救援

救援是指在运营期间因设备故障、人为操作（判断）失误、指挥调度失误或其他原因导致或确认某列车无法凭自身动力动车，需由另一列车（或工程车）将其推（拉）离的情况。

1. 救援准则

正线列车救援时，首先遵循正向救援的准则，以确保其他正线列车正常运行秩序。

2. 救援要求

（1）司机对电客车的故障初步处理，原则上为 4min，司机无法处理或 4min 后还无法动车时，向检调申请技术支援，同时继续处理故障。

（2）对电客车故障处理时间原则上为 7min，如仍不能动车时，由主任调度决定处理办法，当决定救援时，司机做好救援的防护连挂工作。

（3）使用电客车救援时，原则上使用后续列车前往救援，如不能空车前往救援时，连挂动车后须组织故障列车和救援列车在前方站清客。

（4）救援列车的准备与运行安排：

①原则上救援列车运行至被救援列车后方站（相对于运行方向）时进行清客，或提前通知备用车司机整备好备用车，空车前往救援。

②救援列车进入救援区间的驾驶模式：CBTC 情况下为 ATO，自动停车后，按行调命令转 NRM 运行；点式 ATP 模式 / 联锁模式均为 NRM。救援列车运行至距故障列车 15m 处停车，听候故障列车司机的指挥连挂。

（5）故障电客车在区间时，如需救援，原则上视为该区间已封锁，向封锁区间发出救援列车时，不办理行车闭塞手续，以行调命令作为进出该区间的许可，但救援列车司机仍需确认前方进路与道岔状况。救援列车连挂故障列车出清该区间后，视为该区间解封。

（6）遇工程车在区间故障时，行调需发布封锁命令，向封锁线路发出救援列车时，不办理行车闭塞手续，以行调的命令作为进入该封锁线路的许可，但救援列车司机仍需确认前方进路与道岔状况。在未接到开通封锁线路的调度命令前，救援列车以外的其他列车不得进入该线路。

（7）一旦确定救援时，由行调向司机及有关车站发布开行救援列车的命令。

（8）已申请救援的列车不准动车，做好与救援列车的连挂准备工作。故障列车司机在连挂之前可继续排除故障，但不能启动列车，如故障排除则报告行调取消救援。

（9）救援列车推进故障列车运行时，司机需在救援列车前端驾驶室（运行方向）驾驶，故障列车前端驾驶室需有乘务员进行引导，运行限速 25km/h。救援列车牵引故障列车运行时，司机需在救援列车前端驾驶室（运行方向）驾驶，推进救援时限速 25km/h，牵引救援时限速 30km/h。

（10）禁止使用工程车救援载客列车；使用工程车救援空客车时，连挂后原则上限速 25km/h 运行。

（11）救援列车与故障列车连挂后，救援列车只准以 NRM 模式运行。

（12）如救援列车与故障列车在存车线解钩后，受存车线路长度所限，救援列车需要退行才能开通后方区间，行调确认后方区间安全，可允许救援列车司机不换端以 NRM 模式退行至防护信号机前，退行路径上的相关道岔必须处在锁闭状态。

六、行车组织英文词汇含义

本章节内容中包含英文缩写词汇的含义如表 1-10 所示。

行车组织相关英文缩写词汇含义　　　　表 1-10

序号	英文缩写	定义
1	CBTC	Communications-Based Train Control 的缩写，基于通信的列车控制系统
2	ATC	列车自动控制系统
3	ATP	列车自动防护系统
4	ATS	列车自动监控系统
5	ATO	列车自动驾驶系统
6	CI	正线计算机联锁系统
7	CBTC 列车	在 CBTC 控制模式下，装备有全套车载设备，能正常运行的电客车
8	非 CBTC 列车	CBTC 故障的列车或是没有装备车载设备的列车
9	PSD	站台屏蔽门
10	NRM	非限制式人工驾驶模式
11	RM	限速（25km/h）人工驾驶模式
12	OCC	城市轨道交通运营控制中心
13	DCC	车厂控制中心

第二章　轨道车概述

岗位应知应会

1. 了解轨道车的发展历程及特点。
2. 了解轨道车的种类及分类方法。
3. 了解轨道车方向定义及组成部分。
4. 了解常用轨道车的相关技术参数。
5. 熟悉常见轨道车的类型及作用。
6. 对轨道车发展、分类、型号含义、方向定义有初步的认识。
7. 掌握城市轨道交通行业轨道车的配置情况及其作用。

重难点

1. 城市轨道交通行业主要配属车辆的类型及各类车辆在日常生产当中的作用。
2. 轨道车的主要技术参数。

在城市轨道交通建设期,大量的材料、设备、物资需通过轨道车牵引运往各个施工地点;新购入的城市轨道交通车辆需要用轨道车牵引到停车库内;城市轨道交通线路投入运营前,需要工程检测机车对线路进行压道,对隧道、接触网进行检查,牵引车辆进行冷、热滑;在城市轨道交通正式运营后,需要用轨道车将被检修的车辆牵引到指定的检修线上,运送维修设备和进行事故救援,同时也需要定期对线路及接触网进行检查及维护等。因此,轨道车是保证城市轨道交通安全运营不可或缺的设备。

第一节　轨道车的发展及特点

最早的轨道车由汽车改装而成,驾驶室没有换向装置,需使用转盘下道完成换向。20世纪60年代初,出现了长江型轨道车,这种车型也没有换向操纵装置,车上人员使用转盘换向,发动机是汽油机,装机功率66kW(90hp),只能在一端驾驶,最高运行速度50km/h。20世纪60年代中期,又出现了采用解放牌汽油发动机、装机功率为66kW的木棚车,仍然是只能在一端驾驶,最高运行速度为50km/h,但已有换向装置。20世纪60年代末期,从前苏联引进的木棚轨道车开始使用,采用汽油发动机,装机功率为66kW,最高运行速度为50km/h,配置有换向装置和双传动装置，发动机和操纵装置安装在车辆的中部，驾驶座可以实现360°转向。

20世纪70年代，能进行双向操纵，具有双传动装置，装机功率达到85kW（115hp）、最高运行速度为60km/h的铁棚轨道车投入使用。

20世纪80年代以后，相继投入使用的二轴无转向架的轨道车有装机功率为118kW（160hp）、最高运行速度为80km/h的160型轨道车；装机功率为154kW（210hp）、最高运行速度为85km/h的210型轨道车；装机功率为216kW（290hp）、最高运行速度90km/h以上的290型轨道车。

20世纪90年代末期，四轴带转向架的轨道车开始投入使用，主要有：装机功率为216kW，最高运行速度为90km/h、100km/h、110km/h的290（也称220）型轨道车；装机功率为269kW（360hp），最高运行速度为100km/h、110km/h、120km/h的360（也称270）型轨道车等。

随后又出现了更大功率的轨道车，如装机功率为300kW（400hp）、470kW（640hp）、1000kW（1350hp），传动方式也从单一的机械传动发展到机械传动、液力传动、电传动三种传动方式。

随着我国经济的快速发展，对铁路运量的需求越来越大，铁路列车密度不断加大，铁路运输向高速、重载方向发展，钢轨、轨枕重型化已成新建线路、线路大中修的必然选择。使用环境的改变，对轨道车的性能提出了新的更高要求，即要求运行时占用区间时间更短、牵引吨位更大、可靠性更高。

轨道车的发展趋势是：功率大型化、运行速度快速化、牵引吨位大型化、维修周期长期化、工作环境舒适化。新的轨道车将采用功率更大、燃油经济性更好、废气排放标准更高的环保型发动机；所选用的零部件使用寿命更长、故障率更低；传动方式也将更多地采用液力传动和电传动，实现装机功率和传动方式的合理匹配，使发动机在正常使用条件下发挥最大效率；实现电磁阀和电控阀控制，使控制自动准确；安全设施更完善，操作更简单，安全性能更好；司乘人员的工作和生活环境的舒适性不断提高，运行稳定性进一步提高。

第二节　轨道车基础知识

一、轨道车的分类

重型轨道车和轨道平车统称为轨道车，是用于车辆牵引、线路建设、设备修理、抢险等工作的主要运输设备。轨道车可按传动方式、轴列式等分类。

1. 按传动方式分类

轨道车按传动方式可分为机械传动、液力传动和电传动轨道车。

（1）机械传动轨道车以柴油机为动力，通过离合器、变速器、换向箱、传动轴、车轴齿轮箱等部件完成动力传递。机械传动方式制造成本低、维修难度小、操作便利,广泛应用于功率 270kW 以下的轨道车。但这种传动方式的缺点是部件多,故障多,维修工作量大,不能满足大功率轨道车的需要。

(2)液力传动轨道车是以柴油机为动力,通过柴油机曲轴与液力变速器或液力变矩器输入轴相连,将动力传递到液力变速器或液力变矩器输出轴,再通过万向传动轴将动力传递至车轴齿轮箱、车轴和车轮。液力传动式轨道车具有无级变速、操纵简单、启动加速平稳、牵引性能良好、工作可靠性好、使用寿命长等优点,多用于 240kW 以上轨道车(大功率车辆)。缺点是液力变速器或液力变矩器制造技术含量高、造价高、维修保养要求高、机械效率低。目前城市轨道交通配属的轨道车以液力—机械传动轨道车为主,如金鹰重工生产的 GCY-300 内燃调机、GCY-220 重型轨道车、GCY-150 轻型轨道车。

(3)电传动轨道车由牵引蓄电池或接触网提供直流电,经牵引逆变器将直流电逆变为频率和电压可调的交流电,供牵引电动机直接驱动车轴和车轮转动,如中国中车株洲电力机车有限公司生产的 ZER4 型电力蓄电池轨道车等。

电传动轨道车采用直—交流电传动,具有功率大、牵引能力强、技术先进、大修周期长、维修方便、运用成本低等优点,但整车构造复杂,制造成本高。

2. 按轴列式分类

轨道车按轴列式可分为:轴列式为 B 的二轴车、轴列式为 A-A 的四轴车和轴列式为 B-B 的四轴车三种。

(1)轴列式为 B 的二轴轨道车的两车轴上的轮对均为驱动轮,如 GCY-220、GCY-150 轨道车等。

(2)轴列式为 A-A 的四轴轨道车的四个车轴的轮对中,第二、第三轴的轮对为驱动轮,如 JY290-10、GCS220、GC-270 轨道车等。

(3)轴列式为 B-B 的四轴轨道车的四个车轴的轮对均为驱动轮,如 GCY-300、DGY-470A 轨道车等。

二、轨道车型号

轨道车的型号由轨道车名称代号、结构特点代号和主要参数三部分组成。轨道车的型号编制规定如下:

(1)轨道车和轨道平车名称代号用每个字的汉语拼音第一个字母大写表示。如重型轨道车用 GC,起重轨道车用 QGC,轨道平车用 PC,起重轨道平车用 QPC 表示。

(2)轨道车结构特点代号指轨道车传动方式代号,其中,机械传动不标,液力传动用字母 Y 表示,电传动用字母 D 表示。

(3)轨道车的主要参数是发动机的额定功率(kW),起重轨道车的主要参数是最大起重量,轨道平车的主要参数是载重量(t)。

(4)当轨道车的结构有重大改进时,轨道车的型号须在后面增加改进代号,改进代号按改进次数顺序依次采用罗马数字Ⅰ、Ⅱ、Ⅲ等。

三、车辆方向

(1)轨道车方向以柴油机方向来确定,柴油机所在端为前端,另一端为后端。车轴编号从前端往后按1、2、3、4依次编排。轴箱编号为:车辆前端左侧为1、3、5、7等,前端右侧为2、4、6、8等。

(2)轨道平车方向以制动缸活塞杆推出的方向来确定,制动缸活塞杆推出方向为前端,另一端为后端。当车辆有几个制动缸时,以手制动所在的一端为前端。

(3)为便于识别前、后端,在车上都喷涂有Ⅰ(表示前端)、Ⅱ(表示后端)定位标记,轨道平车喷涂在车架侧梁两端。轨道平车车轴编号和车轴端编号与轨道车相同。

(4)当车辆编成一列车时,应按照列车的运行方向来规定列车前部和后部。担当本务机的轨道车后部的车辆称为机后,依次称为机后第1位车、机后第2位车等。

四、轨道车的主要组成

轨道车主要由柴油机、传动系统、制动系统、电气系统、走行系统、车体及车架等组成。

柴油机是轨道车的动力装置,其作用是将燃料的化学能转变为机械功。柴油机由曲轴连杆机械、配气机械、燃油供给系统、冷却系统、润滑系统和启动装置及电气系统等组成。

轨道车传动系统的作用是将发动机的机械功传给走行部分,力求发动机的功率得到充分发挥,并使机车具有良好的牵引性能。

轨道车制动系统由风源装置、空气制动机、基础制动装置和手制动机组成。空气制动机主要由自动制动阀、单独制动阀、分配阀、中继阀、制动缸、压力表以及风缸、塞门等组成;基础制动由制动缸活塞杆、传动装置和闸瓦等组成。

轨道车电气系统主要由电源(蓄电池、发电机等)、启动装置、照明设备、仪表和辅助装置等组成。

轨道车走行系统由转向架构架、轮对及齿轮箱、轴箱及拉杆、圆簧、油压减振器和基础制动装置等组成。其作用是:承受整车的全部质量,缓和轮轨接触产生的冲击力,使车辆平稳运行,同时产生牵引力或制动力,并将力传递到车体。

轨道车车体由车架和车身组成。车体是薄钢板压制成各种断面和杆件并焊接成整体的车棚架。车体骨架外面包薄钢板作护板,骨架中间一般有防火材料,骨架里面有穿孔铝板作为内护板。车体固定安装在车架上,与车架构成一个整体。

轨道车车架包括主架、侧梁、端梁和辅梁、车钩及牵引装置和排障器等,车架是整车各总成附挂的载体。

第三节　轨道车主要运用技术参数

轨道车的主要运用技术参数有传动方式、装机功率、轴列式、外形尺寸、最大运行速度、自重等。轨道平车的主要运用技术参数有自重、最大载质量、最高运行速度等。起重轨道平车和收轨平车的主要技术参数在轨道平车的基础上增加最大起重量和最大起重力矩。

1. 轨道车运用技术参数

常见轨道车运用技术参数如表 2-1 所示。

常见轨道车运用技术参数　　　表 2-1

轨道车型号	制造单位	传动方式	发动机型号	功率（kW）	轴列式	外形尺寸(mm)（长×宽×高）	最大运行速度（km/h）	自重（t）
GCl70	襄樊金鹰	机械	WD615.64	175	B	10800×2920×3508	90	22
CC220	襄樊金鹰	机械	NTC 290	216	A-A	13600×3055×3900	100	36
GCY220	襄樊金鹰	液力	CAT C7	224	B	10750×2700×3560	80	26
CC270	襄樊金鹰	机械	NTA855-C360	269	A-A	13600×3055×3900	100	36
GC270 Ⅱ	襄樊金鹰	机械	NTA855-C360	269	B	10800×2920×3508	100	24
CCY300	襄樊金鹰	液力	CAT C11	336	B-B	14640×2664×3650	100	46
GCY450	襄樊金鹰	液力	KTA19-00	448	B-B	14660×3070×4000	100	54
GCYl000	襄樊金鹰	液力	TBD620V8	1000	B-B	18600×3290×4720	100	84
GCl70-2	中铁宝工	机械	6135AZK-16	169	B	10246×2940×3335	94	18
GCs220	中铁宝工	机械	NTC-290	216	A-A	13840×3330×4140	110	36
GCs270	中铁宝工	机械	NT855-1360	269	A-A	13840×3330×4140	110	36
GCY300F	中铁宝工	液力	NT855-P400	298	B-B	15033×3272×4434	100	38
GCs300	中铁宝工	机械	NT855-P400	298	A-A	13840×3 330×4140	120	38
GCY400	中铁宝工	液力	BFL21j13C	386	B-B	21500×3300×4340	110	50
DGY470	中铁宝工	液力	CATC-18	470	B-B	14970×2680×3763	80	50
GW4	中铁宝工	液力	BPL01j13	556	B-B	21500×3300×4600	170	50

2. 轨道平车运用技术参数

常见轨道平车运用技术参数如表 2-2 所示。

常见轨道平车运用技术参数　　　表 2-2

型号	制造单位	转向架形式	外形尺寸(mm)（长×宽×高）	最大运行速度（km/h）	自重（t）	载重（t）
PC40	兴平养路机械厂	H 形焊接	13600×2800×1480	120	17	40
PC30	兴平养路机械厂	H 形焊接	13600×2800×1480	120	16	30
PC30	襄樊金鹰	0254 自制	13980×2866×1484	120	16.5	30
PC40	襄樊金鹰	0254 自制	13980×2866×1484	120	17.4	40

第四节 城市轨道交通轨道车辆的配置

国内各城市轨道交通系统每条线路均配置了一定数量的工程车辆,一般每条线路的车辆段配置2台400kW内燃调机,2台300kW轨道车,4台轨道平车,1台接触网检修作业车和1台放线车。而网轨检测车、钢轨打磨车、隧道清洗车等使用不太频繁的线网轨道车则每3～4条线配置1台。

一、重型轨道车

内燃调机主要为外走廊形式,作为车辆段内调车以及正线救援使用。轨道车主要为内走廊形式,主要用于各线路、供电及机电设备施工、维修的牵引动力设备,也可运输施工器材和人员,一般与轨道平车配合使用,如图2-1～图2-3所示。

图2-1 GCY-220重型轨道车　　　　图2-2 GCY-300型内燃调机

内燃调机存在着内部作业空间狭小、视野盲区较大等缺点,结合城市轨道交通车辆段的作业量,在配置内燃调机的同时需配置轨道车,既可进行段内调车作业,也可作为轨道车,牵引轨道平车、运载人员进行正线相关作业。

段内调车一般只需要1台动力轨道车,夜间正线作业2台动力轨道车牵引轨道平车上线作业,另外检修备用车1台,每个车辆段配置4台动力轨道车即可满足使用需求。

二、接触网检修作业车

接触网作业车带有升降平台,主要用于正线接触网设施在停电状态下的安装、调整、维修及日常检查、保养等施工作业,也可进行隧道结构及屏蔽门顶部装置的检查、维修等作业。

根据国内各城市轨道交通的运用经验,如果正线采用的是刚性接触网,每条线配置1台接触网检修作业车即可满足使用需要;如果正线采用的是柔性接触网,每条线配置2台接触网检修作业车。若线路长度超过 50km，则应适当增加 1 台接触网作业车，配置在停车场，如遇正线接触网出现紧急情况时可及时进行抢修，减少转线对正线运营的影响。JW-7 型接触网作业车如图 2-4 所示。

图 2-3　DGY-300 型重型轨道车

图 2-4　JW-7 型接触网作业车

三、轨道平车

轨道平车可用于装运养路机械、发电机组、钢轨、道岔等重大货物。接触网放线车为带放线装置的轨道平车，用于接触网导线和承力索的架设作业，放线装置可拆卸。

根据国内各城市轨道交通系统运用经验，车辆段配置 2 台轨道平车、2 台带起重机轨道平车（图 2-5）即可满足需要。接触网放线车的使用频率较小，如果正线采用的是刚性接触网，每 2～3 条线配置 1 台接触网放线车即可满足使用需要；如果正线采用的是柔性接触网，每条线配置 1 台接触网放线车即可满足需要。

四、网轨检测车

网轨检测车用于轨道、接触网、限界的检查，通过周期性的检测作业，了解和掌握线路动态，对轨道、接触网、隧道养护维修具有重要的指导作用。

按照线路及接触网检修规程，正线轨道每月检测 1 次，正线接触网每 3 个月检测 1 次。部分磨耗较大或存在其他问题的线路需要加密监测频率。

目前轨道车的运用时间为 4h 左右，网轨检测车实际作业检测速度约为 40km/h，一天可检测完成一条线路。但夜间正线作业频繁，作业时间紧张，进行网轨检测的线路无法进行其他正线检修作业。因此对于较长的线路，难以安排整条线路同时清空进行网轨检测，一般单线长度超过 40km 的线路检测应分 2 天完成。

以国内各城市轨道交通系统的运营经验来看，每条线每月检测 1 次计算，每台网轨检测车（图 2-6）宜承担约 3 条线路的检测任务，其中 9 天进行检测，9 天进行转线，5 天进行扣车检修，7 天备用。

图 2-5 DPC-30 型带起重机轨道平车

图 2-6 WGJ 型网轨检测车

五、钢轨打磨车

钢轨打磨车（图 2-7）用于对轨道和道岔进行保养性和修复性打磨，可消除钢轨表面锈蚀、疲劳裂纹、波浪、磨损、变形、斑点、飞边等缺陷。

图 2-7 钢轨打磨车

钢轨打磨与轨道检测不同，一般没有固定的计划，而是根据检测到的线路钢轨的状态确定打磨的需求。钢轨病害与车型、线路条件、行车密度等有着紧密的联系，一般来说 300m 及以下的小半径曲线轨道磨耗较大，需要频繁打磨。

钢轨打磨车一天作业时间仅 3h，打磨速度一般为 5km/h 左右，打磨前需进行再次测量，打磨后需进行检查验收，因此一天仅能打磨轨道 2～3km。根据钢轨打磨车的使用频率，综合考虑转线、维修养护、扣修等因素，建议按照 4 条线/台的标准配置钢轨打磨车。

六、隧道清洗车

隧道清洗车（图 2-8）用于对线路轨道、道床、接触网绝缘子和隧道壁等进行自动化清洁作业。

隧道清洗一般在运营初期、长时间运营后及钢轨打磨后，需对隧道内线路轨道、道床、接触网绝缘子及隧道壁进行清洁。

隧道清洗车一天作业时间仅 3h，清洗速度一般为 5km/h 左右，由于受到水罐容量的限制，因此一天仅能清洗隧道 2～3km。根据隧道清洗车的使用频率，综合考虑转线、维修养护、扣修等因素，建议根据钢轨倒车的配置，按照 4～5 条线／台的标准配置隧道清洗车。

七、电力蓄电池工程车

电力蓄电池工程车采用蓄电池、接触网双源供电，以清洁的电能为动力。作业时无有害气体排出，不会对作业人员的身体健康造成危害，也不会影响到电气设备的性能和隧道内环境。

中国中车株洲电力机车有限公司研制生产的 ZER4 型电力蓄电池轨道车（图 2-9）是专门为城市轨道交通系统开发的牵引装备，能够与城市轨道交通系统中的其他车辆及设备进行方便的对接，将极大地方便城市轨道交通系统的日常维护和检修工作，对促进城市轨道交通系统的高效、安全和节能环保具有重要意义。

图 2-8　隧道清洗车

图 2-9　ZER4 型电力蓄电池轨道车

第五节　城市轨道交通轨道车辆主要型号简介

一、GCY-450 型内燃调机

1. 概述

GCY-450 型内燃调机主要用于城市轨道交通列车、运输车辆及无动力轨道车辆的牵引、调车，也可用于在区间、隧道内的事故车辆救援牵引作业。

GCY-450 型内燃调机主要由动力及传动系统、走行部、车钩装置、电气系统、制动系统、冷却系统等组成，符合《标准轨距铁路机车车辆限界》（GB 146.1—1983）和《地铁限界标准》

(CJJ 96—2003)的有关规定。

GCY-450型内燃调机的动力及传动系统采用美国卡特比勒公司生产的C15型电控燃油喷射柴油发动机配套CAT 773E-836G/988FII型液力—机械传动箱（与发动机组成动力单元），采用液力传动形式，可实现无级变速、液力换向；制动系统安装具有自动保压性能的JZ-7型空气制动机及带闸瓦间隙自动调节器的独立单元制动器；走行部采用两轴焊接转向架结构，车轴轴承箱悬挂采用V形橡胶弹簧方式，整车具有良好的运行平稳性和稳定性、良好的起动和牵引性能；车体两端设有13号上作用式缓冲车钩。GCY-450型内燃调机整车具有功率大，调车牵引能力强，曲线通过能力强，制动性能可靠，操纵轻便灵活，维修方便，适于频繁换向操纵，维护方便，使用寿命长，运行稳定性和平稳性好等优点。

2. 适用环境

环境温度：	-12~45℃
相对湿度：	≤95%
最高风速：	90km/h
车辆适用场合：	室外作业，能承受风、沙、雨、雪的侵袭，能耐大气中酸碱的腐蚀

3. 整车主要技术参数

轨距：	1435mm
轮径：	840mm
轴列式：	B-B
两转向架中心距：	7200mm
固定轴距：	2200mm
整备质量：	约50t
发动机功率：	444kW（595Ps）
传动形式：	液力传动
最高运行速度：	80km/h
制动方式：	空气制动及停车手制动、紧急排风制动
制动距离：	≤400m（单机、平直道、初始速度80km/h）
通过最小曲线半径：	80m（通过速度≤10km/h）
车钩：	13号上作用式车钩
缓冲器：	ST型缓冲器
车钩中心线高度（距轨面）：	880mm±10mm
燃油箱容量：	750L
最大外形尺寸（长×宽×高）：	14640mm×2664mm×3590mm

4. 发动机主要技术参数

型号：	C15

型式：　　　　　　　　　　　　水冷、直列六缸、四冲程、增压中冷
额定功率/转速：　　　　　　　444kW(595Ps)/2100(r/min)
最大扭矩/转速：　　　　　　　2717N·m/1400(r/min)
排量：　　　　　　　　　　　　15.2L
缸径×行程：　　　　　　　　　137.2mm×171.4mm
燃油系：　　　　　　　　　　　电控燃油系统
额定功率下燃油消耗率：　　　　233.7g/(kW·h)
起动方式：　　　　　　　　　　DC24V，电起动

5. 液力传动箱主要技术参数

型号：　　　　　　　　　　　　CAT 773E-836G/988FⅡ
型式：　　　　　　　　　　　　液力—机械传动
挡位：　　　　　　　　　　　　四进四退
换挡方式：　　　　　　　　　　电液换挡

二、GCY-300型内燃调机

1. 概述

GCY-300型内燃调机主要用于城市轨道交通列车、运输车辆及无动力轨道车辆的牵引、调车，也可用于在区间、隧道内的事故车辆救援牵引作业。

GCY-300型内燃调机主要由动力及传动系统、走行部、车钩装置、电气系统、制动系统、冷却系统等组成，符合《标准轨距铁路机车车辆限界》（GB 146.1—1983）和《地铁限界标准》（CJJ 96—2003）的有关规定。

GCY-300型内燃调机的动力及传动系统采用美国卡特比勒公司生产的C11型电控燃油喷射柴油发动机配套CAT836G型液力—机械传动箱（与发动机组成动力单元），采用液力传动形式，可实现无级变速、液力换向；制动系统安装具有自动保压性能的JZ-7型空气制动机及带闸瓦间隙自动调节器的独立单元制动器；走行部采用两轴焊接转向架结构，车轴轴承箱采用弹性定位方式，整车具有良好的运行平稳性和稳定性、良好的起动和牵引性能；车体两端设有13号上作用式缓冲车钩。GCY-300型内燃调机整车具有功率大、调车牵引能力强、曲线通过能力强，制动性能可靠，操纵轻便灵活、维修方便，适于频繁换向操纵，维护方便，使用寿命长，运行稳定性和平稳性好等优点。

2. 适用环境

环境温度：　　　　　　　　　　-12～45℃
相对湿度：　　　　　　　　　　≤95%
最高风速：　　　　　　　　　　90km/h

车辆适用场合： 室外作业,能承受风、沙、雨、雪的侵袭,能耐大气中酸碱的腐蚀

3. 整车主要技术参数

轨距：	1435mm
轮径：	840mm
轴列式：	B-B
两转向架中心距：	7200mm
固定轴距：	2400mm
整备质量：	约 46t
发动机功率：	336kW（450Ps）
传动形式：	液力传动
最高运行速度：	80km/h
制动方式：	空气制动及停车手制动、紧急排风制动
制动距离：	≤400m（单机、平直道、初始速度 80km/h）
通过最小曲线半径：	80m（通过速度≤10km/h）
车钩：	13 号上作用式车钩
缓冲器：	ST 型缓冲器
车钩中心线高度（距轨面）：	880mm±10mm
燃油箱容量：	750L
最大外形尺寸（长×宽×高）：	14640mm×2664mm×3650mm

4. 发动机主要技术参数

型号：	C11
型式：	水冷、直列六缸、四冲程、增压中冷
额定功率/转速：	336kW(450Ps)/2100(r/min)
最大扭矩/转速：	2056N·m/1400(r/min)
排量：	11.1L
缸径×行程：	130mm×140mm；
燃油系：	电控燃油系统
额定功率下燃油消耗率：	221.9g/(kW·h)
起动方式：	DC24V,电起动

5. 液力传动箱主要技术参数

型号：	CAT 836G
型式：	液力—机械传动
挡位：	四进四退
换挡方式：	电液换挡

三、GCY-220 型重型轨道车

GCY-220 型重型轨道车主要由动力及传动系统、走行部、车钩装置、电气系统、制动系统及冷却系统等组成,符合城市轨道交通车辆限界的有关规定。

GCY-220 型重型轨道车采用两轴结构,动力及传动系统采用美国卡特比勒公司生产的 CAT C7 型电控燃油喷射柴油发动机配套 CAT 972G 型液力—机械传动箱(与发动机组成动力单元),可实现自动换挡,液力换向;制动系统安装具有自动保压性能的 JZ-7 型空气制动机;走行部采用两轴结构,车轴轴承箱采用弹性定位方式;车体两端设有标准 13 号缓冲车钩。

1. 适用气候环境

环境温度:	-12 ~ 45℃
相对湿度:	≤95%
最高风速:	90km/h
车辆适用场合:	室外作业,能承受风、沙、雨、雪的侵袭,能耐大气中酸碱的腐蚀

2. 整车主要技术参数

轨距:	1435mm
车轮直径:	840mm
车辆定距:	5000mm
轴列式:	B
传动形式:	液力—机械传动
发动机功率:	224kW(305Ps)
最高运行速度:	80km/h
通过最小曲线半径:	100m(最大通过速度 10km/h)
制动方式:	空气制动
制动距离:	<400m(单机、平直道、初速 80km/h)
整备质量:	约 26t
车钩:	13B 型下作用车钩
缓冲器:	ST 型缓冲器
车钩中心高度(距轨面):	880mm±10mm
燃油箱容量:	500L
最大外形尺寸(长×宽×高):	10750mm×2700mm×3560mm

3. 发动机主要技术参数

型号:	CAT C7
型式:	水冷、直列六缸、四冲程、增压中冷

额定功率:	224kW（305Ps）
最高设定转速:	2200r/min
最大扭矩/转速:	1274N·m/1400(r/min)
排量:	7.2L
缸径×行程:	110mm×127mm
燃油系:	电控燃油系统
额定功率下燃油消耗率:	230g/(kW·h)
起动方式:	DC24V，电起动

4. 传动箱主要技术参数

型号:	CAT 972G
型式:	液力—机械传动
挡位:	四进四退
换挡方式:	电液换挡

四、JW-7型接触网作业车

1. 概述

JW-7型接触网维修作业车主要由动力及传动系统、走行部、电气系统、制动系统、液压系统及液压升降回转作业平台、随车起重机（选装）、检测装置（选装）等组成。

JW-7型接触网维修作业车的动力和传动系统采用美国卡特比勒公司生产的C7型电控燃油喷射柴油发动机配套972型液力—机械传动箱（与发动机组成动力单元），可实现无级变速，液力换向。整车具有良好的运行平稳性和稳定性、良好的起动和牵引性能；车体两端设有标准2号车钩；制动性能可靠，操纵轻便灵活、维护方便，安全防护设施齐全；造型美观、司乘条件好等优点。

JW-7型接触网维修作业车主要用于接触网上部设备在停电状态下的安装、维修及日常检查、保养，选装的接触网检测装置能为接触网的维修提供依据，也可兼作牵引车辆、抢修车辆。

2. 适用气候环境

环境温度:	$-12 \sim 45$℃
风速:	$\leqslant 35$m/s
相对湿度:	$\leqslant 100\%$
海拔高度:	$\leqslant 1000$m
雷伤等级:	中雷区
振动:	$f<10$Hz 时，振幅为 0.3mm
车辆适用场合:	室外作业，能承受风、沙、雨、雪的侵袭

3. 整车技术参数

轨距：　　　　　　　　　　　　1435mm

车轮直径：　　　　　　　　　　840mm

轴距：　　　　　　　　　　　　5000mm

轴列式：　　　　　　　　　　　B

传动形式：　　　　　　　　　　液力—机械传动

4. 发动机主要技术参数

型号：　　　　　　　　　　　　CAT C7

型式：　　　　　　　　　　　　水冷、直列六缸、电喷、增压中冷

额定功率/转速：　　　　　　　 224kW(305Ps)/2200(r/min)

最大扭矩/转速：　　　　　　　 1274N·m/1400(r/min)

排量：　　　　　　　　　　　　7.2L

缸径×行程：　　　　　　　　　110mm×127mm

燃油系：　　　　　　　　　　　电控燃油系统

额定功率下燃油消耗：　　　　　230g/(kW·h)

起动方式：　　　　　　　　　　DC24V，电起动

5. 传动箱主要技术参数

型号：　　　　　　　　　　　　CAT 972

型式：　　　　　　　　　　　　液力—机械传动

挡位：　　　　　　　　　　　　四进四退

换挡方式：　　　　　　　　　　电液换挡

五、WGJ 网轨检测车

1. 概述

WGJ 型网轨检测车主要由车体、走行部、车钩装置、电气系统、制动系统和发电机组、空调等组成，符合《标准轨距铁路机车车辆限界》(GB 146.1—1983)和《地铁限界标准》(CJJ 96—2008)的有关规定。

WGJ 型网轨检测车的走行部采用两轴焊接转向架结构，车轴轴承箱悬挂采用 V 形橡胶弹簧方式，二系悬挂采用金属高圆簧方式，整车具有良好的运行平稳性和稳定性；制动系统安装具有自动保压性能的 JZ-7 型空气制动机及带闸瓦间隙自动调节器的独立单元制动器；车体两端设有 13 号下作用车钩。WGJ 型网轨检测车整车具有曲线通过能力强，制动性能可靠，维护方便，运行稳定性和平稳性好等优点。

WGJ 型网轨检测车主要用于与内燃机车联挂进行轨道、接触网的检测，同时经电气和制动重联之后可实现对内燃机车进行操纵控制、制动控制。

2. 适用环境

环境温度：	-10～45℃
相对湿度：	≤100%
最高风速：	90km/h
车辆适用场合：	室外作业，能承受风、沙、雨、雪的侵袭，能耐大气中酸碱的腐蚀

3. 整车主要技术参数

轨距：	1435mm
轮径：	840mm
两转向架中心距：	13800mm
固定轴距：	2200mm
整备质量：	约40t
构造速度：	140km/h
最高运行速度：	80km/h
制动方式：	空气制动及停车手制动、紧急排风制动
制动距离：	≤300m（单机、平直道、初始速度80km/h）
通过最小曲线半径：	110m（通过速度≤5km/h）
车钩：	13号车钩
缓冲器：	ST型缓冲器
车钩中心线高度（距轨面）：	880mm±10mm
最大外形尺寸（长×宽×高）：	22010mm×2800mm×3770mm

第三章　车体

> **岗位应知应会**
>
> 1. 了解轨道车车体车架的概况及作用。
> 2. 了解车体车架的形式及分类。
> 3. 了解车钩的种类。
> 4. 掌握13号车钩的结构组成及功能作用。
> 5. 掌握车钩的维护检查及摘挂要求。
> 6. 对车体车架的基本形式和作用有初步了解。
> 7. 熟知13号车钩的内部结构、组成部分及作用。
> 8. 能够进行车钩的日常维护及摘挂。
> 9. 了解钩缓装置的类型及结构组成。
>
> **重难点**
>
> 1. 车钩三态的各部动作及作用。
> 2. 车钩及其附属部件的结构组成。
> 3. 城市轨道交通常见车型的车体车架及车钩型式。

第一节　轨道车车体

一、概述

轨道车车体是具有一定的空间并且配置了操纵设施和生活设施的车厢,也称为车棚,由司机室、车顶、侧壁、间壁等部分组成。车体具有防风雨侵袭的作用,安装在轨道车车架上。

轨道车车体与车架构成一个整体,支撑在转向架上。车体车架是整个轨道车的主体,承载车体质量的垂直方向重力和传递纵向牵引(制动)力。因此,车架应该具有足够的刚度和强度,能够承受各个方向的作用力。

二、车体车架的作用及要求

1. 车体车架的作用

车体车架是轨道车的骨架。它既是各种设备,如柴油机、传动装置及辅助装置等的安装基础，又要传递各个方向的力：

(1) 将所承受的垂直载荷通过旁承传给转向架。

(2) 通过车钩、缓冲装置传递轨道车与车辆之间的纵向力（包括牵引力、制动力和冲击力）。

(3) 承受转向架传来的横向力。同时也起到保护机械设备和乘务人员不受雨、雪、风、砂的侵袭和隔音、隔热的作用。

因此，轨道车的车体车架应在垂直平面和水平平面内具有足够的强度和刚度，以免车轴受到影响，同时也保证各联接件的同心度，使安装在其上面的各种设备正常工作。

2. 对车体车架的要求

现代轨道车向高速大功率方向发展，轨道车质量也相应增大。而轴重却受线路条件的限制。因此，轨道车质量成为限制增大机车功率的主要因素。如何设法减轻轨道车各部件的质量，如车体车架，是实现大功率轨道车重要措施之一。

因此，设计现代轨道车的车体车架应满足以下要求：

(1) 满足乘务组的正常工作条件，如操纵、瞭望方便等。

(2) 在具有最小质量的条件下，保证有足够的强度、刚度和可靠性。

(3) 便于安装动力装置、辅助装置和缓冲装置。

(4) 在制造及修理时，结构上有较好的工艺性。

(5) 外形美观，具有良好的空气动力学性能，符合现代化的要求。

三、车体的形式

车体的作用仅在于保护车上的机械设备，并通过隔音、隔热改善乘务员的劳动条件，按车体外形，可分为罩式（外走道式）车体和棚式（内走道式）车体两种。

1. 罩式车体

罩式车体外形矮小，动力室及冷却室内部不通行，如图 3-1 所示。司机室布置在机车的一端或中部，高出并宽于车体的其他部分以便于司机瞭望。当乘务员检查机器设备时，必须打开车体侧面的门。

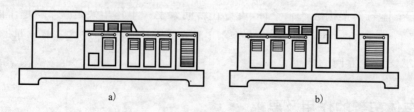

图 3-1 罩式车体

罩式车体结构简单紧凑，造价低，多用于小功率机车和调车机车。GCY-300 型内燃调机的车体就属于这种类型。

司机室两端的顶部装有照明灯、防护灯和喇叭,保证轨道车在夜间以及在隧道内的行车安全。

在车体中部设有司机室。司机室的装饰板采用空调客车使用的双贴面胶合板。地板要求有足够的强度,并具有良好的隔音性能,因此采用多层结构,并喷涂阻尼胶,用以减少司机室的噪声,双层木地板的表面粘有阻燃耐油地板革。司机室的侧窗为推拉式或双层密封式,并配有纱窗。轨道车的两端设有瞭望窗,装有挡风玻璃和刮雨器,使得司机视野开阔,瞭望方便。

司机室内设有操纵台,司机通过操纵台上的手柄或按钮发出控制命令,进而控制轨道车的运行状况。司机室内设置两个司机操纵台,分别设置有司控器、空气制动机等设备,同时设有撒砂踏板、喇叭电源、电源总开关等。

座椅前方的操纵台台面上安装有各种仪表、指示灯、双针压力表和微机显示屏,显示屏主要提供有发动机转速、水温、机油压力、电流、燃油指示、里程等参数,用以给司机提供轨道车运行过程中各部件的相关数据。例如,机油压力表可以实时显示机油的压力,司机能够通过机油的压力判断柴油机的润滑情况。

操纵台上的换向手柄和挡位手柄用以控制机车的运行工况和运行速度。换向手柄的上方有司机钥匙孔,只有司机插入钥匙时,方能起动轨道车。

对轨道车车体的防火要求严格,因此要求在车体结构和选材上采用防火设计和阻燃处理。对轨道车的隔音和减噪也有严格要求。

2. 棚式车体

棚式车体采用全钢焊接结构,车体的结构强度较大。车体骨架采用薄钢板压制成各种断面的空心杆件或采用矩形钢管焊接而成,如图3-2所示。这种结构保证了车体的结构强度,同时减少了车体的质量。护板包括内护板和外护板,内护板的材料是胶合板,铺设在骨架的内面上。外护板的材料是薄钢板,包在骨架的外面。内外护板之间填入毛毡、矿渣棉或泡沫塑料等绝热材料,用来隔热和保温。有些轨道车的外护板采用整张钢板拉压成型。车顶整体玻璃钢材料,用以防腐防漏。

轨道车的车顶,车棚外部的车辆端装有照明灯、防护灯和喇叭,保证轨道车在夜间以及在隧道内的行车安全。

轨道车车厢两端设有司机室。司机室和休息间内的装饰板采用空调客车使用的双贴面胶合板。地板要求有足够的强度,并具有良好的隔音性能,因此采用多层结构,并喷涂阻尼胶,用以减少司机室和休息室的噪声,双层木地板的表面粘有阻燃耐油地板革。司机室的侧窗为推拉式或双层密封式,并配有纱窗。轨道车的两端设有瞭望窗,装有挡风玻璃和刮雨器,使得司机视野开阔,瞭望方便。

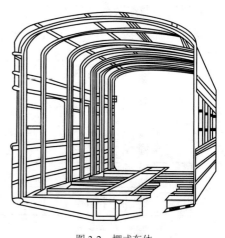

图3-2 棚式车体

司机室内设有操纵台,司机通过操纵台上的手柄或按钮发出控制命令,进而控制轨道车的运行状况。操纵台右侧设有可调式司机座椅,左侧设有副司机座椅。另外设有司控器、空气制动机等手柄,同时设有撒砂踏板、喇叭电源、电源总开关等。

座椅前方的操纵台台面上安装有各种仪表、指示灯、双针压力表和微机显示屏,显示屏主要提供有发动机转速、水温、机油压力、电流、燃油指示、里程等参数,用以给司机提供轨道车运行过程中各部件的相关数据。例如,机油压力表可以实时显示机油的压力,司机能够通过机油的压力判断柴油机的润滑情况。

操纵台上的换向手柄和挡位手柄用以控制机车的运行工况和运行速度。换向手柄的上方有司机钥匙孔,只有司机插入钥匙时,方能起动轨道车。

对轨道车车体的防火要求严格,因此要求在车体结构和选材上采用防火设计和阻燃处理。对轨道车的隔音和减噪也有严格要求。

四、车架

轨道车的车架又称车底架,是安装各总成的载体,是车体的基础,由各横向梁和纵向梁组成。车架直接与转向架相连,传递轨道车各个方向的受力。车架性能的好坏直接影响整个轨道车的结构强度,因此车架必须有足够的刚度和结构强度,以保证安装在车架上的设备正常工作。

车架主要包括中梁、侧梁、横梁、端梁、辅梁和牵引装置等,如图 3-3 所示。各部件采用型钢、钢板焊接或铸钢件铆焊而成。其中,中梁为车架的主要受力部件,牵引力大的轨道车中梁采用箱式结构,以提高车架的刚度和强度。车架的下面设有旁承座、牵引装置,车架通过牵引装置和旁承实现与转向架的连接,牵引装置和旁承传递横向、纵向和垂向力。

五、排障器

轨道车两端装有排障器(图 3-4),其作用是有效地清除轨面上的障碍物,防止车轮压上异物发生脱轨事故,是轨道车不可缺少的附件之一。排障器由钢构件组成,钢构件通过螺栓连接在车架上,其下部向外倾斜,钢构件下缘距轨道上平面的距离应为 90~130mm,使用时

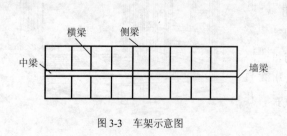

图 3-3 车架示意图

图 3-4 排障器

应注意调整。排障器上安装有橡胶板（管排）扫石器，在钢轨正上方与排障器的钢构件相连。橡胶板的下缘距轨面约为25mm，由于经常与轨面上的杂物接触，橡胶板磨损较快，不符合要求时应及时更换，否则不能有效地清除杂物。

第二节　车钩缓冲装置

一、概述

车钩缓冲装置是车辆最基本的也是最重要的部件之一，用来连接列车中各车辆使之彼此保持一定距离，并且传递和缓和列车在运行中或在调车时所产生的纵向力和冲击力。

如果上述的牵引、连挂和缓和冲击的作用是由同一装置来承担的，那么该装置称为牵引缓冲装置。如果它们的作用分别由不同的装置来承担，则分别称为牵引连挂装置和缓冲装置。牵引连挂装置用来实现车辆之间的彼此连接、传递和缓和牵引（拉伸）力的作用；缓冲装置（缓冲盘）用来传递和缓和冲击（压缩）力，并且使车辆彼此之间保持一定的距离。

按照牵引连挂装置的连接方式，可分为自动车钩和非自动车钩。自动车钩不需要人工参与就能实现连接，非自动车钩则要由人工完成车辆之间的连接。我国铁路车辆均采用自动车钩。

自动车钩又可分为两种基本类型：非刚性车钩和刚性车钩，如图3-5所示。非刚性车钩允许两个相连接的车钩在垂直方向上有相对位移，当两个车钩的纵轴线存在高度差时，连接着的两钩呈阶梯形状，并且各自保持水平位置。刚性车钩不允许两相连接车钩在垂直方向彼此存在位移，但是在水平方向可产生少许转角，如果在车辆连接之前两车钩的纵向轴线高度存在偏差，那么在连挂后，两车钩的轴线处在同一直线上并呈倾斜状态。两车钩的尾端采用销接，从而保证了两连挂车辆之间的位移和偏角。

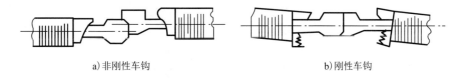

a) 非刚性车钩　　　　　　　　b) 刚性车钩

图3-5　非刚性车钩与刚性车钩

刚性车钩减小了两个连接车钩之间的间隙，从而大大降低了列车运行中的纵向冲动，提高了列车运行的平稳性，同时也降低了车钩零件的磨耗和噪声。另外，刚性车钩有可能同时实现车辆间的气路和电路的自动连接。非刚性车钩结构较简单，强度高，重量轻，与车体的连接较为简单。

我国铁路一般客、货车均采用非刚性的自动车钩,对于高速列车和城市的地铁、轻轨车辆则应采用刚性的自动车钩及密封式车钩。

二、轨道车车钩的种类

我国轨道车上所使用的车钩属非刚性自动车钩,所谓自动车钩即在拉动钩提杆或两车互相碰撞时就能自动完成解开或连挂的动作。这种车钩的特征为钩头上有可绕钩舌销转动的钩舌,所以也称为关节式车钩。

我国轨道车上采用的车钩类型有 2 号、13 号车钩。随着列车运行速度的提高和牵引吨位的增加,对车钩的强度提出了更高的要求,2 号车钩已不能适应运输的要求,已基本被淘汰。现在新制造的轨道车全部采用 13 号车钩,车钩安装在轨道车的两端。不同类型的车钩,其结构虽然有些差异,但其作用原理是相同的。根据车钩的开启方式,可将车钩分为上作用式和下作用式两种。由设在钩头上部提升机构开启的,称为上作用式;由设在钩头下部推顶机构开启的,称为下作用式。

三、车钩的组成

车钩主要由钩体、钩舌、钩舌销、钩舌推铁(也称甩铁)、锁提销、连接杆、钩锁等部分组成,如图 3-6 所示。车钩的材料、热处理工艺及其结构形式和尺寸,对车钩的强度、耐磨性、纵向自由间隙有很大的影响。

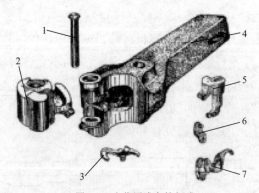

图 3-6 上作用式车钩组成

1- 钩舌销;2- 钩舌;3- 钩舌推铁;4- 钩体;5- 钩锁;6- 下锁销;7- 锁提销杆

四、车钩的三态作用

车钩工作时各零部件处于不同的位置,起着不同的作用,使车钩具有闭锁、开锁和全开三个工作状态,称为车钩的三态作用。

车钩的三态作用是利用车钩提杆把锁提销提起或落下,通过钩锁与钩舌推铁的作用,使车钩处于闭锁、开锁和全开状态(或称闭锁位置、开锁位置和全开位置)。

根据城市轨道交通运营的需要,要求车钩具有灵活的三态作用。车辆连接后各车钩应具有闭锁作用,两车钩均处于闭锁位置,以保证车辆运行过程中各车钩不能分离。摘解车辆时,车钩应具有开锁作用,即两连挂的车钩至少有一个应处于开锁位置,以便使两连挂的车钩脱开。连挂车辆时,至少有一个车钩处于全开位置,全开位置的车钩钩舌张开,另一车钩的钩舌进入全开位置的车钩的钩腕内,两钩碰撞,使得全开位置的车钩钩舌转动,实现两车钩的连接。以 13 号车钩为例,说明车钩是怎样实现三态作用的。

1. 闭锁位置

当车钩处于闭锁位置时。车钩内部的各零部件所处的位置如图 3-7、图 3-8 所示。

闭锁位置时,钩锁的中部台阶(a)座在钩舌推铁(4)端的锁座(b)上。闭锁位置时,钩锁处于最低位置,钩舌尾部(c)受钩锁(d)处阻挡,钩锁的另一侧受钩腔内壁的阻挡,使得钩舌被锁住不能转动,形成了闭锁位置。

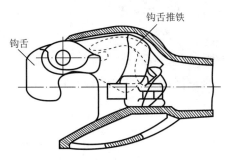

图 3-7 闭锁位置图 1

车辆在运行过程中会产生振动,使得钩锁上下跳动,造成自动脱钩。自动脱钩影响车辆的运行安全。因此在车钩的钩腔内侧设有防跳台,防止由于钩锁的跳动引起自动脱钩的现象发生。上作用式车钩处于闭锁位置时,上锁销、上锁销杆和钩锁充分落下,形成弓形,使得上锁销杆下部弯钩及上锁销顶部(e)处进入钩头内腔的防跳台(f)下方。此时,无论车辆如何振动,钩锁、上锁销、上锁销杆都不能跳动开锁,这种作用称为车钩的防跳作用。

下作用式车钩处于闭锁位置时,下锁销沿着钩锁下部的长圆孔滑至钩头下部的挡棱下方。图中双点划线部分为下作用式车钩的结构,下作用式车钩也设有防跳台。

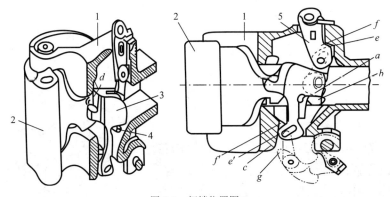

图 3-8 闭锁位置图 2

1- 钩体;2- 钩舌;3- 钩锁;4- 钩舌推铁;5- 锁提销;a- 钩舌中部台阶;b- 钩舌推铁锁座;c- 钩舌尾部;d- 抵住钩舌的钩锁部分;e- 上锁销防跳部分;f- 上防跳台;f'- 下防跳台;e'- 钩锁防跳部分;g- 下锁销杆

2. 开锁位置

当车钩处于开锁位置时,车钩内部的各零部件所处的位置如图3-9、图3-10所示。

开锁位置时,钩舌没有转动,而钩舌推铁也没有推动钩舌转动,但钩锁被提起,不再抵住钩舌尾部,钩舌可以转动,但不会自动转动。

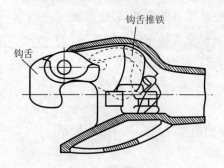

图3-9 开锁位置图1

欲将车钩从闭锁位置转换到开锁位置,则需向上扳动车钩提杆,车钩提杆提起上锁销,并带动钩锁向上移动,当钩锁提到一定的高度时,放下车钩提杆,钩锁由于其结构特点向前倾斜,使得钩锁的开锁座面坐在钩舌推铁一端的锁座上。这时钩舌可以绕钩舌销自由转动,车钩成开锁状态。

下作用式车钩开锁时,向上扳动车钩提杆后,下锁销杆绕钩头下部的固定点转动,推动下锁销,向上推起钩锁,钩锁向上移动,当钩锁提到一定高度时,放下车钩提杆,钩锁同样由于其结构特点向前倾斜,坐在钩舌推铁一端的锁座上,使得车钩成开锁状态。

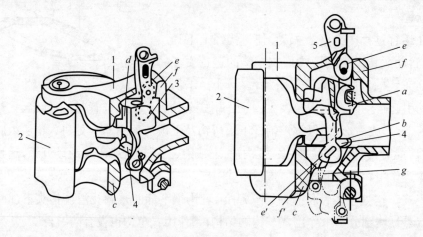

图3-10 开锁位置图2

1-钩体;2-钩舌;3-钩锁;4-钩舌推铁;5-锁提销;a-钩舌中部台阶;b-钩舌推铁锁座;c-钩舌尾部;d-抵住钩舌的钩锁部分;e-上锁销防跳部分;f-上防跳台;f'-下防跳台;e'-钩锁防跳部分;g-下锁销杆

3. 全开位置

当车钩处于全开位置时,车钩内部的各零部件所处的位置如图3-11、图3-12所示。

全开锁位置时,锁提销、锁提销杆以及钩锁的位置相对于开锁位置向上移动,各零部件的位置如图3-12所示。欲将闭锁位置或开锁位置的车钩置于全开位置,须扳转车钩提杆至最高位置,使得上锁销、上锁销杆带动钩锁向上移动,钩锁充分被提起,使钩

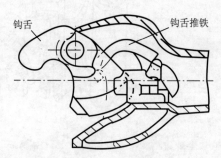

图3-11 全开位置图1

锁的锁腿推动钩舌推铁，钩舌推铁转动并推动钩舌的尾部，使钩舌转开形成全开位置，为两车钩连挂做好准备。

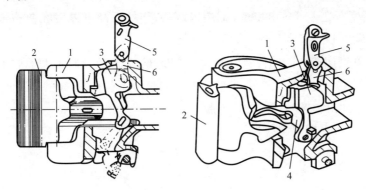

图 3-12　全开位置图 2

1- 钩体；2- 钩舌；3- 钩锁；4- 钩舌推铁；5- 锁提销；6- 锁提销杆

对于下作用式车钩，向上扳动车钩提杆至最高位置，使得下锁销杆带动下锁销，推动钩锁向上移动，钩锁被充分推起后，钩锁的锁腿推动钩舌的尾部，使钩舌转开形成全开位置。

五、车钩的摘挂

车辆连挂后，车钩应处于完全的闭锁状态，以保证车辆运行时不分离。连挂车辆时，使其中一个车钩呈全开状态，另一车钩的钩舌外部推动全开车钩的钩舌尾部，使得全开车钩的钩舌绕钩舌销转动。当车钩的钩舌完全进入全开车钩的钩头内腔时，钩锁、上锁销、上锁销杆由于其自身重力自动落下，钩锁的后座面坐在钩舌推铁一端的锁座上，抵住钩舌尾部，车钩由全开位置转换到闭锁位置，两车钩均不能自由转动，车辆连接完毕。

13 号上、下作用式车钩形成闭锁位置的标志是钩锁的足部（锁腿下端）从钩头下锁销孔露出，上、下锁销充分落下。能从下锁销孔处看到钩锁的足部，说明锁销已经达到了闭锁位置；上、下锁销已经充分落下（上锁销定位突檐紧贴钩头上表面，下锁销从下锁销孔露出较多），说明上、下锁销的防跳部分已经分别抵在钩腔上、下防跳台的下方，起到了防跳作用。轨道车的乘务人员在连挂车辆后必须检查车钩是否连挂完全，以免因钩锁未能充分落下，出现两车钩假连接的情况，造成车钩分离事故。

车辆摘解时，两车钩中至少有一个车钩呈开锁位置，然后牵动任一车辆，使两车钩分离，随着车辆的移动，开锁位置的车钩钩舌绕钩舌销转动，两车钩分离，摘解完毕。

六、车钩检查

车钩状态的好坏，直接影响列车的运行安全，因此需要对车钩进行重点检查。对车钩检查的主要内容包括：

(1)各部件均应无裂纹、变形及磨耗超限等情况。

(2)车钩的三态作用(闭锁、开锁、全开)应灵活、准确、可靠。

(3)车钩高度应在 815～890mm 范围内,车钩连挂后高度差应在 75mm 以内,同一轨道车 1、2 位车钩中心线高度差应不大于 10mm。

(4)车钩的开度应符合闭锁位置时不大于 130mm,全开位置时不大于 250mm。

(5)车钩在闭锁状态时,上作用式车钩提链的长度余量应在 30～50mm 范围内,以防车辆行驶时,由于冲击和振动导致的意外脱钩。

七、车钩其他附件

1. 钩尾框及钩尾销

钩尾框用钩尾销与钩尾连接,钩尾框内安装的缓冲器和前、后从板,是传递牵引力的主要配件。钩尾框用铸钢制成,钩尾销用钢锻制而成,其结构如图 3-13 所示。

钩尾销穿插在钩尾框和钩尾的钩尾销孔内,其下端被装于钩耳销固定挂耳上的横穿的钩尾销螺栓托住,钩尾销螺栓在螺母外侧必须安装开口销,以免钩尾销螺栓丢失,造成列车分离事故。

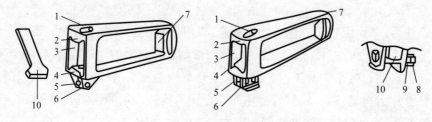

图 3-13　钩尾框及钩尾销

1- 钩尾销孔;2- 钩尾挡;3- 侧板;4- 钩尾座;5- 钩尾销固定挂耳;6- 钩尾销螺栓孔;7- 后端面;8- 钩尾销螺栓;9- 开口销;10- 钩尾销

2. 从板及从板座

从板安装在钩尾框内于缓冲器前后各一块。前面的为前从板,承受牵引力,后面的为后从板,承受冲击力(MT-3 型等缓冲器只用前从板,后从板由箱体代替)。借助从板与从板座接触使缓冲器实现缓冲作用,结构如图 3-14 所示。13 号车钩用的前从板与钩尾接触面为圆弧形,以便扩大接触面,避免从板因受力集中而裂损;另一方面,可使列车在通过曲线时,车钩摆动自如,减少缓冲器对车钩的反驳力,保证运行平稳。

从板座分前从板座和后从板座。铆结于牵引梁内侧面上,用以阻挡从板的移动,使缓冲器实现衰减及缓和列车冲击的目的,如图 3-15 所示。前从板座(9 个或 10 个铆钉孔)承受并传递列车的牵引力,后从板座(12 个铆钉孔)承受并传递冲击力。这种分立式后从板座由于分别铆装在牵引梁两内侧面上,连接刚度不足,在较大的冲击力作用下,易使从板座处的牵引梁产生变形或外涨。为避免上述问题,

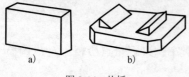

图 3-14　从板

已将后从板座铸成一体式。

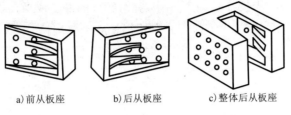

a) 前从板座　　b) 后从板座　　c) 整体后从板座

图 3-15　从板座

3. 冲击座及车钩托梁

冲击座位于底架端梁的中部，在冲击座下部装有车钩托梁，除保证车钩缓冲装置正常使用位置外，当车钩受到较大的冲击力时，钩肩与冲击座接触，由于有冲击座，可加强端梁强度并将部分冲击力直接传递给底架，避免缓冲器因冲击力过大而破损。

货车冲击座由铸钢制成，采用焊接或铆接在端梁中部。

按照安装车钩托梁的形式，可分为如下两种：

（1）冲击座的底部带有安装车钩托梁的螺栓孔，车钩托梁用 4 根螺栓组装在冲击座下部，如图 3-16a)、b)所示。

此种结构车钩托梁易弯曲变形，且托梁螺栓松弛较多，所以被插入式冲击座代替。

（2）插入式冲击座，冲击座的底部铸有车钩托梁框，车钩托梁可以从一端插入，用螺栓固定，如图 3-16c)所示。

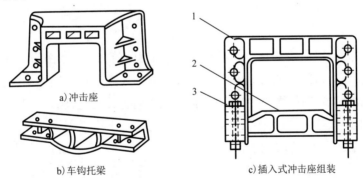

a) 冲击座　　b) 车钩托梁　　c) 插入式冲击座组装

图 3-16　冲击座及车钩托梁

1- 冲击座；2- 插入式车钩托梁；3- 螺栓

4. 钩尾框托板及挡板

钩尾框托板由钢板压制而成，它是由螺栓组装在牵引梁上，用以托住钩尾框。为了减少磨耗，在钩尾框与钩尾框托板之间装有磨耗板。在牵引梁的上方装有钩尾框挡板，以防止钩尾框翘起，钩头下垂。

5. 车钩提杆及座

车钩提杆是为开启车钩而设置的，分为上作用式和下作用式两种。

上作用式车钩提杆如图 3-17 所示，应用在内燃调机上。一般采用平直式。由于上作用式车钩提钩链留有一定的余量,所以车钩提杆座一般采用圆孔结构,如图 3-17 所示。

下作用式车钩提杆(图 3-18)在运用中,如有较大的冲击或受异物碰撞后,车钩提杆将产生摆动,造成开钩现象。所以,下作用式车钩提杆座带有扁槽。车钩连挂后,车钩提杆手柄端扁平部分安装在车钩提杆座的扁槽中,使之不能摆动。

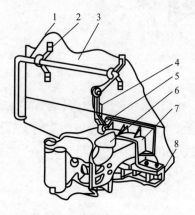 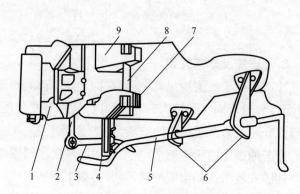

图 3-17　上作用式车钩　　　　　　　　　　图 3-18　下作用式车钩

1- 钩提杆；2- 钩提杆座；3- 车体端墙；4- 提杆链；5- 上锁销；6- 钩头；7- 冲击座；8- 车钩托梁

1- 钩头；2- 钩推销；3- 下缩销杆；4- 下缩销托吊；5- 车钩提杆；6- 车钩提杆座；7- 车钩托梁；8- 吊杆；9- 冲击座

八、缓冲器

1. 概述

缓冲器的作用是用来缓和列车在运行中由于牵引力的变化或在启动、制动及调车作业时车辆相互碰撞而引起的纵向冲击和振动。缓冲器有耗散车辆之间冲击和振动的功能,从而减轻对车体结构和装载货物的破坏作用,提高列车运行的平稳性。

缓冲器的工作原理是借助于压缩弹性元件来缓和冲击作用力,同时在弹性元件变形过程中利用摩擦和阻尼吸收冲击能量。

根据缓冲器的结构特征和工作原理,一般可将缓冲器分为以下几种类型:弹簧式缓冲器、摩擦式缓冲器、橡胶缓冲器、摩擦橡胶式缓冲器、黏弹性橡胶泥缓冲器、液压缓冲器及空气缓冲器等。目前应用最广泛的为摩擦式缓冲器和摩擦橡胶式缓冲器。这两种缓冲器具有结构简单、制造方便、成本低的优点。

2. 缓冲器的主要性能参数

缓冲器的性能直接影响着列车的牵引总重、运行速度、车辆的总重、编组作业效率、货物的完好率等涉及铁路运输效能的主要技术经济指标。决定缓冲器特性的主要参数是:缓冲器的行程、最大作用力、容量及能量吸收率等。

(1) 行程:缓冲器受力后产生的最大变形量称为行程。此时弹性元件处于全压缩状态,如再加大外力,变形量也不再增加。

(2)最大作用力:缓冲器产生最大变形量时所对应的作用外力。

(3)容量:缓冲器在全压缩过程中,作用力在其行程上所作的功的总和称为容量。它是衡量缓冲器能量大小的主要指标,如果容量太小,则当冲击力较大时就会使缓冲器全压缩而导致车辆刚性冲击。

(4)初压力:缓冲器的静预压力。初压力大小将影响列车起动加速度。

(5)能量吸收率:缓冲器在全压缩过程中,有一部分能量被阻尼所消耗,其所消耗部分的能量与缓冲器容量之比称为能量吸收率。吸收率越大,则表明缓冲器吸收冲击能量的能力越大,反冲作用就越小,否则,缓冲器必须往复工作几次方能将冲击能量消耗尽,这将导致车钩、车底架过早疲劳损伤,并且加剧列车纵向冲击。一般要求能量吸收率不低于70%。

3. ST型缓冲器结构与性能

目前轨道车使用的缓冲器主要是ST缓冲器,在此仅对ST缓冲器进行介绍。

ST型缓冲器是参照前苏联以Ⅲ-Ⅰ-TM型缓冲器改进而设计制造的,从1998年开始其逐步取代了3号缓冲器。它是由1个压缩楔块(又叫推力锥)、3块摩擦楔块、1个压圈(又叫限位垫圈)、1个外圆弹簧、1个内圆弹簧、1根拉紧螺栓、螺母和箱体共10个零件组成。其结构如图3-19所示。

ST型缓冲器的工作原理是当压缩楔块(1)受到冲击时,3块摩擦楔块(3)沿着箱体口部的斜面向里移动,这时将一部分冲击动能转化为热能而消失。同时,压紧垫圈(4)受到摩擦楔块(3)的压力而压紧内、外圆弹簧(7)和(6),将另一部分冲击动能转化为圆弹簧的势能而储存。当冲击动能消除时,圆弹簧储存的势能又推动压缩楔块(1)和摩擦楔块(3)向外移动。这样就通过摩擦楔块与箱体口部斜面的摩擦,将圆弹簧的势能转化为热能而消失,从而达到缓和冲击的目的。

ST型缓冲器的优点是:

(1)容量大。该型缓冲器初始容量大于20kJ,平均值约22.5kJ,运行使用后容量会发生改变,经过1年的使用可达37~47kJ,平均值为42kJ。

(2)结构简单。该型缓冲器总共只由8种10个零件组成,质量仅为134kg。

(3)检修间隔周期长。ST型缓冲器的检修间隔周期几乎等同于MT型缓冲器,可达10年,大大降低了维修成本。

(4)价格适宜,性价比高。价格与2号缓冲器相当,但其性能优于2号缓冲器。

外形尺寸与2号缓冲器相当,便于对旧车改造时替换2号缓冲器。

ST型缓冲器的缺点是:

(1)外形不均衡,造成缓冲器前轻后重,运用中易造成车

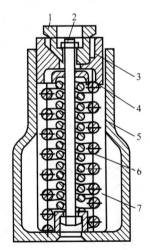

图3-19 ST型缓冲器

1-压缩楔块;2-拉紧螺栓;3-摩擦楔块;
4-压紧垫圈;5-箱体;6-外圆弹簧;
7-内圆弹簧

钩下垂，影响车辆的连挂，危及行车安全。

（2）容量大小只能满足于现阶段运输的需要，而无法满足今后的发展要求。

第三节　GCY-220型轨道车体

一、车体

GCY-220型重型轨道车车体主车架由中梁、边梁、装饰梁、端梁等组成，边梁和端梁用钢板拼焊成箱形结构，中梁及装饰梁为型钢。

主车架边梁底面焊有轴箱侧挡，其磨耗面与车轴轴承箱两端侧挡间隙和为6～10mm，间隙过大时，应在侧挡磨耗板背面加垫片调整；轴箱侧挡磨耗板与轴箱止挡重合面高度应在30～50mm之间，不满足时更换磨耗板或轴箱弹簧进行调整。轴箱侧挡结构如图3-20所示。

在实际运用过程中，应定期检查轴箱侧挡磨耗面与轴箱止挡间隙、轴箱侧挡磨耗板与轴箱止挡重合面高度。

GCY-220型重型轨道车采用棚式非承载式车体，如图3-21所示。车棚由方孔钢焊接骨架外蒙薄钢板组成，骨架内填有隔热材料，车顶敷有三层玻璃钢板。车内顶棚装饰板为薄钢板，顶棚上分别设有发动机吊装天窗，使用天窗时，需拆下发动机天窗盖，使用完后原样恢复。车体前、后端雨刮器电机处均开设有检修门，检修完毕应原样恢复。车辆两端装有排障器，可有效清除轨道上的障碍物，保证车辆的安全运行。排障器下缘距轨道上平面应为90～130mm，使用中应注意调整。前后排障器在轨道上方均安装有橡胶板，橡胶板下缘距轨面应为15mm。由于经常与钢轨及钢轨上杂物接触，橡胶板磨损较快，应根据情况及时更换。

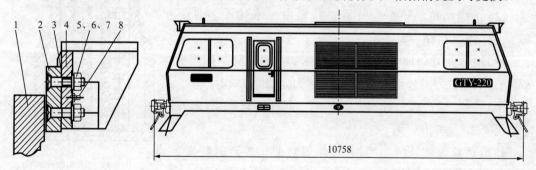

图3-20　轴箱侧挡　　　　　图3-21　GCY-220型重型轨道车车体(尺寸单位：mm)

1- 轴箱体止挡；2- 磨耗板；3- 调整垫；4- 侧挡座；
5- 螺母；6- 垫圈；7- 螺栓；8- 油杯

二、车钩装置

GCY-220型重型轨道车的前、后端装有13B型下作用式车钩,并带有ST型缓冲器,如图3-22所示。

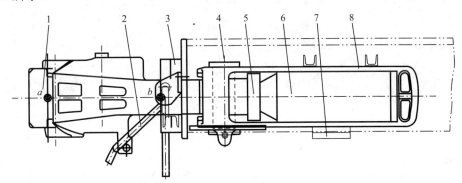

图3-22　GCY-220型轨道车车钩装置

1- 车钩组成;2- 提钩装置;3- 冲击座及车钩托梁;4- 钩尾销;5- 前从板;6- 缓冲器;7- 钩尾框托板;8- 钩尾框

图中 a 点与 b 点的高度差表示车钩上翘不应超过5mm,下垂不应超过3mm。在使用时,应经常检查车钩及各连接螺栓是否紧固,车钩闭锁、开锁、全开的三态作用是否灵活、可靠,以及检查车钩的磨损情况及检查车钩高度。为了保证车钩高度,可通过在钩尾框托板与中梁之间、车钩托梁与冲击座之间增加垫板,调整车钩高度。

第四节　GCY-300型内燃调机

一、车体

车体上设置有前机器间、司机室及后机器间。前机器间采用带侧开门的罩式结构,顶部设供检修用活动板,可方便柴油机、传动箱及发电机等的检修、维护作业。后机器间采用带侧开门的罩式结构,可方便制动系统阀件等的操纵、检修、维护等作业。

GCY-300型内燃调机车体主车架由中梁、边梁、端梁及牵引梁等组成,中梁、端梁、牵引梁采用钢板拼焊的箱形结构,边梁均采用型钢。

司机室由矩形钢管焊接组成,骨架内填有阻燃型发泡隔热、隔音材料。司机室端雨刮器电机处均开设有检修孔,检修完毕应原样恢复。司机室内布置电气控制柜、操纵台、发电机控制柜等。

车辆两端装有排障器,可有效清除轨道上的障碍物,保证车辆的安全运行。排障器下缘距轨道上平面应为 95～130mm，使用中应注意调整。GCY-300 型重型轨道车车体、车架如图 3-23 所示。

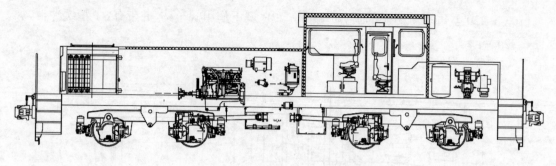

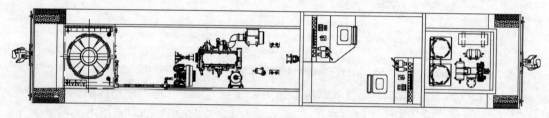

图 3-23　GCY-300 型重型轨道车车体、车架

二、车钩装置

GCY-300 型内燃调机的前后车端安装有 13A 号上作用式车钩及 ST 型缓冲器，如图 3-24 所示。

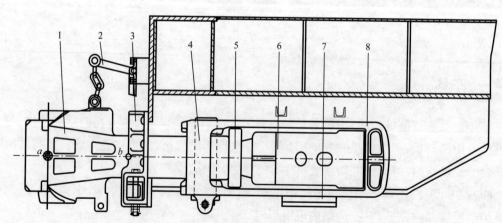

图 3-24　GCY-300 型内燃调机车钩安装

1-车钩组成；2-提钩装置；3-冲击座及车钩托梁；4-钩尾销；5-前从板；6-缓冲器；7-钩尾框托板；8-钩尾框

图中 a 点与 b 点的高度差表示车钩上翘不应超过 5mm，下垂不应超过 3mm。在使用过程中，经常检查车钩及各连接螺栓是否紧固，车钩闭锁、开锁、全开的三态作用是否灵

活、可靠,以及检查车钩的磨损情况和检查车钩高度。为了保证车钩高度,可通过在钩尾框托板与中梁之间、钩尾框与钩尾框托板之间、车钩托梁与冲击座之间增减垫板,调整车钩高度。

第四章　走行系统

岗位应知应会

1. 了解轨道车走行系统的作用、组成及技术要求。
2. 了解轨道车走行系统的类型及分类原则。
3. 熟悉轨道车构架的分类、组成及各部作用。
4. 掌握轨道车不同类型轴箱定位的结构组成及特点。
5. 熟悉轨道车轮对的结构组成及作用。
6. 熟悉弹性装置的分类及结构组成。
7. 掌握不同牵引装置的结构组成及特点。
8. 对走行部的结构组成有清晰的认识。
9. 掌握不同类型走行系统的结构区别及技术特点。
10. 对城市轨道交通常见车型的走行部有全面的认识。

重难点

1. 不同类型的轴箱定位方式的结构组成及特点。
2. 不同类型的牵引装置的结构组成及特点。
3. 城市轨道交通常见车型的走行系统的区别。

第一节　走行系统概述

一、走行系统概述

轨道车与其他有轨车辆一样，其走行系统的主要作用是引导车辆沿轨道行驶、支承车体、传递车体与轨道之间的各种载荷并缓和其动力。走行系统的结构、性能直接影响车辆的运行可靠性、动力性能和行车安全，所以它是轨道车最重要的组成部件之一。

走行系统可以相对于车体转动，以便车辆通过曲线；在转向架上设有缓冲减振装置、制动装置和驱动装置，以满足轨道车的运行要求及改善轨道车的运行品质。

二、走行系统的作用

走行系统的作用是：

(1)承受车架以上各部分的重力,包括车体、车架、动力装置以及辅助装置等。
(2)保证必要的黏着,并把轮轨接触处产生的轮周牵引力传递给车架、车钩,牵引车列前进。
(3)缓和线路不平顺对机车的冲击和保证机车具有较好的运行平稳性和稳定性。
(4)保证机车顺利通过曲线。
(5)产生必要的制动力,以便使机车在规定的制动距离内停车。

三、走行系统组成

走行系统由下列主要部分组成:
(1)构架。构架是转向架的骨架,承受和传递垂向力及水平力。
(2)弹簧减振装置。弹簧减振装置用来保证一定的轴重分配,缓和线路不平顺对机车的冲击并保证机车体在垂向的运行平稳性。
(3)车架与转向架的连接装置。此连接装置用以传递车体与转向架间的垂向力及水平力(包括纵向力如牵引力或制动力,横向力如通过曲线时的车体未平衡离心力等),使转向架在机车通过曲线时能相对于车体回转。在较高速度的机车上,车体与转向架间还设置横动装置,使车体在水平横向成为相对于转向架的簧上重力,以提高机车在水平方向的运行平稳性。
(4)轮对和轴箱。轮对直接向钢轨传递车体重力,通过轮轨间的黏着产生牵引力或制动力,并通过轮对的回转实现机车在钢轨上的运行。轴箱是联系构架和轮对的活动关节,它除了保证轮对进行回转运动外,还能使轮对适应线路等条件,相对于构架上、下、左、右和前、后活动。

四、走行系统主要技术要求

走形系统是轨道车的主要组成部分之一。它用来传递各种载荷,并利用轮轨间的黏着保证牵引力的产生。转向架结构性能的好坏,直接影响轨道车的牵引能力、运行品质、轮轨的磨耗和列车的安全。特别是轨道车向高速、大功率方向发展,对转向架的要求就更高了。

根据现代轨道车的发展趋势,走形系统应具有的技术要求是:
(1)保证最佳的黏着条件。保证最佳的黏着条件,轴重转移尽量小,以满足提高轨道车牵引力的要求(一般要求黏着重力利用率不低于90%)。
(2)良好的动力学性能。在直线或曲线区段运行时,具有良好的动力学性能,尽可能减小对线路的动作用力和减少轨道及车轮的应力与磨耗。
(3)自重轻,工艺简易。转向架构架在满足强度和刚度要求的前提下,尽可能减轻自重,制造工艺简易,各梁之间不允许用螺栓连接。
(4)良好的可接近性。要求转向架各部分具有良好的可接近性,在保证运用可靠的前提下,结构简单,采用无磨耗及不需维修的结构形式,以减少维修工作量及延长两次维修间的走行公里数。
(5)零部件材质统一。设计转向架时,要求各零部件结构和材质尽可能统一化。

第二节　走行系统分类

一、按走行部形式分类

内燃机车按走行部形式可分为车架式和转向架式两种。

(1)车架式轨道车的走行部用万向轴驱动轮对。这种走行部具有结构简单、造价低等优点。但由于曲线通过的限制,动轴数一般限于3根,所以这样的走行部仅用于小机车和调车机车。

(2)转向架式轨道车的走行部与车辆走行部相似,使用最为普遍。单节机车的转向架数一般为2台,也有3~4台的(电传动);每台转向架的轴数为2~3根,转向架各轴通常均为动轴,动轴有单独驱动的,也有成组驱动的。转向架式轨道车的优点是:固定轴距短,容易通过曲线;弹簧—减振系统完善,利于高速运行,检修方便等。

二、按轴数分类

按轴数进行分类,有两轴转向架、三轴转向架。例如 GCY-300 型内燃调机、DGY-300 型重型轨道车为二轴转向架,东风4型内燃机车为三轴转向架。

三、按轴箱定位形式分类

按轴箱的定位形式进行分类,可分为有导框定位转向架和无导框定位转向架。

四、按车体与转向架的连接装置形式分类

按车体与转向架的连接装置形式进行分类,可分为有心盘转向架和无心盘转向架两种。

第三节　构　架

一、构架的作用和要求

构架是转向架各组成部分的安装基础,通过构架把转向架的组成部件组合成一个整体,

构架也是转向架承载的主要部件。对其基本要求如下：

（1）部分尺寸精度要求较高，使一些部件安装具有较高的定位精度，如轮对定位，使转向架具有较好的运行性能。

（2）便于各部件及附加装置的安装，包括轮对安装、传动齿轮装置的悬挂、牵引电机的安装、制动系统的安装。

（3）结构经过设计，具有足够高的强度，承受并传递牵引力、制动力、车体重力以及各种冲击、振动，保证运行安全。

二、构架的分类

就制造工艺而言，转向架的构架主要有铸钢构架和焊接构架两种形式。铸钢构架由于重量大，铸造工艺复杂，使用中受到一定程度的限制，城轨车辆中一般不采用铸钢构架。焊接构架的组成梁件为中空箱形，质量轻，节省材料，又能满足强度和刚度的要求，所以应用比较广泛。尤其是压型钢板的焊接构架，其梁件可以按等强度设计，箱形截面尺寸可以依据各部位受力情况而大小不等，使各截面的应力接近，并可合理地分布焊缝，减少焊缝数量，这样不但具有足够的强度，而且重量轻，材料利用率更高，只是对制造设备要求较高，成本也较高；上海、广州地铁均采用了压型钢板焊接构架。也可以依据其他分类，如按结构形式有：开口式封闭式，或H形、日字形、目字形等。

三、构架的组成

构架主要由左、右侧梁，一根或几根横梁及前后端梁组焊而成。没有端梁的构架，称开口式构架；有端梁的构架，称封闭式构架。转向架的构架示例如图4-1所示。

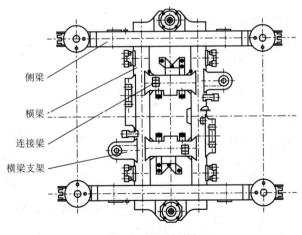

图4-1 构架示意图

侧梁是构架的主要承载梁，是传递垂向力、纵向力和横向力的主要构件，侧梁还用来确定轮对位置。横梁和端梁用来保证构架在水平面内的刚度,使两轴平行并承托车轴齿轮箱等。

构架上还设有旁承垫板、拉杆座、拉臂座、拐臂座和侧挡座等,用于安装相关设备。

构架的强度和刚度对转向架的性能十分重要,其主要破坏形式是裂纹和变形。

第四节 轴箱装置

一、轴箱装置的作用

轴箱装在车轴两端轴颈上,用来将全部簧上载荷包括铅垂方向的动载荷传给车轴,并将来自轮对的牵引力或制动力传到构架上去。此外,它还传递轮对与构架间的横向和纵向作用力。

轴箱对构架是个活动关节。轴箱与构架的连接方式对机车的运行品质有很大影响,这一连接通常称为轴箱定位。轴箱定位应保证轴箱能够相对于转向架构架在弹簧振动时作垂向运动,在机车通过曲线时还能少量横移。

二、轴箱装置的分类

1. 按轴承类型分类

轴箱装置按轴承类型的不同可以分为滑动轴承轴箱装置和滚动轴承轴箱装置。

目前轨道车已广泛使用滚动轴承轴箱装置,所以本节只介绍滚动轴承轴箱装置。

2. 按轴箱定位方式分类

轴箱装置按轴箱定位方式不同可分为导框式定位、拉板式定位、拉杆式定位、转臂式定位、橡胶弹簧定位、导柱定位。

三、轴箱的组成

轴箱由轴箱体、轴箱后盖、防尘挡圈、橡胶油封、轴箱前盖、压板等组成,如图4-2所示。

1. 轴箱体

轴箱体为铸钢筒形结构,两侧铸有弹簧托盘,用来安装轴箱弹簧等配件。筒两端各有4个轴箱耳,分别与轴箱前、后盖用螺栓连接,如图4-3所

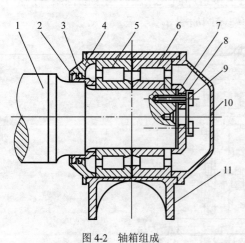

图4-2 轴箱组成

1-车轴;2-防尘挡圈;3-油封;4-后盖;5-42726T(NP3226XI)轴承;6-152726T(NJP3226XI)轴承;7-压板;8-防松片;9-螺栓;10-前盖;11-轴箱体

示。轴箱筒内安装滚动轴承,与轴承外圈为间隙配合。其主要作用是组装、支承各零件,连接构架,传递载荷。

2. 轴箱后盖

轴箱后盖如图4-4所示,内侧轴箱体筒内,支承内侧轴承外圈。在凸起缘外圆周面上和根部设有密封圈槽,用以安装密封圈。在内圆周面安装橡胶油封。

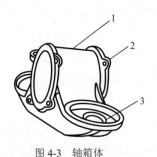
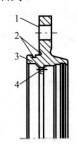

图4-3 轴箱体　　　　　　　　　　图4-4 轴箱后盖
1-轴箱筒;2-轴箱耳;3-弹簧托盘　　　1-螺栓孔;2-密封圈槽;3-凸起缘;4-橡胶油封座

3. 防尘挡圈

防尘挡圈如图4-5所示,过盈配合于车轴防尘板座上,与橡胶油封配合起密封作用,其内圆周端面支承内侧轴承内圈端面。

4. 橡胶油封

橡胶油封如图4-6所示,橡胶油封内有钢骨架,以增加其刚度。橡胶油封安装在轴箱后盖内圆周面上,与防尘挡圈配合。

5. 轴箱前盖

轴箱前盖如图4-7所示,内侧凸起缘嵌入轴箱体筒内,支承外侧轴承外圈。在凸起缘外圆周上和根部设有密封圈槽,以安装密封圈。轴箱前盖的作用是密封轴箱前部。

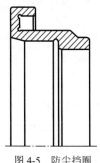
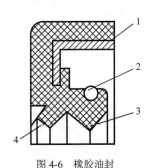
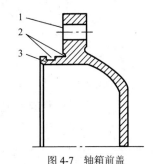

图4-5 防尘挡圈　　　图4-6 橡胶油封　　　　　　图4-7 轴箱前盖
　　　　　　　　　1-骨架;2-弹簧;3-主唇口;4-副唇口　　1-螺栓孔;2-密封圈槽;3-凸起缘

轴箱前盖组装时,其凸起缘必须压紧外侧轴承外圈端面。为此,前盖外缘与轴箱体前端面必须留有0.5～1mm间隙。

6. 压板

压板用3个螺栓固定在车轴端面上,在螺栓和压板之间安装防松片,以防止螺栓松动。压板内侧凸起缘顶在外侧轴承内圈端面,起支承作用,如图4-8所示。

四、轴箱定位

约束轮对与轴箱之间相对运动的机构称为轴箱定位装置，它对转向架的横向动力性能、抑制蛇行运动具有决定性作用。轴箱定位装置在纵向和横向具有适当的弹性定位刚度值，从而可避免车辆在运行速度范围内蛇行运动失稳，保证在曲线运行时具有良好的导向性能，减轻轮缘与钢轨的磨耗和噪声，确保运行安全和平稳性。

常见的轴箱定位结构形式有：

1. 导框式定位

导框是焊在构架侧梁上的一个铸钢件，轴箱上的导槽和构架上的导框相配合组成导框定位。

轴箱导框如图4-9所示。轴箱在导框内可上、下移动，也可在规定的轴箱对构架的横动量范围内左、右移动。考虑到振动、轴重分配不均等引起的弹簧变形可能使轴箱碰到侧梁或轴箱托板，轴箱顶至侧梁底面的距离和轴箱底部至轴箱托板的距离应不小于50mm。为了便于修理，在轴箱导框与轴箱体相接触的摩擦面上，各装有耐磨的衬板。为了保证车轮经线路不平处时轴箱可作垂向运动而不被卡住，侧面衬板的上、下部做成长度为50mm的1∶50的倾斜面。应定期向轴箱与导框之间浇注车用机油。

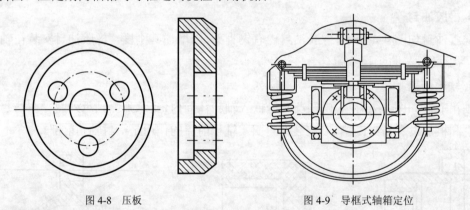

图4-8　压板　　　　　图4-9　导框式轴箱定位

2. 拉板式定位

用特种弹簧钢材制成的薄片形定位拉板，其一端与轴箱连接，另一端通过橡胶节点与构架相连。利用拉板在纵、横向的不同刚度来约束构架与轴箱的相对运动，以实现弹性定位。拉板上下弯曲刚度小，对轴箱与构架上下方向的相对位移约束很小，如图4-10所示。

3. 拉杆式定位

拉杆的两端分别与构架和轴箱销接，拉杆两端的橡胶垫、套分别限制轴箱与构架之间的横向与纵向的相对位移，实现弹性定位。拉杆允许轴箱与构架在上下方向有较大的相对位移，如图4-11所示。

4. 转臂式定位

转臂式定位，又称弹性铰定位，定位转臂的一端与圆筒形轴箱体固接，另一端以橡胶弹性节点与构架上的安装座相连接。弹性节点允许轴箱与构架在上下方向有较大的位移,弹性节点内的橡胶件设计成使轴箱在纵向和横向具有适宜的不同定位刚度的要求,如图4-12所示。

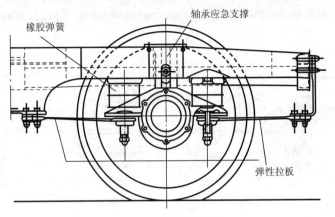

图 4-10 拉板式轴箱定位

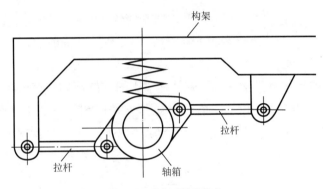

图 4-11 拉杆式轴箱定位

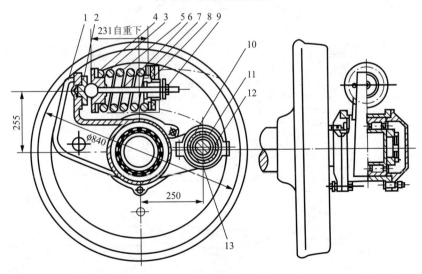

图 4-12 转臂式轴箱定位(尺寸单位:mm)

1-转臂;2-滚道座;3-钢球;4-弹簧前盖;5-轴箱弹簧;6-螺栓;7-弹簧定位座;8-橡胶缓冲垫;9-螺母;10-外套;11-硫化橡胶;12-内套;13-心轴

5. 层叠式橡胶弹簧定位

在构架与轴箱之间装设压剪型层叠式橡胶弹簧，其垂向刚度较小，使轴箱相对构架有较大的上、下方向位移，而它的纵、横向有适宜的刚度，以实现良好的弹性定位，如图 4-13 所示。

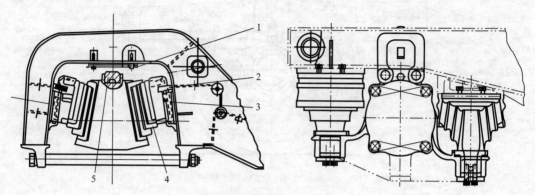

图 4-13　层叠式橡胶弹簧定位

1- 调整垫片；2- 弹簧座；3- 构架；4- 叠层弹簧；5- 急弹簧

6. 导柱定位

安装在构架上的导柱及坐落在轴箱弹簧托盘上的支持环均装有磨耗套，导柱插入支持环，当构架与轴箱之间发生上、下运动时，两磨耗套产生干摩擦，它的定位作用是通过导柱与支持环传递纵向力和横向力，再通过轴箱橡胶垫产生不同方向的剪切变形，实现弹性定位作用，如图 4-14 所示。

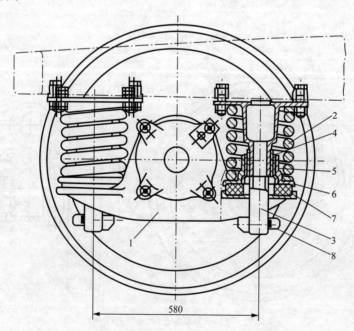

图 4-14　导柱定位（尺寸单位：mm）

1- 轴箱；2- 系弹簧；3- 弹簧支柱；4- 内定位套；5- 外定位套；6- 支持环；7- 橡胶缓冲垫；8- 扁销

第五节 轮　　对

一、轮对概述

轮对是由一根车轴和两个车轮组成。组装时采用过盈配合,在车轴压装机(油压机或水压机)上将车轮装于车轴两端,如图 4-15 所示。

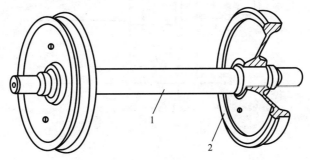

图 4-15　轮对
1- 车轴；2- 车轮

轮对是车辆的重要部件,它承受车辆的全部重力(自重和载重)并引导车辆沿钢轨作高速行驶。轮对的质量直接影响列车的安全运行。因此,对轮对的要求是：

(1)具有足够的强度和刚度；要求在外力作用下不发生永久变形,且弹性变形限制在正常工作允许范围内,不发生脆性折断及疲劳裂纹等类型的破坏。

(2)在保证安全的条件下,尽可能地减轻轮对质量,并有一定的弹性,以减小轮轨之间的作用力。

(3)车轴与车轮结合牢固。

(4)具有阻力小和耐磨性好的优点,这样可大大地节省牵引动力。

对用于标准轨距(1435mm)的轮对两轮缘内侧面距离为 1353mm±2mm,并在同一轮对的三等分点上所测得的内侧面距离,最大差值不应超过 1mm(厂、段修不应超过 3mm)。

二、车轴

轨道车使用的车轴,为圆截面实心车轴。由于各部位受力状态不同,其直径也不同。车轴是用优质碳素钢(40 钢或 50 钢)锻造制成。车轴表面需锻造光滑平整,不得有起层、裂纹、溶渣或其他危害性缺陷。

车轴各部位名称及作用如图 4-16 所示。

(1)轴颈：是安装滚动轴承和承载的部位。

(2)防尘板座：为车轴与防尘板配合部位，其直径比轴颈直径大，比轮座直径小。

(3)轮座：是车轴和车轮配合的部位，是车轴受力最大的部位。

(4)轴身：是两轮座的连接部分，为增加其强度和减少应力集中，车轴轴身呈圆柱形。

(5)轴端螺栓孔：是滚动轴承车轴安装轴端压板的地方，轴端压板的作用为防止滚动轴承内圈从轴颈上窜出。

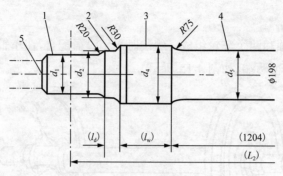

图 4-16 车轴
1-轴颈；2-防尘板座；3-轮座；4-轴身；5-轴端螺栓孔

三、车轮

车轮是轨道车最终受力配件。它把轨道车所受的载荷传递给钢轨，并在钢轨上转动，完成轨道车的运行。其性能的好坏，直接影响行车安全。

轨道车上主要采用的是碾钢整体车轮，简称碾钢轮。碾钢轮最大的优点是强度高，韧性好，适应高速的要求；其次是自重轻，踏面磨耗后可以旋修，维修费用低。碾钢轮的缺点是制造技术较复杂，设备投资较大，踏面耐磨性较差等。

轮对各部位名称及作用如图 4-17 所示。

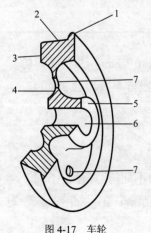

图 4-17 车轮
1-轮缘；2-踏面；3-轮辋；4-辐板；5-轮毂；6-轮毂孔；7-辐板孔

(1)轮缘：车轮内侧面的径向圆周凸起，为保持车轮在轨道上正常运行，不脱轨。

(2)踏面：车轮与钢轨面相接触的外圆周面，具有一定的斜度。踏面与轨面在一定的摩擦力下完成滚动运行。

(3)轮辋：车轮具有完整踏面的径向厚度部分，以保证踏面具有足够的强度和便于加修踏面。

(4)辐板：轮辋与轮毂之间的板状连结部分，起支撑作用。

(5)轮毂：车轮中心圆周部分，固定在车轴轮座上，为车轮整个结构的主干与支承。

(6)轮毂孔：安装车轴轮座的孔，与轮座过盈配合。

(7)辐板孔：便于加工和吊装轮对。

为使轮对在钢轨上平稳运行，能顺利地通过曲线和道岔，且使踏面磨耗比较均匀,轮缘和踏面必须有相应的外形。我国铁路所使用的车轮轮缘和踏面有锥型(TB型)、磨耗型(LM型)和高速磨耗型(HLM型)三种,外形如图4-18所示。磨耗型是在原锥型踏面的基础上发展起来的。其踏面外形较复杂,是接近车轮磨耗后形成的曲线状态。

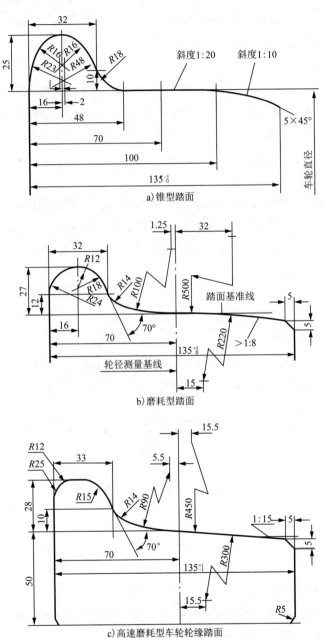

图4-18 车轮轮缘踏面(尺寸单位:mm)

车轮内侧面为加工基准面,车轮内侧面和踏面外侧面之间的距离称为轮辋宽度,标准车轮的轮辋宽度为135mm。由车轮内侧面向外70mm处踏面上一点称为基点,基点沿车轮一周组成的圆称为滚动圆,车轮的直径、轮辋的厚度、踏面的圆周磨耗深度都在此处测量。以 LM 型为例。由车轮内侧面向外 16mm 处轮缘上一点称为轮缘顶点。过距车轮内侧面向外 70mm 处的踏面上一点做一水平线,为轮缘高度测定线。由轮缘顶点至轮缘高度测定线之垂直距离为轮缘高度,标准轮缘高度为 27mm。由轮缘高度测定线铅垂线上 12mm 作一水平线与轮缘相交,两交点间的距离称为轮缘厚度,标准轮缘厚度为 32mm。

车轮轮缘踏面采取这种轮廓的优点是:

1. 便于通过曲线

车辆在曲线上运行时,由于离心力的作用,轮对偏向外轨,于是在外轨上滚动的车轮与钢轨接触的部分直径较大,而沿内轨滚动的车轮与钢轨接触部分直径较小(图 4-19)。这样,造成在同一转角内,外轮行走的路程长而内轮行走的路程短,正好和曲线区间线路的外轨长内轨短的情况相适应,使轮对较顺利地通过曲线,减少车轮在钢轨上的滑行。

2. 可自动调中

由于踏面中部设有斜度,为使踏面与钢轨顶面接触良好,钢轨铺设时也使它向线路中心有相同的斜度,因此钢轨对车轮作用力的方向是指向线路中心的。车辆在直线线路上运行,当轮对受到横向力的作用使车辆中心线与轨道中心不一致时,则轮对在滚动过程中能自动纠正偏离方向。

3. 能顺利通过道岔

线路上的道岔对车辆运行的平稳性和安全性影响极大,因此踏面的几何形状也应适应通过道岔的需要。由于尖轨前端顶面低于基本轨顶面,当轮对由道岔的尖轨过渡到基本轨时(图 4-20),为了防止撞到基本轨,要求踏面具有一定的斜度。并且把踏面的最外侧做成 5×45° 的倒角,以增大踏面和轨顶的间隔,保证车轮顺利通过道岔。

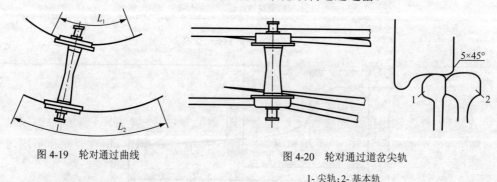

图 4-19 轮对通过曲线　　　　图 4-20 轮对通过道岔尖轨

1- 尖轨；2- 基本轨

4. 使踏面磨耗比较均匀

由于车轮踏面具有一定斜度,当车轮在轨道上运行时,回转圆直径也在不停地变化致使车轮在钢轨上的接触点也不停地变换位置,结果使踏面磨耗比较均匀。

5. 防止车轮脱轨

当车轮通过曲线时,常使轮缘紧靠外侧钢轨。此时如果车轮受到较大的横向力,则车轮可能从轮缘外侧面爬上钢轨而脱轨,但由于轮缘面有一定的斜度,尽管车轮有少量抬起,也会在车轮载荷的作用下顺着轮缘的斜坡滑至安全位置。这种情况不但在曲线上出现,在直线区段上轮对受较大的横向水平力时,也会出现。可见轮缘上斜度的大小,对车辆运行的安全有着十分重要的作用。

第六节　弹簧减振装置

一、弹簧减振装置概述

轨道车在轨道上运行时,将伴随产生复杂的振动现象。运行速度越高,这些振动和冲击的危害就越严重。为减少有害的冲动,提高运行的平稳性,必须在走行部分安装缓和冲击和衰减振动的装置,即弹簧减振装置。

轨道车上采用的弹簧减振装置,按其主要作用的不同,大体可分为三类:第一类是主要起缓和冲击的弹簧装置,如中央及轴箱的螺旋圆弹簧;第二类是主要起衰减(消耗能量)振动的减振装置,如垂向、横向减振器;第三类是主要起定位(弹性约束)作用的定位装置,如轴箱轮对纵、横方向的弹性定位装置,摇动台的横向缓冲器及纵向牵引拉杆。

上述各类装置在轨道车振动系统中又称为弹性悬挂装置。这些装置对轨道车运行是否平稳,能否顺利通过曲线并保证安全运行,都起着重要的作用,故应合理地设计其结构,选择适宜的各项参数。

二、弹簧的作用、分类

1. 弹簧装置的主要作用

轨道车弹簧装置的作用主要体现在两个方面:一是使轨道车的质量及载荷比较均衡地传递给各轮轴,并使轨道车在静载状况下(包括空、重车),两端的车钩距轨面高度应满足要求,以保证轨道车的正常连挂;二是缓和因线路的不平顺、轨缝、道岔、钢轨磨耗和不均匀下沉,以及因车轮擦伤、车轮不圆、轴颈偏心等原因引起轨道车的振动和冲击。由于有弹簧装置,使轨道车的弹簧以上部分和弹簧以下部分分成既有联系又有区别的两个部分。即簧上、簧下的作用力既相互传递,而运动状态(位移、速度、加速度)又不完全相同。设置弹簧装置可以缓和轮轨之间相互作用,可以提高运行的舒适性和平稳性,保证司乘人员舒适、安全,保证货物完整无损,延长零部件及钢轨的使用寿命。

2. 弹簧装置的分类

轨道车上采用的弹簧种类按其材质可分为钢质弹簧、橡胶弹簧两类。

（1）钢质弹簧：主要包括叠板弹簧、螺旋弹簧、环弹簧等。另外，组合使用的弹簧，可多个、多种弹簧组合在一起：有的串联使用，有的并联使用，有的同类弹簧使用，有的异形弹簧组合。

（2）橡胶弹簧：车辆上橡胶元件主要用于定位装置。此外车体与车体构架、轴箱与构架、弹簧支承面等金属件接触部位之间，常采用橡胶衬垫、衬套、止挡等橡胶元件。

三、钢质弹簧

钢质弹簧主要包括叠板弹簧、螺旋弹簧、环弹簧。

1. 叠板弹簧

叠板弹簧由一组长短不等的钢板重叠而成，其受力近似等强度梁。簧板的中央用钢箍加热套上，待冷却后紧密地将钢板组成一体。按其结构形状可分为弓形、椭圆形等（车辆上常用的是椭圆弹簧），如图4-21所示。

2. 螺旋弹簧

弹簧呈螺旋状，有圆柱形和圆锥形。

在轨道车上通常采用簧条截面为圆形的圆柱压缩螺旋弹簧，故又称圆簧，如图4-22所示。常用的弹簧材质有55Si2Mn和60Si2Mn两种。这种硅锰弹簧钢热处理时有较高的淬透性，加热时氧化皮较少，能获得较好的表面质量与较高的疲劳强度，而且与其他合金弹簧钢相比价格低廉。

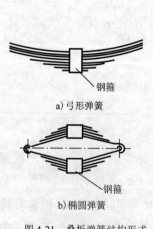

图4-21 叠板弹簧结构形式

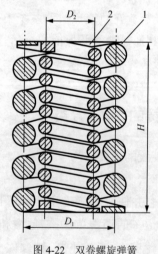

图4-22 双卷螺旋弹簧
1-外层簧；2-内层簧

此外，车辆上也有某些弹簧采用碳钢或铬锰钢。

制造弹簧时分为冷卷与热卷，转向架上采用的簧条直径一般都较粗，故多为热卷。另外，制造时还要将簧条每端约有3/4圈的长度制成斜面，使弹簧卷成后，两端成平面，以保证弹簧平稳站立，并尽量减少偏载。两端的3/4圈作为支持平面，是弹簧辅助部分，起传递载荷作用。

3. 环弹簧

由多个具有锥面配合的弹性环组成的弹簧叫做环形弹簧,简称环弹簧,其结构形状如图 4-23 所示。内环的外面和外环的内面都做成 V 形锥面,组装时,要求有一定的初压缩力,以保证环弹簧锥面间的密贴配合。当环弹簧受力压缩时,由于内、外环为锥面配合,受力后外环扩张,内环缩小,产生轴向弹性变形,起到缓冲作用。与此同时,内、外环锥面间有相对滑动,因摩擦而做功,从而使部分冲击能量变为摩擦功而消失。当外力去除后,各内、外环由于弹力而复原,此时同样也要消耗部分冲击能量。

四、橡胶弹簧

橡胶弹簧(图4-24)的力学性能不同于一般的金属弹簧,橡胶的弹性模量比金属小得多,可以获得较大的弹性变形,容易实现预想的非线性特性;可以自由确定其形状,也可以根据设计要求达到在各个方向上不同刚度的要求;橡胶具有较高内阻,对衰减高频振动和隔音有良好效果;橡胶密度小,自重轻。由于这些特性,橡胶弹簧在轨道车上获得越来越广泛的应用,常常用于转向架弹簧减振装置和轴箱定位装置、钢弹簧支承面上的橡胶缓冲垫以及各种衬套、止挡等。

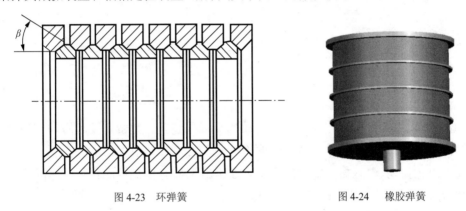

图 4-23 环弹簧　　　　图 4-24 橡胶弹簧

1. 橡胶弹簧的优点

(1)可以自由确定形状,使各个方向的刚度根据设计要求确定。利用橡胶的三维特性可同时承受多向载荷,以便于简化结构。

(2)可避免金属件之间的磨耗,安装、拆卸简便,并无需润滑,故有利于维修,降低成本。

(3)可减轻自重。

(4)具有较高内阻,对高频振动的减振以及隔音性有良好的效果。

(5)弹性模量比金属小得多,可以得到较大的弹性变形,容易实现预想的良好的非线性特性。

2. 橡胶弹簧的缺点

主要是耐高温、耐低温和耐油性能比金属弹簧差,易老化,而且性能离散度大,同批产品的性能差别可达 10%。但随着橡胶工业的发展,正在研究改进橡胶性能,以弥补这些不足。

3. 橡胶弹簧的注意事项

（1）橡胶具有特殊的蠕变特性，即压缩橡胶元件时，当载荷加到一定数值后，虽不再增载，但其变形仍在继续，而当卸去载荷后，也不能立即恢复原状。

（2）橡胶元件的性能（弹性、强度）受温度影响较大。当温度变化后这些性能也随之改变。大多数橡胶元件随着温度的升高，刚度和强度有明显降低。当温度降低时，其刚度和强度都有提高，一般是先变硬，后变脆。

（3）橡胶具有体积基本不变的特性，即几乎是不可压缩的。

（4）橡胶的散热性不好，故不能把橡胶元件制成很大的整块，需要时应做成多层片状，中间夹以金属板，以增强散热性。

（5）橡胶元件的疲劳损坏，主要是由于应力集中处产生的裂纹，橡胶和金属黏合处发生的剥离以及在压缩时侧面产生褶皱现象等逐渐发展造成，所以，与橡胶接触的配件表面不应该有锐角、凸起部位的沟孔，橡胶元件在形状上尽量使橡胶表面的变形比较均匀。

（6）橡胶变形受载荷形式影响较大，承受剪切载荷时橡胶变形最大，而承受压缩载荷时其变形最小。因此，承受剪切变形的橡胶弹簧承载能力小而柔度大，承受压缩变形的橡胶弹簧承载能力大而柔度小，受拉伸的橡胶弹簧则很少使用。

五、油压减振器

（一）减振器作用

轨道车上采用的减振器与弹簧一起构成弹簧减振装置。弹簧主要起缓冲作用，缓和来自轨道的冲击和振动的激扰力；而减振器的作用是减小振动，它的作用力总是与运动的方向相反，起着阻止振动、消耗振动能量的作用。通常减振器有使机械能转化为热能的功能，减振阻力的方式和数值的不同，直接影响到振动性能。

轨道车上减振器按安装位置可分为轴箱减振器和中央减振器；按减振方向可分为垂向、横向和纵向减振器；按结构特点又可分为摩擦减振器和液压（又称油压）减振器。轨道车一般都使用液压减振器。

油压减振器的主要作用是利用液体黏滞阻力阻碍振动，消耗振动能量，从而实现减振的作用。液压减振器是通过拉伸和压缩两个行程，起到消减振动的作用，其工作原理如图4-25a)、b)所示。

（二）油压减振器的结构及工作过程

液压减振器主要由缸体、活塞及活塞杆组成。活塞上留有节流孔，缸体带有夹层（即储油缸），并在内层缸底留有进油阀口，夹层中存储液压油用以补偿由于活塞运动产生的缸体内部液压油量的变化。

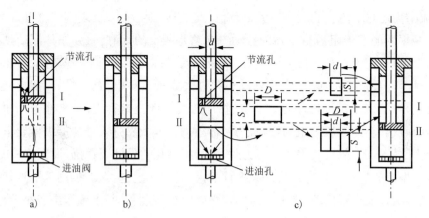

图 4-25 液压减振器工作原理示意图

注:活塞杆由位置Ⅰ运动至位置Ⅱ为压缩行程,由位置Ⅱ运动至位置Ⅰ为拉伸行程。

1. 压缩过程

以垂向液压减振器为例,液压减振器的活塞杆应与车体或转向架相连,而缸体与轮对轴箱相连。当车体向下振动或轮对向上运动时,车体或转向架向下压活塞杆,使得活塞下部的液压油经节流孔流向活塞上部;但由于液压油具有黏性,节流孔的尺寸很小,因此液压油在流动过程中受到节流阻力,车体欲振动则必须克服节流阻力做功,从而消耗了车体振动的能量,使得车体振动减弱。

如图 4-25c) 所示,活塞的直径为 D,而活塞杆的直径为 d。活塞下降了 s,但压缩前高度为 s 的缸内装有液压油的体积为 $=\pi D^2 s/4$,而压缩后高度为 s 的缸内装有液压油的体积为 $V_2 = \pi(D^2-d^2)s/4$。显然在压缩过程中液压减振器的液压缸内的液压油有所减少,多余的液压油经内层缸底的进油阀小孔流入夹层(即储油缸)内。这种结构使得液压减振器在拉伸和压缩的过程中,液压缸内总是充满液压油,避免出现空走行程导致活塞与液压缸或液压油的突然冲击。

2. 拉伸过程

拉伸过程与压缩过程的工作原理类似。同样以垂向液压减振器为例,当车体向上振动或轮对向下运动时,车体或转向架向上拉活塞杆,使得活塞上部的液压油经节流孔流向活塞下部,同样由于液压油在流动过程中的节流阻力,车体欲振动则必须克服节流阻力而做功,进而消耗了车体振动的能量,削弱了车体向上振动的振幅,达到衰减振动的目的。

在拉伸过程中,由于活塞杆占据液压缸内的体积减小,因此储油缸内的部分液压油经进油阀口快速进入液压缸,保证液压缸内始终充满液压油。

液压减振器的节流阻力与活塞上下移动的速度成比例,如图 4-26 所示。对于同一油压减震器而言,活塞上下移动的速度越快,液压减振器的节流阻力就越大。

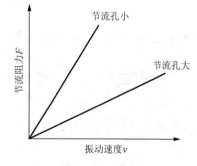

图 4-26 阻尼特性曲线

另外，节流阻力还与节流孔的大小有关，节流孔大则节流阻力小，反之则节流阻力大。

液压减振器的节流阻力与车体的振动方向总是相反的，因此只要车体振动则必须克服节流阻力做功，从而消耗车体振动的能量，衰减振动，使得车辆的振动越来越小，保证车辆运行的稳定性。需要注意的是，如果进油阀小孔过大或阀孔磨损，有杂物等，都会造成向储油缸排油过多，使活塞上部油液不足，在转向拉伸时会出现空走行程，带来冲击。如果进油阀小孔被堵而减小，会造成压缩阻力过大，与拉伸阻力相差太悬殊。液压减振器要求拉伸阻力和压缩阻力比较接近，减振效果才好。为此，进油阀小孔的设计要精确，油液的纯度要高。

液压减振器的特点是具有良好的减振性能，振动的速度越大（即振动越剧烈）时，节流阻力越大，能够很好地衰减振动；当振动速度较小（即振动较弱）时，节流阻力较小，衰减振动的幅度较小，保证了轨道车在低速时弹簧的灵敏度。

第七节　车体与转向架的连接装置

一、概述

车体与转向架的连接装置（例如心盘及旁承）的作用是：保证轨道车的重量、纵向力（牵引力及制动力）、横向力的正常传递，轴重的均匀分配和车体在转向架上的安定；容许转向架进出曲线时相对于车体进行回转运动。因此，它既是承载装置，又是活动关节。

随着轨道车速度的提高和功率的增大引起了人们对这种连接装置的构造和性能的重视。因为这种连接装置的性能好坏，直接影响轨道车的动力学性能，特别是横向动力学性能。例如要求车体与转向架之间成为横向弹性连接，以改善机车在横向的运行平稳性。此外，它还影响轨道车的黏着重量利用率（即牵引力作用下的轴重转移）。

车体与转向架之间的连接装置有很多形式。下面介绍两类：一类是心盘（或牵引销）和旁承的结构；另一类是牵引杆装置和旁承的结构。

二、心盘（或牵引销）和旁承的连接装置

一般在这种形式的连接装置中，心盘（或牵引销）只传递纵向力和横向力，车体重量全部由旁承传递。旁承可以是弹性的，也可以是刚性的。根据设计要求的不同，一个转向架上可以设置2个旁承，也可以设置4个旁承。在此对仅DGY-470A型内燃调机的牵引销和旁承进行介绍。

DGY-470A型内燃调机的牵引销及旁承在转向架上的布置如图4-27所示。这种连接

装置系采用橡胶堆式旁承承重及牵引销传递牵引力(或制动力)的结构。

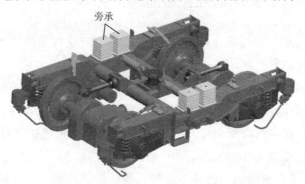

图 4-27　DGY-470A 型内燃调机转向架上的旁承

为了使机车的轴荷重分配均匀,橡胶旁承的布置为左右各两个。橡胶旁承是橡胶与钢板的夹层结构。利用橡胶的剪切弹性,它们允许转向架相对于车体转动和横动。

这种橡胶旁承,具有结构简单、质量轻、维护方便,吸振隔音较好和获得车体与转向架的横向弹性联系等优点。转向架相对于车体转动的小的角刚度,有利于机车顺利通过曲线。为简化转向架的结构和降低牵引点,利用了转向架的横梁作为牵引销的牵引箱。牵引销的结构如图 4-28 所示。

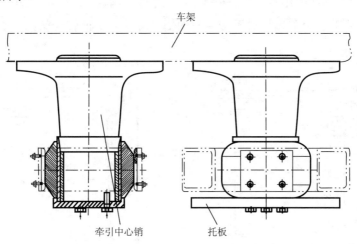

图 4-28　牵引销

将固结在车体上的牵引销插入转向架横梁的牵引箱内。牵引销通过衬套与一方形钢块连接,它的前后两面镶有耐磨的呈圆弧形的锰钢板以传递转向架的纵向力。圆弧的作用在于防止转向架的点头振动传给车体。方形钢块的前后两侧面装有橡胶块,以缓和剧烈的横向冲击。橡胶块的左右两侧与构架间具有 ±60mm 的空隙,以保证转向架与车体的相对横向位移。

由于橡胶旁承的作用,当转向架相对于车体绕中心转动或横向位移时,产生的复原力矩(或复原力)恢复转向架与车体间的原来位置,以利于曲线通过后转向架的复原。转向架与车体间的弹性连接,还有利于降低轨道车通过不圆曲线时引起的侧向动作用力。

三、牵引杆装置和旁承的连接装置

轨道车中常采用牵引拉杆来连接机车车体与转向架,这种结构称为牵引拉杆系统。一般在这种形式的连接装置中,牵引杆只传递纵向力和横向力,车体重力全部由旁承传递。旁承可以是弹性的,也可以是刚性的。根据设计要求的不同,一个转向架上可以设置2个旁承,也可以设置4个旁承。在此对仅 GCY-300A 型内燃调机的牵引杆和旁承进行介绍。

牵引拉杆系统主要由两根牵引杆、两个牵引杆拐臂和一根连接杆组成,如图 4-29 所示。牵引拉杆一端 A 通过销轴与车体相连,另一端与拐臂连接,拐臂用销固定在转向架构架上。连接杆连接两拐臂,使左右牵引拉杆传力保持均匀。轮对的牵引力经转向架、拐臂、牵引拉杆,牵引轨道车的车体运行。当轨道车进入曲线时,内侧车轮行驶阻力加大,此力通过转向架上的拉杆,使牵引杆向后移动一段距离,又通过拐臂,连杆使外侧的牵引杆向前移动一段距离,从而使转向架绕其回转中心旋转一个角度,这时车体中心线与转向架的中心线形成了一个角度,减小了转向架在曲线上的阻力,实现车辆通过曲线的需要。

牵引拉杆两端的连接销孔内装有轴套和关节轴承,以适应转向架相对于车体的振动位移和各杆件的灵活转动。

在转向架侧梁外侧的中央设有一个弹性侧挡,如图 4-30 所示,它与车体两侧的下伸部分相对,这种结构限制了车体相对于转向架的横向位移并保证转向架的回转中心在一定范围内变化。

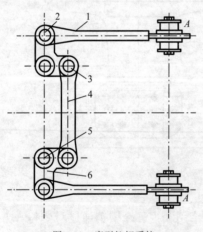
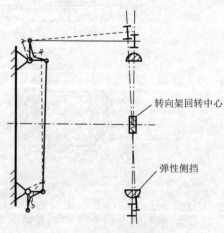

图 4-29 牵引拉杆系统　　　　图 4-30 牵引拉杆回转图

1-牵引杆；2-牵引销；3-连接杆销；4-连接杆；5-拐臂销；6-拐臂

牵引拉杆装置和侧挡结合使用,实现了传递纵向力、横向力,方便转向的同时,限制了车体和转向架的最大移动和转动,保证了轨道车运行的稳定性。

GCY-300 型内燃调机采用平面摩擦式旁承如图 4-31 所示。这种旁承的特点是:采用了耐磨的尼龙板,有较大的摩擦力矩以控制转向架在直线上的蛇行;结构简单;顶部的橡胶垫作为第二系弹簧,在铅垂方向起隔音、隔振和缓和冲击的作用。此外,橡胶垫与球头销间有间隙,容许橡胶垫在侧向稍有变形,以缓和曲线不圆整引起的动作用力。旁承体内充以机油润滑。

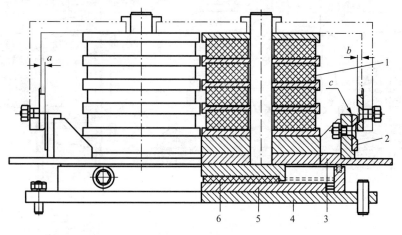

图 4-31　GCY-300 内燃调机旁承

1- 橡胶垫；2- 磨耗板；3- 上旁承体；4- 下旁承体；5- 下摩擦板；6- 上摩擦板；a- 侧挡间隙；b- 上侧挡磨耗板厚度；c- 下侧挡磨耗板厚度

第八节　GCY-220 型轨道走行系统

GCY-220 型重型轨道车走行系统采用两轴无转向架结构,车轴轴承箱采用弹性定位方式；整车具有良好的运行平稳性和结构稳定性、良好的起动和牵引性能。

一、车轴轴承箱

车轴轴承箱采有无导框、弹性轴箱拉杆定位,通过轴箱拉杆与构架弹性地连接,同时又通过轴箱轴承和轮对连接,起到轮对的定位作用。

轴箱装置由轴箱前盖、轴箱体、圆柱滚子轴承通盖、轴箱拉杆、弹簧装置等组成,如图 4-32 所示。根据运用需要,每根轴均安装接地装置,可保证整车可靠接地。

车轴轴承箱维护保养：轴箱内填充有 3 号锂基润滑脂,润滑脂的容量为箱体内余隙的 2/3,每行驶 1500km 打开轴箱盖,检查油量及油质,必要时进行补充或更换。

运行中停车时,注意检查轴箱外表温度,轴箱温度不得超过（0.6× 环境温度 +50）℃。如温度太高或局部温度过高,应打开轴箱端盖,检查润滑油质、油量、滚动轴承、轴承支架的状态,根据不同情况判明原因后及时处理。要避免水、砂及其他脏物混入轴箱,保证其寿命。

注意：在车上施行电焊作业时,应在作业处所附近接地线,防止电流从轴承的滚子与滚道触点处通过,烧坏轴承。

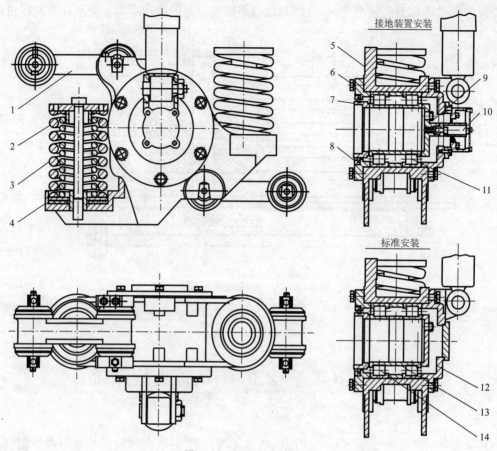

图 4-32 GCY-220 车轴轴承箱

1- 轴箱拉杆；2- 外簧；3- 内簧；4- 闷盖；5- 轴箱体；6- 通盖；7- 防尘座；8- 油封；9- 轴头压板；10- 接地装置；11- 轴承；12- 轴箱前盖；13- 隔套；14- 轴承

轴箱拉杆两端销接处有橡胶套,销子两端有橡胶垫,如图 4-33 所示。由于采用这种带有橡胶关节的拉杆定位方式,使轴箱可以依靠橡胶关节的径向、轴向及扭转弹性变形,实现多个方向的相对位移,使轮对与主车架间成为弹性联接。

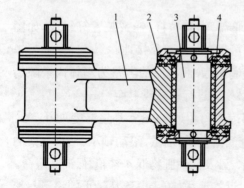

图 4-33 GCY-220 型轨道车轴箱拉杆
1- 拉杆体；2- 橡胶垫；3- 芯轴；4- 橡胶套

二、弹性悬挂装置

弹簧装置是用来缓和来自线路对车辆的簧上质量的冲击,在运用中要经常检查弹簧,利用锤击听音即可检查此弹簧是否落实或有无断裂现象,发现异常必须及时处理。

车辆采用 ZS8-C-J3-12 型油压减振器作为一系垂向减振器。液压减振器利用液体黏滞阻力作负功吸收振动能量来衰减振动。其内充入 0.8L

锭子油,加油时应用柴油滤纸过滤,不允许有残存灰尘砂粒进入。油内不允许有水分,注满缸筒后其余注入储油筒。在运用过程中应经常检查有无泄漏现象和紧固情况,发现后及时处理。液压减振器在运行中应有明显温升。

三、轮对

车轮与车轴采用冷压结合的,其压装方法、要求参照《机车车轮与车轴组装技术条件》(TB/T 1463—2015)的有关规定。车轮踏面符合《机车车辆用轮缘踏面外形》(TB/T 449—2003)的相关规定。轮对结构如图 4-34 所示。

轮对的使用保养:

(1)在运用期间,应检查轮对状态,要求轮缘无裂纹、车轮移动标记无错位现象,并严格按铁道部有关机车车辆轮对探伤的规定定期进行探伤,防止切轴事故,图 4-35 供车轴超声波探伤参考。

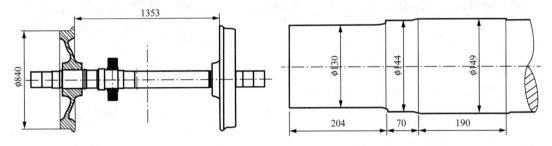

图 4-34　GCY-220 型轨道车轮对(尺寸单位:mm)　　　图 4-35　轴端尺寸(尺寸单位:mm)

(2)当车轮直径超过下述规定值时应加工处理:

①同一轴上的车轮直径差不大于 0.5mm,同一轮对两车轮直径差未经旋修不大于 3mm,经旋修者不大于 1mm。

②车轮踏面擦伤或局部下凹不超过 1mm。

③踏面剥离的长度(同一车轮)一处不大于 50mm,两处且每处不大于 40mm。

(3)剥离测量要求:

①沿圆周方向测量。

②两端宽度不足 10mm 的不计算在内。

③长条状剥离其最宽处不足 20mm 者可不计算。

④两块剥离边缘相距小于 75mm 时,每处长不得超过 35mm。

⑤多处小于 35mm 的剥离,其连续剥离总长度不得超过 350mm。

⑥剥离前期未脱落部分可暂时不计算在内。

⑦没有其他缺陷,如轮对擦伤、局部凹下。

(4)车轮磨损后,轮辋厚度小于 30mm 或轮缘厚度小于 22mm 需更换。

第九节　GCY-300型内燃调机走行系统

GCY-300型内燃调机走行系统采用两轴焊接转向架结构，车轴轴承箱采用弹性定位方式，整车具有良好的运行平稳性和稳定性、良好的起动和牵引性能。

一、转向架构架

转向架构架将转向架的各个组成部分连接起来，并保证它们之间的相互位置关系。转向架采用由左侧梁、右侧梁、前端梁、后端梁和横梁组成的全焊接"日"字型结构，通过牵引机构和旁承与底架相连（图4-36）。

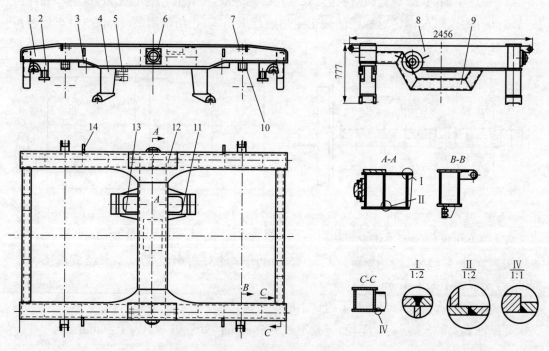

图4-36　构架（尺寸单位：mm）

1-侧梁；2-拉杆弹簧座；3-弹簧座；4-拉杆座；5-枵臂座；6-车体侧挡；7-油压减振器座；8-横梁；9-端梁；10-轴箱侧挡；11-拉臂座；12-旁承垫板；13-拉臂座；14-连接环

转向架构架侧梁底面焊有轴箱侧挡体，其磨耗面与车轴轴承箱两端侧挡间隙和为4～7mm，间隙过大时，应在侧挡磨耗板背面加垫片调整；轴箱侧挡磨耗板与轴箱止挡重合面高度应在30～50mm之间，不满足时更换磨耗板或轴箱弹簧进行调整。轴箱侧挡结构如图4-37所示。

转向架构架侧梁侧面焊有车体侧挡，车体侧挡与牵引座两侧间隙之和应小于32mm，超过时应在侧挡背面加垫板调节。车体侧挡结构如图4-38所示。

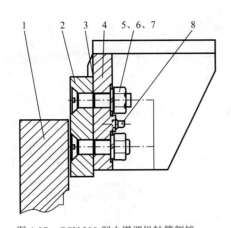
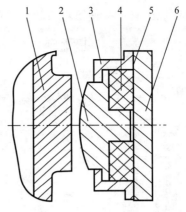

图 4-37 GCY-300 型内燃调机轴箱侧挡   图 4-38 GCY-300 型内燃调机车体侧挡

1- 轴箱体止挡；2- 磨耗板；3- 调整垫；4- 侧挡座；5- 螺母； 1- 牵引座；2- 侧挡体；3- 挡座；4- 缓冲垫；5- 调整垫；6- 座板
6- 垫圈；7- 螺栓；8- 油杯

在实际运用过程中，应定期检查轴箱侧挡磨耗面与轴箱止挡间隙、轴箱侧挡磨耗板与轴箱止挡重合面高度及车体侧挡与牵引座两侧间隙；注意检查构架各条焊缝应无裂纹，各座完好无损；检查构架侧梁、轴距、上下拉杆座间距、旁承平面度等几个主要尺寸，可以大体判断构架有无严重变形。当构架状态出现异常情况时，应根据具体情况，进行修复或报废。

二、车轴轴承箱

车轴轴承箱采有无导框、弹性轴箱拉杆定位。它是用轴箱拉杆与构架弹性地连接，同时它通过轴箱轴承和轮对连接，起到轮对的定位作用。轴箱装置由轴箱前盖、轴箱体、圆柱滚子轴承通盖、轴箱拉杆、弹簧装置等组成，如图4-39所示。根据运用需要，1、3、5、7（为轴箱编号，即车体左侧从1轴至4轴依次为1、3、5、7轴箱）位轴端安装接地装置，可保证整车可靠接地。

车轴轴承箱维护保养：轴箱内填充有3号锂基润滑脂，润滑脂的容量为箱体内余隙的2/3，每行驶1500km打开轴箱盖，检查油量及油质，必要时进行补充或更换。新车走合期间，应经常注意检查车轴轴承箱的温度，防止过热。

运行中停车时，注意检查轴箱外表温度，轴箱温度不得超过（0.6×环境温度+50）℃。如温度太高或局部温度过高，应打开轴箱端盖，检查润滑油质、油量、滚动轴承、轴承支架的状态，根据不同情况判明原因后及时处理。要避免水、砂及其他脏物混入轴箱，保证其寿命。

注意： 在车上施行电焊作业时，应在作业处所附近接地线，防止电流从轴承的滚子与滚道触点处通过，以免烧坏轴承。

轴箱拉杆两端销接处有橡胶套，销子两端有橡胶垫。其结构见图4-40。由于采用这种带有橡胶关节的拉杆定位方式，使轴箱可以依靠橡胶关节的径向、轴向及扭转弹性变形，实现多个方向的相对位移,使轮对与转向架构架间成为弹性连接。

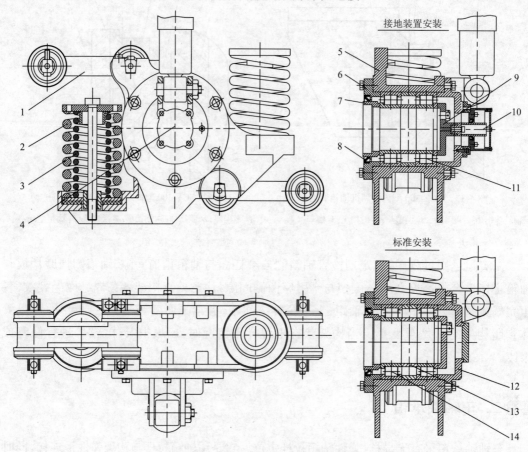

图 4-39 GCY-300 型内燃调机车轴轴承箱

1- 轴箱拉杆;2- 外簧;3- 内簧;4- 闷盖;5- 轴箱体;6- 通盖;7- 防尘座;8- 油封;9- 轴头压板;10- 接地装置;11- 轴承;12- 轴箱前盖;13- 隔套;14- 轴承

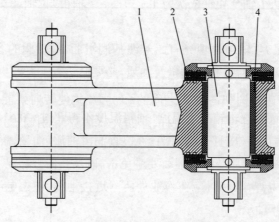

图 4-40 GCY-300 内燃调机轴箱拉杆

1- 拉杆体;2- 橡胶垫;3- 芯轴;4- 橡胶套

三、弹性悬挂装置

轨道车辆在构架与轴箱之间设置了静挠度较大的一系悬挂装置,在车体与转向架之间设置了静挠度较小的二系悬挂装置,采用两系悬挂,可以改善车辆垂向运行平稳性并减少其运行时对线路的动作用力。

1. 一系弹性悬挂装置

弹簧装置是用来缓和来自线路对车辆的簧上质量的冲击,在运用中要经常检查弹簧,利用锤击听音即可检查弹簧是否落实或有无断裂现象,发现异常必须及时处理。

车辆采用 ZS8-C-J3-12 型油压减振器作为一系垂向减振器。液压减振器利用液体黏滞阻力作负功吸收振动能量来衰减振动。其内充入 0.8L 锭子油,加油时应用柴油滤纸过滤,不允许有残存灰尘砂粒进入。油内不允许有水分,注满缸筒后其余注入储油筒。在运用过程中应经常检查有无泄漏现象和紧固情况,发现后及时处理。液压减振器在运行中应有明显温升。

2. 二系弹性悬挂装置

二系弹性悬挂采用常摩擦油浴式弹性旁承(图 4-31)。

在 c 处加垫调整使 $a+b<1.5$mm。由于旁承中存在相对滑动的摩擦副,因此需要保证有良好的润滑,润滑油为 HC-11 机油。在侧面设有加油口(平时用螺堵堵住),应经常检查,需要时加注润滑油。

在使用过程中,为保证车辆的综合性能及旁承的受力均匀性,保证同一旁承前后与车架旁承梁的磨耗面间隙之和不大于 1.5mm,超过时加垫片调整。

3. 横向液压减振器

为改善轨道车辆的横向稳定性,主车架与转向架构架之间设有横向液压减振器。这种减振器当轨道车辆在直线上运行时,可有效地防止转向架的蛇行运动,而通过曲线时又不显著增大转向架的回转阻力矩。横向液压减振器的使用和维护同一系垂向减振器。

四、牵引装置

牵引装置用以传递转向架与底架之间的牵引力,并使转向架能相对于车体转动和横动。牵引装置主要由牵引杆、拐臂、连接杆、球面关节轴承、牵引销、拐臂销等组成,如图 4-41 所示。

牵引杆装置的各连接处均采用活动连接,一种方式是安装活动关节轴承,另一种方式是采用耐磨铜套。为了适应轨道车辆与转向架之间的高度变化,在牵引杆与拐臂和车体连接处,均采用球形关节轴承。牵引装置在运用中要定期加注润滑油,以便使销和关节轴承或铜套间始终保持良好的工作状态。

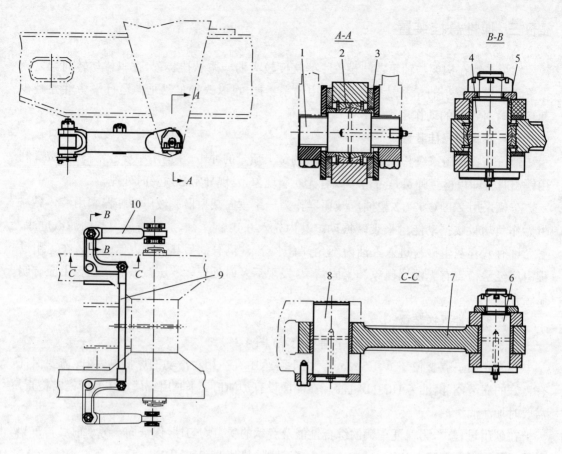

图 4-41 GCY-300 内燃调机牵引装置

1-牵引杆销；2-关节轴承；3-橡胶垫；4-牵引销；5-轴套；6-连接杆销；7-拐臂；8-拐臂销；9-连接杆；10-牵引杆

五、轮对

车轮与车轴采用冷压结合的，其压装方法、要求参照《机车车轮与车轴组装技术条件》（TB/T 1463—2015）的有关规定。车轮踏面符合《机车车辆用轮缘踏面外形》（TB/T 449—2003）相关要求，轮对结构如图 4-42 所示，轴端尺寸如图 4-43 所示。轮对的使用保养同 GCY-220 轨道车。

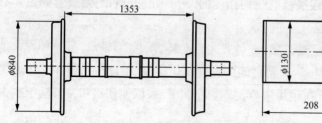

图 4-42 GCY-300 型内燃调机轮对（尺寸单位：mm）

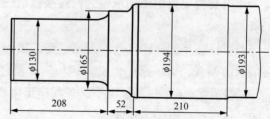

图 4-43 GCY-300 型内燃调机轴端尺寸（尺寸单位：mm）

第十节　WGJ 型网轨检测车走行系统

WGJ 型网轨检测车走行系统采用两轴焊接转向架结构，车轴轴承箱悬挂采用 V 型橡胶弹簧方式，二系悬挂采用金属高圆簧方式，整车具有良好的运行平稳性和稳定性。WGJ 型网轨检测车整车具有曲线通过能力强，维护方便，运行稳定性和平稳性好等优点。

一、转向架构架

转向架构架是连接走行系统各部件的骨架，并保证它们之间的相互位置关系；它可承受和传递垂向力及水平力（纵向力和横向力）。转向架构架采用由左侧梁、右侧梁和中横梁等组成的全焊接 H 形结构，通过牵引装置与上车架相连。

转向架构架采用低合金结构钢焊接的箱形结构，具有强度高，刚度大等特点，基本不须维护保养，检修时须冲洗干净并去除锈垢，并检查横梁与两侧梁结合处焊缝、侧梁的立板与上下盖板焊缝、横梁的立板与上下盖板焊缝有无裂纹。

二、车轴轴承箱

车轴轴承箱采用弹性定位方式，它由轴箱前盖、轴箱体、圆柱滚子轴承等组成。车轴轴承箱结构如图 4-44 所示。

车轴轴承箱维护保养：轴箱内填充有 3 号锂基润滑脂，润滑脂的容量为箱体内余隙的 2/3，每行驶 1500km 开轴箱盖，检查油量及油质，必要时进行补充或更换。新车走合期间，应经常注意检查车轴轴承箱的温度，防止过热。运行中停车时，注意检查轴箱外表温度，轴箱温度不得超过（0.6× 环境温度 +50）℃。如温度太高或局部温度过高，应打开轴箱端盖，检查润滑油质、油量、滚动轴承、轴承支架的状态，根据不同情况判明原因后及时处理。要避免水、砂及其他脏物混入轴箱，保证其寿命。

注意： 在车上施行电焊作业时，应在作业处所附近接地线，防止电流从轴承的滚子与滚道触点处通过，烧坏轴承。检查轴箱端盖等是否紧固良好。

转向架构架与车轴轴承箱之间设有具有三向刚度的 V 形橡胶弹簧，可实现三维方向的弹性定位。车轴轴承箱内侧装有橡胶骨架油封，可防尘、防水，并对轴箱体内润滑脂具有密封作用。

三、弹性悬挂装置

轨道车辆在转向架构架与车轴轴承箱之间设置了静挠度较大的一系悬挂装置，在车体与转向架之间设置了静挠度较小的二系悬挂装置,采用两系悬挂,可以改善轨道车辆垂向运行平稳性并减少其运行时对线路的动作用力。

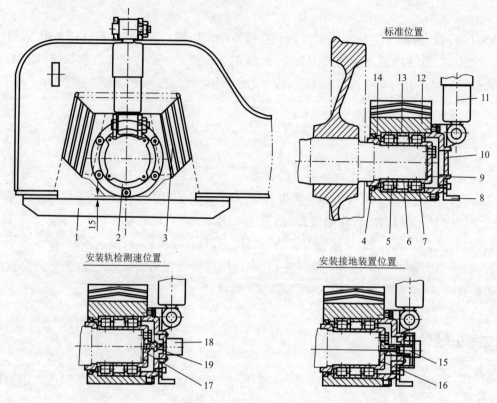

图 4-44 网轨检测车车轴轴承箱

1- 托板;2- 轴箱前盖;3- 橡胶弹簧;4- 橡胶油封;5- 轴套;6- 隔套;7- 轴承;8- 压板;9- 轴头压板;10- 闷盖;11- 减振器;12- 轴箱体;13- 隔套;14- 防尘座;15- 接地装置;16- 接地轴头压板;17- 网检测速电机;18- 电机轴头压板;19- 轨检测速电机

1. 一系弹性悬挂装置

转向架构架与车轴轴承箱间采用 V 形橡胶弹簧对轴箱体弹性定位,同时为了衰减垂向振动,各轴头处均并联有液压减振器。

橡胶弹簧安装在车轴轴承箱两侧,其支承面为 V 形截面。橡胶弹簧在垂直载荷作用下,即受剪切,又受压缩,这样可以获得适当的刚度和足够的静挠度,从而有效地控制轮对蛇行。

橡胶弹簧使用半年以后,橡胶逐步开始老化,静态挠度减小,因此,新橡胶弹簧安装使用半年后,要检查并调整轴箱下边缘至托板间的距离,其正确距离应为 10~15mm。如果距离过大或是过小将影响橡胶弹簧的正常工作。

调整前,首先要检查轴箱下边缘至托板之间的距离,确定应加补偿板的厚度,必须保证同一轮对两侧四处应同时添加同样数目、同样厚度的垫片,直到两侧的间隙均大于 10mm。补偿板加在垫板与托板之间。

2. 二系弹性悬挂装置

二系弹簧悬挂装置结构如图 4-45 所示。

二系悬挂装置采用高圆簧弹性悬挂装置，均匀地布置在转向架构架两侧梁的中央部分，每侧由两组高圆簧组成，其上串联有与车体固定连接的弹性定位橡胶垫，转向架每侧侧梁上还设有垂向液压减振器与高圆簧弹性悬挂装置并联，在转向架与主车架间还设有横向液压减振器。

二系弹簧悬挂装置结构简单，且运行中因无摩擦副，可大大减少维护保养工作量；但由于高圆簧受力工况比较恶劣，在运用中要经常检查高圆簧，用锤轻击听音即可检查此弹簧是否落实或有无断裂现象，发现异常必须及时处理。

3. 液压减振器

在一、二系弹簧悬挂装置处均并联有垂向减振器，在转向架构架与主车架间还设有横向减振器。垂向和横向液压减振器及其维护与 GCY-300 内燃调机的相同。

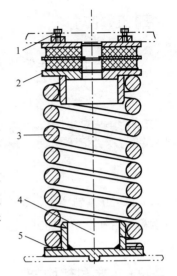

图 4-45 WGJ 网轨检测车二系弹簧悬挂装置

1- 紧固螺钉；2- 弹性定位橡胶垫；
3- 高圆簧；4- 定位底座；5- 调整垫

四、牵引装置

牵引装置设在转向架的几何中心上，即横梁的中央，上部固定在主车架枕梁上。它是主车架与转向架的重要连接装置。牵引装置的结构如图 4-46 所示。

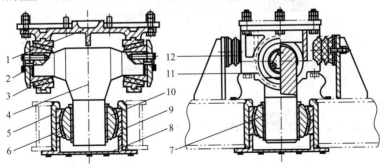

图 4-46 牵引装置

1- 牵引销上支座；2- 端盖；3- 橡胶套；4- 牵引销；5- 牵引销座；6- 关节轴承外圈；7- 耐磨套；8- 压盖；9- 耐磨圈；10- 关节轴承内圈；11- 牵引销下支座；12- 横向止挡

可根据现场情况调整橡胶套（3）的厚度来保证横向止挡与牵引销上支座间隙 25mm。牵引装置的作用是：传递车辆的转向架与主车架之间的牵引力与制动力；保证车辆能顺利地通过曲线半径较小的线路；能防止将转向架的点头振动传递给主车架。在运行过程中，由于转向架与主车架之间的回转和横动，使得牵引销下部销轴与关节轴承内圈、关节轴承内圈与外圈之间均有相对运动，故必须保持良好的润滑，以降低磨耗。

五、轮对

WGJ 网轨检测车轮对参数及维护保养方法与 GCY-300 型内燃调机相同。

第十一节　PC-30 型轨道平板车走行系统

PC-30 型轨道平板车走行系统采用两轴焊接式转向架结构,采用心盘集中承载,车轴轴承箱采用导框定位方式,整车具有良好的运行稳定性、平稳性和动强度。

一、转向架构架

转向架构架采用一体式焊接构架,转向架构架如图 4-47 所示。

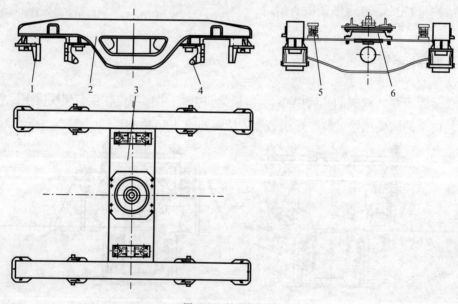

图 4-47　转向架构架
1- 轴箱导框；2- 侧梁；3- 横梁；4- 吊耳；5- 旁承；6- 球面心盘

二、车轴轴承箱

0254 型转向架采用导框式轴箱结构,它主要由圆锥滚子和轴箱体等部件组成。轴箱装置结构如图 4-48 所示。轴箱装置是将轮对和侧架连接在一起的结构,把车辆的重量传给轮对,并润滑轴颈,减少摩擦,防止热轴,降低运行阻力,可有效防止尘土、雨水等异物侵入,保证车辆安全运行。

滚动轴承为圆锥滚子轴承,滚子与轴承转动轴线成一定的倾角,这样结构既能承受径向载荷,又能承受轴向载荷,其结构简单,检修方便。

轴箱装置内填充的润滑脂符合《铁路机车轮对滚动轴承润滑脂》(TB/T 2955—1999)相关要求,润滑脂容量为箱体内1/3～1/2的有效空间;每行驶1500km打开轴箱盖,检查油量及油质,必要时进行补充或更换。新车走合期间,应经常注意检查车轴轴承箱的温度,防止过热。

运行中停车时,注意检查轴箱外表温度,轴箱温度不得超过(0.6×环境温度+50)℃。如温度太高或局部温度过高,应打开轴箱端盖,检查润滑油质、油量、滚动轴承、轴承支架的状态,根据不同情况判明原因后及时处理。要避免水、砂及其他脏物混入轴箱,保证其寿命。在车上施行电焊作业时,应在作业处所附近接地线,防止电流从轴承的滚子与滚道触点处通过,烧坏轴承。

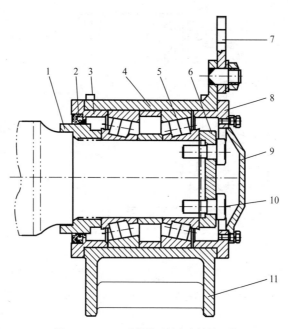

图4-48 PC-30型轨道平板车车轴轴承箱

1-防尘座;2-油封;3-通盖;4-隔套;5-轴承;6-压板;7-起吊板;8-轴箱前盖;9-闷盖;10-螺栓;11-轴箱体

三、弹性悬挂装置

利诺尔减振器的结构原理如图4-49所示,主要由导框、吊耳、弹簧帽、拉环、顶子和弹簧、磨耗板等零部件组成。车体的垂向载荷通过转向架心盘经构架传至导框,再通过导框上的吊耳4、拉环、弹簧帽传至轴箱弹簧上,最后传至轴箱、轴承和轮对上;另一面,由于拉环的安装具有一个倾斜角,拉环同时给弹簧帽一个纵向水平分力F_4,纵向水平分力F_4使弹簧帽在纵向压紧顶子使顶子紧贴在轴箱上的磨耗板,同时还使左侧导框与轴箱左侧的磨耗板紧贴。车辆振动时，顶子与磨耗板之间以及轴箱左侧的导框与磨耗板之间便产生衰减振动的摩擦阻力 F_5。由于水平分力 F_4（即顶子与磨耗板之间的正压力）与外圆弹簧所受的垂向载荷 F_1 成正比，故摩擦力与转向架所受载荷成正比，它属于变摩擦减振器，又由于具有两级刚度的轴箱弹簧装置的特殊结构，利诺尔减振器方便地实现了空重车两种不同的相对摩擦系数。利诺尔减振器对垂直和横向振动都有衰减作用，它的性能稳定，摩擦力受外界气候条件及磨耗状态的影响较小，磨耗面平易于修复。由于轴箱与构架间纵向无间隙增加了轮对的纵向定位刚度，提高了运行稳定性。

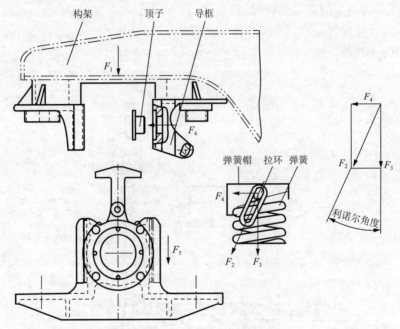

图 4-49　PC-30 平板车利诺尔减振器

由于是靠顶子和轴箱间的摩擦力起减振作用，所以它们的接触面之间严禁涂抹润滑油。顶子磨耗到限检验方法如图 4-50 所示，当标准线和轴箱导框边缘线完全错开时即为顶子磨耗到限，所有顶子必须全部更换，否则减振器将失效并有可能影响行车安全。

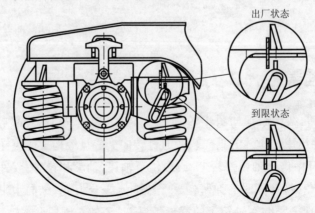

图 4-50　顶子磨耗到限检验方法

转向架构架的上表面安装两个弹性旁承,均采用常接触双作用弹性旁承,如图4-51所示。

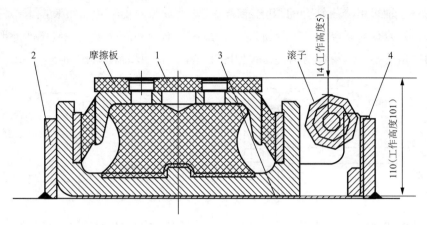

图 4-51　弹性旁承(尺寸单位:mm)

1- 弹性旁承体;2- 旁承盒;3- 调整垫板;4- 纵向调整垫板

当车在曲线上运行时,车架会发生侧向倾斜,车架的质量一部分压在一侧旁承的尼龙摩擦板上,经弹性旁承体把部分重量传给构架。车架上旁承与弹性旁承的尼龙摩擦板接触,在转向架相对车架转动时,有较大的摩擦力矩以控制转向架在直线上的蛇行运动。

调整垫板(3)名义厚度为3mm,根据落车后尺寸自行调整厚度,以保证滚子与上旁承之间隙为5±1mm;每处垫板数量不得超过3块,总厚度不得超过25mm。调整垫板(4)根据实际情况自行调整厚度,应保证旁承体与旁承盒纵向间隙不大于1mm。

四、牵引装置

转向架构架和主车架之间的连接为心盘结构。球面心盘结构如图4-52所示,它能使主车架和转向架之间产生相对转动,保证车辆安全灵活平稳地沿铁路的直线和曲线区段运行。上下心盘之间安装自润滑摩擦减振材料,因此不需要另外进行润滑。

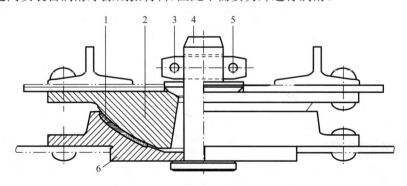

图 4-52　PC-30平板车心盘结构

1- 减磨垫;2- 上心盘;3- 扁销;4- 心盘销;5- 开口销;6- 下心盘

五、轮对

车轮与车轴采用冷压结合的,其压装方法、要求参照《车辆轮对组装技术条件》(TB/T 1718—2003)的有关规定。车轮踏面为 LM 踏面,符合《机车车辆用轮缘踏面外形》(TB/T 449—2003)相关要求。轮对结构及参数如图 4-53 所示,轴端结构如图 4-54 所示。

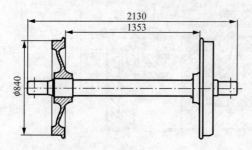

图 4-53　PC-30 型轨道平板车轮对(尺寸单位:mm)

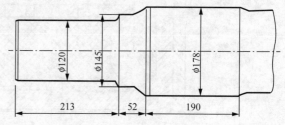

图 4-54　PC-30 型轨道平板车轴端结构(尺寸单位:mm)

第十二节　DGY-300 型轨道车走行系统

DGY-300 型轨道车走行系统由两台完全相同的焊接式转向架组成。转向架采用中心销牵引方式。转向架由构架、轴箱、轮对、一系悬挂装置、二系悬挂装置、单元制动器等组成,如图 4-55 所示。

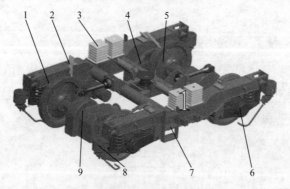

图 4-55　DGY-300 型轨道车转向架

1-构架;2-轮缘润滑器;3-橡胶旁承;4-单元制动器;5-轮对;6-轴箱;7-车梯;8-砂箱;9-车轴齿轮箱

一、转向架构架

转向架构架采用整体焊接方式。构架将转向架的各组成部分连接起来,并保证它们之间的相互位置关系。构架采用低合金高强度结构钢板(钢管)组焊,成整体 H 形结构。构架的侧梁为中间下凹的鱼腹箱型结构,侧梁中间设置有隔板,以保证侧梁的抗弯抗扭能力。侧梁端部有垂向减振器安装座,构架横梁上有横向减振器安装座、制动器安装座;构架的横梁采用无缝钢管,横梁上设有车轴齿轮箱拉臂座等。在车辆使用过程中,定期检查构架及各条焊缝是否完好。

二、轴箱

轴箱轴承采用圆柱滚动轴承;轴承箱定位采用轴箱体转臂式定位,用橡胶节点将轴箱与构架弹性连接起来,如图4-56所示。轴箱通过轴承与轮对连接,对轮对起定位作用。一系悬挂的螺旋弹簧下端安装在轴箱弹簧座上,其上端支撑在转向架构架上。与弹簧匹配的液压减振器安装在轴箱体侧与构架之间的减振器座上,起衰减转向架的沉浮、侧滚和点头振动的作用。

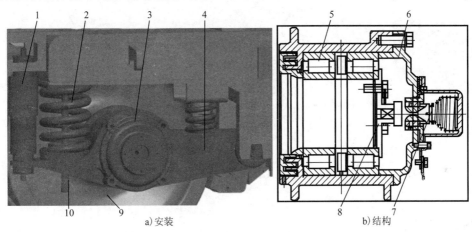

图4-56 DGY-300型轨道车轴箱及安装

1-垂向减振器;2-支撑弹簧;3-转臂式轴箱体;4-弹性节点;5-圆柱滚子轴承;6-轴箱端盖;7-接地装置;9-轮对;10-工艺销及扁销

在车辆上施行电焊作业时,应在作业处所附近接地线,防止电流从轴承的滚子与滚道触点处通过,以免烧坏轴承。

轴箱的维护保养:

(1)轴箱润滑采用铁道车辆滚动轴承Ⅱ型润滑脂,润滑脂的容量相当于轴箱内部余隙容积的1/2～2/3。

(2)检查轴箱弹簧有无裂纹折损,胶垫有无破损及龟裂,若有需更换。

(3)检查轴箱内外侧油封是否漏油,轴承箱的轴承部位最高温度不超过85℃,温升不大于50℃。

(4)检查轴箱体有无裂纹拉杆芯轴处梯形槽斜面应密贴,其底面应有间隙。

(5)检查垂向减振器有无漏油现象,如有需更换。

(6)长期不用车时应每隔2～3周将车移动一次,以改变轴箱内轴承滚柱的接触点,防止轴承部件受到腐蚀。

三、弹性悬挂装置

轨道车辆在构架与轴箱之间设置了静挠度较大的一系悬挂装置,在车体与转向架之间设置了静挠度较小的二系悬挂装置,采用两系悬挂,可以改善车辆垂向运行平稳性并减少其运行时对线路的动作用力。

1. 一系弹性悬挂

弹簧装置是用来缓和来自线路对车辆的簧上质量的冲击,在运用中要经常检查弹簧,利用锤击听音即可检查弹簧是否落实或有无断裂现象,发现异常必须及时处理。

车辆采用液压减振器作为一系垂向减振器。液压减振器利用液体黏滞阻力作负功吸收振动能量来衰减振动。在运用过程中应经常检查有无泄漏现象和紧固情况,发现后及时处理。液压减振器在运行中应有明显温升。

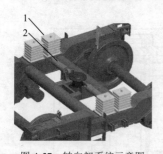

图 4-57 转向架系统示意图

1- 橡胶旁承;2- 横向减振器

2. 二系悬挂

二系悬挂装置由安装在车体与转向架之间的橡胶堆和安装在车架与构架之间的横向液压减振器等主要部件组成,如图 4-57 所示。其主要作用是:传递牵引力和制动力;承受垂直方向的载荷;使转向架相对于车体转动。

二系悬挂的使用保养:

(1)检查横向减振器是否漏油。如有,必须更换。

(2)检查橡胶旁承是否有老化、撕裂等。如有,必须更换。

四、牵引装置

转向架为中心销牵引。牵引销上装有牵引橡胶套传递牵引力和制动力,并使转向架以牵引销为中心相对于车体旋转,如图 4-58 所示。牵引装置具有无冲击、结构简单、便于更换的特点。

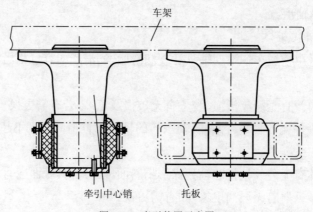

图 4-58 牵引装置示意图

牵引中心销底部安装有牵引胶套托板,托板用螺栓固定在中心销上,该托板同时又是整车起复托板,在整车起复时,托板将转向架构及轮对整体托起,从而保证整车起吊。

五、轮对

每个转向架前后各有一个轮对,均为动轴轮对,前后轮对不可互换。车轮是选用标准车辆用整体碾钢轮,车轴材料均为车轴钢,车轮与车轴结合采用注油压装方式。

在车辆使用过程中,应严格检查轮对状态,要求踏面无剥离,轮缘无裂纹,弛缓标记(即轮位线)无错位,并严格按照有关机车车辆轮对探伤的规定进行探伤,防止切轴事故。

轮对的使用保养:

(1)同一轮对左右车轮滚动圆直径差不大于0.5mm,同一转向架上的轮对滚动圆直径差不大于1mm,同一车前后转向架的滚动圆直径差不大于2mm。

(2)前后转向架的滚动圆直径差不大于1mm。

(3)要经常检查前后车轴并进行探伤检查,发现问题及时更换。

(4)要定期检查轮对的磨损情况,当发现磨损量或严重擦伤超过规定时,应急时检修,对不能检修的应立即更换。

(5)经常检查轮位线是否正常。如发现车轮相对于车轴有移动或转动应更换轮对。

(6)当车轮滚动圆直径磨耗到780mm时,必须更换新轮。

第十三节 ZER4型蓄电池工程车走行系统

ZER4型蓄电池电力工程车走行系统采用前后转向架可以互换通用两轴焊接转向架,车轴轴承箱采用弹性定位方式,整车具有良好的运行平稳性和稳定性、良好的起动和牵引性能。

ZER4型蓄电池电力工程车转向架主要由构架、轮对驱动系统、一系悬挂装置、二系悬挂装置、牵引装置等部件等组成,如图4-59所示。

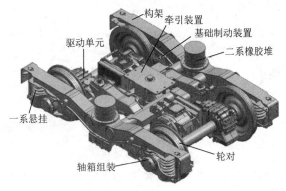

图4-59 ZER4型蓄电池轨道车转向架

一、转向构架

构架是转向架的骨架,它既是承载体和传力体,又是转向架上其他零部件的安装吊挂基体。该构架采用低合金高强度结构钢板(钢管)组焊,成整体 H 形结构,如图 4-60 所示。

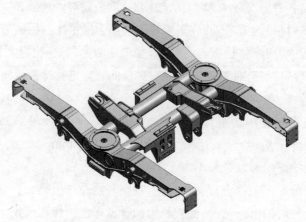

图 4-60 ZER4 型蓄电池工程车转向架构架

构架的侧梁为中间下凹的鱼腹箱型结构,侧梁中间设置有隔板,以保证侧梁的抗弯抗扭能力。侧梁上有垂向减振器安装座、横向减振器安装座、转臂定位座、制动器安装座;构架的横梁采用无缝钢管,横梁上设有电机安装座、齿轮箱吊杆安装座、牵引拉杆安装座。

二、轮对驱动系统

轮对驱动系统由轮对、轴箱、牵引电动机、齿轮箱、联轴节等主要零部件组成,如图 4-61 所示。牵引电动机为交流异步电动机。

图 4-61 轮对驱动系统

轮对采用整体辗钢车轮和锻造车轴,车轮车轴之间为过盈配合。轴箱轴承采用免维护整体式圆锥滚子轴承。齿轮箱为平行轴式齿轮箱,箱体的一端通过轴承安装于轴上,另一端弹性地吊装于构架的横梁上。齿轮箱设有观察窗（能清楚、方便地观察到齿轮啮合状态）、通气器、油位观察窗（包括永久性油位刻度线）、注油孔（螺堵为磁性）、排油孔（螺堵为磁性）、紧急防脱落装置等。联轴节为齿式联轴节，两个半联轴节分别设置注油孔，采用油润滑。

三、轴箱

轴箱在转向架上的安装如图 4-62 所示。

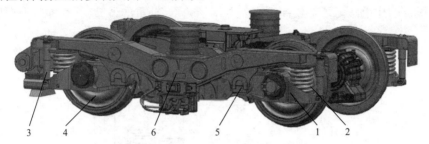

图 4-62　ZER4 型蓄电池轨道车轴箱位置

1- 轴箱；2- 一系螺旋弹簧；3- 一系垂向减振器；4- 轮对；5- 转臂定位橡胶关节；6- 构架

轮对的每个轴端均配有一套轴箱（1），轴箱内轴承与轴颈过盈配合。轴箱（1）是转向架最重要的部分之一，是一系悬挂 [一系垂向减振器（3）和一系螺旋弹簧（2）] 的下部支撑，它将全部簧上载荷包括铅垂方向的动载荷传给轮对（4），并将来自轮对（4）的牵引力、制动力和冲击作用传到构架（6）。此外，它还传递轮对（4）与构架（6）间的横向和纵向作用力。同时，通过轴承将车轮的滚动转化为车体的平动。

图 4-63 为轴箱结构组成，轴箱体（4）为铸件，位于轴箱体内的轴承（5）由前端盖（1）、外端盖（9）、轴端盖（6）进行轴向定位，O 形密封圈（2、3、8）阻挡灰尘、杂质进入轴箱体内。轴承为整体式双列圆锥滚子轴承单元，出厂时已调整好游隙，加注润滑脂并安装密封，通过液压方式可以直接压装到轴颈上。外端盖上配有若干个组件组合，其功能是定位轴端传感器接地装置（10）及密封。

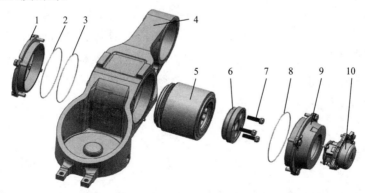

图 4-63　ZER4 型电力蓄电池轨道车轴箱结构

1- 前端盖；2、3、8-O 形密封圈；4- 轴箱体；5- 轴承；6- 轴端盖；7- 螺栓；9- 外端盖；10- 接地装置

四、弹性悬挂装置

1. 一系悬挂装置

一系悬挂装置在轮对和构架之间,由螺旋钢弹簧、转臂橡胶关节、一系垂向止挡和一系垂向减振器等部件组成,如图4-64所示。一系弹簧通过轴箱和轮对将车体和转向架的重量(垂向载荷)传递到轨道上。配合一系垂向减振器,一系悬挂用于衰减轮对的垂向运动。转臂定位橡胶关节连接轴箱体和构架,传递纵向力和横向力。轴箱顶部设置了一系垂向止挡,起到垂向限位的作用。为了补偿制造误差并用于轮重、轴重的调整,一系弹簧上面还配备了弹簧垫片。

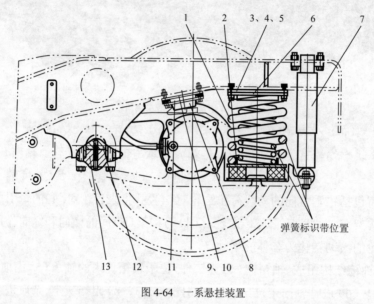

图4-64 一系悬挂装置

1- 弹簧组;2- 一系橡胶垫;3～5- 弹簧垫片(1、2、5mm);6- 一系弹簧板;7- 一系垂向减振器;8- 一系垂向止挡;9、10- 垫片(1、2mm);11- 一系止挡垫片;12- 转臂定位橡胶关节;13- 转臂定位座

2. 二系悬挂装置

二系悬挂装装置在转向架构架和车体之间,二系悬挂装置由安装在车体与转向架之间的橡胶堆和安装在牵引中心销与构架侧梁之间的横向油压减振器等主要部件组成,如图4-65所示。二系悬挂装置把车体重量弹性均匀地分配到转向架构架;当机车通过曲线时,它可以在车体与转向架之间产生相对位移,使机车顺利通过曲线。为了补偿制造误差和车轮磨耗,在橡胶堆上表面配备了补偿调整垫。

五、牵引装置

牵引装置布置在转向架的中部,处在构架的两个横梁管之间。牵引装置连接着车体和转向架,包括中心牵引组装、牵引连杆组装和横向止挡装置三大部件,如图4-66所示。

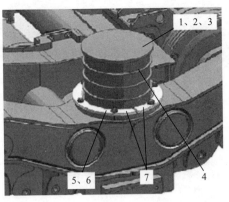 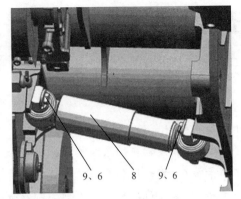

图 4-65 二系悬挂装置

1～3-二系悬挂调整垫（1、2、4mm）；4-二系橡胶堆；5-六角螺栓 M16×35；6- NORD-LOCK 制锁垫圈 16；7-压板；8-二系横向减振器；9-六角螺栓 M16×50

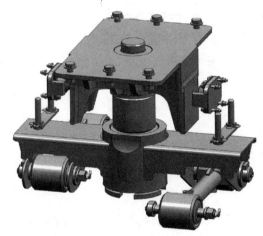

图 4-66 牵引装置

中心牵引组装具有以下三大功能：将转向架连接到车体上，传递牵引力和制动力；使转向架以中心销组装为中心相对于车体旋转；作为二系悬挂起吊装置，可以使转向架随车体整体起吊。

牵引连杆组装由连杆装配、连杆销、六角螺母、开口销、垫圈等组成，布置在转向架的中部，在牵引座和转向架构架之间工作，两个连杆装配成"Z"字形布置。

横向止挡装置主要由横向止挡座、二系横向止挡、横向缓冲器垫片、横向止挡垫片等组成，布置在转向架横梁的中部，关于构架中心对称布置。

第五章　柴油机

> **岗位应知应会**
>
> 1. 了解发动机的基本工作原理。
> 2. 了解卡特 C7 发动机的系统构成。
> 3. 了解卡特 C7 发动机各系统的组成及工作原理。
> 4. 对卡特 C7 发动机的基本组成部分有初步了解。
> 5. 掌握卡特 C7 发动机燃油系统、润滑系统及冷却系统的相关知识。
>
> **重难点**
>
> 1. 卡特 C7 发动机燃油系统的工作循环及原理。
> 2. 卡特 C7 发动机机油循环回路及工作原理。
> 3. 卡特 C7 发动机冷却系统的循环回路及工作原理。

第一节　柴油机概述

汽油机、柴油机以及燃气轮机同属内燃机。虽然它们的机械运动形式（往复、回转）不同，但具有相同的工作特点：都是燃料在发动机的汽缸内燃烧并直接利用燃料燃烧产生的高温高压燃气在汽缸中膨胀作功。从能量转换观点，此类机械能量损失小，具有较高的热效率。另外，在尺寸和质量等方面也具有明显优势，因而在与外燃机竞争中已经取得明显的领先地位。

柴油机是一种用柴油作燃料压缩发火的往复式内燃机。它使用挥发性较差的柴油做燃料。采用内部混合法（燃油与空气的混合发生在汽缸内部）形成可燃混合气；缸内燃烧采用压缩式（靠缸内空气压缩形成的高温自行发火）。这种工作特点使柴油机在热机领域内具有最高的热效率（已达到 55% 左右），而且允许作为船作发动机使用。因而，柴油机在工程界应用十分广泛。

一、柴油机的主要特点

（1）工作热效率高，具有显著的节能效果。

柴油机的工作热效率一般在 36%～41%，最佳可达 50%。汽油机的工作热效率一般在

30%;燃汽轮机的工作热效率一般在30%～35%;蒸汽机的工作热效率一般在16%,而蒸汽机车的总效率更低,为6%～9%,内燃机车则达到27%～35%是蒸汽机车的4倍多。

(2)功率和转速范围宽广,能适应各种不同用途。

①输出功率在0.59～40440kW之间。

②标定转速在850～1600r/h内。

③品种繁多,用途广泛。

(3)启动迅速,操纵简便。

①能在较短的时间内完成启动任务,并且能够达到全负荷运转。

②操作简便,安全可靠。

③设有多功能的安全保护装置。

④可以自动化操作。

(4)使用可靠,工作寿命长。

①一般是按机车走完多少万公里来衡量(轮、架、大修来定)。

②柴油机一般使用寿命在15000～30000h之间,或者80万～160万km。

③机车采用新工艺后,运营里程越来越长,使用寿命也在增加。

(5)燃料、机油和冷却水的消耗量少。

(6)结构复杂,零部件加工、装配、运用及维修技术要求高。

(7)对燃料要求苛刻,同时排放废气和产生的噪声对环境有一定的污染。

二、四冲程柴油机工作原理

柴油机是以柴油作燃料的压燃式内燃机。工作时,空气在汽缸内被压缩而产生高温,使喷入的柴油自行着火燃烧,产生高温、高压的燃气,燃气膨胀推动活塞作功,将热能转变为机械功。柴油机的工作循环由进气冲程、压缩冲程、燃烧膨胀作功冲程和排气冲程四个冲程组成,如图5-1所示。这四个冲程构成了一个工作循环,活塞走四个冲程才能完成一个工作循环。

1. 进气冲程

第一冲程——进气冲程的任务是使汽缸内充满新鲜空气。活塞由上止点下行,进气阀已打开,由于汽缸容积不断增大,缸内压力下降,依靠汽缸内外的气压差作用,新鲜空气通过进气阀被吸入汽缸。由于受流阻等影响,在进气过程的大部分时间里,汽缸内压力低于大气压力,到下止点时,缸内气压的为0.08～0.95MPa,温度为30～70℃。这时,排气阀和喷油器均关闭。

为了使柴油机作功更完善,必须在进气过程尽可能多吸入新鲜空气。进气阀开启始点至上止点的曲柄转角叫做进气提前角。下止点到进气阀关闭位置的曲柄转角叫做进气延迟角(利用惯性进气)。整个进气过程所占的总角度为220°～250°,如图5-1a)所示。

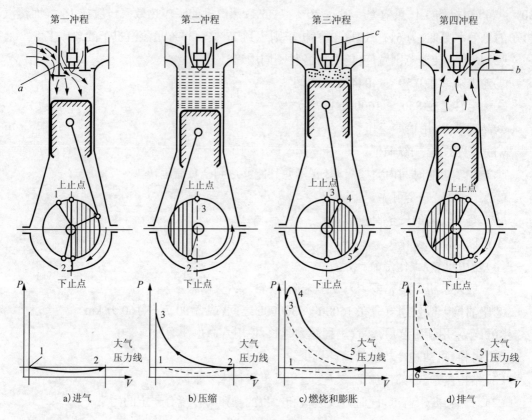

图 5-1　四冲程柴油机工作原理

2. 压缩冲程

第二冲程——压缩冲程的任务是压缩第一冲程吸入的空气,提高空气的温度与压力,为柴油机燃烧及膨胀作功创造条件。活塞从下止点向上运动,自进气阀关闭开始压缩,一直到活塞到达上止点为止。活塞上行,汽缸容积减少,缸内气体压力和温度随之升高,到达压缩终点时,压力增高到 3～6MPa,温度升至 600～700℃（柴油的自燃温度为 270℃左右）,通常压缩终点的气体压力和温度分别用 P_c 和 t_c 表示。四冲程机压缩过程所占的总角度为 140°～160°,如图 5-1b)所示。

3. 做功冲程

第三冲程——做功冲程的任务是完成两次能量转换。在活塞到达上止点前,燃油经喷油器以雾状喷入汽缸的高温高压空气中,并与其混合,在上止点附近自燃,由于燃油强烈燃烧,使汽缸内气体温度迅速上升到 1400～1800℃ 或更高些,压力增加至 5～8MPa,甚至 13MPa 以上。燃烧产生的最高压力称最高爆发压力,用 P_z 表示,最高温度 t_z 表示。高温高压燃气（即工质）膨胀推动活塞下行作功。在上止点后的某一时刻燃烧基本结束,燃气继续膨胀,到排气阀下止点开启时膨胀过程结束。膨胀终了时汽缸内气体压力 P_b 为 0.25～0.45MPa,温度 t_b 为 600～700℃。四冲程机燃烧膨胀过程所占的总角度为 130°～160°,如图 5-1c)所示。

4. 排气冲程

第四冲程——排气冲程的任务是将作功后的废气排出汽缸外,为下一循环新鲜空气的进入提供条件。这一阶段,要求废气排得越干净越好,所以与进气阀启闭一样,排气阀也是提前开启,延迟关闭。排气阀开启时,活塞尚在下行,废气靠汽缸内外压力差进行自由排气。从排气阀开启到下止点的曲柄转角叫做排气提前角。当活塞从下止点上行时,废气被活塞推出汽缸,此时排气过程是在略高于大气压力(1.05～1.1个大气压),且在压力基本不变的情况下进行的。排气阀一直延迟到活塞到达上止点之后才关闭,这样可利用气流的惯性作用,继续排出一些废气。上止点到排气阀关闭位置的曲柄转角叫做排气延迟角。四冲程机排气过程所占的总角度为210°～240°,如图5-1d)所示。

当工作冲程活塞运动到下止点附近时,排气阀开起,活塞在曲轴和连杆的带动下,由下止点向上止点运动,并把废气排出汽缸外排气冲程结束之后,又开始了进气冲程,于是整个工作循环就依照上述过程重复进行。由于这种柴油机的工作循环由四个活塞冲程即曲轴旋转两转完成的,故称四冲程柴油机。

第二节 卡特 C7 发动机总体及相关定义

城市轨道交通轨道车辆大多采用美国卡特彼勒柴油机,如金鹰重工 GCY-220 型重型轨道车、JW-7 接触网作业车采用卡特 C7 发动机,GCY-300 型内燃调机采用卡特 C11 发动机,GCY-150 型轻型轨道车采用康明斯发动机;宝鸡南车时代的 DGY-300 型轨道车采用卡特 C11 发动机,DGY-470A 型内燃调机采用卡特 C18 发动机。由于篇幅限制,以下发动机内容均以卡特 C7 发动机为例进行讲解。

1. 发动机总体介绍

C7 发动机技术参数如下:

型号:	CAT C7;
型式:	水冷、直列六缸、四冲程、增压中冷;
额定功率:	224kW(305Ps);
最高设定转速:	2200r/min;
最大扭矩/转速:	1274N·m/1400(r/min);
排量:	7.2L;
缸径×行程:	110mm×127mm;
燃油系:	电控燃油系统;
额定功率下燃油消耗率:	230g/kW·h;
起动方式:	DC24V 电起动。

C7 发动机的排列形式是直列六缸,如图 5-2 所示。发动机的点火次序为"1-5-3-6-2-4"。当从发动机的飞轮端观察时,发动机应该逆时针旋转。发动机利用了涡轮增压器。发动机的缸径为 110mm,活塞冲程为 127mm,发动机的排量为 7.2L。

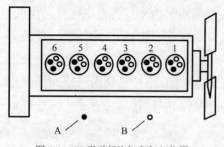

图 5-2 C7 发动机汽缸和气门位置
1~6-汽缸标号;A-排气门;B-进气门

C7 发动机使用液压电子单体式喷油器(HEUI)来喷油。使用 HEUI 可以省去泵管系统中的许多机械零件。HEUI 提供正时和油气混合的加强控制。通过单体式喷油器正时的精确控制可以实现正时提前。发动机每分钟转数通过调整喷油器喷油的持续时间来控制。有一个专门的脉冲轮为电子控制模块(ECM)提供信息,以监测汽缸位置和发动机每分钟转数。

发动机具有内置式诊断装置,以确保所有零件正常工作。当系统部件发生故障时,仪表板上的检查发动机灯将对驾驶员发出警告。使用电子维修工具可以读出故障零件或故障的数字代码。也可以使用巡航控制开关闪烁检查发动机灯的代码。间歇性故障被记录并储存到存储器中。

2. 起动发动机

发动机电子控制模块能自动提供正确数量的燃油来起动发动机。当起动发动机时,不要压下加速踏板。如果发动机 20s 内不能起动,放开起动开关。再次使用起动发动机前要使其冷却 2min 以上。

3. 电控装置术语

(1)空气对空气后冷却器是涡轮增压发动机上一种设备,它用来将已经压缩过的进给空气进行冷却。进给空气在通过涡轮增压器后被冷却。进给空气流经后冷器(热交换器),后冷器利用周围的空气进行冷却。已经冷却的空气先行进入进气歧管。

(2)美国线规(AWG):是一种导线直径的测量设备。AWG 也可以测量电线的电流承载能力。AWG 的数值越小,电线的直径越大。AWG 的数值越大,电线的直径越小。

(3)大气压力传感器:用于测量大气压力。该传感器将信号输送给电子控制模块(ECM)。这个信号在发动机控制和发动机工作中将会用到。

(4)上止点前(BTC):是指在正常转动方向下,活塞到达上止点位置以前曲轴转动 180°的位置。

(5)旁通电路:用于替代现有电路。旁通电路通常用作测试电路。

(6)校准:是指对传感器信号的电子调节。

(7)CAT 数据自动传输器:是用于和其他具有微处理器的电子设备相互通信的电接头。该设备符合美国货运联合会和 SAE 所制订的标准。该设备包括里程记录仪、电子仪表板和维护系统。该数据自动传输器也是使用电子维修工具进行编程的通信媒介。该数据接头还可用于使用电子维修工具进行故障诊断和排除。

(8) CAT 电子技术（CAT ET）：是一种卡特彼勒电子维修工具，用于诊断并给各种电子控制装置编程。

(9) 冷却液温度传感器：用于测量发动机冷却液温度，并将信号输送给电子控制模块（ECM）。发动机冷却液温度用于冷起动模式，用于优化发动机性能。

(10) 用户指定参数：是可以改变的参数，用户指定参数的值由用户设定。这些参数通过用户口令加以保护。

(11) 理想转速：理想转速输入到 ECM 内的电子调速器。电子调速器利用来自加速踏板位置传感器、发动机转速传感器、巡航控制、用户参数的信号来确定理想转速。

(12) 诊断代码：有时也称作故障码。诊断代码用于指明电子发动机系统中的故障或事件。

(13) 诊断灯：有时也称为检查发动机灯。诊断灯用于警告操作员有关当前存在的有效诊断代码。

(14) 直流电（DC）：是一种始终沿单向流动的电流。

(15) 电子控制模块（ECM）：是发动机的控制计算机。ECM 为电子器件提供功率。ECM 监控由发动机传感器输入的数据。ECM 作为调速器来控制发动机每分钟转数。

(16) 电子发动机控制装置：是一种完全的电子系统。电子发动机控制装置监控所有工况下的发动机运转情况。电子发动机控制装置还能控制所有工况下的发动机运转情况。

(17) 评估动态正时：是对 ECM 所计算的现行喷油正时进行评估。

(18) 排气制动起动信号：是 ECM 到发动机减速器的接口。可以防止排气制动器在不安全的发动机工况下工作。

(19) 故障模式识别（FMI）：描述零件所发生的故障类型。故障模式识别码采用 SAE（J1587 诊断）标准。

(20) 燃油位置：是 ECM 内的一种信号。该信号来自电子调速器。该信号输送到燃油喷射控制器。该信号以理想的发动机转速、FRC、标称位置、实际的发动机转速为基础。

(21) 燃油空气混合比控制（FRC）：是对基于燃油空气混合控制的限制。FRC 用于排放控制。当 ECM 感测到较高的涡轮增压器出口压力时，它就增加对 FRC 的限制，以使更多的燃油进入汽缸。

(22) 线束：是指连接电子发动机系统所有零件的导线束。

(23) 赫兹（Hz）：是对每秒周期数的量度。

(24) 高压机油歧管：是一个机油通道，它附装在缸盖上，以便为单体式喷油器提供高压机油。

(25) 液压电子单体式喷油器（HEUI）：是一种使用液压促动、电子控制单体式喷油器的燃油系统。该系统由单体内的泵吸、电子燃油计量和喷油组件组成。

(26) 液压泵：是一种变量输送活塞泵。液压泵使用一部分发动机润滑油。液压泵将发动机润滑油的压力增加到所需的喷油促动压力，以便为 HEUI 喷油器提供能量。

(27)喷油促动压力（IAP）传感器：是一种测量液压油压力的传感器。该传感器也将信号输送到电子控制模块（ECM）。

(28)喷油促动压力控制阀（IAP控制阀）：是一种变量阀。该阀用于使发动机高压油道内保持正确的油压。该阀由ECM控制。

(29)进气温度传感器：是一种测量进气温度的传感器。该传感器也将信号输送到电子控制模块（ECM）。

(30)跨接管：是一种将高压油歧管连接到各液压电子单体式喷油器的管道。

(31)开路：是指断开的电线连接。这种情况下信号或供电电压不能到达预定目标。

(32)参数：是指能够影响发动机特性或工作状态的可编程的值。

(33)参数标识符（PID）：是一种包含2～3个阿拉伯数字的数码。一个数码被分配给各个零件。该数码通过ECM数据线来识别数据。

(34)口令：是指一组数字或文字字符。设计口令是为了对改变ECM内的信息加以限制。对于电子发动机系统，需要使用正确的用户口令来改变用户指定参数。电子发动机系统需要正确的工厂口令来清除特定的日志事件。改变发动机的技术规格也需要工厂口令。

(35)个性模块：是ECM模块，它包含所有的ECM指令（软件）以及详尽的功率系列性能图。通过将新数据进行闪存实现更新和功率的重新设定。使用电子维修工具将更新信息和重设功率数据闪存。

(36)动力输出装置（PTO）：PTO随巡航控制开关或PTO的专用输入设备一起运转。当车辆不移动或低速移动时，这种工作方式允许将发动机每分钟转数设定为恒定值。

(37)脉冲宽度调制（PWM）：是一种和所测变量相一致的数字式电子信号。脉冲（信号）的长度受控于所测变量。该变量按确定的比例进行量化。该比例是工作时间百分比和不工作时间百分比的比值。PWM信号产生于油门位置传感器，如图5-3所示。

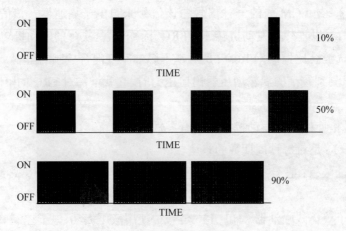

图 5-3　脉冲宽度调制实例

(38)额定燃油位置（ECAP上的"Rated Fuel Pos"）：指所允许的最大燃油位置（最长的喷油脉冲）。额定喷油位置将决定这种发动机的额定功率。

（39）参考电压：是一种调节后的电压，传感器用它来产生信号电压。

（40）传感器：用于监测压力、温度以及机械运动的变化。当检测到任何一种变化时，传感器都会将这种变化转换为电信号。

（41）维修程序模件（SPM）：是计算机芯片上的一种软件程序，它在工厂中被编制。

（42）短路：是指连接到不合要求的接点上的错误电路。例如，当裸露导线和车架发生摩擦时，导线和车架之间就产生电气接触，就会短路。

（43）信号：是一种电压或波形，通常用于传输从传感器到 ECM 的信息。

（44）速度突变：是指发动机转速发生短暂的突然变化。

（45）速度—正时传感器：是一种将脉冲宽度调制信号提供给 ECM 的传感器。ECM 将认为这种信号是曲轴位置和发动机转速。

（46）子系统：是发动机系统的一部分，它和具体的功能有关。

（47）供电电压：是一种供应给零件的恒定电压，能为零件的运转提供电能。供电电压可能由 ECM 产生。供电电压也可能是车辆的蓄电池电压，经由机车配线提供。

（48）T 形线束：是一种测试线束，它能够在不影响电路正常工作的同时测量电压。通常，这种线束插在接头的两端之间。

（49）油门位置：由油门位置传感器所发出的信号来决定油门位置。该信号由 ECM 进行转换。油门位置可以用作动力输出控制的一部分。

（50）变化总数：是指所有系统参数的变化总数量。

（51）传感器：是将机械信号转换成电信号的装置。

（52）涡轮增压器出口压力传感器：用于测量进气歧管空气压力。涡轮增压器出口压力传感器会发送一个信号给电子控制模块（ECM）。

第三节　卡特 C7 发动机燃油系统

一、组成介绍

卡特 C7 发动机燃油系统（液压电子组合式喷油顺 HEUI 燃油系统）的工作完全不同于任何其他类型的机械促动式燃油系统。HEUI 燃油系统是完全免于调整的。不能对组件进行机械调整。通过在电子控制模块（ECM）（18）中安装不同的软件，就可以实现性能的改变。这种燃油系统主要由液压电子单体式喷油器（HEUI）（5）、电子控制模块（ECM）（18）、液压泵（1）、燃油输油泵（11）、喷油促动压力传感器（9）五种基本组件组成，如图 5-4 所示。

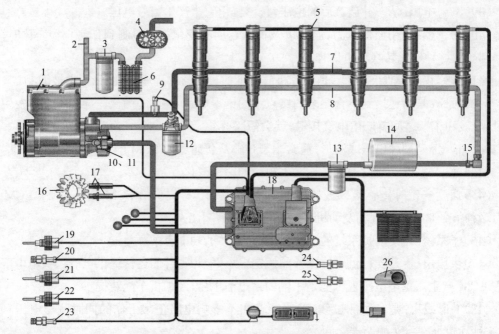

图 5-4 卡特 C7 发动机燃油系统组成示意图

1- 液压泵;2- 到发动机机油流量;3- 机油滤清器;4- 发动机机油泵;5- 喷油器;6- 机油冷却器;7- 高压油通道;8- 燃油供给通道;9- IAP 传感器;10- 泵压力调节器;11- 燃油输油泵;12- 燃油滤清器;13- 燃油粗滤器;14- 燃油箱;15- 燃油压力调节器;16- 凸轮轴齿轮背部;17- 速度—正时传感器;18- ECM;19- 机油温度传感器;20- 涡轮增压器出口压力传感器;21- 发动机冷却液温度传感器;22- 进给空气温度传感器;23- 大气压力传感器;24- 发动机机油压力传感器;25- 燃油压力传感器;26- 加速器位置传感器

1. 液压电子单体式喷油器

电液压单体式喷油器(HEUI)燃油系统利用电子控制的单体喷油器(图 5-5)液压动作。柴油机的所有燃油系统均使用柱塞和泵筒,以便在高压下将燃油泵入燃烧室。泵入燃烧室燃油的数量很精确,这是为了控制发动机的性能。HEUI 使用高压发动机机油为柱塞提供动力。所有其他的燃油系统均使用喷油泵凸轮凸角为柱塞提供动力。由于 HEUI 差异很大,技术人员必须使用不同的故障诊断和排除方法。

HEUI 使用加压到 6～25 MPa(870～3626psi)的发动机润滑油从喷油器中泵出燃油。HEUI 和液压油缸的工作方式相同,以增加高压油的压力。通过增加高压油的压力,HEUI 能产生非常高的喷油压力。压力的增加通过将高压油的压力施加到活塞上来实现。活塞的大小约是柱塞的 6 倍。活塞由发动机的高压润滑油提供动力,并能够推动柱塞。发动机的高压润滑油称作机油的促动压力。机油的促动压力产生单体式喷油器的喷油压力。喷油压力大约为促动压力的 6 倍。

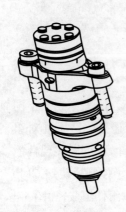

图 5-5 单体式喷油器

较低的机油促动压力产生较低的喷油压力。在怠速和起动等低速状态下,可以用到较低的喷油压力。较高的机油促动压力产生较高的喷油压力。在最大扭矩和加速等高速状态下,可以用到较高的喷油压力。在最小和最大的喷油压力之间,存在许多其他的工作状况。不管发动机的转速如何,HEUI 燃油系统都能提供足够的喷油压力控制。

2. 电子控制模块(ECM)

电子控制模块(ECM)(18)位于发动机左侧(图 5-4)。ECM 是一个功能强大的计算机,它能对发动机性能实现的电子控制。ECM 使用几个传感器收集的发动机性能数据,来调整燃油输送、喷油压力及喷油正时。ECM 包含有编程的性能图(软件),以说明功率、扭矩曲线及每分钟转数。该软件通常称为个性模块。

C7 柴油发动机不含有可更换的个性模块,C7 柴油发动机的个性模块是 ECM 固定的一部分。C7 柴油发动机的个性模块可以通过 Caterpillar(卡特彼勒)电子技术(ET)的闪烁编程功能来再编程。ECM 记录发动机的性能故障。当 ECM 和 ET 一起使用时,ECM 也能够执行几种自动诊断测试。

3. 液压泵

单体式喷油器液压泵(1)(高压油泵),如图 5-6 所示,位于发动机左前角(图 5-4)。单体式喷油器液压泵是一种变量输送活塞泵。单体式喷油器液压泵使用一部分发动机润滑油。其作用是将发动机润滑油的压力增加到所需的喷油促动压力,以给 HEUI 喷油器提供能量。

4. 泵压力调节器

泵压力调节器(10)安装在单体式喷油器液压泵内部(图 5-4)。泵压力调节器是一种高精度阀,它通过改变泵的输出流量来控制泵的输出压力(促动压力)。ECM(18)的性能图中包括一个用于每种发动机工况的理想促动压力。ECM 向泵压力调节器发送一个控制电流,控制电流能使实际的促动压力和理想促动压力相等。

泵压力调节器是一种执行组件,它将 ECM 的电信号转换为对柱塞衬套的机械控制,从而改变泵的输出流量和输出压力。

5. 燃油输油泵

燃油输油泵(11)如图 5-7 所示,安装在单体式喷油器液压泵(1)的后面(图 5-4)。使用燃油输油泵是为了从燃油箱(14)中泵取燃油。同时,使用燃油输油泵还能够将燃油压力增加到 450kPa(65 psi)。增压后的燃油送至喷油器(5)。

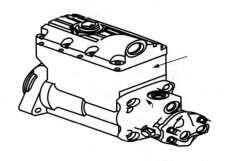

图 5-6 单体式喷油器液压泵

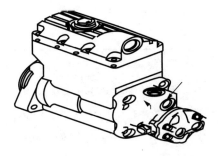

图 5-7 燃油输油泵

燃油输油泵是一种齿轮泵。该泵安装在单体式喷油器液压泵后面。燃油输油泵由液压泵的泵轴驱动。燃油输油泵的安全阀将输出压力限制在 689kPa±69kPa（100psi±10psi）以内。燃油从油箱中吸出，进入泵的入口。齿轮的旋转使燃油通过次级燃油滤清器（12）流出泵的出口，并进入缸盖内的供油通道（8）中。

6. 喷油促动压力传感器（IAP）

喷油促动压力传感器（9）如图 5-8 所示，安装在高压油歧管内（图 5-4）。高压油歧管提供起促动作用的机油，给单体式喷油器提供能量。IAP 传感器监控喷油促动压力。IAP 传感器将连续的电压信号反馈到 ECM（18）。ECM 将该信号进行转换。ECM 在任何时候都能够感知到喷油促动压力。

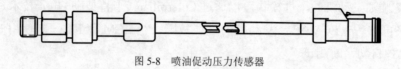

图 5-8　喷油促动压力传感器

二、低压燃油系统

低压燃油系统如图 5-9 所示，由燃油箱、燃油粗滤器、水分分离器、2μm 次级燃油滤清器、燃油输油泵、燃油压力调节器组成。

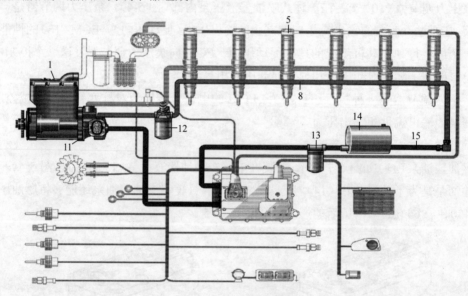

图 5-9　低压燃油系统组成

1-液压泵；5-喷油器；8-燃油供给通道；11-燃油输油泵；12-燃油滤清器；13-燃油粗滤器；14-燃油箱；15-燃油压力调节器

低压燃油系统具有两种功能。低压燃油系统为喷油器（5）提供燃烧的燃油。低压燃油系统也提供多余的燃油以排除系统中的空气。

燃油输油泵（11）安装在液压泵（1）的后面。燃油从燃油箱（14）中吸出，并流经燃油粗滤器(13)。经燃油粗滤器清除燃油中大的颗粒(颗粒可能在泵油过程中进入油箱,也可能通过燃油箱的通风口进入油箱)。燃油粗滤器也可分离出燃油中的水分,水分在燃油粗滤器底部的滤杯中收集。

燃油从燃油粗滤器流向燃油输油泵的进口侧。燃油输油泵进口的单向阀打开以允许燃油流入泵内。燃油停止流动后,单向阀关闭以防止燃油从进口流出。燃油在泵内从进口流向出口。增压后的燃油从泵的出口流向 $2\mu m$ 次级燃油滤清器(12)。所有 Caterpillar(卡特彼勒)机器发动机上的 $2\mu m$ 次级燃油滤清器都是标准的。这些燃油滤清器都是高效率的。这些滤清器能够清除燃油中十分细小的磨蚀污染物。燃油中非常细小的磨蚀颗粒能导致单体式喷油器磨蚀损坏。$2\mu m$ 次级燃油滤清器能够清除98%的 $2\mu m$ 以上颗粒。$2\mu m$ 滤清器的合理使用和定期维护能明显提高喷油器的寿命。

燃油从 $2\mu m$ 次级燃油滤清器流向缸盖内的燃油供给通道(8)中。燃油供给通道是一个孔,该孔起始于缸盖前端。燃油供给通道延伸到缸盖后部。该通道和各单体式喷油器孔相通以向单体式喷油器提供燃油。燃油从燃油输油泵通过缸盖流向所有的单体式喷油器。多余的燃油从缸盖后部流出。多余的燃油从缸盖后部流出后,再流入燃油压力调节器(15)。

燃油压力调节器由一个节流孔和一个簧压的单向阀组成。节流孔是一个流量限制装置,它能够增加供油压力。簧压的单向阀在压力为35kPa(5psi)时打开,以使从节流孔流出的燃油流回油箱。当发动机熄灭并且不存在油压时,簧压的单向阀关闭。簧压的单向阀关闭是为了防止缸盖中的燃油流回油箱。

三、喷油促动系统

喷油促动系统具有两种功能。喷油促动系统供应高压油以给喷油器(5)提供动力(图5-4)。喷油促动系统也能控制喷油压力,该压力是通过改变机油的促动压力由单体式喷油器产生的。

喷油促动系统由发动机机油泵(4)、发动机机油滤清器(3)、液压泵(1)、喷油促动压力传感器(IAP 传感器)(9)四种基本组件组成,如图5-10所示。

机油泵(4)中的机油满足发动机润滑系统的需要。机油泵中的机油也能满足燃油系统液压泵(1)的需要。发动机机油泵的容量已经被提高,这是为了符合必要的额外流量的需求。

从机油箱中吸出的机油由机油泵加压到润滑系统的机油压力。机油从机油泵流出,通过机油冷却器(6)、机油滤清器(3),然后流进主油道。从主油道分离出来一个油路,引导一部分润滑油并把机油供给液压泵。发动机左侧的钢管把主油道和液压泵进口连接起来。连接点在发动机侧盖上歧管的顶部端口处。

机油流入单体式喷油器液压泵进口并充满泵腔。泵腔在启动过程中为单体式喷油器液压泵提供机油。泵腔也能够为单体式喷油器液压泵提供机油,直到机油泵能够升高压力。

泵腔还能为缸盖的高压油道(7)补给机油。当发动机熄火并且发动机冷下来时,机油冷缩。泵内的单向阀允许从泵腔中吸出机油,以使高压油道保持充满状态。

泵腔内的机油在单体式喷油器液压泵(1)中被加压,使得机油在高压下被排出液压泵的出口。然后机油从单体式喷油器液压泵的出口流入缸盖内的高压油道。

高压油道和各单体式喷油器孔相通以向单体式喷油器(5)提供高压促动油。高压促动油从单体式喷油器液压泵通过缸盖流向所有的喷油器。机油被容纳在高压油道内,直到被单体式喷油器使用。已经被单体式喷油器排出的机油,在气门盖下被排出。这些机油通过缸盖内的排油孔流回曲轴箱。

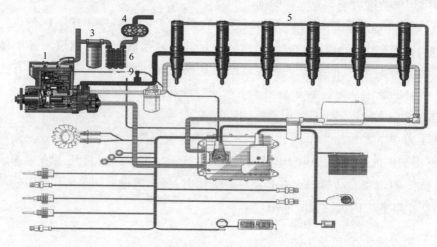

图 5-10　高压促动系统

1-液压泵;3-机油滤清器;4-机油泵;5-喷油器;6-机油冷却器;9-IAP 传感器

四、促动油压力控制

1. 机油促动泵结构

机油促动泵结构组成如图 5-11 所示。

机油促动泵是一种变量输送活塞泵。该泵的设计是为了在最大需求下产生足够的流量,机油促动泵由发动机前面的齿轮传动机构来驱动。泵前面的主动齿轮(9)驱动泵的主动轴。泵主动轴上的偏心驱动盘(10)使得泵柱塞(12)在泵筒内往复运动。

当柱塞朝着泵筒外移动时,机油通过偏心驱动盘的进口吸入柱塞内部。当柱塞朝着泵筒内部移动时,机油被挤压出柱塞。这些机油能通过柱塞内的溢流孔(8)或流出单向阀出口(13)进入泵出口(6)。每个柱塞包含一个溢流孔,该孔在柱塞的部分冲程中被滑动衬套(7)罩住。滑动衬套位置的变化能改变柱塞的有效冲程,并升高或降低泵的输出流量。

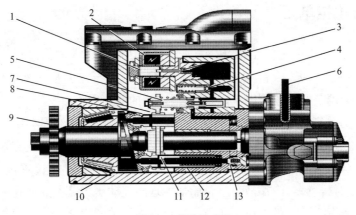

图 5-11 机油促动泵

1- 电枢；2- 压力调节器电磁线圈；3- 提升阀；4- 卸压阀；5- 促动器活塞；6- 泵出口；7- 滑动衬套；8- 溢流孔；9- 主动齿轮；10- 偏心驱动盘；11- 惰轮；12- 泵柱塞；13- 单向阀出口

2. 促动机油压力控制原理

喷油促动系统的压力通过泵输出流量和喷油促动系统所要求的流量相匹配来控制。柱塞滑动衬套（7）的位置可以改变，以控制泵的输出流量。滑动衬套向左移动能够盖住较长的一段柱塞溢流孔，这能够增加有效泵油冲程并提高泵的输出流量。滑动衬套向右移动能够盖住较短的一段柱塞溢流孔，这能够减小有效泵油冲程。滑动衬套向右移动也能够降低泵的输出流量。所有的柱塞滑动衬套连接到一个惰轮（11）上。惰轮连接到促动活塞（5）上。促动活塞左右移动能够使惰轮和滑动衬套向左或向右移动相同的距离。

有三种力作用在促动活塞上：弹簧力、泵的输出压力、控制压力。弹簧力和控制压力的合力和泵输出压力的方向相反。这些合力确定了促动活塞的位置。泵输出压力作用在促动活塞的左侧。这种力使得促动活塞向右移动并降低泵的流量。弹簧力也作用在促动活塞上。这种力使得促动活塞向左移动并增加泵的输出流量。

控制压力决定于从 ECM 到泵压力调节器电磁阀（2）的电流量。少量的泵输出油量进入促动活塞内的一个小油道中。这些少量的机油流出节流孔并进入控制压力腔。腔内的压力受到一个小提升阀的限制。提升阀打开能允许腔内的一部分机油流向排油孔。有一种作用力使得提升阀闭合。提升阀上的这种作用力由作用在电枢（1）上的磁场产生。磁场的强度确定了克服磁场力所需的压力。该压力能够打开提升阀。

电磁阀电流的增强能引起下列因素的增强：磁场强度、电枢和提升阀的作用力、打开提升阀的控制压力。电磁阀的电流下降能引起下列因素减弱：磁场强度、电枢和提升阀的作用力、打开提升阀的控制压力。电磁阀的电流增强能引起控制压力升高。电磁阀的电流减弱能引起控制压力降低。电磁阀的电流增强能引起泵输出压力升高。电磁阀的电流减弱能引起泵输出压力降低。

ECM 监控促动压力。ECM 不断地改变泵压力调节器的电流以控制促动压力。闭环电路中的三种组件协同工作以控制促动压力。

五、ECM 电控单元

ECM 闭环电路按下列方式工作：ECM 通过收集传感器输入的信息和软件工作图确定理想的促动压力；ECM 通过来自 IAP 传感器的恒定电压信号来监控实际的促动压力；ECM 不断地改变泵压力调节器的控制电流，这能够改变泵的输出压力。

理想促动压力是指为使发动机性能最优化，系统所需要的喷油促动压力。理想促动压力由 ECM 内的性能图确定。ECM 选择理想的促动压力。这种选择是建立在许多传感器输入信号的基础上。ECM 从下列一些传感器得到输入信号：加速踏板位置传感器、增压压力传感器、速度—正时传感器、冷却液温度传感器。理想促动压力是不断变化的。其变化以不同的输入信号为依据。发动机转速和负荷的变化也能导致理想促动压力发生变化。理想促动压力只有在稳定状态（稳定的发动机转速和负载）下才是恒定的。

实际促动压力是正在为喷油器提供动力的促动油的实际系统压力。ECM 和泵压力调节器不断改变泵的输出流量。这种不断的变化使得实际的促动压力和理想促动压力趋于相等。

六、泵压力调节器阀

泵压力调节器阀的工作有以下三个阶段：发动机熄火、发动机起动、发动机运转。

1. 发动机起动时阀的工作

发动机起动时泵压力调节器阀的工作状态如图 5-12 所示。

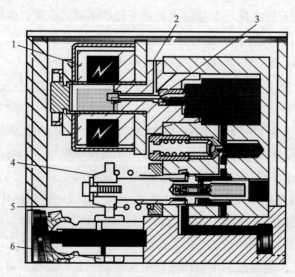

图 5-12　发动机起动阀的状态

1- 压力调节器电磁线圈；2- 排油孔；3- 提升阀；4- 促动活塞；5- 促动弹簧；6- 滑动衬套

在发动机起动过程中，大约需要 6MPa（870psi）的喷油促动压力来激活单体式喷油器。

这个低的喷油促动压力产生一个大约35MPa（5000psi）的低的燃油喷射压力。低的燃油喷射压力有助于冷启动。为了迅速起动发动机，喷油促动压力必须迅速升高。因为单体式喷油器液压泵正在以发动机的起动速度运转，所以泵流量非常低。ECM向压力调节电磁阀（1）发送一个强电流以使提升阀（3）保持关闭。当提升阀位于关闭位置时，流向排油孔（2）的所有燃油被阻止。控制压力等于泵的输出压力。作用在促动活塞（4）两侧的液压力相等。促动弹簧（5）将促动装置固定在左侧。泵产生最大流量直到达到6MPa（870psi）的理想压力。这时，ECM减小供给压力调节电磁阀的电流以降低控制压力。控制压力的降低允许促动活塞向右移动。这能够降低泵的输出流量以保持6MPa（870psi）的理想压力。如果发动机已经预热，起动发动机所需的压力可能要高于6MPa（870psi）。理想促动压力值存储在ECM的性能图中。理想促动压力值随发动机的温度而不同。

一旦组合式喷油泵开始工作，ECM就会对压力调节器的电流加以控制。ECM和压力调节器电磁阀将保持促动压力在6MPa（870psi），直到发动机起动。ECM通过位于高压油歧管内的IAP传感器来监控实际的促动压力。ECM通过监控几种电子输入信号来建立理想促动压力，向压力调节器电磁阀发送一个预先确定的电流。ECM还将理想促动压力和高压油道内的实际促动压力加以比较，通过调整供给压力调节器电磁阀的电流，使实际促动压力和理想促动压力趋于相等。

2. 发动机运转时阀的工作

发动机运转时泵压力调节器阀的工作状态如图5-13所示。

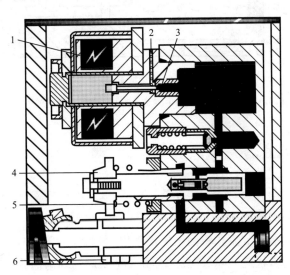

图5-13 发动机运转阀的状态

1- 压力调节器电磁线圈；2- 排油孔；3- 提升阀；4- 促动活塞；5- 促动弹簧；6- 滑动衬套

一旦发动机起动，ECM就会对泵压力调节器（1）的电流加以控制以保持理想的促动压力。IAP传感器监控缸盖高压油道内实际的促动压力。ECM每秒将实际促动压力和理想促动压力比较67次。当实际促动压力和理想促动压力不匹配时，ECM调整泵压力调节器电磁阀的电流,使得实际促动压力和理想促动压力趋于相等。

泵输出流量的少量机油流经促动活塞并进入控制压力腔。控制压力升高并且升高的压力使得提升阀回到阀座。提升阀打开以允许机油流向排油孔。ECM通过升高或降低压力调节器电磁阀的电流以及提升阀的合力来改变控制压力。这样的闭环系统能对泵输出压力提供连续控制。泵的输出压力范围为 6～25MPa（870～3626psi）。

3. 发动机熄火时阀的工作

当发动机熄火时,没有来自泵的泵输出压力,也没有从ECM到压力调节器的电流。促动弹簧（5）推动促动活塞（4）完全地向左移动。未标出的惰轮和滑动衬套（6）也向左移动。在这一点,泵位于最大流量位置（图5-14）。

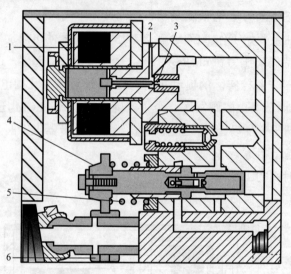

图 5-14 发动机熄火状态

1-压力调节器电磁线圈；2-排油孔；3-提升阀；4-促动活塞；5-促动弹簧；6-滑动衬套

七、HEUI-B 喷油器

HEUI-B 喷油器如图 5-15 所示,具有以下功能：

(1)将供应的燃油加压到 450kPa～175MPa（65～25382psi）。

(2)通过喷油器尖端的节流孔将高压燃油喷出。

(3)将正确数量的雾状燃油喷入燃烧室,并使雾状燃油均匀地分散到燃烧室中。

HEUI-B 喷油器由三个主要部分组成：上端,或促动器（A）、中部,或泵油装置（B）、下端,或喷嘴组件（C）。

上端（A）由下列组件组成：电磁线圈（1）、电枢（3）、电枢弹簧（2）、滑阀（6）、滑阀弹簧（5）、座销（4）、增压活塞止回球（7）。

中部（B）包括下列组件：增压活塞（8）、回程弹簧（9）、柱塞（10）、柱筒（11）。

下端(C)由下列组件组成：喷嘴壳(12)、挡块(14)、进口止回件(13)、衬套(17)、逆流单向阀(18)、喷嘴弹簧(15)、止回活塞(16)、喷嘴止回件(19)、喷嘴尖头(20)。

这些组件共同工作以产生不同的燃油喷射速率。燃油喷射速率由ECM内的性能软件进行电子控制。

八、HEUI-B 燃油喷射

HEUI-B 喷油器工作时有五个喷射阶段：预喷射、辅助喷射、喷射延迟、主喷射、补充喷射。

1. 预喷射

预喷射阶段喷油器状态如图 5-16 所示。

当发动机运转并且喷油器在点火循环之间时，喷油器处于预喷射阶段。柱塞(10)和增压活塞(8)位于活塞孔的顶部。柱塞下面的腔充满燃油。

在上端(A)，电枢(3)和座销(4)被电枢弹簧(2)压紧。高压促动油流入喷油器。然后机油沿着座销的周围流到止回活塞(16)的顶部。这在不喷油的所有时间段内为喷油嘴止回件(19)提供了一个向下的确定的力。

滑阀(6)被滑阀弹簧(5)固定在滑阀孔的顶部。在这个位置，滑阀阻止促动油到达增压活塞。滑阀的顶部和底部都有促动压力，于是滑阀上的液体压力是平衡的。滑阀由滑阀弹簧的弹力固定在上部位置或关闭位置。

2. 辅助喷射

辅助喷射阶段喷油器状态如图 5-17 所示。

当 ECM 向电磁线圈(1)发送控制电流时发生辅助喷射。该电流产生一个磁场，磁场提升起电枢(3)和座销(4)。座销有一个下座和一个上座。当座销被电枢(3)升起时，上座封阻止流向止回球的促动压力油，下座打开。这使止回活塞(16)顶部的促动油向排油孔(21)流动。聚集在滑阀(6)下方的促动油也将流向排油孔(21)。促动油通过喷油器一侧的排油孔排出。

滑阀下方的压力降低产生一个压力差，该压力差作用在滑阀上。当液压力作用在滑阀顶部时，滑阀朝着打开的方向移动。这个液压力促使滑阀向下移动。当滑阀和座销迫使增压活塞的止回球(7)回到球座上，使止回球处于关闭位置时，滑阀停止下移。这能够阻止增压活塞(8)腔内的促动压力消失。促动压力的降低也将解除止回活塞上向下的作用力。

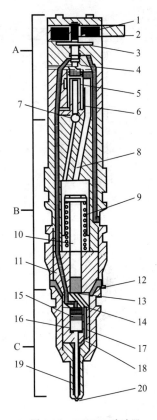

图 5-15 HEUI-B 喷油器

1- 电磁线圈；2- 电枢弹簧；3- 电枢；4- 座销；5- 滑阀弹簧；6- 滑阀；7- 增压活塞的止回球；8- 增压活塞；9- 复位弹簧；10- 柱塞；11- 柱筒；12- 喷嘴壳；13- 进口止回件；14- 挡块；15- 喷嘴弹簧；16- 止回活塞；17- 衬套；18- 逆流单向阀；19- 喷嘴止回件；20- 喷嘴尖头

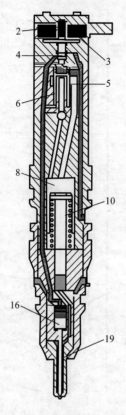
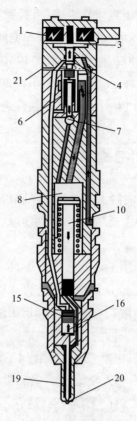

图 5-16 预喷射阶段

2-电枢弹簧;3-电枢;4-座销;5-滑阀弹簧;6-滑阀;
8-增压活塞;10-柱塞;16-止回活塞;19-喷嘴止回件

图 5-17 辅助喷射阶段

1-电磁线圈;3-电枢;4-座销;6-滑阀;7-增压活塞的止回球;8-增压活塞;10-柱塞;15-喷嘴弹簧;16-止回活塞;19-喷嘴止回件;20-喷嘴尖头;21-排油孔

这时促动油流过打开的滑阀并流向增压活塞的顶部。活塞和柱塞的下移能够把柱塞(10)腔内的燃油压向喷嘴尖头(20)。当喷油压力升高到足以克服提升起喷嘴止回件(19)的喷嘴弹簧(15)力时,辅助喷射开始。如果存在下列条件,辅助喷射将继续进行:电磁阀通电、滑阀保持打开状态、止回活塞顶部没有促动压力。

3. 喷射延迟

喷射延迟阶段喷油状态如图 5-18 所示。

当电磁阀(1)上没有控制电流,即电磁阀断电时,喷射延迟开始。电枢(3)由磁场力保持在上部位置。当磁场断电时,电枢弹簧(2)推动电枢和座销(4)下移。座销使其下座关闭,上座打开。这允许促动压力到达止回活塞(16)的顶部。止回活塞上的液压力克服喷油压力,并且喷嘴止回件(19)关闭。此时喷射停止。

滑阀(6)下方的促动压力升高,使得滑阀顶部和底部的液压力趋于平衡。此时减弱的滑阀弹簧力(5)作用在滑阀上。这使得滑阀缓慢关闭。当滑阀保持打开时,促动压力油继续流过滑阀到达活塞(8)和柱塞(10)。当喷嘴止回件保持在关闭位置时,喷嘴和柱塞腔内的喷油压力迅速升高。

4. 主喷射

主喷射阶段喷油器状态如图 5-19 所示。

当电磁阀（1）再次通电时，主喷射开始。磁场随之产生并且磁场力提升起电枢（3）和座销（4）。上座封阻止促动压力油的流动，并打开通向排油孔（22）的止回活塞（16）和滑阀（6）底端。使喷嘴止回件（19）闭合的液压力迅速解除，并且喷油压力将喷嘴止回件打开。这样主喷射就开始了。滑阀上也产生液压压力差。这个压力差促使滑阀下移。当滑阀下移时，增压活塞的止回球（7）保持在关闭位置。如果电磁阀保持通电，主喷射将继续。

5. 补充喷射

补充喷射阶段喷油器状态如图 5-20 所示。

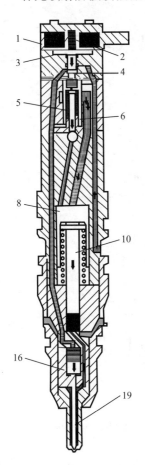
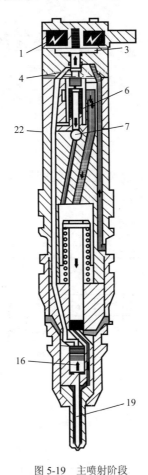
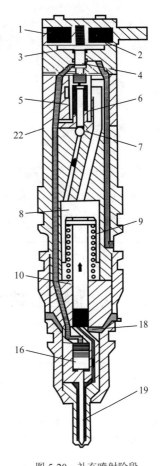

图 5-18 喷射延迟阶段

1-电磁线圈；2-电枢弹簧；3-电枢；4-座销；5-滑阀弹簧；6-滑阀；8-增压活塞；10-柱塞；16-止回活塞；19-喷嘴止回件

图 5-19 主喷射阶段

1-电磁线圈；3-电枢；4-座销；6-滑阀；7-增压活塞的止回球；16-止回活塞；19-喷嘴止回件；22-排油孔

图 5-20 补充喷射阶段

1-电磁线圈；2-电枢弹簧；3-电枢；4-座销；5-滑阀弹簧；6-滑阀；7-增压活塞的止回球；8-增压活塞；9-复位弹簧；10-柱塞；16-止回活塞；18-逆流单向阀；19-喷嘴止回件；22-排油孔

当电磁阀（1）断电时附加喷射开始。电枢弹簧（2）迫使电枢（3）和座销（4）向下移动。座销使其下座关闭,上座打开。止回活塞(16)顶部的促动压力得以恢复,使得喷嘴止回件(19)和喷嘴尖端闭合。滑阀(6)下面也可以感应到促动压力。滑阀上的液压平衡也得到恢复。滑阀弹簧(5)慢慢地关闭滑阀。这使得促动油停止向增压活塞(8)流动。

随着滑阀升起,增压活塞的止回球(7)不再保持关闭。增压活塞腔内的促动油将止回球从阀座上提起,并通过喷油器一侧的孔流向放油孔(22)。复位弹簧(9)推动柱塞(10)和增压活塞上移,使得所有的促动油从增压活塞腔内排出。柱塞上升时,进油口的单向阀(18)离开阀座,使得供应的燃油流进柱塞腔。当柱塞和活塞到达缸孔顶部并且柱塞腔充满燃油时,补充喷射完成。

第四节　卡特 C7 发动机进气和排气系统

一、系统组成

卡特 C7 发动机的进排气系统够控制燃烧所需的空气数量和质量。进气和排气系统有下列零件:空气滤清器、涡轮增压器、后冷器、缸盖、气门和气门系统零件、活塞和汽缸、排气歧管。进气和排气系统示意如图 5-21 所示。

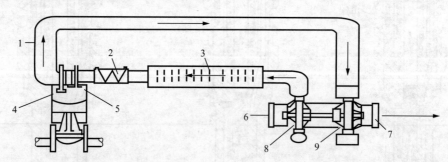

图 5-21　卡特 C7 进气和排气系统示意图

1-排气歧管;2-进气加热器(高寒地区);3-后冷器芯;4-排气门;5-进气门;6-空气进口;7-排气出口;8-涡轮增压器的压缩机叶轮;9-涡轮增压器的涡轮

进气空气通过涡轮增压器压缩机叶轮(8)的作用流经空气滤清器进入空气进口(6)。空气进入后冷器(3)以前,先被压缩并加热到约 150℃。空气流经后冷器时,压缩空气的温度降低到约 49℃。进气空气的冷却能够提高燃烧效率、降低油耗、增加输出功率。

空气被迫使从后冷器进入进气歧管。从进气室向汽缸的气流要受到进气门(5)的控制。每个汽缸都有两个进气门和两个排气门(4)。当活塞在进气冲程中向下移动时,进气门打开,冷却的压缩空气从进气口压入汽缸。进气门关闭并且活塞上升,压缩冲程开始,汽缸内的空气被压缩。当活塞接近压缩冲程的终点时,燃油喷入汽缸。燃油和空气混合并开始燃烧。在作功冲程,燃烧的能量推动活塞下移。当在排气冲程活塞上升时,排气门打开,并且废气通过排气口进入排气歧管(1)。排气冲程结束后,排气门关闭并开始另一次循环。整个循环由四个冲程组成:进气、压缩、作功、排气。

废气从排气歧管(1)进入涡轮增压器的涡轮侧,推动涡轮(9)旋转。涡轮和驱动压缩机轮的轴相连。涡轮增压器中的废气通过排气出口(7)、消声器和排气器。

二、涡轮增压器

涡轮增压器安装在排气歧管中央。发动机的所有排出气体都要经过涡轮增压器。涡轮增压器的压缩机侧通过管道和后冷器相连。涡轮增压器结构如图5-22所示。

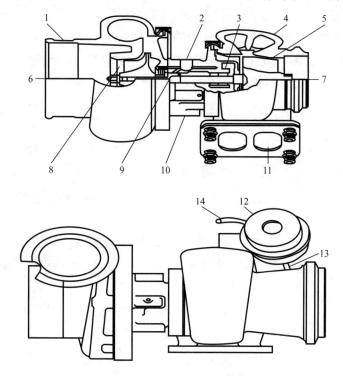

图5-22 涡轮增压器示意图

1- 压缩机叶轮壳;2- 进油孔口;3- 轴承;4- 涡轮机叶轮壳体;5- 涡轮机叶轮;6- 空气进口;7- 排气出口;8- 压缩机叶轮;9- 轴承;10- 出油孔口;11- 排气进口;12- 炭罐;13- 促动杆;14- 管路(增压压力)

废气通过排气进口(11)进入涡轮机叶轮壳体(4)。然后废气体推动涡轮机叶轮(5)旋转。涡轮机叶轮通过一根轴连接到压缩机叶轮(8)上。

通过压缩机叶轮(8)的旋转,空气滤清器中干净的空气被吸入压缩机壳的空气进口(6)。压缩机叶轮叶片的作用使进气空气得到压缩,经过压缩能使发动机燃烧时匹配更多的燃油。发动机燃烧的燃油越多,产生的功率也就越大。

当发动机的负荷增加时,更多的燃油被喷入汽缸。更多的燃油参加燃烧也产生更多的废气。更多的废气使得涡轮增压器的涡轮机叶轮和压缩机叶轮的转动更快。压缩机轮转动越快,进入汽缸的空气也就越多。气流的增加通过允许发动机更高效地燃烧更多的燃油,从而使发动机提供更大的功率。

一些涡轮增压器使用废气门。废气门的工作受控于增压压力。增压压力高时,废气门打开以降低增压压力。增压压力低时,废气门关闭以升高增压压力。

当发动机在低增压工况下工作时,弹簧推动炭罐(12)的膜片。这使促动杆(13)移动以关闭废气门的阀门。废气门的阀门关闭能使涡轮增压器以最高性能工作。

随着通过管路(14)的压力升高,作用在炭罐(12)膜片的压力增大,废气门的阀门将会打开。当废气门的阀门打开时,涡轮增压器的转速由于部分废气旁通而受到限制。废气经由废气门,而不经过涡轮增压器的涡轮机叶轮。带废气门的涡轮增压器在工厂已经被设置好,不能对其进行调整。

涡轮增压器的轴承(3、9)通过具有压力的发动机机油进行润滑和冷却。机油通过进油孔口(2)进入,流经中央的油道来润滑轴承,同时机油也能使轴承得到冷却。涡轮增压器中的机油通过中央底部的出油口孔(10)流出,回到发动机油盘。

三、气门系统

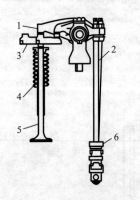

图 5-23 卡特 C7 发动机气门系统示意图

1- 摇臂;2- 推杆;3- 气门横梁;4- 气门弹簧;5- 气门;6- 挺杆

CY 发动机气门系统如图 5-23 所示。

在发动机工作过程中,气门系统控制进入汽缸的空气流动。在发动机工作过程中,气门系统也控制排出汽缸的废气流动。

曲轴齿轮通过一个惰轮驱动凸轮轴齿轮。凸轮轴必须相对曲轴正时,以使活塞运动和气门运动保持正确的关系。

对于每个汽缸,凸轮轴有两个凸轮凸角。凸轮凸角操纵进气门和排气门。凸轮轴转动时,凸轮轴上的凸角使得挺杆(6)推动推杆(2)上下移动。靠着摇臂(1)的推杆向上运动,使得气门(5)向下运动(打开)。

每个汽缸有两个进气门和两个排气门。气门通过气门横梁(3)同步控制。当挺杆向下移动时,气门弹簧(4)关闭气门。

第五节 卡特 C7 发动机润滑系统

卡特 C7 发动机润滑系统如图 5-24 所示。

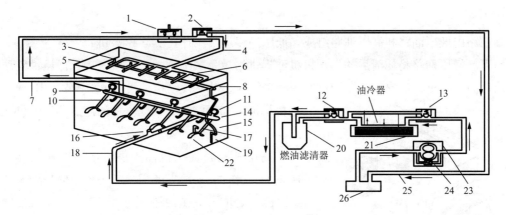

图 5-24 卡特 C7 发动机润滑系统示意图

1-单体式喷油器液压泵;2-高压安全阀;3-到摇臂的机油通道;4-高压油管;5-气门机构罩盖;6-高压机油通道;7-到单体式喷油器液压泵的机油供油管;8-缸盖油道;9-油道塞子;10-活塞冷却喷嘴;11-凸轮轴轴承;12-机油滤清器旁通阀;13-机油冷却器旁通阀;14-主油道;15-到前壳体的油道;16-涡轮增压器机油供油管;17-到凸轮轴惰轮轴承的油道;18-油道;19-到机油泵惰轮轴承的油道;20-发动机机油滤清器;21-发动机机油冷却器;22-主轴承;23-发动机机油泵;24-机油泵旁通阀;25-到发动机油盘的油道;26-发动机油盘

一、机油循环回路

发动机机油泵(23)安装在缸体底部。机油泵位于油盘(26)内。发动机机油泵(23)从发动机油盘(26)中吸取机油。发动机机油泵通过油道将机油泵入发动机机油冷却器(21),然后流经发动机机油滤清器(20)。经过滤后的机油进入涡轮增压器机油供油管(16)。过滤后的机油还要进入主油道(14)。

主油道(14)将机油分配给以下区域:主轴承(22)、活塞冷却喷嘴(10)及凸轮轴轴承(11)。主油道(14)的机油从缸体前部流出,然后进入铸造在前壳体上的槽中。

机油通过主轴承(22)表面(轴颈)的孔进入曲轴。油道把主轴承(22)的轴承表面(轴颈)和连杆的轴承表面(轴颈)连通起来。

前壳体的油道将机油沿两个方向输送。在油道的上部,机油流回缸体。然后机油流向缸盖油道(8),并通过油道(3)流入摇臂机构。油道(19)将机油输送到机油泵惰轮轴承。

机油从前主轴承进入油道(17)并流向凸轮轴惰轮轴承。曲轴内的机油通道通过连杆将机油从所有的主轴承(22)输送到连杆轴承。

二、液压泵

单体式喷油器液压泵(1)是一个齿轮驱动的轴向活塞泵,如图 5-25 所示。单体式喷油器液压泵能增加发动机机油的压力,使其从通常的工作油压升高到喷油装置所需要的促动压力。

油路由低压油路和高压油路组成。低压油路通常工作在240～480kPa（35～70psi）的压力下。低压油路将滤清后的发动机机油提供给单体式喷油器液压泵（1）。低压油路还将滤清后的发动机机油提供给发动机的润滑系统。机油从发动机油盘（26）中被吸出,通过发动机机油冷却器（21）和发动机机油滤清器（20）供应给发动机和单体式喷油器液压泵（1）。

高压油路将促动机油提供给单体式喷油器。高压油路工作的压力范围通常在6～25MPa（870～3626psi）之间。高压油通过管路流入缸盖。缸盖储存具有促动压力的机油。机油准备促动单体式喷油器。机油从气门盖下面的单体式喷油器排出,因此不需要回油管路。润滑油的工作完成后,直接流回发动机油盘。

图5-25 卡特C7发动机单体式喷油器液压泵

三、机油泵旁通阀

机油泵旁通阀（24）用于限制从发动机机油泵（23）输送来的机油压力。发动机机油泵（23）能使过多的机油泵入系统,使系统中机油压力升高。当机油压力升高到设定值时,机油泵旁通阀（24）将打开泄流,使不必要的机油流回到发动机机油泵（23）的吸入侧。

当发动机处于冷态（起动状态）时,旁通阀（12）和（13）将打开。旁通阀打开使所有零件得到直接润滑。直接润滑是非常重要的。高黏度的冷机油会阻碍机油流过发动机机油冷却器（21）和发动机机油滤清器（20）。发动机机油泵（23）输送冷机油通过机油冷却器旁通阀,使得机油不流经发动机机油冷却器（21）。机油滤清器旁路也允许机油不流经发动机机油滤清器（20）,直接通过涡轮增压器供油管路（16）和主油道（14）泵入缸体内。

当机油变暖时,旁通阀内的压力差降低,旁通阀关闭。旁通阀关闭后,机油正常流过发动机机油冷却器和发动机机油滤清器。

当发动机机油冷却器（21）或发动机机油滤清器（20）内存在节流时,旁通阀将再次打开。利用这种设计,即使发动机机油冷却器（21）或发动机机油滤清器（20）存在节流,也能使发动机得到润滑。高压安全阀（24）调节系统内的高压。当机油压力为695kPa（100psi）或更高时,高压安全阀（24）打开。当高压安全阀打开时,机油流回发动机油盘（26）中。

四、机油滤清器

卡特C7机油滤清器如图5-26所示。

大约5%的机油通过节流孔油道流入机油滤清器旁通阀（12）,然后流向辅助机油滤清器（如有配备）,再流入发动机油盘（26）。此时主机油流到达主发动机机油滤清器（20）。当机油滤清器旁通阀（13）两侧的机油压力差达到170kPa（25psi）时，阀门打开使机油流过机油滤清器（20），机油继续流动以润滑发动机零件。当机油变冷时，旁通阀内的机油压力差也能使阀门打开。当高黏度的冷机油阻碍机油流过发动机机油滤清器（20）时，旁通阀对所有的发动机零件进行直接润滑。当发动机机油滤清器（20）内存在节流时，旁通阀也将打开。利用这种设计，即使机油滤清器（20）存在节流，也能使发动机得到润滑。

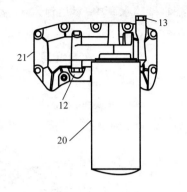

图5-26 卡特C7发动机机油滤清器（注释见图5-24）

过滤后的机油通过主油道（14）流入缸体，从主油道（14）供应给下列零件：活塞冷却喷嘴（10）、气门机构、凸轮轴轴承（11）、曲轴主轴承、涡轮增压器壳体。

第六节 卡特C7发动机冷却系统

卡特C7发动机设置一个装有分流管路的压力冷却系统，如图5-27所示。该压力冷却系统有两个优点：该冷却系统能在高于常态水沸点的温度下安全工作；该冷却系统能预防水泵出现气蚀。气蚀是指由于机械力而在液体中突然形成的低压气泡。在压力冷却系统中，很难形成空气穴或蒸汽穴。

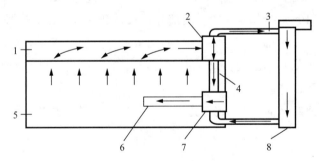

图5-27 卡特冷却系统示意图

1-缸盖；2-水温度调节器壳；3-膨胀水箱；4-旁通软管；5-缸体；6-机油冷却器；7-水泵；8-散热器

冷却系统所使用的冷却液必须混合有至少30%的乙烯乙二醇基防冻剂，以提高水泵的性能。这种混合液能保持足够高的冷却液气蚀温度范围，从而提高水泵性能。

水泵（7）位于缸体右侧，如图5-28所示。由曲轴带轮提供动力的皮带驱动。冷却液可以从三处进入水泵：水泵底部的进口、位于水泵顶部的旁通软管（4）、位于水泵顶部的分流管。散热器底部的冷却液通过叶轮的旋转吸入水泵底部进口。冷却液从水泵的后部出来，流入缸体的机油冷却器腔室。

所有的冷却液流经机油冷却器芯并进入缸体的内部水总管。水总管将冷却液疏散到环绕缸壁的水套中，然后流入缸盖内的通道，经缸盖内通道冷却液输送至喷油器衬套以及进、排气道的周围进行冷却。现在冷却液再进入缸盖右前方的水温度调节器壳(2)中。

图 5-29 中，水温度调节器（10）控制冷却液的流向。当冷却液温度低于正常工作温度时，水温度调节器关闭。冷却液流经旁通软管(4)并进入水泵的顶部进口。当冷却液温度达到正常工作温度时，水温度调节器(10)打开。当水温度调节器打开时，旁路关闭。大部分冷却液通过旁通入口(9)流入散热器进行冷却。其余的冷却液通过旁通软管(4)进入水泵。

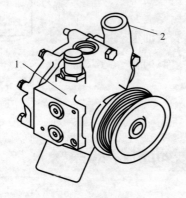

图 5-28　冷却系统水泵

1- 水泵体；2- 旁通入口

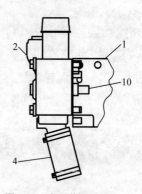

图 5-29　水泵节温器

1- 缸盖；2- 水温度调节器壳；4- 旁通软管；
10- 水温度调节器

分流管从水泵顶部延伸到膨胀水箱。分流管的布置路线必须正确，以避免聚集空气。通过为水泵提供恒定流量的冷却液，分流管使得水泵无气蚀现象。

水温度调节器(10)是冷却系统的重要部分。水温度调节器在散热器和旁路之间将冷却液分开，以保持正常的工作温度。如果系统没有安装水温度调节器，就不存在机械控制，大部分冷却液将以最小的阻力通过旁路。这将使发动机在炎热天气下过热，并在寒冷天气下达不到正常工作温度。

当散热器充满冷却液时，通气阀将允许空气从冷却系统中逸出水温度调节器。正常工作时，通气阀将关闭，以防止冷却液流过水温度调节器。

第七节　卡特 C7 发动机机体及运动部件

一、缸体和缸盖

卡特 C7 发动机缸体如图 5-30 所示，发动机缸盖如图 5-31 所示。

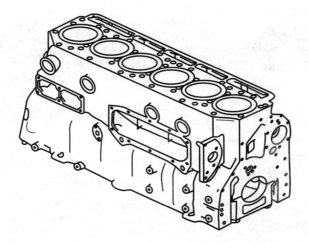

图 5-30　卡特 C7 发动机缸体

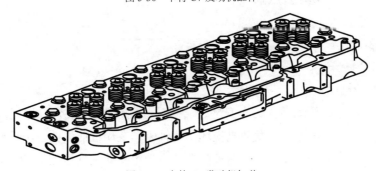

图 5-31　卡特 C7 发动机缸盖

　　C7 发动机缸体有 7 个主轴承,主轴承盖紧固到缸体上,每个主轴承盖用两个螺栓紧固。凸轮轴通过压入缸体的轴承来支承,有 4 个凸轮轴轴承。

　　缸盖通过一个带钢衬里的非石棉纤维衬垫和缸体分开。冷却液通过衬垫开口流出缸体并进入缸盖。衬垫也能密封住缸体和缸盖之间的供油道和排油道。空气进口在缸盖左侧,而出口在缸盖右侧。每个汽缸有两个进气门和两个排气门。每一套进气门和每一套排气门都使用气门横梁同时驱动。气门横梁由推杆驱动。可更换的气门导管压入缸盖。液压促动的电控单体式喷油器位于 4 个气门之间。燃油以非常高的压力直接喷入汽缸。推杆阀系统控制气门。

二、活塞、活塞环和连杆

　　卡特 C7 发动机活塞连杆机构如图 5-32 所示。

　　具有高输出功率的发动机需要使用对开式铰接活塞。对开式铰接活塞由铸钢活塞头和通过活塞销和铸钢活塞头连接的铝制活塞裙组成,如图 5-33 所示。

　　所有的活塞环都位于活塞销孔上方。压缩环是一个梯形活塞环。梯形活塞环呈减缩形。活塞环槽中梯形活塞环的作用是有助于防止活塞环卡住。活塞环卡住由积炭造成。中间环为矩形,下边缘尖锐。油环为标准型或常规型。机油通过油环槽内的油孔流回曲轴箱。

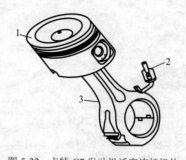

图 5-32 卡特 C7 发动机活塞连杆机构

1-活塞；2-活塞冷却喷嘴；3-连杆

图 5-33 卡特 C7 发动机活塞

1-压缩环；2-中间环；3-油环；4-镗钢活塞头；5-铝制活塞裙

机油从活塞冷却喷嘴喷向活塞下侧。喷射的油雾使活塞得到润滑和冷却。喷射的油雾也能提高活塞和活塞环的寿命。连杆在活塞销孔的末端有一定的锥度。两个螺栓把连杆盖固定到连杆上。连杆可以穿过汽缸拆下。

三、曲轴

卡特 C7 发动机曲轴如图 5-34 所示。

曲轴将活塞的直线运动转换为自身的旋转运动。曲轴的前端装有减振器，用以降低扭转振动（曲轴的扭曲），防止造成发动机损坏。曲轴驱动发动机前面的一组齿轮。齿轮组驱动：机油泵、液压机油泵、水泵。另外，曲轴前端的皮带轮驱动空气压缩机、散热器风扇、交流发电机、制冷剂压缩机。

曲轴的两端都使用液压密封件以控制机油泄漏。随着曲轴的旋转，密封唇内的液压槽使润滑油流回曲轴箱。前密封件位于前壳体内。后密封件安装在飞轮壳内。

机油通过缸体腹部的油孔送至所有主轴承，通过曲轴内的油孔送至连杆轴承。曲轴通过 7 个主轴承固定到位。靠近后主轴承的止推轴承控制曲轴的轴向间隙。曲轴内的机油通道如图 5-35 所示。

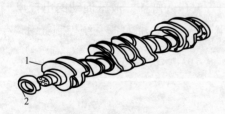
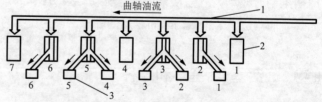

图 5-34 卡特 C7 发动机曲轴

1-曲轴；2-齿轮

图 5-35 曲轴内的机油通道示意图

1-油道；2-主轴承；3-连杆轴承

四、减振器

汽缸内燃烧产生的力将使曲轴扭曲，这称为扭转振动。如果扭转太剧烈，曲轴将损坏。

减振器将扭转振动限制在合理的范围内,以防止曲轴损坏。

1. 橡胶减振器

橡胶减振器如图 5-36 所示,安装在曲轴(1)前端。毂(4)和轴环(2)由一个橡胶环(3)隔离开。橡胶减振器在毂和轴环上有对齐标记(5)。这些标记表明橡胶减振器的状况。

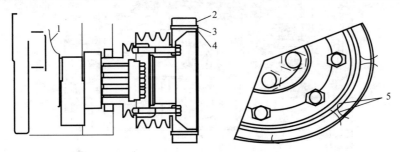

图 5-36 橡胶减振器

1- 曲轴;2- 轴环;3- 橡胶环;4- 毂;5- 对齐标记

2. 黏滞减振器

黏滞减振器如图 5-37 所示,安装在曲轴(1)的前端。黏滞减振器的壳体(3)内有一个配重(2)。配重和壳体之间的空间充满黏液。配重在壳体内移动以限制扭转振动。

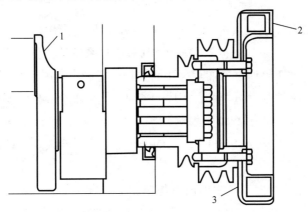

图 5-37 黏滞减振器的横剖面图

1- 曲轴;2- 配重;3- 壳体

第八节 卡特 C7 发动机电控系统

一、电子控制模块(ECM)

电控系统器件在发动机上的组装如图 5-38 所示。

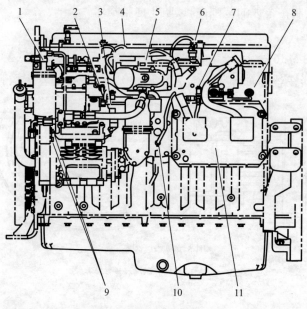

图 5-38 左侧视图

1- 冷却液温度传感器；2- 喷油促动压力传感器；3- 燃油压力传感器；4- 增压压力传感器；5- 进给空气温度传感器；6- 大气压力传感器；7- 正时校准接头；8- 高压油温度传感器；9- 速度—正时传感器；10- 发动机机油压力传感器；11- 电子控制模块（ECM）

电控系统整体设计到发动机燃油系统和发动机进排气系统中，以便对燃油输送和喷油正时进行电子控制。和常规的机械式发动机相比，电控系统能提供增强的正时控制和燃油空气混合比控制。喷油正时通过喷油点火时间的精确控制来实现。发动机每分钟转数通过调整喷油的持续时间来控制。电子控制模块（ECM）激活单体式喷油器电磁线圈开始喷油，也能停止向单体式喷油器电磁线圈喷油。

电子控制模块（ECM）为 ADEM3 版。ADEM3 是电子控制模块（ECM）系列的第三代产品，有两个 70 针脚接头。

ECM 使用个性模块存储应用中的所有标定信息。发生故障时不能只更换个性模块的硬件，个性模块必须使用 PC 来进行闪烁编程。参考"系统运行，测试和调整"部分的"燃油系统"，以得到喷油过程的完整说明。

发动机使用下列三种电子部件：输入部件、控制部件、输出部件。

（1）输入部件。用于将电信号传送给系统的 ECM。所传送的电信号包括电压、频率、脉冲宽度。根据机车上一些具体系统的变化，信号也有所不同。输入组件的一些具体实例有：发动机速度、正时传感器、冷却液温度传感器、巡航控制开关。ECM 将输入组件的信号转换为状态、环境或机车的工作情况等信息。

（2）控制部件（ECM）。接收从输入组件发出的输入信号，并对输入信号进行运算。控制部件中的电子电路也向系统的输出组件提供电能。提供给输出组件的电能以预先求出的输入信号的组合值为基础。

（3）输出部件。由控制模块（ECM）操纵。输出组件接收来自控制部件的电能。输出组件能利用这些电能进行工作,也能利用这些电能提供信息。例如,运动的电磁阀柱塞就是利用这些电能控制机车。又如,仪表板灯或警报装置利用这些电能为司机提供信息。

这些电子组件提供了对发动机工作实行电控的能力。带有电控装置的发动机具有下列优点:改善性能、改善耗油率、降低排放。

二、接地

机车电气系统和发动机电气系统有必要正确接地,以保证良好的发动机性能和可靠性。不正确的接地可能导致电路不可靠或失控。

发动机电路失控可能导致主轴承、曲轴轴承轴颈表面以及铝制零件的破坏,也可能导致电噪声。

为了确保发动机的电气系统功能正常,在发动机和车架之间的接地母线必须要连接到蓄电池上。这可以通过起动电机接地、车架到起动电机的接地或车架和发动机之间直接接地来实现。发动机和车架之间必须使用接地母线,以把发动机的接地螺柱连接到车架以及蓄电池的负极接线柱上,如图5-39、图5-40所示。

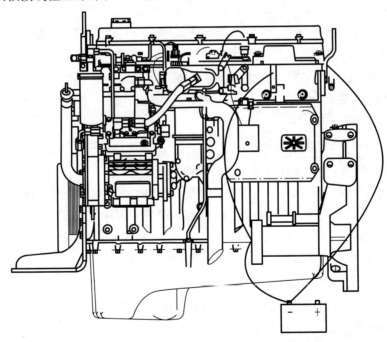

图 5-39 到蓄电池接地(负极)的接地螺柱

接地线或接地母线应该在接地螺柱相汇合,接地螺柱仅用于接地。应该拧紧所有的接地并保证它们没有腐蚀。

发动机的交流发电机应该通过带有接地线的蓄电池接地,接地线的规格应该能够满足交流发电机最大充电电流时的情况。

当增压起动发动机时,为了正确起动,应该遵循《系统运行》中的"发动机起动"的有关指示。

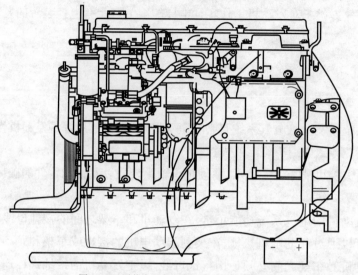

图 5-40　到蓄电池接地(负极)的交替接地螺柱

这种发动机可能装备有 12V 或 24V 起动系统。只能使用相等的电压进行增压起动。使用太高的电压将会损坏电气系统。进行车辆焊接前,必须在"J1/P1"和"J2/P2"的位置断开电子控制模块(ECM)。

发动机电气系统有三种独立的电路:充电电路、起动电路、低电流电路。一些电气系统组件不只在一种电路中使用。下列组件在三种电路中都被使用:蓄电池、电路断路器、安培计、蓄电池电缆。

当起动发动机时,充电电路起作用。交流发电机为充电电路提供电流。电路中的电压调节器能够控制输电量,以使蓄电池处于充满状态。

如果装备切断开关,必须使它处于"ON"(接通)位置,以使电气系统起作用。如果切断开关处于"OFF"(断开)位置,并且发动机正在运转,这将会损坏某些充电电路组件。

如果发动机装备有切断开关,只有当切断开关扳到"ON"(接通)位置后,起动电路才能工作。当起动开关激活后,起动电路才能起作用。低电流电路和充电电路都连接到安培计的同一侧。起动电路连接到安培计的另一侧。

一定不要在电路中没有蓄电池连接的情况下运转交流发电机。在电路中增加或断开交流发电机这样的大型负载,将会损坏电压调节器。

第六章　制动系统

> **岗位应知应会**
>
> 1. 了解机车车辆制动机的发展及特点。
> 2. 了解JZ-7型空气制动机及DK-1型电空制动机的特点和性能参数。
> 3. 掌握JZ-7型空气制动机及DK-1型电空制动机的组成部分及各部作用。
> 4. 熟悉JZ-7型空气制动机及DK-1型电空制动机各阀件的工作原理。
> 5. 掌握JZ-7型空气制动机及DK-1型电空制动机的综合作用。
> 6. 掌握基础制动的结构组成及动作原理。
> 7. 掌握单元制动器的结构组成及原理。
> 8. 掌握JZ-7型空气制动机及DK-1型电空制动机的结构构原理,为制动机的操作打好基础。
> 9. 对运用中可能出现的制动机故障有一定的处理分析能力。
> 10. 对基础制动及单元制动器结构组成及作用有清晰的认识。
>
> **重难点**
>
> 1. JZ-7型空气制动机及DK-1型电空制动机各阀件的结构及工作原理。
> 2. JZ-7型空气制动机及DK-1型电空制动机各阀件之间的综合作用。
> 3. 单元制动器闸瓦间隙自动调整机构的工作原理。

人为地使列车降低运行速度或停止运行,以及使静止的列车继续保持静止状态,这种作用称为制动。为了产生制动作用而在列车上加装的机械装置,称为制动机。

铁路运输中,为了保证列车行车安全,在每一台机车和每一节车辆上均装有制动机,分别称为机车制动机和车辆制动机。列车的制动作用就是由机车制动机和车辆制动机产生的。

第一节　制动机概述

一、制动机的重要意义

通常列车在运行中,从施行制动开始至列车的运行完全停止所行驶的距离称为制动距离。目前产生制动作用的方法有很多，如摩擦制动、非摩擦制动、空气制动、动力制动和再生制动等。我国铁路上的制动机主要采用摩擦制动和动力制动。机车、车辆上都装有以压缩空气作为动力源的空气制动机。

轨道交通运输的发展，不仅要增大机车功率，提高列车运行速度和牵引力，提高列车的制动能力也是十分必要的。有效制动力大的列车制动距离小，则列车的平均运行速度就高，反之列车的平均速度就低。制动机在轨道交通领域中的作用非常重要，它不仅是行车安全的保障，同时也是提高列车技术速度和线路通过能力的重要因素。

二、制动机的发展概况

在蒸汽机车发明以后，蒸汽机车和车辆的制动一直是采用人力制动。1869年在美国宾夕法尼亚铁路上首次使用了美国人乔治·韦斯汀豪斯造出的第一个直通式空气制动机，实现了由人力制动到机械制动的革命。3年以后，他又发明了三通阀，实现了空气制动机性能的飞跃。目前的空气制动机虽然在性能和结构上发生了根本的变化，但还是遵循着早期三通阀的作用原理，即充气缓解，减压制动。

目前我国的铁路事业已有了很大的发展。在制动机技术方面，不仅能制造过去一直依赖进口的旧式制动机，而且对其进行了技术改造，使之更能适合中国铁路发展的需要。近20年来，我国研制成功了JZ-7型空气制动机、DK-1型电空制动机及JZ-7型电空制动机，使我国机车制动机的设计制造及应用水平达到了一个新的阶段，基本上能满足我国铁路运输的需要。但是，我国的普速列车制动技术与世界先进国家相比，还有一定的差距。

近年来，国外铁路科学技术发展很快，随着牵引动力的功率增大，线路建筑、通信信号的发展及制动技术的提高，尤其是电子技术和计算机技术在铁路上的广泛应用，使列车的牵引力不断增加，运行速度大幅提高。在国外铁路上，重载组合列车也得到广泛的应用，旅客列车的运行速度达到了200km/h以上，试验列车速度已经超过500km/h。在这些高速列车上普遍采用了电空制动、盘形制动、再生制动、轨磁制动及各种组合制动等新技术，采用了单元制动器、闸瓦间隙自动调节器、轮对进角调整、车体摆动控制等新装备，使列车的安全性和舒适性在高速运行时得到改善和提高。

三、制动方式

制动方式是指列车制动时制动力获得的方法，按制动力的形成方式可分成摩擦制动和非摩擦制动两大类。

（一）摩擦制动

摩擦制动是通过物体间的相互摩擦，将物体的动能转化为热能，从而产生制动作用。摩擦制动可分为以下几种。

1. 闸瓦制动

闸瓦制动是在制动时使闸瓦与车轮踏面接触,利用闸瓦与车轮踏面的摩擦,将列车的动能转化为热能,最终逸散在大气中。其制动力的大小可以通过闸瓦与车轮间的压力进行调节。由于这种制动方式结构比较简单,制动效果较好,因此,这是目前机车、车辆普遍采用的制动方法。但这种制动方法有以下缺点:一是制动力的大小受轮轨间的黏着力限制;二是闸瓦的摩擦系数是非线性的,且随着列车速度的增大而减小,应用中表现为高速时制动力不足,低速时制动力又过大;三是增加了车轮踏面的磨损。

2. 盘形制动

盘形制动是在制动时,使制动钳夹紧固定在车轴或车轮上的制动盘,利用制动钳上摩擦片与制动盘的摩擦,将列车的动能转化为热能并散发到大气中,这种制动方式即为盘形制动。盘形制动的摩擦系数比较稳定,且减小了车轮踏面的磨损,是现今高速旅客列车采用的一种制动方法,但其结构比较复杂。

3. 磁轨制动

磁轨制动又称轨道电磁制动。制动时,将电磁铁放下与钢轨相吸,通过电磁铁下方的磨耗板与钢轨的摩擦产生制动力。这种制动方法与闸瓦制动、盘形制动相比,制动力的大小不受轮轨间的摩擦力限制,有利于缩短制动距离,但钢轨的磨损严重。

4. 液力制动

液力制动是液力传动机车上采用的一种辅助制动方法。制动时利用耦合器中的工作介质与耦合器的相互作用,将工作介质加热产生制动力。

(二)非摩擦制动

非摩擦制动是指制动时通过非接触的方式产生制动力。目前铁路上常用的有以下几种。

1. 电阻制动

电阻制动是电传动内燃机车、电力机车广泛采用的辅助制动方法。制动时,牵引电动机转换为发电机,把列车的动能转换为电能,再由电阻器转换为热能散发到大气中。制动时,制动力的大小可以由牵引电动机中的励磁电流进行控制。

2. 再生制动

再生制动与电阻制动类似,所不同的是将牵引电机转换为发电机,发出的电能通过电力设备反馈回供电系统,加以利用。制动力的大小也可以进行调节。它是现代电力机车和电动车组广泛采用的一种辅助制动方法。

3. 轨道涡流制动

轨道涡流制动是在制动时,将转向架上的电磁铁放置于钢轨上方 7～10mm 处,利用电磁铁与钢轨间的相对运动,在钢轨表面感应出涡流,把列车的动能转化为钢轨的热能,从而产生制动作用。这也是部分国外高速列车采用的一种制动方式。

4. 旋转涡流制动

旋转涡流制动与轨道涡流制动的原理基本相同。所不同的是旋转涡流制动是利用固定在牵引电动机轴上的金属盘在电磁场中旋转，使金属盘表面产生涡流而发热，再由冷却风扇将热量散发到大气中，从而将列车的动能转化为热能，散发到大气中。

四、制动机的种类

制动机按用途可分为机车制动机、客车制动机、货车制动机及高速列车制动机。按其动力来源可分为空气制动机、电空制动机、真空制动机、空气—真空两用制动机、手制动机等。

1. 空气制动机

空气制动机以压缩空气为动力来源，通过列车管内的压力空气的压力变化，控制全列车的制动、缓解和保压作用。这种制动机基本上能满足现代铁路对制动机性能的要求，目前广泛被采用。我国内燃、电力机车所采用的空气制动机主要有以下几种：

（1）EL-14型空气制动机。使用在初期的单端操纵的内燃机车上。

（2）EL-14改型空气制动机。使用在早期的双端操纵的内燃机车和电力机车上。

（3）JZ-7型空气制动机。我国自行设计制造的一种自动空气制动机。自1978年铁道部鉴定后投产以来，主要用在我国的单、双端操纵的内燃机车和早期的电力机车上，替代了EL-14改型等制动机。

（4）26-L型空气制动机。使用在进口的ND1型和ND5型内燃机车上。

（5）克诺尔型空气制动机。使用在进口的ND2型、ND3型和NY5型、NY6型、NY7型内燃机车上。

2. 电空制动机

电空制动机以压力空气为动力来源。通过电信号的控制，实现列车的制动、缓解和保压作用。通常是在空气制动机的基础上加装电磁阀等电气控制器件实现的。为了取得应用上的可靠性，大多数电空制动机装有电—空转换装置，以备在控制电路发生故障时，能转为空气制动机操纵。如我国韶山型电力机车装用的DK-1型电空制动机，用电信号来控制机车的制动、缓解和保压作用；在控制电路发生故障时，可以转换为空气制动机操纵。我国的东风Ⅱ型内燃机车在JZ-7型空气制动机的基础上加装了空—电转换控制系统，可以实现全列车的电空制动、缓解和保压作用，提高了列车制动、缓解时的一致性和平稳性。

与空气制动机比较，电空制动机的主要优点是：在全列车制动、缓解迅速，列车前后部制动、缓解动作的一致性较好，纵向冲动小，并缩短了制动距离。列车编组越长，电空制动机的优点就越突出。

3. 真空制动机

真空制动机以大气压力作为动力来源，通过真空度的变化来控制列车的制动、缓解和保压作用。与空气制动机相比,这种制动机结构简单,维修方便。但由于受大气压力低的限制,使用中需要容积较大的制动缸和直径较大的列车管,占用列车的空间较大,原采用真空制动机的国家,随着牵引力和运行速度的提高,正逐步向空气制动机过渡。

4. 空气—真空两用制动机

这种制动机以空气制动为基础,机车既能操纵空气制动机的列车,又能操纵真空制动机的列车,主要用于从真空制动机向空气制动机过渡的国家或空气制动与真空制动联运的铁路。我国为坦赞铁路设计制造的内燃机车,装用了我国自行设计制造的 JZ-6 型空气—真空两用制动机。

5. 手制动机

手制动机以人力作为动力来源,通过人工进行控制。一般来讲,每一辆机车和车辆上都装有手制动机,它作为一种辅助制动装置,可以防止无动力车辆在停留时的移动。

五、空气制动机的组成及工作原理

(一)列车空气制动系统的组成和作用

列车空气制动系统是由机车和车辆空气制动机以及贯通全列车各制动机的列车管组成。系统主要组成部件如图 6-1 所示。

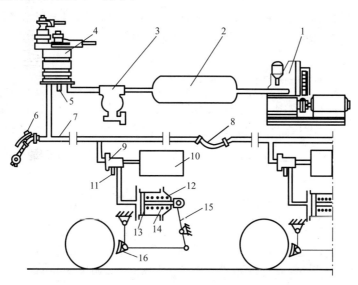

图 6-1 列车空气制动机系统组成

1- 空气压缩机;2- 总风缸;3- 调压阀;4- 制动阀;5- 制动阀排气口;6- 折角塞门;7- 列车管;8- 制动软管;9- 通阀;10- 副风缸;11- 三通阀排气口;12- 制动缸;13- 制动缸活塞;14- 制动缸缓解弹簧;15- 基础制动装置;16- 闸瓦

1. 空气压缩机和总风缸

空气压缩机用来产生一定压力的压缩空气。总风缸用来储存和冷却压缩空气,供给全列车制动系统使用。

2. 制动阀

制动阀是列车制动机的操纵装置。制动时,将列车管的压力空气排入大气;缓解时,将总风缸储存的压力空气送入列车管。司机通过操纵制动阀实现全列车的制动、缓解和保压作用。

3. 调压阀

调压阀安装在机车总风缸和制动阀之间,它将总风缸的压力调整为规定的压力,供制动阀缓解时使用。缓解后,当列车管压力泄漏时,可以随时向列车管补充气,使缓解后的列车管始终保持规定压力。

4. 列车管

列车管又称制动管,是贯穿全列车的空气管路。它将制动阀产生的压力变化传递到每一节车辆,通过列车管的压力变化,可控制全列车的制动、缓解和保压作用。

5. 三通阀和副风缸

三通阀(一通列车管、二通副风缸、三通制动缸的空气控制阀)是车辆制动机的控制装置,它直接受列车管压力变化的控制。缓解时,它将列车管的压缩空气送入副风缸储存,同时将制动缸的压力空气排入大气中;制动时,它将副风缸的压力空气充入制动缸,产生制动作用。

6. 制动缸

制动时,制动缸将副风缸充入的压力空气转化为制动原力,经基础制动装置作用,使闸瓦压紧在车轮踏面上,利用闸瓦与车轮踏面之间的摩擦力,产生制动作用。

(二)空气制动机的工作原理

如今的空气制动机性能比早期的制动机更加完善,结构也更为复杂,但其基本作用原理是相同的,即:向列车管充气时,制动机呈缓解状态;当列车管减压时,则呈制动状态,在列车发生分离时,能自动停车。空气制动机的工作原理可通过基础三通阀的三个作用位置加以说明。

三通阀内部主要由主活塞、滑阀、节制阀等组成,外接列车管、副风缸管、制动缸管,如图6-2所示。它有以下三个作用位置:

1. 充气缓解位

当制动阀手柄放在充气位时,总风缸的压力空气经过调压阀和制动阀充入列车管内,使列车管的压力升高,这一压力变化通过列车管传递到每辆车的三通阀。三通阀主活塞左侧压力升高,推动主活塞带动节制阀和滑阀移至活塞筒的右端,并露出充气沟。列车管的压力空气经充气沟进入滑阀室和副风缸,向副风缸充气直至与列车管压力相等。同时,滑阀的联络槽将制动缸与三通阀的排气口连通,制动缸内的压力空气经三通阀的排气口排入大气。制动缸活塞被缓解弹簧推至缓解位,形成缓解状态。

所谓充气是指当副风缸的压力低于定压时,总风缸压力空气经调压阀向列车管及副风缸补充至定压。此时制动缸的压力经三通阀通大气,形成缓解状态。列车在初充气、制动后的再充气以及在正常行驶过程中,三通阀均处在充气缓解位。

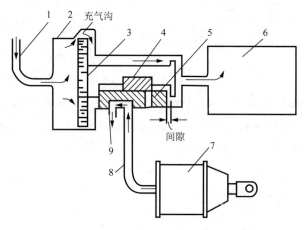

图 6-2 基础三通阀(充气缓解位)示意图

1-列车管;2-三通阀;3-主活塞;4-节制阀;5-滑阀;6-副风缸;7-制动缸;8-制动缸管;9-排气口

2. 制动位

当制动阀手柄移放在制动位时,列车管的压力空气经制动阀的排气口排向大气,列车管的压力降低。列车管的这一压力变化称为减压。列车管压力的降低通过列车管传递至每节车辆的三通阀,引起三通阀主活塞左侧的压力降低,则主活塞两侧形成了压力差,如图 6-3 所示。在此压力差的作用下,主活塞克服了活塞与活塞筒、滑阀和节制阀与阀座之间的摩擦阻力,先向左移动一个间隙的距离,关闭充气沟,再带动滑阀移动到活塞筒的左端。此时,滑阀关闭了制动缸与排气口的通路,打开了副风缸与制动缸的通路,使副风缸的压力空气进入制动缸,推出制动缸活塞,经基础制动装置的传递作用,使闸瓦压紧在车轮踏面上,产生制动作用。

3. 中立位

制动后,当制动阀移至中立位时,制动阀的通路全部被堵断。列车管中的压力空气既不能由制动阀排出也不能由制动阀充入,因此列车管内压力保持不变。起初,三通阀活塞仍然处在制动位,副风缸继续向制动缸充气,使副风缸压力降低,而制动缸的压力增加。直至副风缸压力稍低于列车管压力时,活塞两侧又形成压差,则活塞带动节制阀向右移动一个间隙的距离(滑阀未动),节制阀堵断了滑阀上副风缸与制动缸的通路。此时副风缸的压力不再下降,制动缸的压力也不再上升,三通阀自动形成中立位,如图 6-3 所示。

若列车管再减压时,三通阀活塞两侧又产生压力差,再次形成制动位,制动缸压力又上升,三通阀则重复上述制动、保压过程。因此,若需增加列车制动力时,司机只要将制动阀交替置于制动位和中立位,控制列车管压力阶段减压,制动缸压力就会阶段上升,实现列车的阶段制动。

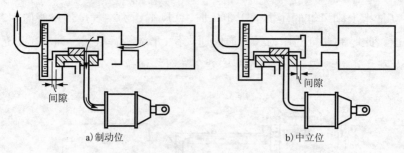

图 6-3 基础三通阀制动位与中立位示意图

列车管在一定的减压范围内,制动缸压力与列车管的减压量成正比。当列车管减压量达到最大有效减压量时,副风缸压力与制动缸压力达到平衡。此时,制动缸的压力已达到最大值,若再继续减压时,制动缸压力也不会再增加。

六、JZ-7 型空气制动机概述

JZ-7 型空气制动机是我国自行设计制造的一种空气制动机。它具有操纵灵活,性能稳定可靠,维修方便等特点,用于我国的单、双端操纵的内燃机车和早期的电力机车上。

JZ-7 型空气制动机系统主要由空气压缩机、总风缸、调压器、制动阀、中继阀、作用阀、变向阀、紧急制动阀、无动力装置、油水分离器、附加风缸、双针压力表、管道滤尘器、制动缸及各种塞门等组成,如图 6-4 所示。另外,为了提高轮轨间的黏着力,在机车上还设有由撒砂开关、撒砂作用阀、撒砂电磁阀、撒砂阀等组成的撒砂系统。

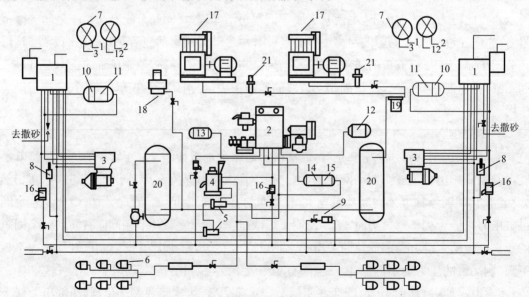

图 6-4 JZ-7 型空气制动机管路系统图

1-制动阀;2-分配阀;3-中继阀;4-作用阀;5-变向阀;6-制动缸;7-双针压力表;8-紧急制动阀;9-无动力装置;10-均衡风缸;11-过充风缸;12-降压风缸;13-1 作用风缸;14-紧急风缸;15-工作用风缸;16-管道滤尘器;17-空压机;18-调压器;19-油水分离器;20-总风缸;21-安全阀

1. JZ-7 型空气制动机各阀的功用

（1）单独制动阀：单独操纵机车的制动、缓解和保压作用，它与车辆制动机的状态无关。

（2）自动制动阀：操纵全列车的制动、缓解和保压作用。

（3）中继阀：根据自动制动阀控制的均衡风缸压力变化，控制列车管的充、排气，以实现列车的制动、缓解和保压作用。

（4）分配阀：根据列车管的压力变化控制作用阀的充、排气，以实现机车的制动、缓解和保压作用。

（5）作用阀：受分配阀和单独制动阀的控制，直接控制机车制动缸的充、排气，使机车产生制动、缓解和保压作用。

2. JZ-7 型空气制动机各阀的控制关系

（1）车辆制动：自动制动阀→均衡风缸→中继阀→列车管压力变化→车辆制动机。

（2）机车制动：自动制动阀→均衡风缸→中继阀→列车管压力变化→机车分配阀→作用阀→机车制动缸。

（3）机车单独制动、缓解：单独制动阀→作用阀→机车制动缸。

（4）列车制动后机车单独缓解：单独制动阀→工作风缸→分配阀主阀部→作用阀→机车制动缸。

第二节　JZ-7 型空气制动机的特点和性能参数

一、主要特点

（1）客、货车两用。客、货车两用是指 JZ-7 型空气制动机既可以阶段缓解，也可以一次性缓解。当客、货车转换阀在客车位，分配阀转换盖板置于阶段缓解位时，制动机具有阶段缓解的性能；当客、货车转换阀在货车位，分配阀转换盖板置于一次缓解位时，制动机具有一次性缓解的性能。一般情况下，装有阶段缓解性能的制动机用于客运列车，装有一次缓解性能的制动机用于货运列车，而且机车制动机的类型必须与车辆制动机的类型相适应。

目前，我国的货运车辆都是装有一次缓解型的车辆空气制动机，而装有 GL 型空气制动机的客运车辆，虽具有阶段缓解的性能，但在使用中已将附加风缸切除不用，失去阶段缓解的性能。因此我国的客运和货运车辆大多数是使用一次缓解型的制动机。在 JZ-7 型机车空气制动机使用中，应将客、货车转换阀置货车位，分配阀转换盖板置于一次缓解位置。

(2) 自动保压。自阀在制动区（最小减压位—最大减压量位）时，手柄的每一个位置对应一个减压量。制动时，根据自阀手柄所在的位置对均衡风缸进行减压，当均衡风缸的压力等于自阀所在位置对应的压力时，均衡风缸停止减压，实行自动保压。

(3) 自阀设有过充位。自阀在过充位时，可以提高列车管的充气速度，缩短列车的初充气和再充气的时间。在过充位，列车管的过充量为高于定压的 30～40kPa，且列车管的过充量与自阀在过充位置放的时间长短无关。

(4) 自阀设有过量减压量位。自阀在该位置时可以使均衡风缸减压 240～260kPa。当列车管和车辆副风缸发生充风不足时，自阀放至此位置，可以利用车辆副风缸现有的压力空气进行有效的制动。

(5) 分配阀采用二压力阀和三压力阀的混合式结构，使制动机既具有阶段缓解性能，也具有一次性缓解性能。在紧急制动后，分配阀具有增压的功能。

(6) 分配阀的副阀具有局减作用。因此，无论机车在列车中的联挂位置如何，当列车施行小减压量制动时，机车均能产生有效的制动作用。

(7) 作用阀具有自动保压的性能。在制动保压后，制动缸有泄漏时能够自动进行补偿，具有良好的制动不衰竭性，同时，机车制动缸的压力不因制动缸的容积或机车在列车中的联挂位置而变化。

二、基本参数

JZ-7 空气制动机基本技术参数见表 6-1；自动制动阀制动性能参数见表 6-2。

JZ-7 技术参数 表 6-1

技 术 项 目	技 术 参 数
全制动位最高制动缸压力（kPa）	300
全制动位制动缸自 0 升到 280kPa 的时间（s）	3s 以内
运转位制动缸自 300kPa 降至 35kPa 的时间（s）	4s 以内

自动制动阀制动性能参数表 表 6-2

技 术 项 目	技 术 参 数
分配阀工作风缸初充气自 0 上升到 460kPa 的时间（s）	50～60
分配阀降压风缸初充气自 0 上升到 480kPa 的时间（s）	55～65
列车管有效局减量（kPa）	25～35
单机列车管减压 20kPa 前应发生局减作用，同时主阀动作	局减开始，制动缸升压
常用全制动后阶段缓解次数	不少于 5 次（客车位）
均衡风缸自 500kPa 常用减压至 360kPa 的时间（s）	5～7

续上表

技术项目	技术参数
常用全制动制动缸最高压力(kPa)	340～360
常用全制动制动缸升压时间(s)	5～7
制动缸自350kPa缓解至35kPa的时间(s)	5～8
紧急制动列车管压力排至0的时间(s)	3s以内
紧急制动后,制动缸最高压力(kPa)	420～450
紧急制动后,制动缸升至最高压力的时间(s)	5～7

第三节 风源装置

TSA-0.9AD型螺杆空气压缩机是专为铁路机车车辆设计的电动空气压缩设备,主要用途是为车辆制动系统提供压缩空气。中国中车株洲电力机车有限公司研制生产的ZER4型电力蓄电池工程车采用TSA-0.9AD型螺杆空气压缩机作为制动机和升弓系统的风源装置。

一、组成介绍

TSA-0.9AD型螺杆空气压缩机组由四大主要部件构成,即驱动装置、压缩机体、风冷却装置和底座。用螺栓连接在一起组成一个紧凑单元,并采用弹性减震器平稳地固定在钢制共用底座上。联成一个整体。通过底座下方的4个安装孔与机车固定,如图6-5所示。

二、部件功能

(1)驱动装置:法兰盘式三相交流电动机,提供驱动动力。
(2)压缩机机体:由压缩机的一对螺杆组成的空压机机头,装在油气筒中。螺杆机头和油气筒一体的组合方式,使其在结构空间上最紧凑。油气筒组成上还装有油分离器、过滤器、控制元件等。
(3)风冷却装置:一对联轴器分别装配在驱动电机和主机伸出轴上,电机、中托架、蜗壳、风机后盖在轴向组成了一个刚性很好的自支承结构。蜗壳中容纳了装在联轴器上的离心式风扇。冷却器毗连蜗壳,既做空气冷却器,又做油冷器,将压缩过程产生的热与离心式风扇带来的冷空气交换。

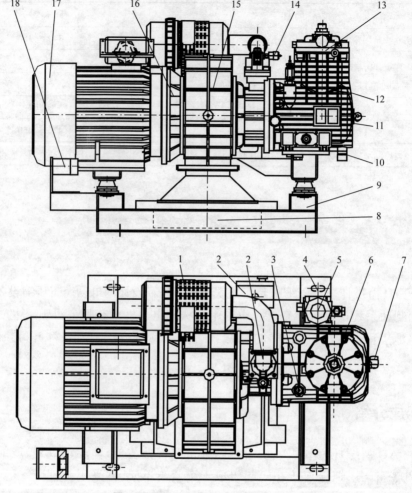

图 6-5 TSA-0.9AD 螺杆空气压缩机结构图

1- 空气过滤器（Air Filter）；2- 电控箱（Electric Control Box）；3- 进气阀（Intake Valve）；4- 安全阀（Safety Valve）；5- 温控阀（Thermal Valve）；6- 油过滤器（Oil Filter）；7- 压力维持阀（Min.Pressure Valve）；8- 温度开关（Temperature Switch）；9- 空油冷却器（Oil-air Cooler）；10- 底架（Seats）；11- 放油阀（Drain Valve）；12- 视液镜（Sight Glass）；13- 机头油气筒（Compressor Block）；14- 油气分离器（Oil-air Separator）；15- 真空指示器（Vacuume Indicator）；16- 蜗壳（Helicoid Shell）；17- 中托架（Middle Rack）；18- 电动机（Motor）

三、技术参数

螺杆空气压缩机技术性能参数见表 6-3。

螺杆空压机技术参数　　　　　　　　　表 6-3

项　目	性　能　参　数
压缩方式	连续,单级
额定排气压力	1000kPa

续上表

项　　目	性 能 参 数
冷却方式	风冷（Air cooling）
润滑油量	约 5.5kg（5.5kg approx.）
旋转方向	从电机轴伸出端看为逆时针
额定转速	1460r/min
电机功率（最大）	9kW
公称容积流量	Q=0.9m³/min
工作重量	约 300kg（包括电机、底座及润滑油）
允许工作循环 ED： $ED=t_1/t\times100\%$ 式中：t_1——每循环中的工作时间； t——每循环的全部时间	ED_{max}=100% ED_{min}=30%
起动频率	不大于 30 次/h
环境温度上限	40℃
环境温度下限	-40℃
空气压缩机停机温度	油气筒内温度 t=105℃

四、结构及技术说明

1. 空气结构组成及系统流程

图 6-6 为 TSA-0.9AD 型螺杆空气压缩机的结构及系统工作流程图。

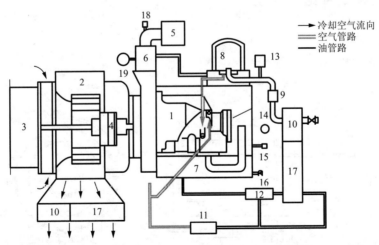

图 6-6　TSA-0.9AD 螺杆空气压缩机系统工作流程图

1- 机体；2- 冷却风扇；3- 电动机；4- 联轴器；5- 空气滤清器；6- 进气阀；7- 油气筒；8- 油气分离器；9- 压力维持阀；10- 后冷却器；11- 油过滤器；12- 温控阀；13- 安全阀；14- 温度开关；15- 视油镜；16- 泄油阀；17- 油冷却器；18- 真空指示器；19- 压力开关

2. 压缩机工作原理

螺杆式压缩机为双轴旋转排放式机械装置，其目的是强迫送风。压缩机螺杆组由两个

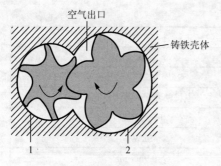

图 6-7 机头工作原理图

1- 阴转子；2- 阳转子

相互啮合的螺旋状槽形转子构成，转子外形为不对称的啮合形状，并在铸铁壳体内旋转。壳体上没有径向空气入口，空气出口是轴向通向压缩机螺杆组外壳内特别形状的通道，如图 6-7 所示。

转子旋转时，其叶片之间的空气量不断变化。进气口打开，开始吸气；转子将两个风口闭合后，空气开始压缩并排向出风口。由于转子继续旋转，其后打开出风口，压缩空气将以最终压力排出。需要注入油将转子叶片在它们的啮合点和它们同压缩机壳体的接触点密封起来，此外，这些油还可以带走压缩过程产生的绝大部分热量。

3. 气路系统流程

外界空气由空气滤清器滤去尘埃后，经由进气阀到机头吸气口进入机体压缩室，压缩机内的一对转子由电动机带动旋转，润滑油因压力差喷入，此时油与气混合，油气混合物被压缩后从排气口到油气筒进行一次分离。由于在较大的油气筒中油气混合物突降流速，被筒内挡流板折挡后改变气体运动方向时，与空气混合的油分较重，凝聚成液相油被沉降在油气筒底部，这时油气混合的压缩气体仅含有少量未被分离的油。经油气分离器再次分离气体中的油分后，纯净的压缩空气经压力维持阀被送至后冷却器，冷却后的压缩空气送入使用系统中。

五、空气系统各组件作用

1. 空气滤清器

空气滤清器结构如图 6-8 所示。

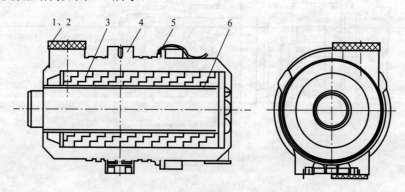

图 6-8 空气滤清器结构图

1- 防尘罩；2- 防尘罩卡；3- 滤芯；4- 固定支架；5- 压扣；6- 支架

空气滤清器包括滤芯和壳体，滤芯为一干式纸质过滤器，过滤纸细孔度约为 $10\mu m$，如图 6-9a) 所示。同时，在螺杆空气压缩机上装有一真空指示器，如图 6-9b) 所示。指示器显示红色或箭头指向5kPa时,应更换滤清器芯并清理掉后盖内过滤尘埃。重新安装好空滤器后,按下指示器顶端的复位按钮(PRESS TO RESET)复位。

2. 进气阀

进气阀在压缩机上的安装如图6-10所示。

图6-9 空气滤芯与真空指示器　　　　图6-10 进气阀

该进气阀专门用于间歇工作的螺杆空气压缩机,螺杆空气压缩机工作时,其阀板打开,提供风源;当其停止工作时,阀板关闭,使油气筒内含油气体不能通过,同时其卸压部位工作,油气筒内压力在很短时间内降到300kPa以下,以免压缩机带压启动。进气阀主要由进气止回阀和卸荷阀两部分组成,结构如图6-11所示。

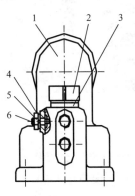
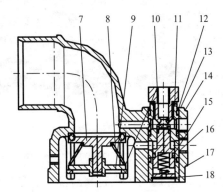

图6-11 进气阀结构

1-进气阀体;2-卸荷喷嘴;3-密封垫片;4-垫圈;5-螺母;6-螺钉;7-进气阀阀板;8-进气弹簧;9-进气阀阀座;10、18-挡圈;11-卸荷汽缸;12、13-O形圈;14-卸荷活塞;15-B型密封圈;16-卸荷弹簧;17-卸荷阀座

当螺杆空气压缩机停机时,在弹簧力的作用下,阀板被迅速推向进气阀腔体顶部,关闭进气通道;防止从油气筒回流至进气阀的含油空气排入大气。同时也能避免因压缩空气倒流造成空气压缩机转子反转。

当压缩机停机后,该阀能在很短时间(约8s)内将油气筒内的压力卸至300kPa以下,以保证螺杆空气压缩机在低负荷下再次启动,有利于电机长期地正常工作。

3. 温度开关

在失油、油量不足、冷却不良等情况下,均可能导致排气温度过高。当排气温度达到温度开关所设定之温度值时,则温度开关断开而停机。检查温度开关时,拔下温度开关上的电线护套,用电阻表测量温度开关两接线柱间的电阻,在温度没有达到断开时,该电阻值应为0,温度开关外形及安装如图 6-12 所示。

4. 油气筒

油气筒筒侧装有视油镜,如图 6-13 所示。用来观察润滑油油位,螺杆空气压缩机停机 10min 后观察,油位应在视油镜的上限与下限之间。油气筒下方装有泄油阀,定期打开泄油阀以排除油气筒内的凝结水,筒上方装有加油孔可供加油用。由于油气筒的特殊设计,可使压缩空气中的较大油滴与空气分离,此为初级油气分离。

5. 安全阀

当机车上的主风缸压力开关调节不当或排气管线上有堵塞现象而致使油气筒内压力超过安全阀的设定值时,安全阀即会自动起跳而泄压,使压力降至设定的排气压力以下。安全阀于出厂前已经过整定(一般整定值为 1250kPa),请勿随意调整。安全阀外形及安装如图 6-14 所示。

图 6-12 温度开关

图 6-13 油气筒

图 6-14 安全阀

6. 压力维持阀

此阀位于油气筒上方油气分离器出口处,开启压力设定于 600kPa±50kPa。压力维持阀的功能主要为:启动时优先建立起润滑油的循环压力,确保机器的润滑。

压力超过 600kPa±50kPa 后开启,可降低流过油气分离器的空气流速,除确保油气分离效果之外,还可保护油气分离器避免因压差太大而受损。压力维持阀外形及安装如图 6-15 所示。压力维持阀具有止回功能,即当停机后油气筒内压力下降时,防止主风缸内压缩空气回流。

7. 压力开关

压力开关受进气阀阀座内压力控制,压缩机停机后,油气筒内压力立即传至进气阀阀座内,压力开关断开。随着油气筒内的压力被卸荷阀快速卸除,进气阀阀座内压力也降低,当压力小于 300kPa 时,压力开关恢复接通,此时压缩机才能再次启动,保证了电动机在低负载下启动,压缩机再次启动的最短时间间隔为 8s。压缩机运行时,进气阀腔内压力低于大气压力,压力开关处于接通状态。压力开关在出厂前已设定好,请勿随意调整。外形及安装如图 6-16 所示。

8. 后冷却器

风机将冷却空气送入后冷却器,通过后冷却器冷却压缩空气。

图 6-15　压力维持阀

图 6-16　压力开关

六、润滑油路系统各组件作用

1. 润滑油路系统流程

润滑油路系统由油气分离器、温控阀、油冷却器和油过滤器等组成。润滑油是利用压差原理进行循环,无油泵。

润滑油流程工作原理:由于油气筒内存在压力,润滑油从筒内流出,经过温控阀分成二路,当温度低于下限(77℃)时,直接从旁通路进入油过滤器过滤,当温度高于下限时,主通路逐渐打开,部分油进入油冷却器冷却,油温高于上限(93℃)时,全部经过油冷却器冷却后进入油过滤器,过滤后的油再分成二路,一路由机体下部喷入压缩室,冷却压缩空气、润滑螺杆;另一路通到主机两端,润滑轴承组;而后汇集于压缩室,随压缩空气一起进入油气筒。

2. 油冷却器

油冷却器之翅片易受灰尘覆盖而影响冷却效果,可能导致排气温度过高而停机。因此每隔一段时间应对其进行清洗以确保其冷却效果。

3. 油过滤器

油过滤器是一种纸质的过滤器,其作用是去除油中之杂质,如:金属微粒、油的劣化物等以保护轴承及转子。若油过滤器未及时更换则可能导致进油量不足,造成排气温度升高,以致停机;或油过滤器内的旁通阀开启,使脏油未经过滤即进入压缩机内,损伤转子、轴承及壳体。在更换油过滤器时,请使用专用带式扳手,夹住黑色滤筒上的白色金属环,按顺时针方向旋转,拆下旧的油过滤器,用手旋上新的油过滤器。油过滤器外形及组成如图 6-17 所示。

4. 油细分离器

油细分离器滤芯是用多层细密玻璃纤维制成,压缩空气中所含雾状油气经过油细分离器几乎可被完全滤去,排气含油量则可低于 5×10^{-6}。正常运转下,油细分离器可使用约 2000 工作小时。至于润滑油的选择,必须采用设备厂家所推荐的牌号,最忌使用假油或再生油。

油细分离器出口装有压力维持阀。压缩空气由压力维持阀引出,通至冷却器。油细分离器滤下的油集中于其中央的小圆槽内,再由一回油管回流至机体进口侧,可避免已被过滤的润滑油再随空气排出。实物外形及在压缩机上的安装位置如图6-18、图6-19所示。

图6-17 油过滤器

1-油滤座;2-温控阀;3-油过滤器

图6-18 油细分离器

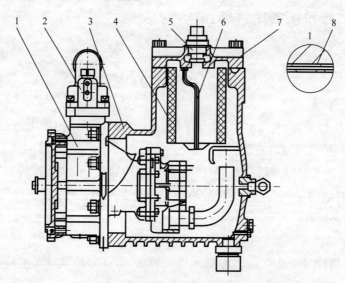

图6-19 油气分离器位置示意图

1-机头;2-进气阀;3-油气筒;4-油细分离器;5-压力维持阀;6-回油管;7-油分盖;8-垫片

5. 温控阀

油冷却器前装有一温控阀,其功能是维持排气温度在压力露点温度以上,避免空气中的水汽在油气筒内凝结而乳化润滑油。刚开机时,润滑油温度低,此时温控阀会自动开启通往机体的油路,油不经过油冷却器而进入机体。若油温升高到77℃以上,则温控阀逐渐打开至油冷却器的通路,至93℃时全开,此时油会全部流经油冷却器再进入机体内。

七、冷却系统

冷却系统由离心风机、蜗壳、油冷却器和后冷却器组成。压缩空气由冷却风机吸入,经蜗壳和扩压器导向吹过油冷却器和后冷却器的散热翅片,同时冷却压缩空气及润滑油。

八、换油方法

将螺杆空气压缩机运转,使油温上升,以方便排放润滑油,然后关机。待油气筒内压力降到大气压时,拧下泄油阀阀帽,旋上泄油管以顶开泄油阀,如图 6-20 所示。

放油时应注意:必须将系统内所有润滑油放光,如管路、冷却器、油气筒等。

润滑油泄净后,拧下泄油管,旋上泄油阀阀帽,打开加油盖加入沉淀澄清后的清洁油。开机运转 5～10min 后停机放油,然后再加入新油,完成换油。

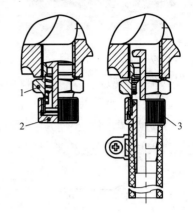

图 6-20 泄油阀和泄油接头结构示意图
1- 泄油阀;2- 泄油阀帽;3- 泄油管

九、故障处理

风源装置常见故障及处理,如表 6-4 所示。

风源装置常见故障及处理　　　　表 6-4

序号	故障现象/信息	可能的原因	处理方法/测量/测试
1	空气压缩机不能启动	电源故障	检查电源
			查阅电路图
		电缆连接松脱	检查电缆连接。必要时上紧夹紧螺钉
		电机断路器跳闸	打开电机断路器
		压力开关(常闭式)未接或接线松脱	检查接线,必要时上紧夹紧螺钉
		压力开关设定错误或本身故障	重新设定或更换压力开关
		温度开关(常闭式)未接或电缆折断	检查电缆连接。必要时上紧夹紧螺钉
		油气筒内压力未降下来	检查进气阀的卸压部分是否正常卸压
2	空气压缩机不能建立压力	压力维持阀有泄漏	检查压力维持阀,必要时更换
		进气阀粘滞或阀门板卡住	检查或更换进气阀
		加于电动机的电压太低	检查空压机和机车上的电源
3	在未达到工作压力之前,空气压缩机停车	主风缸压力开关故障或设定错误	检查压力开关,重新设定或更换
		电动机断路器跳闸	检查电动机供电电源是否有线路故障
		温度开关断开	检查或更换温度开关
4	安全阀排放空气	压力维持阀黏滞	拆下压力维持阀检查,必要时予以更换
		空气管路不畅	检查管路是否畅通
		安全阀调整错误或有故障	更换安全阀,不允许修理
		主风缸压力开关设置过高或开关本身有故障	检查压力开关,改正调节值或更换开关
		机车风缸前系统中的阀类不畅	检查空气供给系统中的安全阀

第四节　JZ-7型自动制动阀

自动制动阀(简称自阀)是制动装置中的控制部分,机车乘务员通过对其手柄的操纵,可实现列车的制动、保压或缓解作用,并能使制动机发挥其各种性能及作用。

自阀为自动保压式,设有过充位(1位)、运转位(2位)、最小减压位(3位)、最大减压位(4位)、过量减压位(5位)、手柄取出位(6位)、紧急制动位(7位)7个作用位置。最小减压位至最大减压位之间为常用制动区,手柄的7个作用位置如图6-21所示。

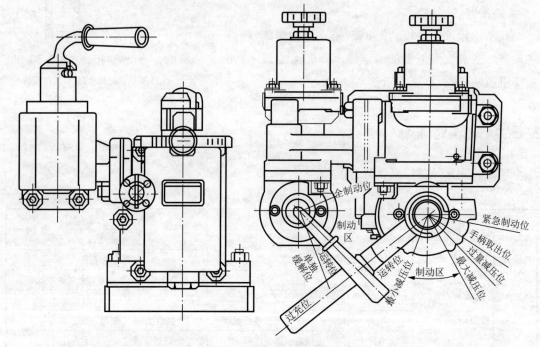

图 6-21　自阀外形及手柄位置图

自阀由7个部分组成,即阀体与管座,手柄与凸轮,调整阀,放风阀,重联柱塞阀,缓解柱塞阀,客、货车转换阀。其结构组成如图6-22所示。

一、阀体与管座

自阀的阀体为连接各部件的主体,其上连接自动制动阀的凸轮盒、调整阀盖、单独制动阀及柱塞阀前盖等。

管座为自动制动阀的安装座,亦为管路的连接座,管座上设有9根管路,即总风缸管③、过充管⑦、撒砂管⑥、均衡风缸管①、中均管④(即中继阀均衡风缸管)、列车管②、总风遮断阀管⑧、单独缓解管⑩和单独作用管⑪。各管路在管座上的布置如图6-23所示。其中管⑩和管⑪是经自动制动阀阀体通往单独制动阀的,与自动制动阀不发生关系。

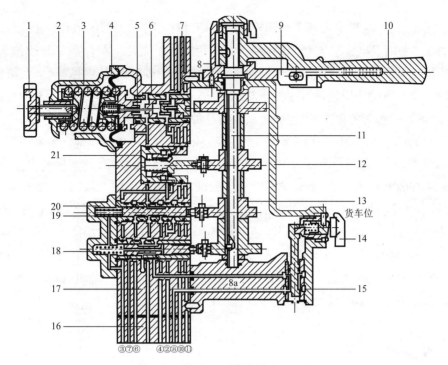

图 6-22 自阀结构

1- 调整手轮；2- 调整阀盖；3- 调整弹簧；4- 调整阀膜板；5- 排气阀；6- 供气阀；7- 调整阀柱塞；8- 凸轮盖；9- 手柄定卡；10- 手柄；11- 手柄轴；12- 凸轮盒；13- 凸轮；14- 转换按钮；15- 客、货车转换阀；16- 管座；17- 阀体；18- 缓解柱塞阀；19- 重联柱塞阀；20- 前盖；21- 放风阀

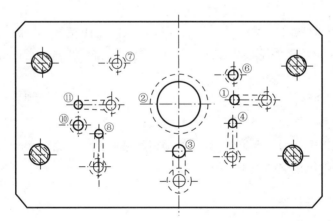

图 6-23 管座上管路布置

①- 均衡风缸管；②- 列车管；③- 总风缸管；④- 中均管；⑥- 撒砂管；⑦- 过充管；⑧- 总风遮断阀管；⑩单独缓解管；⑪- 单独作用管

二、手柄与凸轮

手柄与凸轮是自动制动阀的操纵机构。手柄通过设在盖板上的缺口（手柄取出位）套在凸轮轴上。凸轮轴上装有调整阀凸轮、放风阀凸轮、重联柱塞阀凸轮和缓解柱塞阀凸轮。凸

轮盒上设定位盖板,盖板上设有 7 个凹槽,除用以定位外,并在上部仅留有一个缺口,以限定手柄只有在"手柄取出位"方能取出或装入。凸轮盒体下部设一排气口,以排出漏入凸轮盒内的压力空气及紧急制动时排出列车管内压力空气,凸轮轴和凸轮均装在一个凸轮盒内。

自阀 7 个位置的作用是通过手柄来转动各凸轮,相应推动各阀柱塞按需要的规律左、右移动,开通或切断各管的通路,来完成所需要的各种作用。

在调整阀凸轮的圆周上,与手柄过充位和运转位相对应的曲线,是一条半径为 36.6mm 的最大圆弧线,凸轮得到一个最大升程,推调整阀柱塞左移至极端,均衡风缸得到规定压力 (500kPa 或 600kPa);与手柄最小减压位至最大减压位相对应的曲线,是一条半径为 36～34.3mm 的阿基米德螺线(降压曲线),其相应处有 12 个齿槽。手柄最小减压位时,均衡风缸减压量为 50kPa,然后向制动区每转过一齿槽,均衡风缸的减压量增加约 10kPa,手柄最大减压位时,均衡风缸减压量为 170kPa;与手柄过量减压位、手柄取出位和紧急制动位相对应的曲线,是一条半径为 33.28mm 的最小圆弧线,调整阀凸轮得到最大降程,调整阀柱塞在均衡风缸压力作用下右移至极端,均衡风缸减压量为 240～260kPa。

三、调整阀

调整阀是列车制动、缓解的控制机构,用于控制机车均衡风缸的压力变化,并通过中继阀控制列车管的充气和排气,从而实现机车、车辆的制动或缓解。

(一)结构

调整阀在结构上采用了橡胶膜板密封和柱塞双向止阀结构,其结构及工作原理如图 6-24 所示。调整阀由调整手轮、调整阀弹簧、排气阀、供气阀、调整阀座、调整阀膜板、柱塞及阀套等组成。

调整阀有 3 条通路:

(1)供气阀右侧空间通总风缸管③。

(2)供气阀左侧空间通均衡风管①,并经缩口风堵通膜板右侧空间。

(3)排气阀左侧经调整阀盖下方排风口通大气。

(二)调整阀工作状态

1. 充气状态

当自阀手柄由过量减压位或常用制动区移至运转位及过充位时,调整阀凸轮得到不同的升程,推动调整阀柱塞左移,压缩供气阀弹簧(由于供气阀弹簧比调整阀弹簧的作用力小得多),使调整阀膜板、调整阀座和排气阀保持不动,供气阀因被排气阀阻挡,也不能左移,所以仅有调整阀柱塞左移而开放供气阀口。在供气阀口右侧总风缸管③内的压力空气,经由供气阀口进入调整阀座和调整阀柱塞之间的空腔,并经均衡风缸管①向均衡风缸充气,同时经缩口向调整阀膜板右侧充气。

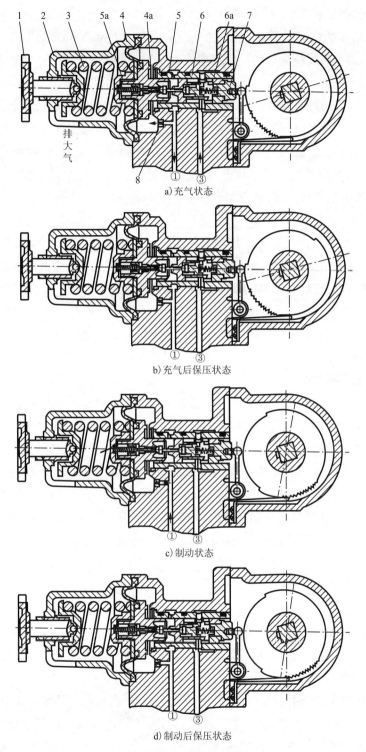

图 6-24 调整阀结构工作原理图

1-调整手轮；2-调整阀盖；3-调整弹簧；4-调整阀膜板；4a-调整阀座；5-排气阀；5a-排气阀弹簧；6-供气阀；6a-供气阀弹簧；7-调整阀柱塞；8-缩口风堵；①-均衡风缸管；③-总风缸管

2. 充气后的保压状态

均衡风缸增压的同时,均衡风缸压力空气也经缩口使调整阀膜板右侧增压,调整阀弹簧被逐渐压缩,调整阀膜板和调整阀座相继左移,排气阀和供气阀受供气阀弹簧的作用也左移,故排气阀口不会打开,供气阀口开度逐渐减小。移动过程中,排气阀口不会开启。当供、排气阀及调整阀座左移的距离等于调整阀凸轮推动调整阀柱塞左移的距离(升程量)时,供气阀口关闭,切断了总风缸向均衡风缸充气的通路,均衡风缸内空气压力停止继续增加。

由充气状态向充气后保压状态的转换,在调整阀内是自动完成的,即调整阀凸轮得到一个升程时,初充气时调整阀呈充气状态,均衡风缸增压;当均衡风缸压力增至与调整阀凸轮升程所需要的增压量相适应时,调整阀自动呈充气后保压状态,均衡风缸停止增压。

3. 制动状态

当自阀手柄由过充位或运转位移至常用制动区或过量减压位时,调整阀凸轮得到不同的降程,调整阀柱塞和供气阀在其左侧均衡风缸的空气压力作用下,追随凸轮的降程向右侧移动,故供气阀口不会开启。初减压瞬间,因调整阀膜板两侧压力平衡,所以调整阀座不动,仅有排气阀在其弹簧力作用下追随供气阀右移,使排气阀口开启。均衡风缸及膜板右侧压力空气经排气阀口、调整阀压板螺母上 $\phi1.3mm$ 小孔,由调整阀盖下方缺口排向大气,均衡风缸内空气压力下降。

4. 制动后的保压状态

均衡风缸降压的同时,调整阀膜板右侧压力空气也经缩口排出而降压,膜板两侧产生压力差,调整阀膜板和调整阀座在调整阀弹簧力的作用下逐渐右移,排气阀口开度逐渐减小。当膜板和阀座向右移动的距离等于调整阀柱塞追随调整阀凸轮降程右移的距离时,排气阀口关闭,而供气阀口也未打开,切断均衡风缸排气的通路,均衡风缸内的空气压力停止继续下降。

由制动状态向制动后保压状态的转换,在调整阀内是自动完成的。即调整阀凸轮得到一个降程时,初减压时调整阀呈制动状态,均衡风缸降压;当均衡风缸压力降至与调整阀凸轮降程所需要的减压量相适应时,调整阀自动呈制动后保压状态,均衡风缸停止降压。

四、放风阀

放风阀专为列车施行紧急制动时直接把列车管内压力空气迅速排到大气中去,达到快速制动的目的而设置的。放风阀由放风阀座、放风阀杆、放风阀胶垫、放风阀弹簧及放风阀套等部件组成,如图 6-25 所示。

自阀手柄在过充位~手柄取出位(1～6位)移动时,放风阀凸轮既无升程,也无降程。此时,放风阀在其弹簧力的作用下,使放风阀口可靠关闭,防止影响制动机的正常作用。只有当自阀手柄置于紧急制动位时,放风阀凸轮得到一个固定的升程,通过放风阀杠杆推动放风阀杆,使放风阀口开启,列车管内的压力空气经阀口直接排向大气。该阀有效作用面积为 $3.7cm^2$,全开行程为 5mm。

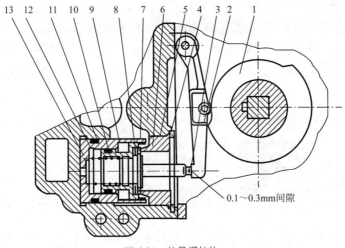

图 6-25 放风阀结构

1- 放风阀凸轮；2- 放风阀杠杆；3- 柱塞头；4- 弹簧挡圈；5、10、11-O 形圈；6- 放风阀座；7- 放风阀胶垫；8- 放风阀杆；9- 放风阀；12- 放风阀弹簧；13- 放风阀套

五、重联柱塞阀

重联柱塞阀的功用是连通或切断均衡风缸管与中继阀的联系；自阀手柄在紧急制动位时，使总风缸管与撒砂管连通，实现自动撒砂。

重联柱塞阀由柱塞、阀套、柱塞弹簧、O 形圈等组成，结构如图 6-26 所示。

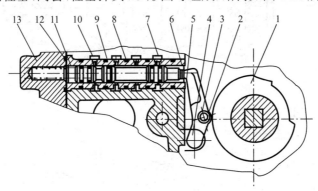

图 6-26 重联柱塞阀结构图

1- 凸轮；2- 滚轮；3- 滚轮销；4- 转销；5- 放大杠杆；6- 柱塞头；7、8、12-O 形圈；9- 阀套；10- 柱塞；11- 柱塞弹簧；13- 前盖

重联柱塞阀有 3 个作用位置：

1. 自阀手柄在过充位~过量减压位（1~5 位）

当自阀手柄在过充位~减压位时，重联柱塞阀凸轮得到最大升程，推动柱塞处于左极端，柱塞凹槽沟通均衡风缸管①和中均管④的通路，使均衡风缸的压力变化来控制中继阀的动作。而列车管②及撒砂管⑥的通路均被柱塞关闭，如图 6-27a）所示。

2. 自阀手柄在手柄取出位(6位)

当自阀手柄移置在手柄取出位时，重联柱塞阀凸轮得到一个降程，柱塞在弹簧力和总风缸压力的作用下向右侧移动，柱塞凹槽沟通列车管②和中均管④的通路，同时切断均衡风缸管①和中均管④的通路，这样，即使均衡风缸有压力变化，也不能控制中继阀的动作，况且由于列车管②和中均管④的通路被沟通，使中继阀膜板两侧压力相等，产生自锁作用。此时，均衡风缸管①及撒砂管⑥的通路均被关闭，如图 6-27b)所示。

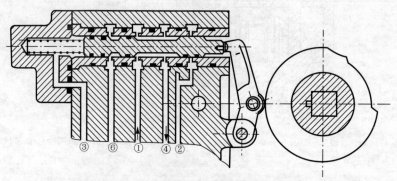

a) 自阀手柄在1～5位时，管①与管④通

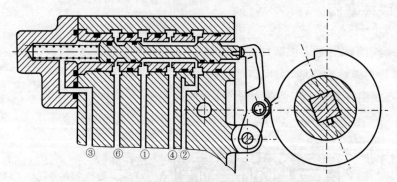

b) 自阀手柄在6位(即手柄取出位)时，管②与管④通

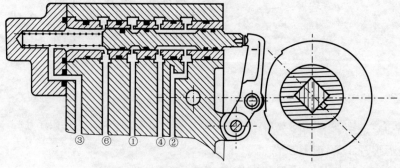

c) 自阀手柄在7位(即紧急制动位)时，管③与管⑥通；管②与管④通

图 6-27 重联柱塞阀通路图

3. 自阀手柄在紧急制动位(7位)

当自阀手柄移在紧急制动位时，重联柱塞阀凸轮又得到一个更大降程。该阀柱塞在弹

簧力和总风缸压力的作用下右移至极端,柱塞凹槽仍将列车管②与中均管④连通,使中继阀仍呈自锁状态。同时,柱塞尾部使总风缸管③与撒砂管⑥的通路被连通,可实现紧急制动时机车的自动撒砂,如图 6-27c)所示。

六、缓解柱塞阀

缓解柱塞阀的功用是控制过充风缸的充风或排风,控制总风遮断阀管通路⑧a充、排气。

缓解柱塞阀主要由缓解柱塞阀柱塞、缓解柱塞阀套、柱塞弹簧、O 形圈等组成,如图 6-28 所示。

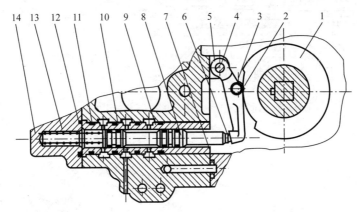

图 6-28 缓解柱塞阀结构图

1- 凸轮;2- 滚轮;3- 滚轮销;4- 转销;5- 放大杠杆;6- 柱塞头;7- 胶垫;8- 柱塞;9- 阀套;10、11、12-O 形圈;13- 柱塞弹簧;14- 前盖

缓解柱塞阀有 3 个作用位置:

1. 自阀手柄在过充位(1 位)

当自阀手柄在过充位时,缓解柱塞阀凸轮得到一个最大降程,柱塞在弹簧力和总风缸的压力作用下右移至极端。此时,柱塞尾端沟通总风缸管与过充管⑦的通路,则总风经过充管⑦到过充风缸及中继阀过充柱塞,使列车管得到比原规定压力高 30～40kPa 的过充压力。同时,柱塞凹槽将通路⑧a与大气沟通,使中继阀的总风遮断阀呈开启状态,如图 6-29a)所示。

2. 自阀手柄在运转位(2 位)

当自阀手柄由过充位(1 位)位移至运转位(2 位)时,缓解柱塞阀凸轮得到一个升程。推动柱塞左移,使过充管⑦与总风缸的连通通路被柱塞切断,同时,柱塞继续保持通路⑧a与大气沟通。过充风缸内的空气压力由过充风缸缸体上的小孔(ϕ0.5mm)缓慢地排向大气,所以使列车管的过充压力经中继阀的排气阀口能逐渐消除,则列车管保持原规定的压力,如图 6-29b)所示。

3. 自阀手柄在最小减压位～紧急制动位(3～7 位)

自阀手柄在最小减压位～紧急制动位(3～7 位)时,缓解柱塞阀凸轮又得到一个升程,推动柱塞左移至极端,此时,总风经柱塞中心孔、侧孔流入通路⑧a。若客、货车转换阀处于货车位时,总风经通路⑧a→⑧,使总风遮断阀呈关闭状态。若客、货车转换阀处于客车位时,由于通路⑧a与遮断阀管⑧切断,故使总风遮断阀处于开放状态。同时,柱塞凹槽使过充管⑦与大气沟通,以便把过充风缸内的压力空气能更快地排入大气,如图6-29c)所示。

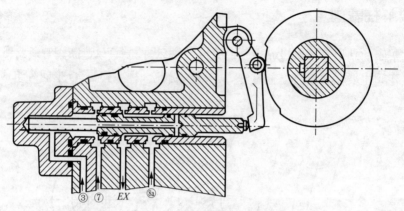

a) 自阀手柄在1位(过充位)时,管③通管⑦,⑧a通大气

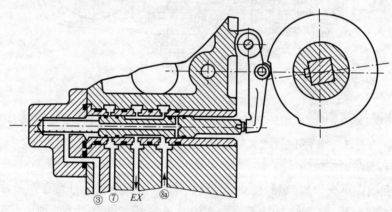

b) 自阀手柄在2位(运转位)时,⑧a通大气

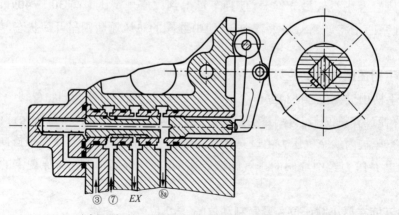

c) 自阀手柄在3～7位时,管③通⑧a,管⑦通大气

图6-29 缓解柱塞阀通路图

七、客、货车转换阀

客、货车转换阀主要作用是关闭或开启中继阀的总风遮断阀。在"客车位"时,不论自阀手柄在任何位置,总风遮断阀均呈开启状态。在"货车位"时,自阀手柄在 1～2 位时,总风遮断阀呈开启状态;自阀手柄在 3～7 位时,总风遮断阀呈关闭状态。

客、货车转换阀主要由偏心杆、手柄弹簧、转换按钮、指示牌、二位阀柱塞、阀套、O 形圈等组成,如图 6-30 所示。

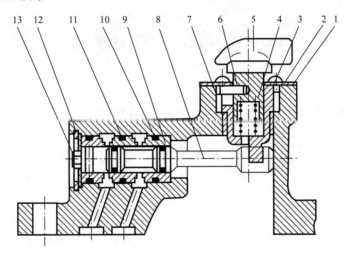

图 6-30 客、货车转换阀结构

1- 指示牌;2- 偏心杆;3- 半沉头螺钉;4- 手柄弹簧;5- 转换按钮;6- 销;7- 手柄套;8- 二位阀柱塞;9- 阀套;10、11-O 形圈;12- 弹性挡圈;13- 挡盖

客、货车转换阀有两个作用位置,其各位置的通路如图 6-31 所示。

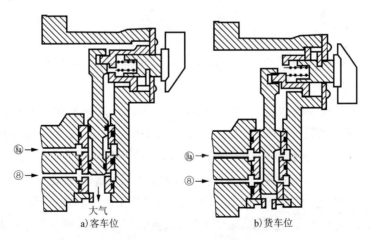

图 6-31 客、货车转换阀作用位置

1. 客车位

当转换按钮置于"客车位"时,二位阀柱塞处于上端位置。此时,二位阀柱塞尾端将总风

遮阀管⑧与大气沟通。因此，不论自阀手柄在任何位置，总风遮断阀始终呈开启状态。

2. 货车位

当转换按钮置于"货车位"时，二位阀柱塞阀处于下端位置。此时，二位阀柱塞凹槽将总风遮断阀管⑧与通路8a连通，使中继阀的总风遮断阀受8a的控制，而通路8a内压力变化由自阀手柄位置来控制。所以，总风遮断阀的开、关状态决定于客、货转换阀的作用位和自阀的手柄位置。

第五节 JZ-7 型中继阀

中继阀的主要作用是根据中均管内压力变化，直接控制列车管的充气或排气，从而使列车产生制动、保压或缓解。其最大的特点是：当自阀手柄置于过充位时，可使列车管压力得到超过规定压力 30～40kPa 的过充压力，从而缩短列车初充气和再充气时间。而当手柄由过充位移到运转位后，列车管的过充压力能自动缓慢地消除，且不会引起机车、车辆的自然制动。

JZ-7 型中继阀由管座、总风遮断阀和双阀口式中继阀三部分组成，如图 6-32 所示。

管座是中继阀的安装座，也是管路的连接座。管座上共有五根管路：列车管②、总风缸管③、中均管④、过充管⑦和总风遮断阀管⑧。其中总风遮断阀管⑧和中均管④与自动制动阀管座连通，接受自阀的控制；过充管⑦与自阀管座和过充风缸连通，同时接受自阀和过充风缸的控制。

一、总风遮断阀

总风遮断阀安装在中继阀的管座上，由阀体、遮断阀、阀座、阀套及弹簧等组成，其结构如图 6-33 所示。

总风遮断阀的作用是根据遮断阀管⑧的压力变化，来控制遮断阀口的开启或关闭。

当遮断阀管⑧通大气时，遮断阀在其右侧总风缸压力作用下左移，遮断阀呈开启状态，总风缸的压力空气经遮断阀口进入双阀口中继阀的供气阀室。

当总风缸压力空气进入遮断阀管⑧时，遮断阀在其左侧总风缸压力和弹簧力的作用下右移，遮断阀呈关闭状态，切断了向双阀口式中继阀供气室供气的总风源。

联系自阀作用通路及客、货车转换阀位置，可得出：客、货车转换阀置于"客车位"时，不论自阀手柄在任何位置，总风遮断阀总是开启的；当客、货车转换阀置于"货车位"，自阀手柄在 1～2 时，总风遮断阀开启，而手柄在 3～7 位时，则总风遮断阀关闭。

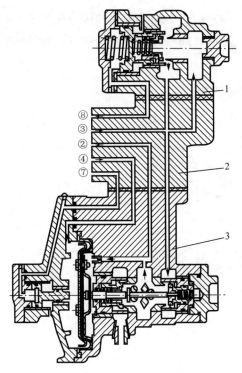
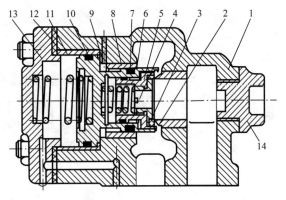

图 6-32　JZ-7 型中继阀组成

1-总风遮断阀；2-管座；3-双阀口式中继阀；②-列车管；③-总风缸管；④-中均管；⑦-过充管；⑧-遮断阀管

图 6-33　总风遮断阀结构

1-阀体；2-挡圈；3-胶垫；4-胶垫螺母；5-遮断阀芯；6-遮断阀套；7、8、10-O 形圈；9-遮断阀弹簧；11-弹簧；12-胶垫；13-遮断阀盖；14-螺盖

二、双阀口式中继阀

（一）结构

双阀口式中继阀由膜板活塞、排气阀、供气阀、阀座、阀体、过充盖、过充柱塞、顶杆及各作用弹簧等组成。

膜板活塞左侧为中均室，与中均管④连通。膜板活塞的右侧经 $\phi1mm$ 的缩孔与列车管②相通。排气阀与大气相通，供气阀室与总风缸相通，两个阀座的中间与列车管相通。活塞通过顶杆与排气阀或供气阀联动。在过充盖内有一个过充柱塞，它的左侧与过充管⑦和过充风缸相连；右侧为中均室，与中均管④相通；中间有与大气相通的释压小孔，如图 6-34 所示。

（二）作用原理

双阀口式中继阀有 4 个作用位置。

1. 缓解充气位

当自阀手柄置于运转位（2 位）时，总风缸的压力空气经调整阀调整为规定压力后充入均衡风缸,并经中均管④进入中继阀膜板活塞左侧中均室,在中均室的空气压力作用下,活塞带动顶杆右移,顶杆顶开供气阀,总风缸压力空气经供气阀口向列车管②充气,同时经缩口向膜板活塞右侧充气,如图 6-35 所示。

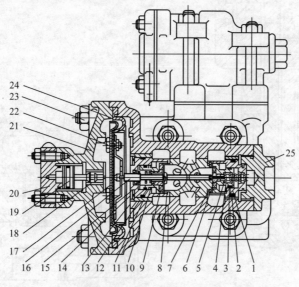

图 6-34 双阀口式中继阀结构

1- 供气阀套;2、3、11、12、14-O 形圈;4- 供气阀;5- 供气阀弹簧;6、15- 胶垫螺母;7、8- 挡圈;9- 排气阀胶垫;10- 排气阀;13- 定位挡圈;16- 排气阀套;17- 排气阀弹簧;18- 过充柱塞;19- 膜板活塞;20- 顶杆(中心杆);21- 过充盖;22- 膜板;23- 中继阀盖;24- 螺钉;25- 六角螺母

2. 缓解过充位

当自阀手柄在过充位(1 位)时,过充柱塞左侧充风,使过充柱塞右移,其端部顶在膜板活塞上,相当于中均室压力增加了 30～40kPa,因此延长了供气阀口的开启时间。这样,列车管②就得到比规定压力高 30～40kPa 的过充压力,实现向列车管②的快速充气,如图 6-36 所示。过充压力的消除:当自阀手柄由过充位(1 位)转至运转位(2 位)时,过充风缸内的压力经缸体上的 $\phi 0.5mm$ 的小孔缓慢排向大气,使过充柱塞作用于膜板活塞上的附加力逐渐消失,列车管内的过充压力经排气阀逐渐排除,并且不会引起机车、车辆的自然制动。

3. 缓解后保压位

当膜板活塞两侧压力平衡时,供气阀在其弹簧作用下,关闭供气阀口,列车管②停止增压,形成缓解后的保压位,如图 6-37 所示。若列车管有漏泄时,膜板活塞两侧压力失去平衡,活塞右移,重新开启供气阀,向列车管补风,直至定压关闭供气阀后再保压。

4. 制动位

当膜板活塞左侧中均室压力降低时,右侧列车管②压力推活塞左移,使顶杆带动排气阀离开阀座,此时,列车管②的压力空气经排气阀口排向大气,同时膜板活塞右侧压力空气也经缩口随同列车管②一起降压,如图 6-38 所示。

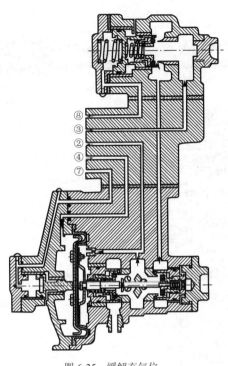

图 6-35 缓解充气位

②、③、④、⑦、⑧含义同图 6-32

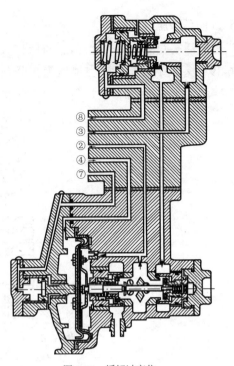

图 6-36 缓解过充位

②、③、④、⑦、⑧含义同图 6-32

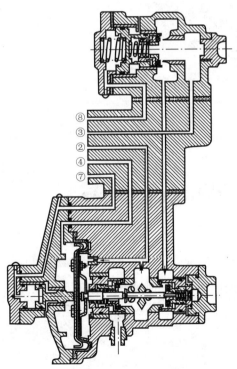

图 6-37 缓解后保压位

②、③、④、⑦、⑧含义同图 6-32

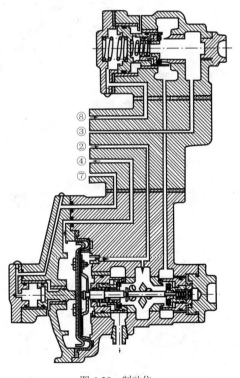

图 6-38 制动位

②、③、④、⑦、⑧含义同图 6-32

5. 制动后保压位

当膜板活塞两侧压力平衡时,排气阀口关闭,列车管停止减压,形成制动后的保压状态,如图 6-39 所示。若膜板活塞左侧压力再降低时,则排气阀口重新开启,列车管②再排气,待膜板活塞两侧压力平衡时,仍恢复到保压状态。

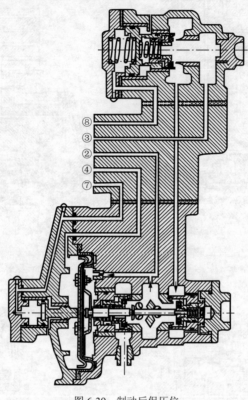

图 6-39　制动后保压位
②、③、④、⑦、⑧含义同图 6-32

第六节　JZ-7 型自阀与中继阀的联系

双端操纵的 JZ-7 型空气制动机,每端都设有独立的自动制动阀和中继阀。使用时根据规定,只能在一端进行操纵,这一端即为操纵端,另一端则不能同时进行操纵,称为非操纵端。

一、操纵端

1. 自阀手柄置过充位

（1）调整阀：呈充气状态,当均衡风缸压力增至定压时,自动呈充气后保压状态。

（2）放风阀：处于关闭状态。

（3）重联柱塞阀：将管①和管④沟通，使中均管压力追随均衡风缸增至规定压力。

（4）缓解柱塞阀：将管③和管⑦沟通，即总风缸压力空气送入过充管，同时使通路⑧a通大气。

（5）总风遮断阀：因通路⑧a通大气，总风遮断阀呈开启状态。

（6）双阀口式中继阀：呈缓解充气位。由于过充管⑦获得总风缸压力空气，所以列车管②压力增至比规定压力高30～40kPa，获得了过充压力，而后双阀口式中继阀自动呈充气后保压位。

操纵端过充位作用原理如图6-40所示。

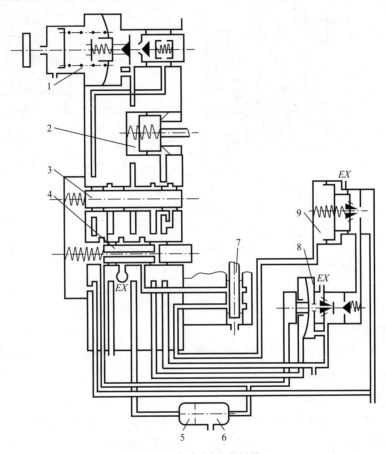

图6-40 操纵端过充位作用原理

1-调整阀；2-放风阀；3-重联柱塞阀；4-缓解柱塞阀；5-均衡风缸；6-过充风缸；7-客、货车转换阀；8-双阀口式中继阀；9-总风遮断阀

2. 自阀手柄置运转位

此位置与过充位作用及通路基本相同，不同的三处是：

（1）缓解柱塞阀：柱塞切断总风缸管③向过充管⑦的充气通路，过充风缸内压力空气由自身小孔缓慢排向大气。

（2）双阀口式中继阀：过充柱塞作用在膜板活塞上的附加力逐渐消失，列车管内过充压力由排气阀口逐渐消除，列车管恢复并保持与均衡风缸相等的规定压力。

操纵端运转位作用原理如图6-41所示。

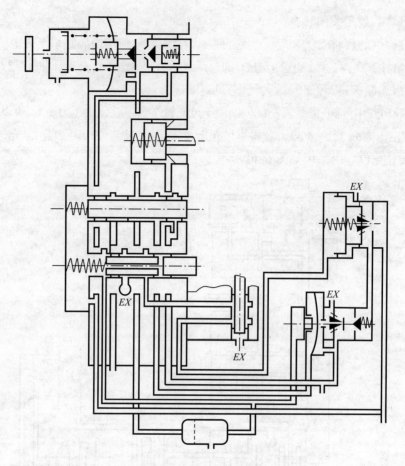

图 6-41 操纵端运转位作用原理

3. 自阀手柄置制动区

（1）调整阀：呈制动状态，均衡风缸降压量为调整阀凸轮降程量相对应的减压量时，自动呈制动后保压状态，均衡风缸停止降压。

（2）放风阀：处于关闭状态。

（3）重联柱塞阀：将管①和管④沟通，使中均管压力追随均衡风缸的压力变化。

（4）缓解柱塞阀：将过充管⑦与大气相通，同时使总风缸管③压力空气送入通路⑧a。

（5）总风遮断阀：当客、货车转换阀置于货车位时，因总风缸压力空气经通路⑧a送入遮断阀管⑧，故呈关闭状态。

（6）双阀口式中继阀：呈制动位，列车管压力降至与均衡风缸压力相等时，则自动呈制动后保压位。

操纵端制动区作用原理如图 6-42 所示。

4. 自阀手柄置于过量减压位（5 位）

此位置各作用通路同于制动区，不同之处是均衡风缸减压量增至 240～260kPa，列车管减压量亦跟随增加。

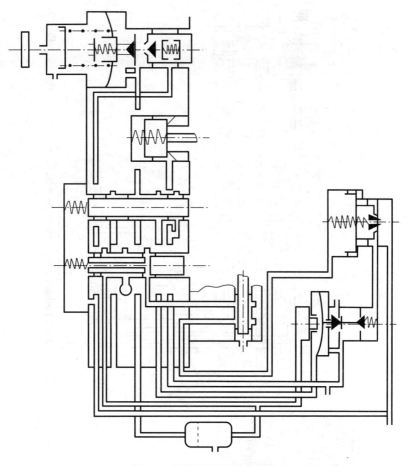

图 6-42 操纵端制动区作用原理

5. 自阀置于手柄取出位(6位)

此位时,调整阀、放风阀、缓解柱塞阀和总风遮断阀与过量减压位相同,不同之处为:

(1)重联柱塞阀:将中均管④与列车管②沟通。

(2)双阀口式中继阀:呈自锁状态,膜板活塞两侧压力保持平衡,使自动制动阀失去对列车制动、缓解的控制作用。

操纵端手柄取出位作用原理如图 6-43 所示。

6. 自阀手柄置紧急制动位(7位)

此位时,调整阀、缓解柱塞阀、总风遮断阀和双阀口式中继阀的作用与手柄取出位(6位)时作用相同,不同之处为:

(1)放风阀:处于开放状态,可在 3s 内将单机列车管压力空气自规定压力(500kPa 或 600kPa)排至 0,列车迅速产生紧急制动作用。

(2)重联柱塞阀:除将中均管④与列车管②沟通,使中继阀继续自锁,以防膜板受剧烈拉伸而损伤外,又将总风缸管③与撒砂管⑥沟通,以实现机车的自动撒砂。

操纵端紧急制动位作用原理如图 6-44 所示。

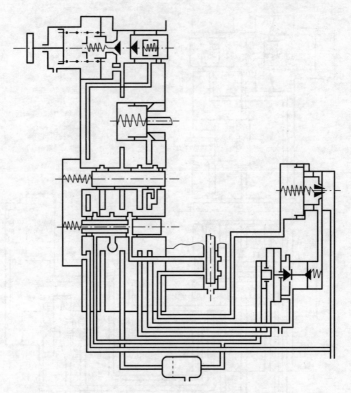

图 6-43 操纵端手柄取出位(6 位)作用原理

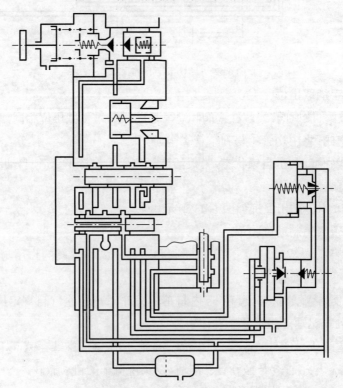

图 6-44 操纵端紧急制动位作用原理

二、非操纵端

如前所述,非操纵端自阀手柄必须置于取出位置。只有这个位置,该端中继阀才能自锁,才不影响操纵端自阀对列车的正常操纵。

若将该端自阀手柄误置于运转位,则该端中继阀不能自锁,且总风遮断阀口呈开启状态,中继阀可随时向列车管充气,使其保持规定压力。此时若需制动而将操纵端自阀手柄置于制动区,列车管将不能减压,列车不会产生制动作用,这是危险的,也是不允许的。

非操纵端的客、货车转换阀按规定须置于货车位。

第七节　JZ-7 型作用阀

作用阀的功用是:根据作用风缸或单独作用管内空气压力的变化,控制机车制动缸的充气或排气,使机车得到制动、保压和缓解作用。

一、结构

作用阀采用了空心阀结构,其供风能力和作用灵敏度比较高。作用阀由作用活塞、膜板、空心阀杆、供气阀、缓解弹簧及阀体、管座等组成,如图 6-45 所示。管座上连接 3 根管:总风缸管③、制动缸管⑫和通往变向阀的作用风缸管⑭。

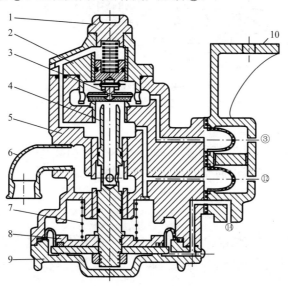

图 6-45　作用阀结构

1- 上堵;2- 上盖;3- 供气阀;4- 空心阀杆;5- 阀体;6- 排气弯头;7- 缓解弹簧;8- 作用活塞;9- 下盖;10- 管座;③- 总风缸管;⑫- 制动缸管;⑭- 作用风缸管

二、作用原理

作用阀共有3个作用位置,即缓解位、制动位、保压位。

1. 缓解位

当膜板活塞下方空气压力降低时,作用活塞连同空心阀杆下移,开放排气口,使制动缸压力空气经排气口排向大气,制动缓解,如图6-46所示。

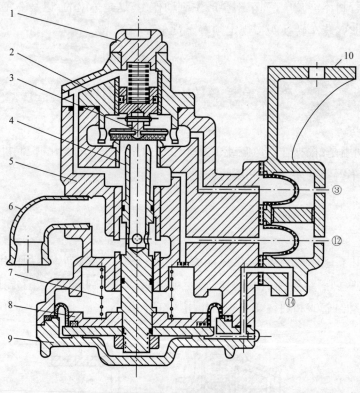

图6-46 作用阀缓解位
注释同图6-45

2. 制动位

当膜板活塞下方空气压力增加时,压力空气推动作用活塞连同空心阀杆上移,顶开供气阀,总风缸压力空气经供气阀口向制动缸充气,同时也经缩口风堵向作用活塞上方充气,实现制动,如图6-47所示。

3. 保压位

随着制动缸压力的不断上升,膜板活塞上方压力也上升。当膜板活塞上下压力平衡时,空心阀杆在弹簧力的作用下而下移,使供气阀口关闭(排气阀口仍关闭),呈制动后保压状态,如图6-48所示。

至保压位时,若制动缸及其管路有漏泄,膜板活塞上下两侧便失去平衡而上移,重新开启供气阀口向制动缸补充压力空气,当补充漏泄后,作用活塞下移,仍呈保压状态。

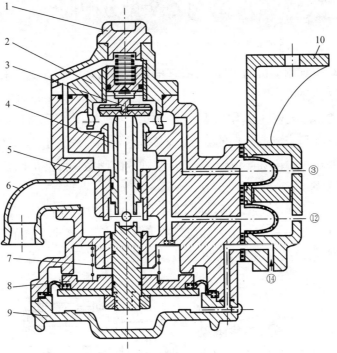

图 6-47 作用阀制动位

注释同图 6-45

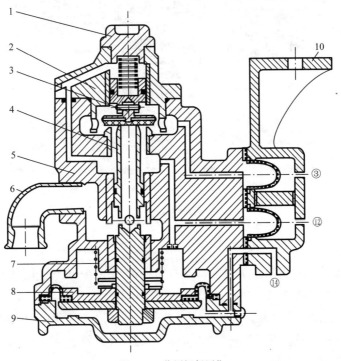

图 6-48 作用阀保压位

注释同图 6-45

第八节　JZ-7 型分配阀

分配阀是机车空气制动机的重要部件,它根据列车管内的压力变化来控制作用风缸的充气和排气,并通过变向阀、作用阀的作用来实现机车的制动、保压或缓解。

分配阀的种类和形式按其基本原理,可分为二压力机构和三压力机构及二、三压力混合机构三种形式。JZ-7 型空气制动机的分配阀,其基本作用原理属于二、三压力混合机构,它能根据不同的需要进行阶段缓解或一次缓解,这种分配阀是目前性能比较完善的一种分配阀,但其结构比较复杂。

分配阀由主阀部、副阀部、紧急部(即紧急放风阀)和管座(中间体)几大主要部分组成,如图 6-49 所示。另外还附设有 4 个风缸,其中,工作风缸用来控制主阀的动作;降压风缸用来控制副阀的动作;紧急风缸用来控制紧急放风阀的动作;作用风缸用来控制主阀和作用阀的动作。

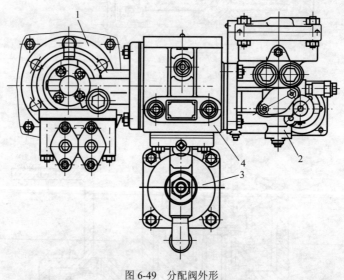

图 6-49　分配阀外形
1- 主阀部;2- 副阀部;3- 紧急部;4- 中间体

一、管座

分配阀管座是主阀部、副阀部、紧急部及各管路的连接体(又称中间体)。在管座内设有一个空腔,为列车管局减室,其容积为 1.2L,另外还设有一个空腔,为装有滤尘网的滤尘室,与列车管直接相通以防止污物杂质进入体内。在管座的底部和背面,共连接有通往各阀的 7 根管路。它们分别是:通大气㉕,列车管②,作用风缸管⑭,紧急风缸管㉑,分配阀总风管㉒,工作风缸管㉓,降压风缸管㉖。

分配阀管座上的管路及通入各阀的气孔布置,如图 6-50 所示。

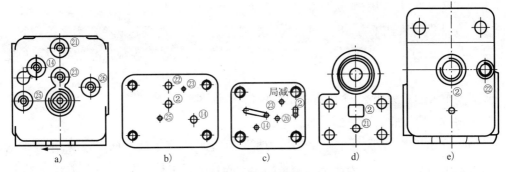

图 6-50　分配阀管座上的管路及气孔布置

②- 列车管；⑭- 作用风缸管；㉑- 紧急风缸管；㉒- 分配阀总风管；㉓- 工作风缸器；㉕- 通大气；㉖- 降压风缸管

二、主阀部

主阀部是分配阀的基本组成部分，分配阀的主要作用即靠主阀部完成。主阀部由主阀、工作风缸充气止回阀、常用限压阀和紧急限压阀组成。

(一) 主阀

主阀用于机车本身的制动、保压与缓解作用。主要由大膜板活塞、小膜板活塞、空心阀杆及供气阀等组成，如图 6-51 所示。

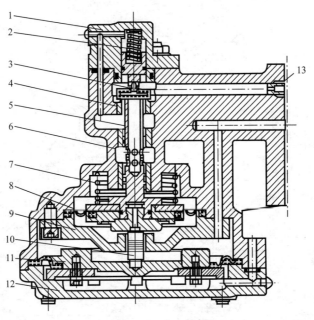

图 6-51　分配阀主阀结构

1- 供气阀盖；2- 供气阀弹簧；3- 供气阀；4- 供气阀座；5- 空心阀杆；6- 主阀体；7- 缓解弹簧；8- 小膜板活塞；9- 中间盖；10- 顶杆；11- 大膜板活塞；12- 下盖；13- 充气限制堵

主阀属于三压力机构阀,大膜板活塞上方是列车管压力,下方是工作风缸压力;小膜板活塞上方是作用风缸压力,下方通大气。主阀各运动部件是受这三个压力之差控制而产生联动的。总风通供气阀室,在制动时向作用风缸充气。大、小膜板活塞的有效面积比是2.7∶1。

根据列车管的压力变化,主阀有3个作用位置,如图6-52所示。

1. 缓解位

当列车管增压时,大膜板活塞上侧压力增高而促使大膜板活塞向下移动,小膜板活塞在作用风缸压力及缓解弹簧力的作用下带动空心阀杆一起下移,使空心阀杆脱离供气阀,开启排气口。作用风缸的压力空气经限压阀通路至空心阀杆排气口排向大气,形成缓解作用。若列车管阶段增压,作用风缸则可阶段排气降压。当列车管增至规定压力,即与工作风缸压力相等时,大膜板活塞上下压力平衡,小膜板活塞在作用风缸及缓解弹簧力的作用下,膜板活塞处于下极端位置,排气口始终打开,作用风缸压力可降至0 [图6-52a)]。

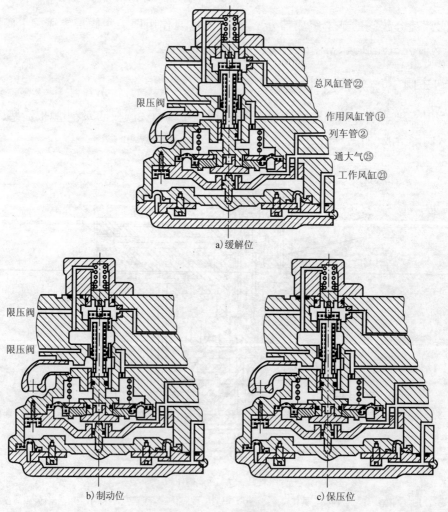

图6-52 主阀的三个作用位置

2. 制动位

当列车管减压时，大膜板活塞两侧压力失去平衡，在工作风缸空气压力作用下，大膜板活塞推动顶杆、小膜板活塞及空心阀杆上移，空心阀杆先接触供气阀，关闭排气口，继而克服供气阀弹簧力，顶开供气阀，总风经供气阀口、限压阀通路向作用风缸充气，并经缩口风堵向小膜板活塞上侧充气，另一路经暗道进入平衡室，形成制动作用[图 6-52b]。

3. 保压位

作用风缸增压的同时，小膜板活塞上方也同时增压。当作用风缸压力增至与列车管减压量相适应时，即大膜板活塞上方压力及小膜板活塞上方压力共同作用使膜板活塞向下的力，与大膜板活塞下方压力作用使膜板活塞向上的力平衡时，供气阀在其弹簧力作用下，使空心阀杆及膜板活塞下移，关闭供气阀口，而空心阀杆仍与供气阀接触，即排气口仍关闭，呈制动后保压状态[图 6-52c]。

（二）工作风缸充气止回阀

该阀由弹簧、止回阀、止回阀座及风堵等组成，如图 6-53 所示。其功用是控制列车管向工作风缸单向充气。当缓解充气时，列车管内压力空气经止回阀向工作风缸充气；当列车管减压时，能防止工作风缸内压力空气向列车管逆流，以避免产生不制动或制动力不成比例的现象。

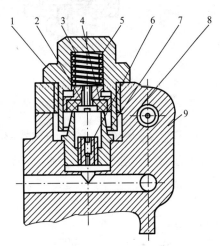

图 6-53 工作风缸充气止回阀

1- 螺盖；2- 止回阀；3- 螺钉；4- 胶垫；5- 弹簧；6- 风堵；7- 弹簧挡圈；8- 止回阀座；9- 主阀体

（三）常用限压阀

常用限压阀的功用是：在常用全制动时，限制作用风缸压力在 340～360kPa（列车管定压为 500kPa 时）或 420～450kPa（列车管定压为 600kPa 时），以达到限制机车制动缸压力的目的。

常用限压阀由调整螺钉、限压弹簧、柱塞式限压阀、限压阀套等组成。

常用限压阀的作用：当常用全制动时，来自主阀供气阀口的总风，通过柱塞限压阀凹槽，进入作用风缸和限压阀下部，此时常用限压阀呈正常状态；当作用风缸的空气压力上升到限压弹簧所调定的压力值时，柱塞限压阀上移。切断总风通往作用风缸通路，作用风缸压力停止上升，常用限压阀呈限压状态，如图 6-54 所示。限制的压力值可通过螺钉调节。

（四）紧急限压阀

紧急限压阀的功用有两点：其一是在紧急制动时，限制作用风缸压力不超过 450kPa；其二是主阀形成缓解位时，首先提供一条使作用风缸排气的通路，以保证常用限压阀由限压状态自动转换为正常状态，使作用风缸的缓解得以实现。

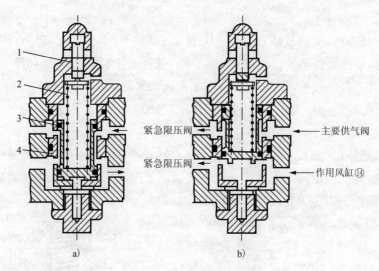

图 6-54 常用限压阀结构

1- 调整螺钉；2- 常用限压弹簧；3- 柱塞限压阀；4- 限压阀套

紧急限压阀的结构主要由调整螺钉、紧急限压弹簧、柱塞活塞、阀套、顶杆、止阀等组成。活塞大直径下部通列车管，小直径下部通作用风缸，限压阀套下端及止阀周围通主阀供气阀上、下侧或主阀排风口，如图 6-55 所示。

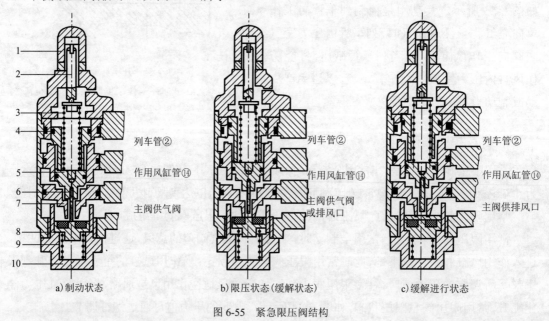

图 6-55 紧急限压阀结构

1- 螺母；2- 调整螺钉；3- 紧急限压弹簧；4- 柱塞活塞（大直径）；5- 柱塞活塞（小直径）；6- 柱塞活塞顶杆；7- 紧急限压阀套；8- 止阀；9- 止阀弹簧；10- 下盖

紧急限压阀有 4 种作用状态：

1. 制动状态

当施行紧急制动时，柱塞活塞大直径下部的列车管空气压力迅速降低，柱塞活塞在限压弹簧力的作用下迅速下移,柱塞活塞顶杆顶开止阀,开放阀口。从主阀供气阀口来的总风经由止阀口向作用风缸充气,呈制动状态。

2. 限压状态

当作用风缸的压力上升到紧急制动所限定的压力 450kPa 时,在作用风缸空气压力作用下,柱塞活塞克服了限压弹簧力而上移,顶杆脱离止阀,止阀在下部弹簧力的推动下上移,阀口关闭,总风停止向作用风缸充气,呈限压状态。

3. 正在缓解状态(缓解进行状态)

当紧急制动后缓解时,主阀排气口开启。由于常用限压阀已呈限压状态,作用风缸的压力空气不能直接经常用限压阀通往主阀空心阀杆排气口排向大气。此时紧急限压阀套下部及止阀周围已不是总风,是由于主阀呈缓解位而与大气相通。因此止阀上方的作用风缸的空气压力"吹"开止阀,使作用风缸内的压力空气经止阀口至主阀空心阀杆排气口通大气,为作用风缸压力空气排向大气提供了通路而呈正在缓解状态。当作用风缸压力下降至低于常用限压阀所限制的压力时,常用限压阀便由限压状态自动转换为正常状态,作用风缸压力空气可同时经常用限压阀柱塞凹槽的连通,由主阀空心阀杆排风口排向大气。

4. 缓解状态

紧急限压阀止阀直到作用风缸压力降至低于止阀弹簧力时,止阀口才关闭,呈缓解状态。而作用风缸剩余压力空气,只能经常用限压阀柱塞凹槽由主阀空心阀杆排气口排向大气。

三、副阀部

副阀部主要功用为:

(1)消除工作风缸及降压风缸的过充压力。当自阀手柄由过充位移回运转位后,使工作风缸及降压风缸的过充压力由原充气通路回流到列车管,随列车管过充压力一起缓慢自动消除。

(2)加快主阀缓解速度。因主阀属阶段缓解型的三压力机构,要使机车完全缓解,通过副阀部将主阀大膜板上下两侧沟通,使其成为一次缓解型,在阶段缓解时,使工作风缸压力空气降一部分到降压风缸去,从而提高了主阀缓解的灵敏度。

(3)初制动时,能使列车管起局部减压作用。即使机车连挂于列车尾部无动力回送以及后部的车辆,在本务机车施行小量减压时,均能起制动作用。

副阀部由副阀、充气阀、保持阀、局减止回阀、一次缓解逆流止回阀及转换盖板等部件组成。

(一)副阀

副阀属于二压力机构阀,由膜板活塞、柱塞、副阀套、缓解弹簧、稳定弹簧、阀盖等组成,如图 6-56 所示,另外还设一个降压风缸。

副阀有 4 个作用:即控制降压风缸的充气或排气;初制动时,使列车管起局部减压作用;

与转换盖板配合,使制动机产生一次缓解或阶段缓解作用;当自阀手柄由过充位移回运转位后,使工作风缸及降压风缸的过充压力由原充气通路逆流到列车管得以自动消除。

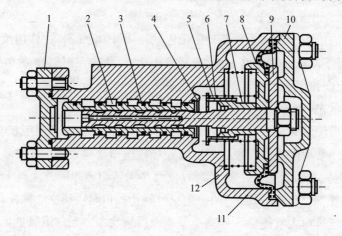

图 6-56 副阀结构

1- 端盖;2- 副阀套;3- 副阀柱塞;4- 挡圈;5- 弹簧托;6- 稳定弹簧;7- 套;8- 副阀活塞;9- 压板;10- 副阀盖;11- 膜板;12- 缓解弹簧

副阀作用位置如图 6-57 所示。

1. 缓解充气位

当列车管增压时,膜板活塞连同柱塞右移至极端位置,柱塞尾端凹槽和柱塞尾端,将㉖a、㉖b、㉖c、㉖b这几条通路互相连通。列车管压力空气经充气阀柱塞凹槽(一次缓解位时还通过转换盖板)副阀柱塞尾部凹槽向工作风缸充气,同时又经㉖b向降压风缸充气,使工作风缸、降压风缸得到与列车管相同的过充压力。若自阀手柄由过充位移回运转位时,工作风缸与降压风缸的过充压力空气,经充气原路逆流至列车管,由中继阀缓慢自动消除[图 6-57a]。

2. 局部减压位

当列车管开始减压或施行小减压量时,膜板活塞左侧压力降低,降压风缸的压力空气推动活塞左移,副阀柱塞将列车管㉖c与局减室㉖a的通路连通。列车管部分压力空气经㉖a→局减止回阀→局减室,并经充气阀柱塞尾端部排向大气。同时柱塞尾端将㉖a、㉖b及㉖b的通路切断,列车管不再与工作风缸和降压风缸连通。

3. 制动位

列车管减压后,由于降压风缸压力并未下降,所以膜板活塞带动柱塞继续左移至极端。此时,除保留局减通路外,柱塞中心孔及侧孔又开通了㉖c与㉖d的通路,即降压风缸→㉖c→柱塞中心孔→㉖d→保持阀→大气,使降压风缸压力空气由保持阀排向大气[图 6-57b]。

4. 保压位

当降压风缸的空气压力下降到与列车管压力相平衡时,在弹簧力作用下膜板活塞带动柱塞略向右移,降压风缸排气通路被柱塞切断,停止降压。此时,除㉖c→㉖a,其余通路均被切断[图 6-57c]。

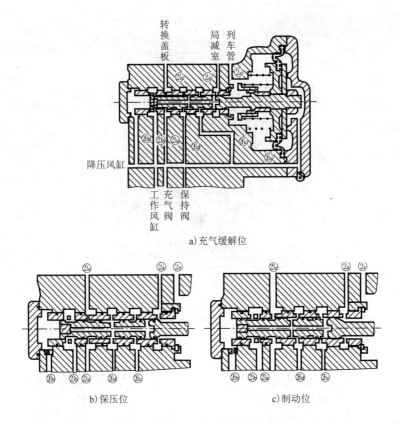

图 6-57 副阀作用位置

图中通路：㉔→通局减止回阀；㉚→通列车管；㉓→由充气阀来的列车管压力空气；㉓ⓑ→通工作风缸；㉓ⓒ→通转换盖板；㉖ⓐ、㉖ⓑ、㉖ⓒ→通降压风缸；㉖ⓓ→通保持阀。

（二）充气阀

充气阀有3个作用：使工作风缸及降压风缸获得的过充压力，能逆流至列车管并自动缓慢地加以消除；初制动时可使副阀部起局部减压作用；阶段缓解时，防止工作风缸压力空气向列车管逆流。

充气阀由柱塞、膜板活塞、充气阀套、缓解弹簧（$P_{弹}$=24kPa）、胶垫、挡圈等组成，如图 6-58 所示。

充气阀膜板下侧通作用风缸，膜板上侧为弹簧室，并通大气。有两个作用位置，即缓解位与作用位，如图 6-59 所示。

1. 缓解位

当作用风缸压力低于 24kPa 时，活塞带动柱塞移至下极端，充气阀柱塞凹槽使列车管㉚与㉓连通，柱塞尾端将局减室通路㉔ⓐ与大气连通。列车管可向工作风缸及降压风缸充气，若工作风缸和降压风缸有过充压力需消除时，还可经此通路向列车管逆流。此时，局减室内压力空气经通路㉔ⓐ由充气阀柱塞尾端排大气[图 6-59a）]。

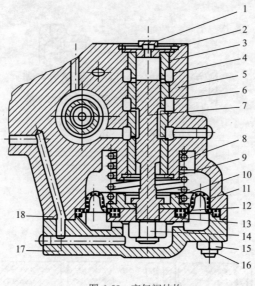

图 6-58 充气阀结构

1- 挡板；2- 挡圈；3、6、12-O 形圈；4- 充气阀套；5- 副阀体；7- 充气阀柱塞；8- 弹簧；9- 挡圈；10- 压板；11- 膜板；13- 膜板托；14- 柱；15- 螺母；16- 螺柱；17- 充气阀盖；18- 胶垫

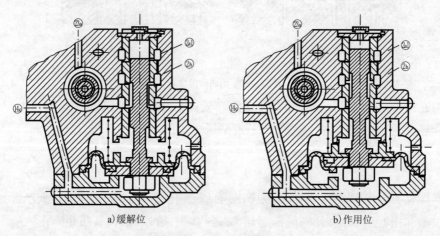

a) 缓解位　　　　　　　　　　b) 作用位

图 6-59 充气阀作用位置图

图中通路：㉓a₁→通局减室；㉓h→通制动管；㉓a→通工作风缸；⑭c→通作用风缸。

2. 作用位

当作用风缸压力大于 24kPa 时，活塞带动柱塞移至上端位置形成作用位。列车管㉓h与工作风缸㉓a的通路以及局减室与大气通路均被切断。因此，在阶段缓解时，副阀虽在某一瞬时呈缓解充气位，而充气阀只有作用风缸压力低于 24kPa 时才呈缓解位，所以，可防止工作风缸和降压风缸的压力空气向列车管逆流而破坏阶段缓解作用。

（三）保持阀

保持阀的作用是当施行常用全制动、过量减压或紧急制动时，能使降压风缸空气压力保持在 280～340kPa，使其与后部车辆制动机的副风缸在全制动后的压力大致保持一致，以提高机车与车辆缓解再充气时的一致性。

保持阀由阀体、柱塞、弹簧、挡盖及 O 形圈等组成，如图 6-60 所示。

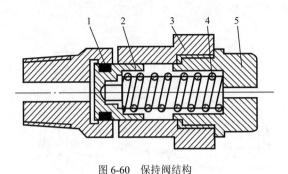

图 6-60　保持阀结构

1-O 形圈；2- 柱塞；3- 保持阀体；4- 弹簧；5- 挡盖

（四）局减止回阀

局减止回阀和工作风缸充气止回阀相同，其作用是再制动时，可防止局减室压力空气向列车管逆流，以避免引起副阀的自然缓解。

（五）一次缓解逆流止回阀

一次缓解逆流止回阀的结构，除取消了止回阀弹簧外，其余均同局减止回阀。其作用是在常用制动后缓解时，若转换盖板置于一次缓解位时，工作风缸压力空气除向降压风缸充气外，还可经转换盖板通路、一次缓解逆流止回阀缩孔，逆流至列车管。同时，因其压力高于止回阀上方列车管压力，而将止回阀顶开，经较大通路向列车管逆流，从而加快主阀的一次缓解作用。若转换盖板置阶段缓解位，则常用制动后缓解时，工作风缸的压力空气只能向降压风缸部分充气，而不能向列车管逆流，所以提高了主阀缓解的灵敏度。

（六）转换盖板

转换盖板主要用来沟通或切断工作风缸㉔向列车管㉘逆流的通路。在一次缓解位（直位）时，除能加快主阀的缓解外，还能消除工作风缸及降压风缸的过充压力空气；在阶段缓解位（阶位）时，工作风缸及降压风缸的过充压力空气，只能经充气阀逆流到列车管，经中继阀消除。

转换盖板的两个位置需人工固定和转换，其转换应与客、货车转换阀的位置相适应。

四、紧急部

紧急部（又称紧急放风阀），在紧急制动时，将列车管压力空气迅速排向大气，提高了紧急制动波速,以达到紧急制动的目的。

它由膜板活塞、柱塞杆、放风阀、放风阀套、复原弹簧、放风阀弹簧、充风限制堵及两个排风限制堵等部件组成。

根据列车管压力变化,紧急放风阀有 3 个作用位置,如图 6-61 所示。

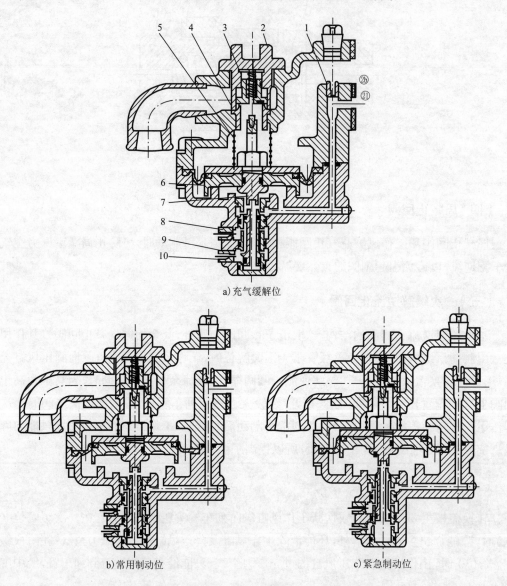

图 6-61 紧急放风阀结构

1- 充风限制堵;2- 螺盖;3- 放风阀;4- 放风阀座;5- 复原弹簧;6- 膜板活塞;7- 柱塞杆;8- 第一排风限制堵;9- 第二排风限制堵;10- 柱塞套

1. 充气缓解位

列车管压力空气充入紧急膜板活塞上侧,并通过充风限制堵到紧急风缸和紧急膜板活塞下侧,这时膜板活塞处于下端位置[图 6-61a)]。

2. 常用制动位

常用制动减压时,紧急膜板活塞两侧形成一定的压力差,使紧急活塞及柱塞杆一起上移,压缩复原弹簧,至柱塞杆顶部触头与放风阀接触时为止,放风阀仍处于关闭状态。此时紧急风缸压力空气一方面由充风限制堵向列车管逆流,另一方面则经柱塞杆凹槽至第一排风限制堵排向大气。

由于两个风堵的限制,使紧急风缸降压速度与列车管常用减压速度几乎相等,故活塞处于相对安定状态[图 6-61b)]。

3. 紧急制动位

紧急制动时,由于列车管压力空气经自阀的放风阀迅速排向大气,使紧急活塞上侧列车管压力急剧下降,造成紧急活塞上、下两侧压差较大,使活塞及柱塞杆迅速上移而顶开放风阀,列车管压力空气又经此放风阀迅速排大气,提高了紧急制动波速,达到了紧急制动的目的。紧急风缸的压力空气,除经充风限制堵向列车管逆流外,还经第一排风限制堵和第二排风限制堵排向大气。当紧急风缸压力降至小于放风阀弹簧力时,放风阀关闭,紧急放风阀恢复到常用制动位。由于其压力继续下降,借助复原弹簧力,活塞及柱塞杆也下移到极端,关闭了紧急风缸经两个缩口风堵排向大气的通路,紧急放风阀恢复到充气缓解位状态[图 6-61c)]。

综上所述,紧急制动时放风阀从开启至关闭需经过一段时间,在其关闭前若急于向列车管充气是不起作用的。由试验得知,紧急风缸空气压力在常用全制动时降压 170kPa 的时间约为 9s;紧急风缸空气压力自 500kPa 排至小于弹簧力的时间约为 9.2s。

3 个限制堵的孔径:充风限制堵的孔径为 1.5mm,第一排风限制堵孔径为 1.2mm,第二排风限制堵孔径为 0.9mm。

第九节　JZ-7 型单独制动阀

一、结构

单独制动阀(简称单阀)主要用于机车的单独制动与缓解,而与列车管压力变化无关。它属于自动保压式,可操纵机车的阶段制动或阶段缓解,还可实现列车制动后机车的单独缓解。

单阀有 3 个作用位置,即单独缓解位、运转位、全制动位。运转位到全制动位之间为制动区。手柄置于单独缓解位时,受到复原弹簧的作用,只要松开手柄,它便自动回到运转位,如图 6-62 所示。

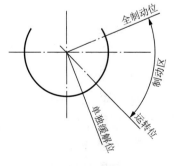

图 6-62　单独制动阀手柄作用位置图

单阀主要由手柄、凸轮、阀体、调整阀、单缓柱塞阀及定位柱塞等组成,如图6-63所示。其阀体连接于自阀的阀体上,并与自阀管座上的有关管路连接,其上配有3条管路,即总风缸管③、单独缓解管⑩(接工作风缸)、单独作用管⑪(接变向阀)。

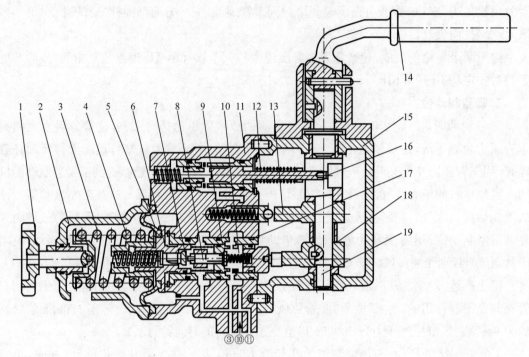

图 6-63　单独制动阀结构(单独缓解位)

1- 调整手轮;2- 调整阀盖;3- 调整弹簧;4- 排气阀弹簧;5- 调整阀膜板;6- 调整阀座;7- 排气阀;8- 供气阀;9- 调整阀柱塞;10- 供气阀弹簧;11- 阀体;12- 单缓柱塞阀;13- 定位凸轮;14- 手柄;15- 凸轮盒;16- 单缓凸轮;17-O形圈;18- 调整阀凸轮;19- 转轴;③- 总风缸管;⑩- 单独缓解管;⑪- 单独作用管

1. 手柄与凸轮

单阀的手柄装于转轴上端,为单阀的操纵机构。由于盖板的限制,手柄只能在运转位装入或取出,以避免在非操纵端产生误动作。手柄转轴上设有3个凸轮,均装在凸轮盒内,其上部为单缓凸轮,它控制单缓柱塞的动作;中间为定位凸轮,它与定位柱塞配合使用,可将制动区分成若干个"级",每"级"对应一个制动缸压力;下部为调整阀凸轮,用来控制调整阀的动作。

2. 调整阀

调整阀用来调整单独作用管⑪的最高充气压力,并控制其压力变化,使机车产生或消除单独制动作用。

调整阀主要由调整手轮、调整弹簧、调整阀膜板、调整阀座、调整阀柱塞、排气阀弹簧、排气阀、供气阀弹簧、供气阀等组成。

3. 单缓柱塞阀

单缓柱塞阀用来排出单独缓解管⑩的压力空气,在列车制动时,使机车产生单独缓解作用。

单缓柱塞阀主要由单缓柱塞阀弹簧、单缓柱塞、定位片、弹簧挡圈、O 形圈等组成,如图 6-64 所示。

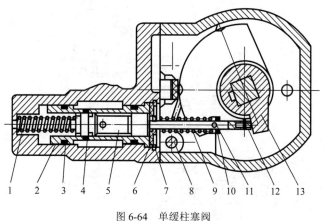

图 6-64 单缓柱塞阀

1- 单缓柱塞阀弹簧;2- 单缓阀套;3、4-O 形圈;5- 单缓柱塞;6- 定位片;7- 弹性胀圈;8- 转销;9- 单缓弹簧;10- 弹簧挡圈;11- 开口销;12- 柱塞头;13- 单缓凸轮

二、作用原理

单阀有 3 个作用位置,具体如下:

1. 单独缓解位

当自阀施行列车制动后,欲缓解机车制动力,可将单阀手柄推向单缓位,此时,单缓凸轮得到升程,推动单缓柱塞左移,使单独缓解管⑩经单缓柱塞的凹槽与大气相通,从而把工作风缸内的压力空气排向大气,使机车制动力得到单独缓解。当松开单阀手柄时,在单缓柱塞阀弹簧力的作用下,手柄恢复到运转位,停止了工作风缸的排气,使单独缓解作用中断(图 6-63)。

2. 运转位

单阀手柄置于运转位,调整阀凸轮得到一个降程,调整阀柱塞在单独作用管⑪内的压力空气作用下处于右极端,使供气阀口处于关闭状态,排气阀在其弹簧力的作用下使排气阀口开启,单独作用管⑪内的压力经排气阀口排向大气,使机车制动得到缓解。此时,单缓柱塞阀无通路,如图 6-65 所示。

3. 制动区

单阀手柄置于制动区某一位置,单缓柱塞阀与运转位相同,无通路。调整阀凸轮得到某一个升程,推动调整阀柱塞左移一个距离,供气阀在其弹簧力的作用下随同左移,并推动排气阀左移,压缩排气阀弹簧,关闭排气阀口,随之供气阀口被开启,总风经供气阀口进入单独作用管⑪,并经缩口进入调整阀膜板右侧。

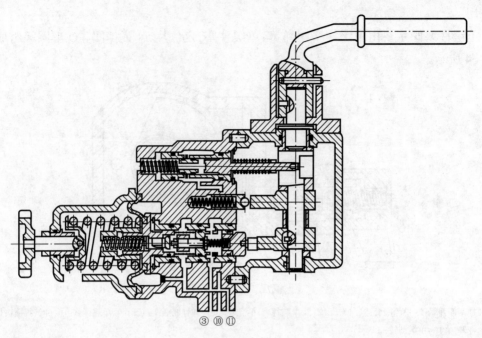

图 6-65　单独制动阀（运转位）

当膜板右侧压力与左侧弹簧力达到平衡时，膜板与调整阀座停止移动，供气阀在其弹簧力作用下关闭供气阀口，此时，供气阀杆端部仍和排气阀顶部接触，排气阀仍处于关闭状态，单独作用管⑪停止增压。当机车制动缸压力升至与单独作用管⑪压力相等时，作用阀自动呈保压位，使机车单独制动后形成保压，如图 6-66、图 6-67 所示。

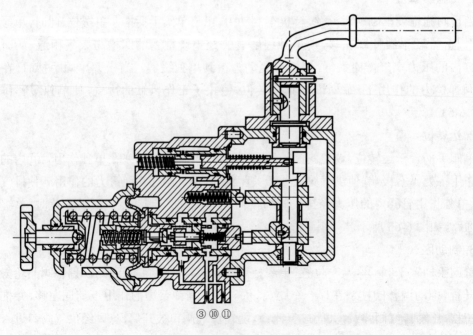

图 6-66　单独制动阀（制动区）

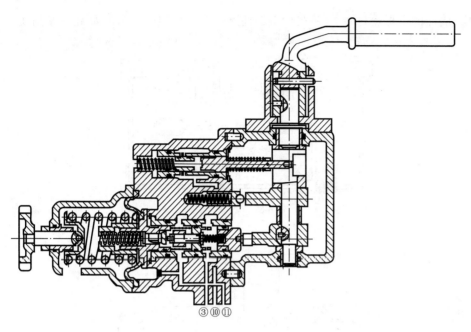

图 6-67　单独制动阀（制动后保压位）

若单阀手柄在制动区阶段右移，机车可阶段制动，若单阀手柄在制动区阶段左移，机车可阶段缓解，移至全制动位，机车制动缸压力规定为 300kPa，该压力可通过调整手轮进行调整。

第十节　JZ-7 型辅助阀及附属配件

制动机附件（或辅助阀）是为完成制动机的综合作用和一些特殊性能而设置的，有重联阀、变向阀、紧急制动阀、制动软管、塞门、风表、管道滤尘器、无动力装置，以及气、电制动联锁装置等。

一、变向阀

变向阀又称换向阀，是改换气流通路的装置。在 JZ-7 型空气制动机的管路系统中，设有两个变向阀：一个用于转换两端单独制动阀作用管对作用阀的控制，即两端单阀不能同时对作用阀进行操纵，称为单独作用管变向阀（也叫做第一变向阀）；另一个用于转换自阀和单阀对作用阀的控制，即自阀和单阀不能同时去操纵作用阀的动作，称为作用风缸管变向阀（也叫做第二变向阀）。变向阀的作用如图 6-68 所示。

当压力空气由变向阀的一端充入时，便将柱塞推向另一端，柱塞端部 O 形圈则被紧压在阀体或阀盖的锥形密封面上,将另一端的通路堵塞。变向阀的结构如图6-69所示。

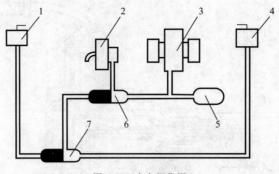

图6-68 变向阀作用

1、4-单阀;2-作用阀;3-分配阀;5-作用风缸;6-作用风缸管变向阀;7-单独作用管变向阀

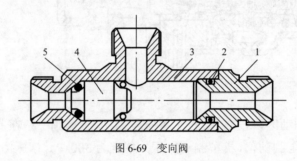

图6-69 变向阀

1-阀盖;2、5-O形圈;3-阀体;4-柱塞

二、机车无动力装置

机车无动力装置是在机车无动力回送,其空气压缩机不能运转时,须将机车无动力装置开放,使机车能与其他车辆一样,产生制动或缓解作用。

无动力装置由滤尘止回阀和截断塞门组成,连接在机车上的列车管与总风缸管之间。当开通截断塞门时,列车管的压力空气经滤尘止回阀充入总风缸。此时总风缸在机车制动装置中相当于车辆的副风缸。机车上的滤尘止回阀结构,如图6-70所示。

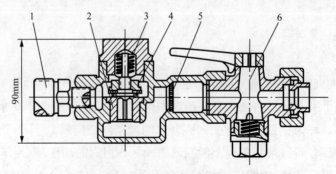

图6-70 机车无动力装置结构(滤尘止回阀)

1-阻流塞;2-止回阀座;3-止回阀弹簧;4-止回阀;5-滤尘器;6-截断塞门

由列车管来的压力空气，经滤尘器除去其中所含机械杂质，推开止回阀，再经阻流塞的缩孔（φ3.2mm）充入总风缸内。其中，止回阀是为了防止列车管减压时，总风缸的压力空气向列车管逆流而设置的。止回阀上部设有弹簧，其调整压力为140kPa，当列车管定压为500kPa时，充入总风缸的最大压力应为360kPa。阻流塞是为了防止当列车管向总风缸充气时，因总风缸容量大而使列车管压力骤然下降，将发生自然制动而设置的。

当机车无动力回送时，除开放本装置外，还必须对制动机作如下处理：
(1)将两端自阀手柄置于手柄取出位并取出手柄。
(2)将两端单阀手柄置于运转位并取出手柄。
(3)将常用限压阀限制压力调至250kPa。

三、紧急制动阀

紧急制动阀是空气制动装置中的安全设施。当制动机操纵失灵或乘务员发现特殊情况需要立即停车而又来不及通知司机时，可使用紧急制动阀。

紧急制动阀的作用是使列车管的压力空气通过该阀直接而迅速地排向大气，从而使机车和车辆产生紧急制动作用。阀的开启和关闭，是通过手柄带动偏心轮来实现的。当手柄朝上时，偏心轮使阀紧压在阀座上，关闭了阀口；当拉动手柄让其朝下时，偏心轮便松开了阀，使列车管的压力空气通过阀口经阀体上的一圈小孔排向大气。紧急制动阀的结构如图6-71所示。

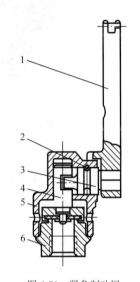

图6-71 紧急制动阀
1- 手柄；2- 圆销；3- 曲柄；4- 阀；
5- 阀体；6- 阀座

四、重联阀

重联阀是专为双机或多机重联牵引而设置的，其作用是当列车制动或缓解时使重联补机的制动、缓解作用与本务机车完全协调一致。若本务机车与重联补机发生断钩分离时，它能使本务机车和重联补机均处于制动状态，并使重联补机的制动缸管接受所在机车的分配阀或单独制动阀的控制，起到分离保护作用。

1. 结构

重联阀由转换阀部、重联阀部、制动缸遮断阀部及管座四部分组成。

转换阀部由转换按钮、偏心杆、二位阀柱塞及弹簧等组成。转换阀部的主要作用是控制重联阀部的作用位置。

重联阀部由重联阀活塞、活塞杆、重联阀活塞弹簧、止回阀、止回阀弹簧及活塞杆套等组成，重联阀部的主要作用是构成机车重联时的制动机的通路。

制动缸遮断阀部由制动缸遮断阀活塞、遮断阀活塞杆、遮断阀弹簧、止回阀及止回阀弹簧等组成。制动缸遮断阀部的主要作用是确保重联机车一旦发生断钩分离时的制动作用。

管座上共装有5根管,即总风缸信号管③、制动缸管⑫、平均管㉗、连通变向阀的分配阀作用管⑭ₐ及连通作用阀的作用管⑭ᵦ,如图6-72所示。

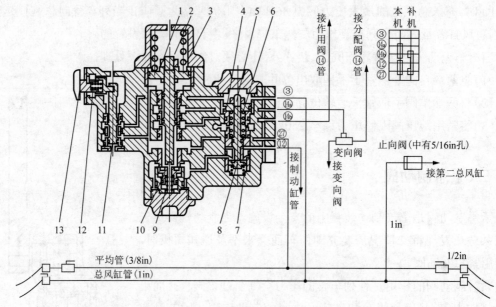

图6-72 重联阀

1- 重联阀活塞;2- 重联阀活塞杆;3- 重联阀活塞弹簧;4- 遮断阀活塞;5- 遮断阀活塞杆;6- 遮断阀弹簧;7、9- 止回阀弹簧;8、10- 止回阀;11- 二位阀柱塞;12- 弹簧;13- 转换按钮

2.作用位置

重联阀有两个作用位置,具体如下:

(1)本务机车位(重本位)。即本务机车转换按钮放置的位置。

在本务机车位时,二位阀柱塞在上端,使重联阀活塞的下方经二位阀下方孔与大气相通。在重联阀弹簧的作用下,重联阀活塞位于下方,开启重联阀部止回阀,有以下两条通路:

①分配阀作用管⑭→变向阀→重联阀的作用管⑭ₐ→重联阀活塞杆凹槽→重联阀的作用管⑭ᵦ→作用阀。

②制动缸管⑫ₐ→重联阀止回阀口→平均管㉗。

同时,制动缸遮断阀活塞上方的总风信号管③将活塞压于下端,并压开下部的止回阀,使制动缸管⑫与⑫ₐ连通,通路为:制动缸管⑫→⑫ₐ。

(2)重联补机位(重补位)。即重联补机转换按钮放置的位置。

重联补机位时,二位阀柱塞在下端,柱塞凹槽连通总风缸信号管③与重联阀活塞下方的通路;总风缸信号管③来的压力空气经二位阀柱塞凹槽到重联阀活塞下方,使重联阀活塞位于上方,重联阀止回阀在其弹簧作用下关闭止阀口,平均管㉗经活塞杆下方连通作用阀的作用管⑭ᵦ,重联阀在重补位只有一条通路:平均管㉗→作用管⑭ᵦ。

制动缸遮断阀部位置同上,其活塞在下端,止回阀开,通路为:制动缸管⑫→⑫ₐ。

3. 作用原理

当机车为双机或多机重联牵引时,本务机车将转换阀按钮放在本务机车位,自阀和单阀的手柄均置手运转位。

重联机车制动的作用原理是两台机车重联时,将本机的制动缸管⑫经重联阀、平均管㉗,与补机作用阀的作用管⑭a相连,使两台机车产生同一的制动、缓解作用。

1) 本务机车自阀施行常用制动

由于制动管减压,本务机车和重联补机的分配阀都动作。

本机分配阀作用管⑭→变向阀→⑭a→重联阀柱塞凹槽→⑭b→本机作用阀,使作用阀发生作用,总风缸信号管③→本机制动缸管⑫,本机产生制动作用。

补机分配阀也相应动作,重联补机分配阀作用管⑭→变向阀→⑭a,但⑭a被重联阀柱塞的凹槽遮断而不通⑭b,重联补机的作用阀不受补机分配阀的控制。由于本机制动缸⑫经重联阀(重本位)与平均管㉗相连,又经补机重联阀(重补位)与补机作用阀的作用管⑭a相连,因此,总风缸信号管③→作用阀供气阀口→本机制动缸管⑫→重联阀制动缸遮断阀止回阀口→⑫a→重联阀止回阀口→本务机车平均管㉗→重联补机平均管㉗→补机重联阀活塞杆下方→补机作用阀的作用管⑭a→补机作用阀,使补机作用阀也呈制动状态。补机总风缸信号管③→作用阀供气阀口→补机制动缸管⑫。于是本务机车和重联补机都产生同步的制动作用。

2) 列车制动后自阀施行列车缓解

由于制动管增压,本务机车分配阀产生缓解作用(重联补机的分配阀虽然也动作,但重联补机的作用阀不受补机分配阀的控制),分配阀作用管⑭的压力空气经主阀排气口排向大气。由于本机重联阀(重本位)沟通⑭a→⑭b,本机作用阀作用管⑭→⑭b→本机重联阀→⑭→变向阀→分配阀作用管⑭→ EX,本机制动缸管⑫→作用阀空心阀杆→EX,本机得到缓解。

由于本务机车制动缸压力下降,补机作用阀作用管⑭a—⑭b→重联阀(重补位)→重联补机平均管㉗→本务机车平均管㉗→本机重联阀止回阀口→⑫a→制动缸遮断阀止回阀口→⑫→本机作用阀空心阀杆排气口→EX,使重联补机的作用阀呈缓解状态。补机制动缸管⑫→补机作用阀空心阀杆排气口→EX。因此,重联补机与本务机车得到同步的缓解作用。

3) 本务机车用单阀来操纵机车的制动和缓解

单阀操纵时,制动管的压力不产生变化,分配阀不发生动作。本机单独作用管的压力⑪经变向阀进入重联阀的作用管⑭a,再由重联阀出来的作用管⑭b去控制作用阀的动作。

由于补机重联阀在重补位,⑭a不通⑭b,补机作用阀的动作由本机制动缸的压力所控制。与自阀操纵时相比较,所不同的是:在制动时,本机重联阀的管路⑭a的压力空气不是由分配阀作用管⑭来的,而是由单独作用管⑪来的。在缓解时,本务机车重联阀的管路⑭a的压力空气不是经分配阀主阀的排气口排向大气,而是经单阀调整部的排气口排向大气。

4) 列车制动后施行机车单独缓解

列车制动后施行机车单独缓解时,本机分配阀的工作风缸压力下降(㉓→⑩→ EX),本机分配阀主阀呈缓解位。

本机作用阀作用管⑭→⑭ₐ→本机重联阀→⑭ₐ→变向阀→分配阀作用管⑭→分配阀主阀的排气口→EX。本机制动缸管⑫→作用阀的排气口→EX,本务机车缓解。

由于本机制动缸压力下降,补机作用阀作用管⑭→⑭ₐ→补机重联阀→平均管㉗→本机重联阀→⑫ₐ→本机作用阀空心阀杆排气口→EX。经补机作用阀的作用,补机制动缸⑫→补机作用阀排气口→EX,从而重联补机缓解。

需注意:在列车制动后施行机车单独缓解时,重联补机分配阀工作风缸的空气压力并没有下降。

4.机车断钩分离时的保护作用

运行中,一旦发生重联机车断钩分离事故,则两机车连接的制动管②、总风信号管③和平均管㉗均会被拉断,制动管迅速排气,由于重联阀的作用,本务机车和重联补机都会发生制动作用。

断钩分离时,总风缸的止回阀可避免总风缸的压力空气流失。重联阀的制动缸遮断阀部动作,遮断阀活塞升起,其止回阀关闭,防止制动缸的压力空气⑫经平均管㉗排向大气;保证了本务机车的安全。由于总风信号管③的压力下降,使补机重联阀的活塞移下端,自动地转为本务机车位,使⑭和⑭ₐ沟通,并切断了⑭ₐ与平均管㉗的通路,重联补机分配阀所产生的作用管的压力空气⑭→变向阀→⑭ₐ→重联阀→⑭ₐ→补机作用阀,产生制动作用。此时补机制动缸遮断阀止回阀也关闭,从而保证了重联补机分离后的制动作用。

5.重联阀使用注意事项

(1)机车重联牵引时,本务机车和重联补机的分配阀制动管塞门都应开通,当发生断钩机车分离时,重联阀能使每台机车的作用阀接受所在机车的分配阀和单阀的控制,起到分离保护的作用。

(2)总风信号管除经止回阀与总风缸连接外,不得再与其他管路连通。

(3)无动力机车挂在机后一位时,可与本务机车连接总风缸信号管③和平均管㉗,重联阀置于重联补机位。若编在列车中部或后部时,须把重联阀置于本务机车位,经重联阀将⑭与⑭ₐ沟通,并开放无动力装置塞门和分配阀制动管塞门,关闭总风信号管和平均管两端折角塞门。

(4)除了重联补机和机后一位的无动力机车可将重联阀放在重补位,通常重联阀应确认放在重本位。因为重联阀串接在变向阀与作用阀之间,误放重补位会造成制动时机车制动缸无压力。

(5)两台机车联挂在一起,不接平均管时,后台机车的制动和缓解作用根据制动管的压力变化而动作。当前台操纵机车施行单阀制动时,只是前台机车制动。

五、制动软管

制动软管是连接相邻各车辆的制动主管,能在列车通过曲线或各车辆互相伸缩时,不妨碍压力空气的畅通。其结构如图6-73所示,由5层以上帆布与橡胶卷制成圆筒形,富有屈挠性,能耐相当压力。它一端装有软管接头(3),可与制动主管连接,另一端装软管连接器(2),而接头和连接器都是用软管卡子(4)和螺栓及螺母(5)紧固在软管上的。

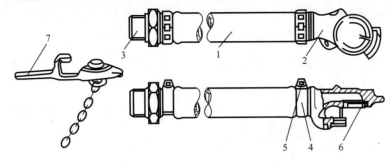

图 6-73 制动软管及组装

1- 制动软管;2- 制动软管连接器;3- 制动软管接头;4- 软管卡子;5- 螺栓及螺母;6- 制动软管垫圈;7- 制动软管连接器防尘堵

制动软管是以 560mm 为标准长度的,公差不得超过 ±10mm,普通内径是 35mm,外径是 52～54mm。

为保持两根软管的连接器互相连接后严密不漏,在连接器内都嵌入一个软管垫圈(1),如图 6-74 所示。为了保证制动软管的严密性都采用扣压式,用油压机压紧压牢。

当摘开车辆之间的制动软管时,为防止尘砂侵入,并避免在调车时和线路上的一切设备发生接触,装有用铸铁制的制动软管连接器防尘堵(7)(图 6-73),并用铁链连接,悬挂在车钩托板螺栓上。

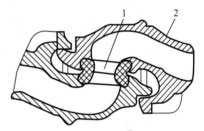

图 6-74 两根制动软管连接器连态

1- 软管垫圈;2- 软管连接器

六、制动管

制动管是贯通车辆压力空气通路的,每一辆车都需装设。贯通全车辆的管路为制动主管。货车制动主管用 DN32mm、客车制动主管用 DN25mm 的钢管制成。制动主管的中央部分制成弯曲状,伸延到车辆两端梁的右侧,稍露出端梁外部。由于使用中制动主管两端部分腐蚀较多,为了便于修换,两端各安接 250～300mm 长的补助管。制动主管必须用卡子和螺栓并加弹簧垫圈卡固在车底架上,以防因振动而磨伤。在制动主管中部,用丁形接头分接出一根制动支管,连接分配阀、中继阀等部件。

七、制动机的各种塞门

(一)折角塞门

折角塞门安装在制动主管的两端,用以开通或关闭主管与软管之间的通路,以便于关闭空气通路和安全摘挂机车、车辆。它分为锥芯式、球芯式、半球芯式和往复式等多种。现在只就锥芯式和球芯式折角塞门的构造、作用分述如下。

1. 锥芯式折角塞门

锥芯式（又称旋塞式）折角塞门，我国目前仅剩少部分车辆上在采用。它的结构如图6-75所示，平直的一端与制动主管连接，弯曲的一端与制动软管相连。手把提起后可旋转90°。塞门芯为圆锥体，顶部成方形，与套口用圆销结合在一体，以防手把脱落。同时手把上有爪，防止自然开关。为使塞门芯与体内壁严密吻合，在底部装有弹簧和盖。

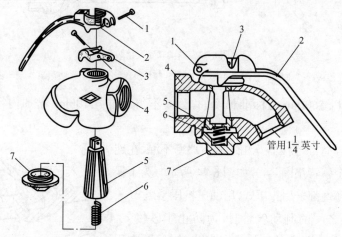

图6-75 锥芯塞门
1-销；2-手把；3-套口；4-体；5-塞门芯；6-弹簧；7-盖子

当手把与制动主管成平行位置时为开通位置；旋转手把90°与制动主管成垂直位置时为关闭位置。安装在主管上时，折角塞门中心线须成向内倾斜30°角（进口车原安装角度不同者除外），以方便制动软管的摘挂。

2. 球芯式折角塞门

我国铁路车辆曾长期采用的锥芯式折角塞门，为锥形铜芯与铸铁塞门体的研磨配合结构，其加工、维修工作量大，互换性差，不易保持密封，而且耗铜量多，特别是通路截面小（只有制动主管内径的70%左右），空气流动阻力大，检修周期短，不适应我国货物列车向长大方向发展的要求。因此，铁路科技人员积极研究、设计、试制、生产出了球芯式折角塞门，并已大范围装车使用，其结构如图6-76所示。

球芯式折角塞门由塞门体（1）、塞门芯（2）、密封垫圈（3）、塞门芯轴（8）、手把（4）、套口（6）、盖（13）和密封圈等组成。塞门芯为45号钢制成外径为55mm的圆球，表面镀铬并抛光，上面开一个φ32.5mm的贯通孔，通孔面积为锥芯式的1.21倍，而且和制动管同为圆形通径，这样便减少了空气流通阻力。为保证塞门良好的气密性，球形塞门芯的两侧各设一个耐油耐寒并具有自润滑性能的橡胶密封垫圈，与球芯的接触面也为球面，形成两个半球形橡胶密封垫圈，包住一个球芯的结构。由于橡胶密封垫圈具有一定的预压量，利用其弹性可补偿因温度变化所造成的球芯塞门与橡胶密封垫圈胀缩不同的差别，故其密封性能良好，不会向任何方向窜风而造成漏泄。此外，为防止塞门向上窜风，在塞门芯轴与塞门芯轴套之间及塞门芯轴套与塞门体之间，分别设有 $\phi20mm$ 和 $\phi35mm$ 的 O 形圈。在塞门体与塞门盖之间也设有 $\phi75mm$ 的 O 形圈。

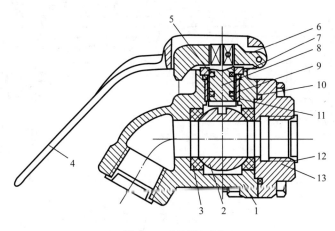

图 6-76　球芯折角塞门

1- 塞门体；2- 球形塞门芯；3- 密封垫圈；4- 手把；5、7、9、10-O 形圈；6- 套口；8- 塞门芯轴；11- 塞门芯轴套；12- 防尘堵；13- 密封盖

球芯式折角塞门的手把，也有开通与关闭两个作用位置，当手把与塞门体成平行状态时，为开通位置，在这个位置球芯塞门芯的圆形通孔完全连通制动主管与制动软管，使压缩空气有较好的通过面积；当手把置于与塞门体成垂直方向的位置时，塞门芯的球面正好堵住了制动主管与制动软管的通路，为关闭位置。

（二）截断塞门

截断塞门安装在制动支管上远心集尘器的前方，当列车中的车辆因装载货物的特殊情况或列车检修作业需要停止该车辆制动机的作用时，可以关闭该车的截断塞门，切断车辆制动机与制动主管的压缩空气通路，同时排出副风缸和制动缸的压缩空气，使制动机缓解，以便于检修人员的安全操作。

列车中关闭截断塞门的车辆称为"制动关门车"，简称"关门车"。

截断塞门也有两种不同的结构形式，一种为锥芯独立式，一种为球芯组合式。锥芯独立式截断塞门的构造与锥芯折角塞门的构造基本相同，仅外形及尺寸有所区别，如图 6-77 所示。手把与制动支管平行时为开通位置；手把与制动支管垂直时为关闭位置。

球芯组合式截断塞门，就是球芯截断塞门与远心集尘器组合成一体：其塞门部分与球芯折角塞门基本相同，只是外形及尺寸有所差异，如图 6-78 所示。塞门芯用 45 号钢制成，直径为 45mm 的圆球，表面镀铬抛光，球芯的通孔直径为 25.5mm，球芯通孔面积为锥形的 1.18 倍，且和制动支管同为圆形直径，减少了空气流动的阻力。为防止漏泄，在塞门芯轴上套装两个密封圈，在塞门芯轴套的丝扣根部、塞门体与远心集尘器体的连接处各装有一个密封圈。

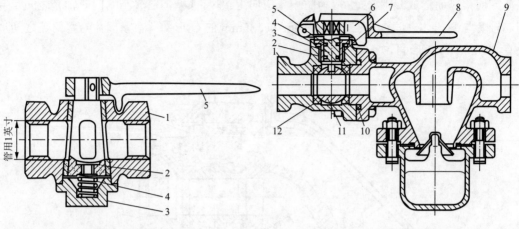

图 6-77　锥芯独立式截断塞门　　　　　图 6-78　球芯组合式截断塞门
1-阀体；2-塞门芯；3-盖；4-弹簧；5-手把　　1-塞门体；2-塞门芯轴套；3-塞门芯轴；4、5、7、10-密封圈；
　　　　　　　　　　　　　　　　　　　　6-套口；8-手把；9-远心集尘器；11-塞门芯；12-密封垫圈

（三）无动力回送塞门

除在无动力机车回送向总风缸送风时开放外，平时关闭，以截断通路。

（四）重联塞门

重联塞门设置在机车自阀下方的制动管上。在一个列车中，制动机需由本务机车的操纵端统一操纵，对于双端操纵的机车非操纵端或重联补机，不使用制动机时，其重联塞门一律关闭，以遮断自阀和制动管的通路。其目的是防止本务机车施行制动减压时，非操纵端或重联补机向制动管内补风，而影响全列车制动作用。因此，为了确保行车安全，挂车后，担当本务机车的司机必须检查非操纵端和重联补机的重联塞门是否关闭。

（五）总风缸塞门

总风缸塞门装在最后一个总风缸出口管上，当检修和更换制动机各部件时，则必须关闭这个塞门，防止总风缸压缩空气排出。

（六）分配阀供给塞门

在分配阀总风缸支管上装有供给塞门，当检查总风缸和制动缸漏泄时，或检查分配阀而停止机车制动时，可以关闭该塞门，但事后千万不能忘记开放。

（七）制动缸截断塞门

在更换闸瓦、调整活塞行程以及检修其他部件需要停止制动作用时，可分别关闭各塞门。

（八）排水塞门

在空气压缩机、总风缸、油水分离器、均衡风缸、低压风缸、远心集尘器等处装有排水塞门，以排除油、水分等。排水塞门的结构如图6-79所示。

八、压力表

在司机室的操纵台上装有压力表，都是双针的，用以表示制动机的压力（压强），为了便于识别，双针压力表的表针分成红、黑两种颜色，用以表示不同处所的压力。表盘上的刻度，表示每平方厘米所承受的压力，红线表示工作时的容许极限压力。弹簧管是压力表的主要机件，是一根富有灵敏弹性的磷铜管，其断面为椭圆形，一端与通往显示压力的地方相连通，另一端则封闭，用拉杆、调整环与扇形齿轮相连，弹簧管受空气压力影响而伸张或收缩时，扇形齿轮可绕固定轴自由转动，如图6-80所示。

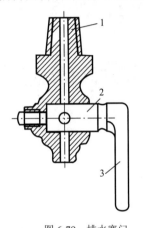
图6-79 排水塞门
1-塞门体；2-塞门芯；3-手把

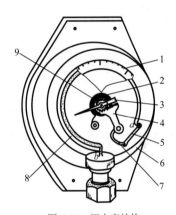
图6-80 压力表结构
1-表盘；2-游丝；3-指针；4-扇形齿轮；5-连杆；
6-表框；7-杠杆；8-扁铜管；9-圆齿轮

当压力表连通部分的压力上升时，弹簧管椭圆断面受压力作用后，有趋于正圆并伸直倾向，同时管的内壁与外壁是两个同心的圆环，其外壁总长大于内壁的总长，即外壁所受总压力大于内壁所受总压力，所以迫使弹簧管外移。在封闭端外移的同时，由连杆传给扇形齿轮，拨动小齿轮转动，因而指针随着小齿轮按顺时针方向回转。当弹簧管内壁所受的压力与本身的弹力相平衡时，指针即停于该位置上，指示出压力表连通部分的压力。

当压力表连通部分的压力下降时，弹簧管内压力同时下降，向外作用的压力小于弹簧管的弹力时，弹簧管的活动端向内移动，扇形齿轮带动小齿轮使指针逆时针方向转动。

游丝弹簧一端装在指针轴上，另一端固装在夹板上，靠本身的弹力，使扇形齿轮与小齿轮之间接触紧密，使指针指示正确并防止指针颤动。

九、管道滤尘器

管道滤尘器是防止压力空气中的机械杂质进入制动机,影响各阀正常工作的设备,其结构如图6-81所示。

在通往制动阀(自阀、单阀)、中继阀、分配阀的总风缸支管上,均装有管道滤尘器。上述三处的管道滤尘器的结构基本相同,仅在规格上和滤芯的材料上有所差别。

制动阀处:规格——3/8in;滤芯材料——青铜珠烧结。

中继阀处:规格——1in;滤芯材料——铜丝网。

分配阀处:规格——3/4in;滤芯材料——铜丝网。

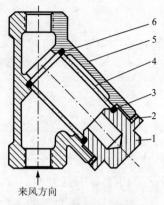

图6-81 管道滤尘器结构原理图

1-盖;2-垫;3、6-O形圈;4-滤芯;5-滤体

青铜丝烧结的滤芯,较铜丝网的滤尘效果更好,但其阻力大。滤芯在运用中,须定期进行清洗。清洗时,拆下盖,抽出滤芯,放在柴油中清洗,清洗完毕后,用压缩空气吹净。对于青铜珠烧结的滤芯,压缩空气须由里向外吹。

第十一节 JZ-7型制动机综合作用

一、自动制动作用

(一)过充位

该位置使用在初充气或再充气,需迅速向列车管充气时,可促使列车全部迅速缓解。和运转位的不同之处是:能使列车管获得过充压力,达到提高列车管充气速度的目的。

1. 自动制动阀(自阀)

调整阀呈充气状态,此时供气阀开启,排气阀关闭,总风缸压力空气经供气阀向均衡风缸及膜板活塞右侧充气,当达到规定压力后,自动呈充气后的保压状态。重联柱塞阀将均衡风缸管与中均管连通。缓解柱塞阀将遮断阀管经客、货车转换阀和缓解柱塞凹槽与大气连通,并使总风缸管经缓解柱塞尾端与过充管和过充风缸连通。

2. 中继阀

因总风遮断阀管⑧通大气,故总风遮断阀口开启,总风缸压力空气可进入双阀口式中继阀的供气阀室。因中均管使中均室同时增压,故双阀口式中继阀呈缓解充气位,满足列车管充气增压的必要条件,列车管增压;此时,因过充管获得总风缸压力空气,使过充柱塞作用在中继阀膜板右侧,列车管获得比规定压力高出30~40kPa过充压力,双阀口式中继阀由缓解充气位自动转换为缓解后保压位。列车管迅速增压,使车辆迅速缓解。

3. 分配阀

由于列车管增压,副阀、主阀、紧急放风阀均处于缓解位,列车管向工作风缸、降压风缸、紧急风缸及各气室充气,均充到比规定压力高 30～40kPa。同时,作用风缸压力空气经常用限压阀、紧急限压阀及主阀空心阀杆排气口排向大气,最终分配阀处于缓解充气位。

4. 作用阀

因作用风缸压力下降,作用阀呈缓解位,机车制动缸压力空气由作用阀排气口排向大气,机车缓解,最终可缓解至零。

(二)运转位

该位置是当列车缓解再充气及正常运行状态时所使用的位置,其作用通路与过充位基本相同,不同之处如下所述。

1. 自动制动阀(自阀)

缓解柱塞阀遮断了总风缸压力空气经柱塞尾端向过充管和过充风缸充气的通路,过充风缸内的压力空气经本身的小孔排向大气,其他部分与过充位相同。

2. 中继阀

由于过充风缸内的压力空气逐渐消失,过充柱塞作用在中继阀膜板柱塞左侧的附加力逐渐减小,使中继阀膜板活塞两侧压力失去平衡,而带动顶杆左移,开启排气口。使列车管内的过充压力由排气口徐徐排出,待列车管恢复定压,中继阀又自动呈缓解后的保压位。由于此过程是在过充风缸控制下进行的,所以不会引起自然制动。

3. 分配阀

该位置时,工作风缸及降压风缸的过充压力经副阀部的原充气通路逆流到列车管消除,紧急风缸的过充压力由原充气通路经充气限制堵逆流到列车管消除,各气室的过充压力也随之消失。其他各阀与过充位相同。

(三)常用制动区

列车运行中,正常情况下停车或调节列车速度时使用此位置。常用制动区设有最小减压量位和最大减压量位,在两位置之间,随着手柄移动的位置不同,列车管可以得到不同的减压量。其各部分的作用如下。

1. 自动制动阀(自阀)

调整阀处于制动状态。均衡风缸和膜板活塞右侧的压力空气经排气阀口排向大气,待膜板活塞两侧压力平衡时,调整阀呈制动后的保压状态。重联柱塞阀仍连通均衡风缸管与中均管。缓解柱塞阀将遮断阀管经客、货车转换阀与总风缸管连通,并将过充管与大气连通。

2. 中继阀

总风遮断阀关闭。由于均衡风缸减压,中继阀膜板活塞左侧中均室压力降低,所以中继阀呈制动位,列车管压力空气由排气口排向大气,列车管的减压量视均衡风缸的减压量而定,待膜板活塞两侧压力平衡时,呈制动后的保压状态。

3. 分配阀

副阀呈制动状态,并且列车管产生局部减压作用,使主阀动作可靠,同时提高常用制动波速,缓和制动时引起的冲动。降压风缸压力空气经保持阀排大气,降至与列车管等压时,副阀自动呈保压位。主阀呈制动位,总风缸压力空气由主阀供气阀口经常用限压阀充入作用风缸,其压力增至与列车管减压量相适应时,主阀自动转换为制动后的保压位,作用风缸停止增压。当作用风缸压力增至 24kPa 以上时,充气阀由缓解位转换为作用位,局减作用停止,追加减压时,局减止回阀可防止局减室压力空气向列车管逆流。作用风缸增压达常用限压值时,常用限压阀自动呈限压状态,此时主阀即使呈制动位,作用风缸也不能继续增压。

4. 作用阀

因作用风缸增压而呈制动状态,总风缸可向机车制动缸充气,机车制动;当制动缸压力增压与作用风缸等压时,作用阀自动至保压位,制动缸停止增压,机车保持制动。

制动后,工作风缸没有降压,仍保持规定压力。均衡风缸、列车管、降压风缸及紧急风缸均排出了相同的压力空气,降压后其压力仍然相同。作用风缸及机车制动缸均获得充气,充气后其压力相同。

自阀手柄在制动区逐渐右移,则减压量逐渐增大,直至获得最大有效减压量。若手柄在制动区分阶段右移,则均衡风缸阶段降压,中继阀、分配阀、作用阀的作用也阶段控制,列车产生阶段制动作用。

(四)过量减压位

该位置是由于制动频繁或制动后不久,列车管和车辆副风缸还没有恢复定压又需制动时所使用的位置。该位置的作用与常用制动区基本相同,唯一不同之处是调整阀柱塞向右移动的量比常用制动区时大,因此,均衡风缸与列车管的减压量增大到 240~260kPa。

(五)手柄取出位

该位置是重联补机、无动力回送机车及本务机车非操纵端所使用的位置。其作用及通路如下。

1. 自动制动阀(自阀)

调整阀的作用与过量减压位相同,均衡风缸的减压量仍为 240~260kPa。重联柱塞阀遮断了均衡风缸管与中均管的通路,而连通了中均管与列车管的通路。

2. 中继阀

由于中均管与列车管连通(即双阀口式中继阀膜板活塞两侧沟通),因此,中继阀失去了对列车管充气和排气的控制能力,处于自锁状态。

(六)紧急制动位

在列车运行中,遇有紧急情况,需要紧急停车时所使用的位置。各部作用及通路如下:

1. 自动制动阀（自阀）

调整阀、缓解柱塞阀的作用均同于过量减压位。重联柱塞阀除将中均管与列车管连通外，还将总风缸管与撒砂管相连通，使机车自动撒砂。放风阀此时开启，使列车管压力空气直接由放风阀口排大气，单机列车管压力空气可在 3s 内迅速排至 0，车辆产生紧急制动作用。

2. 中继阀

处于自锁状态，即可保证列车管由放风阀正常迅速降压，还可以防止中继阀膜板由于过度拉伸而缩短使用寿命。

3. 分配阀

紧急放风阀呈紧急制动位，其放风阀口开启，列车管迅速排气，提高了紧急制动波速；紧急风缸压力空气经三处缩孔排风，约需 9.2s（列车管定压为 500kPa 时），其压力降至小于放风阀弹簧压力，放风阀口自行关闭；在放风阀口关闭之前，若向列车管充气是不起作用的。副阀呈制动位，降压风缸压力空气经保持阀排大气，降至 280～340kPa 时停止排气。主阀呈制动位，紧急限压阀呈制动状态，常用限压阀呈限压状态后，作用风缸仍继续增压至 450kPa 时，紧急限压阀自动呈限压状态，作用风缸停止增压。

4. 作用阀

呈制动位，机车制动缸压力与作用风缸压力相同时，自动转换为制动后的保压位，机车产生紧急制动作用。

二、单独制动作用

（一）自阀手柄在运转位，单阀手柄在制动区

单机运行或调车作业（不接风管）需减速或停车时，以及需要机车单独制动时，均使用此位置。

1. 单阀

单阀手柄置于单独制动位，单独作用管增压，其压力增至与调整阀凸轮升程量相适应时，自动转换为保压位，单独作用管停止增压。

2. 作用阀

因单独作用管增压，作用风缸管变向阀柱塞切断了分配阀与作用阀间的联系，故作用阀在单独作用管压力空气的控制下呈制动位，制动缸增压，机车制动；制动缸压力增至与单独作用管等压时，作用阀自动转换为保压位，制动缸停止增压，机车保持制动状态。

若单阀手柄在制动区阶段右移，机车可得到阶段制动作用，移至全制动位，机车制动缸达最高压力为 300kPa（调整手轮调整）；若自阀手柄在制动区阶段左移，机车可得到阶段缓解作用，左移至运转位时，机车可完全缓解。

（二）自阀手柄在制动区，单阀手柄在单独缓解位

列车施行制动后，需要单独缓解机车制动力时，使用此位置。

1. 单阀

单阀手柄置于单独缓解位时,工作风缸压力空气经单独缓解管由单缓柱塞阀排大气。单独制动阀手柄离开单独缓解位后,工作风缸才能停止降压。

2. 分配阀

因工作风缸降压,故主阀呈缓解状态,作用风缸降压。

3. 作用阀

置于缓解位时,制动缸排气降压,机车制动力降低。

操纵时,当工作风缸压力降至与列车管等压时,即可将自动制动阀手柄移回运转位。若工作风缸压力继续下降,工作风缸充气止回阀口就会开启,列车管压力空气由单缓柱塞阀排向大气。因此列车制动后操纵机车单独缓解时,只要使工作风缸压力降至与列车管等压即可,切不可使单阀手柄在单独缓解位停留时间过长。

此外,列车施行常用制动后,副阀呈制动后保压位,充气阀呈作用位,局减室排气通路被充气阀切断。此时若将单阀手柄推置单独缓解位,待制动缸压力完全缓解后松开手柄,副阀作用位置未变,但充气阀已呈缓解位,列车管将产生局部减压作用。相当于增大了列车管的减压量,因此牵引列车并施行常用制动后,不允许将机车制动缸压力完全缓解。

自阀施行紧急制动后,再操纵机车的单独缓解,须将单阀手柄推向单独缓解位,并经 $12 \sim 15s$,主阀才能开始缓解,这一时间称"空排时间",单缓至 35kPa 的时间为 $20 \sim 28s$。

(三)自阀与单阀手柄均在制动区

此时机车的制动视作用风缸管变向阀柱塞位置而定。若作用风缸压力大于单独作用管压力,则机车制动为自阀所控制;反之,则机车制动为单阀所控制。

第十二节 制动机常见故障分析及处理

一、故障一

1. 故障现象

向总风缸充风,作用阀排风口大量排风。

2. 原因分析

作用阀供气阀卡在制动位而空心阀杆离开供气阀,因而总风经供气阀口、空心阀杆和排气弯头排往大气。

3. 处理方法

查清供气阀被卡住的原因,并予以消除或更换作用阀。

二、故障二

1. 故障现象

自阀装好后,打开中继阀前总风塞门,均衡风缸压力不上升或上升缓慢。

2. 原因分析

(1)均衡风缸排水塞门未关闭。

(2)均衡风缸管、中均管或表管漏泄。

3. 处理方法

(1)关闭均衡风缸排水塞门;

(2)检查各管及其接头是否漏泄,并予以排除或更换有关零部件。

三、故障三

1. 故障现象

Ⅰ端自阀置运转位,Ⅱ端置手柄取出位,两端单阀均置运转位,均衡风缸、列车管压力正常,两端单阀单缓均不排风,工作风缸无压力。

2. 原因分析

(1)通往分配阀的列车管塞门处于关闭位。

(2)工作风缸充气止回阀充风限制堵被污物堵死。

(3)单独缓解管堵塞,使压力表不显示工作风缸压力。

3. 处理方法

(1)将分配阀的列车管塞门置于开通位。

(2)清除充气止回阀充风限制堵的污物。

(3)检查管路,更换被堵塞的管子。

四、故障四

1. 故障现象

自阀手柄置运转位,均衡风缸升压缓慢。

2. 原因分析

(1)自阀调整阀供气阀口被污物堵塞。

(2)均衡风缸或其管路漏泄。

(3)总风缸管、均衡风缸管的通流面积过小。

3. 处理方法

(1)清洗供气阀口,排除污物。

(2)检查管路,找出漏泄处所并加以消除。
(3)清除异物,保证管路通畅。

五、故障五

1. 故障现象

自阀手柄从运转位移至制动区,均衡风缸排风缓慢或不排风。

2. 原因分析

(1)自阀调整阀压板螺母排气孔过小或有污物堵塞。
(2)调整阀的排气阀弹簧过软,致使排气阀打不开或开度过小。
(3)调整阀的供气阀泄漏:虽然排气阀打开,但供气阀不能正常供风,使均衡风缸排风缓慢甚至不排风。

3. 处理方法

(1)清除调整阀压板螺母孔中污物,保证孔径为1.3mm。
(2)更换调整阀排气阀弹簧。
(3)找出供气阀漏泄原因并加以消除。

六、故障六

1. 故障现象

自阀手柄从运转位移至制动区,均衡风缸排风过快。

2. 原因分析

(1)自阀调整阀压板螺母排气孔过大。
(2)均衡风缸管路堵塞,使其容积变小。

3. 处理方法

(1)恢复调整阀压板螺母排气孔,孔径为1.3mm。
(2)清除管路内的异物,以保证均衡风缸的正常容积。

七、故障七

1. 故障现象

自阀手柄从运转位移至制动区,制动缸无压力;单阀手柄从运转位移至制动区,制动缸也无压力。

2. 原因分析

(1)通往作用阀的总风缸管塞门处于关闭位或风路不通。

(2) 通往转向架的制动缸管塞门关闭。
(3) 若撒砂管有压风,车体上的制动缸表管错接到撒砂管上。
(4) 作用阀作用不良。

3. **处理方法**
(1) 将作用阀的总风缸管塞门置于开通位。
(2) 将车下制动缸管塞门置于开通位。
(3) 将表管按正确位置安装。
(4) 更换作用阀。

八、故障八

1. **故障现象**
自阀手柄从运转位移至制动区,制动缸无压力;但单阀手柄从运转位移至制动区,制动缸有压力。

2. **原因分析**
(1) 因分配阀总风缸管塞门处于关闭位或管路不通造成分配阀无总风。
(2) 分配阀主阀总风限制堵有异物堵塞。
(3) 分配阀主阀作用风缸管堵塞。
(4) 分配阀主阀作用不良。
(5) 作用风缸管变向阀柱塞卡滞在作用风缸侧。

3. **处理方法**
首先应拆开变向阀前分配阀的作用风缸管接头,确认作用风缸管是否有风,若无风,则为故障原因(1)、(2)、(3)、(4)所致;若作用管有风,则为故障原因(5)所致。

根据以上判断,可作如下处理:
(1) 检查修整分配阀总风管路,确认有总风通往分配阀。
(2) 清除主阀总风限制堵内的异物,保证通路畅通。
(3) 更换主阀。
(4) 检查作用风缸管,清除异物或换管。
(5) 轻轻敲击变向阀,若不能恢复,应清除变向阀的油脂和污物。
(6) 更换变向阀。

九、故障九

1. **故障现象**
自阀手柄在制动区,列车管减压量不正确。

2. 原因分析

(1)调整阀凸轮各位间的降程不正确,降程大、减压量大或降程小、减压量小。

(2)调整阀凸轮支承磨耗或尺寸不对。

3. 处理方法

(1)可修磨调整阀凸轮,若减压量小可修磨本位,减压量大可修其前位,减压量相差太大可更换凸轮。

(2)修复调整阀凸轮支承到原有尺寸或更换凸轮支承。

十、故障十

1. 故障现象

自阀手柄在制动区,制动缸压力追总风。

2. 原因分析

作用阀膜板上侧的缩口风堵被污物堵塞,制动缸压力不能参与膜板平衡,造成供气阀口始终开启。

3. 处理方法

清除作用阀膜板上侧的缩口风堵的污物,保证畅通。

十一、故障十一

1. 故障现象

自阀手柄在制动区,制动缸压力发生阶段下降。

2. 原因分析

(1)工作风缸管路或降压风缸管路漏泄。

(2)主阀工作风缸充气止回阀漏,使工作风缸压力空气流向列车管。

(3)靠副阀柱塞尾部第一道 O 形圈损伤或不清洁,使工作风缸的压力空气漏到降压风缸。

3. 处理方法

(1)检修工作风缸及降压风缸管路,使之不漏。

(2)检查工作风缸充气止回阀,清洗和排除污物,研磨阀口使之密封。

(3)更换或清洗 O 形圈。

十二、故障十二

1. 故障现象

自阀手柄从制动区移回运转位,制动缸压力不缓解或缓解不到零。

2. 原因分析

（1）作用阀缓解弹簧漏装。

（2）作用阀空心阀杆 O 形圈阻力大或阀杆抗劲。

3. 处理方法

（1）组装作用阀缓解弹簧。

（2）更换 O 形圈或研修空心阀杆。

十三、故障十三

1. 故障现象

自阀手柄在过量减压位时，制动缸压力高于规定压力。

2. 原因分析

常用限压阀犯卡，起不到限压作用。

3. 处理方法

清除常用限压阀内的污物，消除犯卡因素。

十四、故障十四

1. 故障现象

自阀手柄置于常用制动区，机车起紧急制动作用。

2. 原因分析

（1）一端有此现象，系均衡风缸管路堵塞，均衡风缸容积大大缩小。

（2）两端均有此现象，系分配阀紧急放风阀第一排风堵和第二排风堵的位置相互装错或风堵（包括充风限制堵）堵塞。

3. 处理方法

（1）清除管路的堵塞。

（2）调换风堵位置或清除堵塞物。

第十三节　DK-1 型电空制动机概述

本节主要介绍 DK-1 型制动机主要技术特点、各组件的功能原理、制动机综合作用、制动机的操作方法、常见故障处理等。

DK-1 型制动系统主要由 DK-1 型机车制动机（包括司机室制动操作部件、制动柜）和基础制动装置两部分组成。

1.DK-1 型机车制动机主要技术性能

DK-1 型机车制动机主要技术性能指标如下：

(1)制动机在列车管定压为 500kPa 时正常工作。

(2)制动机具有制动稳定性：当列车管压力从定压以每分钟小于 40kPa 的速度下降时，机车制动缸不起制动作用。

(3)制动机具有常用制动灵敏度：当列车管压力从定压以每秒钟下降 10～40kPa 时，在列车管减压 35kPa 前机车制动缸产生制动作用。

(4)制动机具有紧急制动灵敏度：当列车管减压速度大于每秒 80kPa 时，机车制动机产生紧急制动。

(5)列车管最小减压量为 40～50kPa，机车制动缸压力为 90～130kPa。

(6)列车管减压 100kPa，机车制动缸压力为 240～270kPa。

(7)列车管减压 140kPa 时，机车制动缸压力为 340～380kPa。

(8)将自阀手把由运转位移至制动位，均衡风缸减压 140kPa 的时间为 5～7s，制动缸压力由零升至 340～380kPa 的时间为 6～8s。

(9)将自阀手把移回运转位，制动缸压力由 340～380kPa 下降至 40kPa 的时间不大于 7s。

(10)施行紧急制动时，机车列车管压力从定压降至零的时间不大于 3s，机车制动缸压力从零升至 400kPa 的时间为 3～7s，机车制动缸最高压力限制在 450kPa±10kPa。

(11)机车自阀手把处于运转位，操纵单阀手把，将单阀手把由运转位移至制动位，制动缸压力由零升至 280kPa 的时间不大于 4s，将单阀手把由制动位移至运转位，制动缸压力由 300kPa 降至 40kPa 的时间不大于 5s。

2. 基础制动装置

基础制动装置采用 JZZ-2 系列单元制动器。JZZ-2 系列单元制动器是一种运用于机车及车辆的踏面单元制动装置，该系列单元制动器分不带停放制动的 JZZ-2A 型单元制动器和带停放的 JZZ-2B 型单元制动器两种。适应于温度为 -40～50℃、湿度不超过 95% 的气候环境；紧急制动时的风压为 450kPa，停车制动时的缓解风压大于或等于 600kPa。同时，JZZ-2 型单元制动器在结构设计时将制动缸体与箱体合为一体，极大节省了安装空间。

JZZ-2 型制动器主要技术参数如下：

(1)工作压力(紧急制动)：450kPa。

(2)活塞有效面积：249.3cm^2。

(3)制动倍率：3.13。

(4)闸瓦间隙：6～8mm。

(5)空气制动力：42.6～46.13kN。

(6)停放制动力：32.67～37.8kN。

第十四节　DK-1 型机车制动机组成

DK-1 型机车制动机主要由司机室制动操作部件和制动柜组成，主要组件有制动控制器、制动控制单元 DKL、分配阀、紧急阀、中继阀、重联阀、放风阀、电空阀、压力开关等。

一、司机室制动操作部件

司机室安装了制动系统的各操作部件，包括制动控制器、单缓按钮、风压表、紧急制动按钮、停放制动施加/缓解按钮，在司机台左侧装有一个用于紧急制动的车长阀柜。其在司机室内司机台的布置如图 6-82 所示。

图 6-82　主司机操纵台俯视图

1. 制动控制器

制动控制器是空气制动的主要操作部件，它的主要功能是：发送电信号指令到制动控制单元 DKL，为机车制动机提供自动制动和单独制动等指令，如图 6-83 所示。

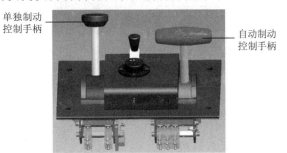

图 6-83　制动控制器

制动控制器具有两个操作手柄，自动制动控制手柄（以下简称自阀手柄）和单独制动控制手柄（以下简称单闸手柄）。

自阀手柄后拉最后位为紧急位，往前推依次为紧急位、重联位、制动位、中立位、运转位，自阀手柄在各位置功能分别如下：

(1)运转位:列车管按定压进行充风控制,是列车制动后进行缓解和充风的位置。

(2)中立位:操纵列车常用制动前的准备和常用制动后的保压的工作位置。

(3)制动位:操纵列车常用制动的位置。自阀手柄在该位置停留时间的长短,控制着列车管从最小常用制动减压量到最大常用制动减压量间的各种不同常用制动减压量,它与中立位配合使用可使列车管实现阶段常用减压,实现列车常用阶段制动。

(4)重联位:该位置应是机车制动机非操纵端以及无动力回送、重联时自阀所置位置。

(5)紧急位:大闸此位置设有列车管排风阀,能对机车制动机或列车制动机施行紧急制动,手柄置于该位置列车管压力以紧急速度放风到0。

单阀手柄前推最前位为缓解位,往后依次为运转位,中立位、制动位。单阀手柄在各位置功能分别如下:

(1)缓解位:此位置用来单独缓解自阀产生的机车制动缸压力。

(2)运转位:此位置为机车正常运行时所放位置,用来缓解单阀产生的机车制动缸压力。

(3)制动位:机车最大单独制动,机车制动缸完全充风到300kPa±10kPa。

机车运行时,由"关"位插入机械锁并逆时针转动30°至"开"位,自阀手柄、单阀手柄可在各个位置间进行操作,从而控制机车的运行状态,这时钥匙被锁在"开"位。

自阀手柄在重联位及单阀手柄在运转位时,钥匙可转到"关"位并可取出。

2. 停放制动施加/缓解按钮

停放制动的主要作用是当机车停车后防止机车意外溜放,停放制动采用弹簧蓄能制动来实现。当按下停放制动按钮(红色)时,该按钮发出红光,表明机车停放制动已施加;当按下停放缓解按钮(绿色)时,停放制动按钮红光熄灭,表明机车停放制动已经缓解,如图6-84所示。

图6-84 停放制动按钮

3. 单缓按钮

单缓按钮用于单独缓解机车制动缸压力。

4. 压力表(风表)

压力表的主要功能是实时显示总风压力、制动缸压力、列车管压力和均衡风缸压力。

5. 紧急制动按钮

当出现紧急情况时,司机可按下紧急制动按钮,触发列车或机车紧急制动,该按钮需经旋转才能复位。

6. 车长阀

当出现紧急情况时,司机快速拉下车长阀,使机车或列车紧急制动。

二、制动柜

制动柜是制动机的核心部分,制动机通过它来实现均衡管、列车管、制动缸的压力控制。

制动柜集成了制动系统的许多重要部件:电空阀、中继阀、分配阀、紧急阀、电动放风阀、压力开关、制动逻辑控制装置等。在机车运行后,制动逻辑控制装置根据电信号指令控制各电空阀的开闭,进而控制其他各气动阀的动作,以实现操纵列车的制动、缓解、保压作用,如图 6-85 所示。

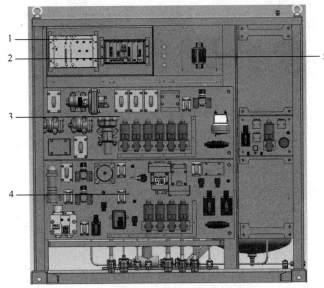

a) 制动柜正面

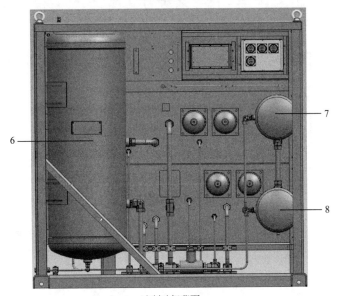

b) 制动柜背面

图 6-85

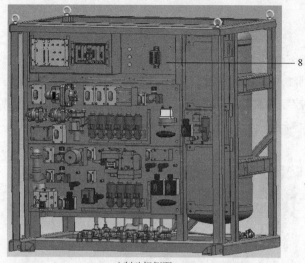

c) 制动柜侧面

图 6-85　DK-1 型制动柜

1- 制动逻辑控制单元；2- 防滑器；3- 列车均衡模块；4- 制动缸控制模块；5- 骨架；6- 总风缸；7- 升弓风缸；8- 工作风缸

（一）列车均衡模块

列车均衡模块的主要功能是控制均衡风缸和列车管的压力。列车均衡模块由中继阀、紧急阀、遮断阀、调压阀、电空阀、压力开关、气路板等部件组成，其气路如图 6-86 所示。

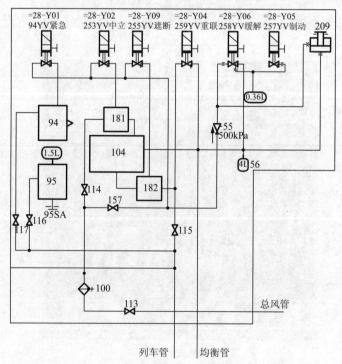

图 6-86　列车/均衡控制模块和气路原理图

均衡风缸的充气与排气由缓解电空阀与制动电空阀控制,通过控制缓解电空阀与制动电空阀的得失电实现均衡风缸的充气、排气与保压。

列车管的充气与排气由中继阀根据均衡风缸压力控制,中继阀能保证列车管压力在均衡风缸压力±10kPa范围内。总风遮断阀受中立电空阀控制,用来切断常用制动与紧急制动工况下的列车管补风通路。列车管遮断阀受遮断电空阀控制,用于制动机重联工况下切断中继阀与列车管的通路。

当自阀、列车分离保护作用等产生紧急电信号,紧急制动电空阀得电,驱动电动放风阀直接将列车管压力排向大气,列车管压力迅速降为0。

当紧急阀检测到列车分离时的列车管快速减压信号,立刻通过电联锁向制动控制逻辑单元发出断钩信号,同时自动打开列车管排风阀口加快列车管排风并锁定紧急制动信号约15s。列车均衡模块主要零部件说明见表6-5。

表6-5 列车管均衡模块零部件

代号	部件	功能
116	紧急阀列车管塞门	控制进入紧急阀列车管的通断
95	紧急阀	在紧急制动时加快列车管的排风,提高紧急制动灵敏度和紧急制动波速,同时接通列车分离保护电路,使列车紧急制动作用更加可靠
253YV	中立电空阀	得电时控制总风遮断阀切断列车管补风
=28-Y01	紧急电空阀	紧急制动时控制放风阀94的排风
255YV	遮断电空阀	控制列车管遮断阀动作
94	放风阀	紧急制动时,开通列车管与大气通路,使列车管压力急剧下降,全列车产生紧急制动作用
117	放风阀94列车管塞门	控制放风阀94列车管的通断
181	总风遮断阀	控制总风向列车管充风的一道关口,一般情况下,该阀的动作与均衡风缸的减压动作同步,即均衡风缸减压,该阀关闭遮断阀口,以确保一次缓解型制动系统的制动作用可靠
104	中继阀	中继阀依据均衡风缸的压力变化来控制列车管的压力变化,从而完成列车的制动、保压和缓解
182	列车管遮断阀	用于制动系统重联工况下切断中继阀与列车管的通路
114	中继阀总风塞门	控制进入中继阀总风管的通断
115	中继阀列车管塞门	控制进入中继阀列车管的通断
157	电空制动总风塞门	控制进入均衡控制模块总风管的通断
56	均衡风缸	存储均衡压力空气
257YV	制动电空阀	控制均衡风缸的排风
258YV	缓解电空阀	控制均衡风缸的充风
259YV	重联电空阀	得电时沟通列车管和均衡管使中继阀失去控制列车管压力的能力
55	均衡风缸调压阀	调节进入均衡模块的总风的压力值(整定值为列车管定压)
209	压力开关	控制缓解电空阀258
113	总风塞门	控制进入中继阀列车管和均衡控制模块的总风通断
100	滤尘器	清洁进入列车管压力控制模块的总风

(二)制动缸控制模块

制动缸控制模块的主要功能是根据制动控制器的指令输出制动缸压力,实现制动缸的充气与排气,同时可以实现机车单独制动与缓解、机车重联等功能。制动缸控制模块气路如图6-87所示,制动缸控制模块主要零部件说明见表6-6。

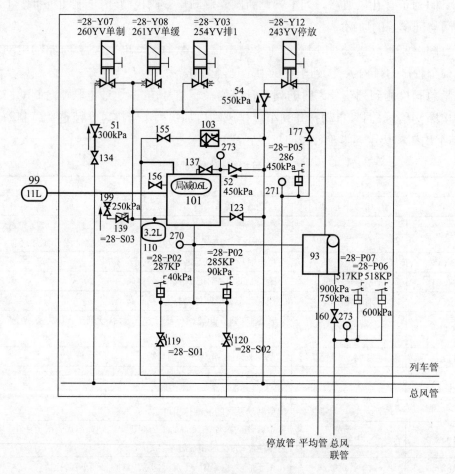

图6-87 制动缸控制模块和气路原理图

DK-1型制动机使用的分配阀为109分配阀,通常情况下,由列车管的充排控制分配阀中容积室的压力,从而控制制动缸的压力。当使用单阀操纵机车时,则通过控制电空阀实现对容积室压力的控制,从而控制制动缸的压力。

机车紧急制动时,109分配阀增压阀打开,实现对容积室的快速充气,控制制动缸压力快速上升至最高压力450kPa。正常情况下,关闭塞门=28-s03隔离安全阀,利用调压阀52来限制紧急制动时制动缸最高压力;只有在机车无火回送的情况下,才打开塞门=28-s03,安全阀投入使用,用来限制无火回送机车制动缸压力不超过250kPa。

DK-1型制动机通过重联阀、平均管、列车管实现与本机制动与缓解的同步。当重联阀置于本机位时,机车制动缸与平均管沟通,平均管压力跟随制动缸压力变化而变化。当重联阀置于补机位时,机车平均管与作用管沟通,作用管压力跟随平均管压力变化而变化,从而实现本机通过平均管控制补机制动缸压力的功能。

此外,重联阀压力开关 =28-P06 可检测重联阀转换手柄处于本机位或补机位,并将检测到的压力信号传送给 CCU。

制动缸控制模块上零部件　　　　　　表 6-6

代 号	部 件	功 能
134	单制总风塞门	控制进入作用管总风管通断
51	单制调压阀	限制单阀制动时制动缸压力,整定压力值 300kPa
260YV	单制电空阀	控制单独制动时总风给容积室的充风
=28-Y08	单缓电空阀	控制单独制动时容积室的排风
254YV	排 1 电空阀	自阀运转位时控制容积室的排风
=28-Y12	停放施加电空阀	控制停放制动施加
54	调压阀	控制停放制动压力为 550kPa,整定值是 550kPa
177	停放塞门	控制停放缸充风通路
286	停放压力开关	制动压力达到 450kPa 时,给出停放缓解信号
110	容积风缸	容积室压力容积
101	分配阀	输出闸缸压力
156	分配阀缓解塞门	控制分配阀容积室排大气通路
103	无火滤尘止回阀	无火回送时过滤列车管到总风管去的风,并有止回作用
155	无火塞门	无火回送时需开通
=28-s03	无火安全阀塞门	无火回送时需开通
190	无火安全阀	控制无火回送时制动缸最高压力,整定值 250kPa
52	紧急增压调压阀	紧急制动时控制最自缸压力在 450kPa,整定值 450kPa
272	紧急增压通路压力测试口	用于检测紧急增压调压阀调压后总风压力值
137	紧急增压塞门	控制紧急增压通路
123	分配阀总风供给塞门	控制分配阀总风通路
99	工作风缸	为向容积室充风存储风压
270	压力检测口	用于检测闸缸压力
=28-P01	制动缸压力开关	制动缸压力达 90kPa 时切除电制动
=28-P02	制动缸压力开关	制动缸压力达 40kPa 时牵引封锁
119、120	制动缸塞门	控制制动缸的充风通路
273	压力检测口	用于检测总风联管压力
=28-P07	总风压力控制器	输出电信号控制压缩机的打风
93	重联阀	保证重联机车的制动和缓解作用与本务机车协调一致
=28-P06	压力开关	判断重联阀的工作状态,给 CCU 信号
160	总风联管塞门	控制进入重联阀的总风通路

(三)制动逻辑控制单元 DKL

机车配备有一个制动逻辑控制单元 DKL。DKL 安装在制动柜中,负责空气制动系统的

控制。DKL 制动逻辑控制装置为电空制动机的电路集成控制装置,尤其适用于 DK1 制动机控制系统。该装置采用先进表面贴片(sMT)技术与逻辑控制芯片相结合,取代原制动系统中的迂回电路、阻流板、时间继电器与中间继电器,具有反应速度快、可靠性高、抗干扰能力强、结构紧凑、检修方便等特点;而且具备通过调整软件在相同的硬件上实现不同的逻辑组合功能,以达到控制不同的车型之目的,如图 6-88 所示。

图 6-88 制动控制单元 DKL

(四)中继阀

中继阀是电空制动控制器的执行元件,它依据均衡风缸的压力变化来控制列车管的压力变化,从而完成列车的制动、保压和缓解。

双阀口式中继阀主要由主活塞、膜板、排气阀、供气阀、阀体、过充盖、过充柱塞、顶杆及 O 形圈、各作用弹簧等组成,如图 6-89 所示。

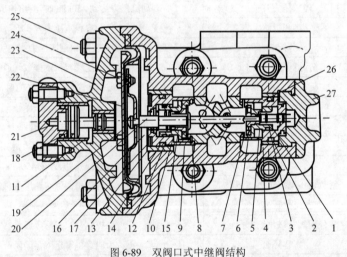

图 6-89 双阀口式中继阀结构

1- 供风阀套;2、3、11、12、14-O 形圈;4- 供气阀;5- 供气阀弹簧;6、15- 胶垫螺母;7- 供气阀套挡圈;8- 排气阀挡圈;9- 排气阀胶垫;10- 排气阀;13- 定位挡圈;16- 排气阀套;17- 排气阀弹簧;18- 过充柱塞;19- 主活塞;20- 顶杆;21- 过充盖;22- 膜板;23- 中继阀盖;24- 螺钉;25- 六角螺栓;26- 供气阀胶垫;27- 螺盖

双阀口式中继阀主要是控制列车管的充气和排气。主活塞的左侧为中均室,与均衡风缸管连通,右侧与列车管相通。主活塞通过顶杆与排气阀或供气阀联动,排气阀室与大气相通,供气阀室经总风遮断阀口与总风管相通,两个阀座的中间与列车管相通。为了提高列车管初充气和再充气的速度,在主活塞左侧设置了一个过充阀,过充柱塞左侧与过充风缸管相连,中间通大气,右侧为中均室,与均衡风缸管相通,它们之间以 O 形圈密封隔离。

1. 缓解充风位

当主活塞左侧中均室的均衡风缸压力增加时,膜板活塞向右侧移动,通过顶杆将供风阀开启,总风经供风阀口向列车管充风,同时经 1mm 的缩孔使列车管与主活塞右侧连通,随列车管压力的增加,逐渐平衡主活塞左侧压力,活塞左移逐渐缩小供风阀口,直至关闭,如图6-90a)所示。

为加速充风,在过充柱塞左侧充入与总风管相等压缩空气后,过充柱塞右移,其端部顶在主活塞上,相当于中均室增加了压力。当总风管压力在 750～900kPa 变化时,使列车管增压的范围为 30～40kPa。因而对长大列车或长大下坡道上运行的列车充风缓解极为有利。消除过充压力是过充风缸的风缓慢排向大气,过充柱塞端部作用在主活塞上的附加力逐渐消失,此时列车管过充压力随之缓慢排向大气,不会引起后部车辆的自然制动,如图6-90b)所示。

2. 制动位

当主活塞左侧中均室的均衡风缸压力降低时,膜板活塞在右侧列车管压力作用下左移,通过顶杆带动将排气阀开启,列车管压力空气经排气阀口排向大气,同时活塞右侧压力空气经缩孔,随同列车管一起降低压力,逐渐平衡主活塞左侧压力,活塞右移逐渐缩小排气阀口,直至关闭,如图6-90c)所示。

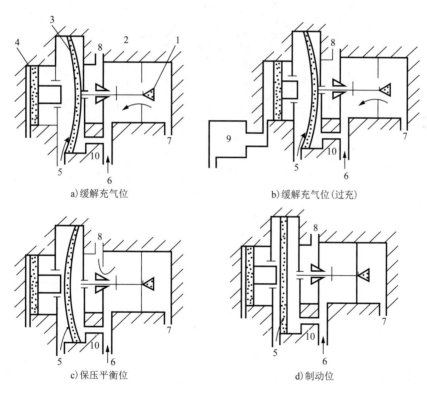

图6-90 中继阀各作用位置示意图

1-供气阀及阀口;2-排气阀及阀口;3-主活塞;4-过充柱塞;5-均衡风缸管;6-列车管;7-总风管;8-排风口;9-过充风缸;10-缩孔

3. 保压平衡位

当主活塞右侧列车管压力上升或下降后,与左侧中均室均衡风缸压力接近一致时,主活塞处于中间平衡位,供风阀或排气阀在其弹簧作用下关闭其阀口,列车管停止充气或排气,列车管呈缓解充气或制动后保压状态。若主活塞左侧中均室的均衡风缸压力再增加，或主活塞右侧列车管压力由于泄漏而降低，则主活塞将再次失去平衡，活塞右移使供气阀再度被开启，列车管再充气，待主活塞两侧压力接近一致时，又处于保压平衡位。若主活塞左侧中均室的均衡风缸压力再降低，则主活塞仍将失去平衡，活塞左移使排气阀重新开启，列车管再排气，待主活塞两侧压力接近一致时，重新恢复保压平衡位。主活塞的动作灵敏度动作压力值为 10kPa，如图 6-90d)所示。

（五）总风遮断阀

总风遮断阀由阀体、遮断阀、阀座、阀套、弹簧等组成。其结构如图 6-91 所示。该阀作为控制总风向列车管充风的一道关口，一般情况下，该阀的动作与均衡风缸的减压动作同步，即均衡风缸减压，该阀关闭遮断阀口，以确保一次缓解型制动机的制动作用可靠。

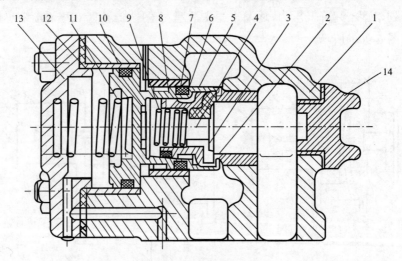

图 6-91　总风遮断阀结构图

1- 遮断阀体；2- 挡圈；3- 胶垫；4- 胶垫螺母；5- 遮断阀；6- 遮断阀套；7、8、10-O 形圈；9- 遮断阀弹簧；11- 弹簧；12- 胶垫；13- 遮断阀盖；14- 螺盖

当遮断阀左侧无压力空气时，遮断阀在其右侧的总风压力作用下，克服弹簧的反力左移，遮断阀口呈开启状态，总风压力空气经开启的阀口进入双阀口式中继阀的供气阀室，保证列车管的充风效能。

当遮断阀左侧充入压力空气时，遮断阀在其左侧的空气压力及弹簧力的作用下右移，迅速关闭遮断阀口，切断了至双阀口式中继阀的总风源，即切断了列车管风源，使列车管得不到压力空气。

（六）紧急阀

紧急阀的作用是在紧急制动时加快列车管的排风，提高紧急制动灵敏度和紧急制动波速同时接通列车分离保护电路，使列车紧急制动的作用更可靠。

1. 紧急阀的结构

紧急阀固定在气路板上,并与气路板内容积为1.5L的紧急室相连。紧急阀的结构如图6-92所示。

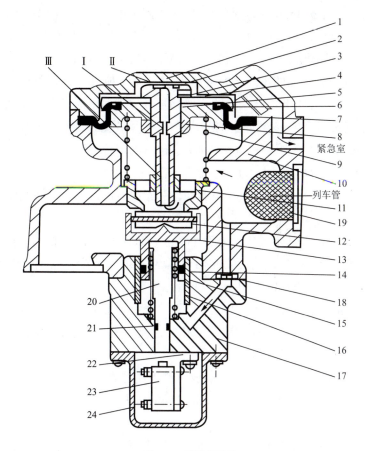

图 6-92　紧急阀结构

1- 上盖;2-ϕ16mm 密封圈;3- 紧急活塞杆;4- 紧急上活塞;5-ϕ19mm 密封圈;6- 紧急膜板;7- 紧急下活塞;8- 螺母;9- 安定弹簧;10- 阀体;11- 放风阀座;12- 放风阀;13- 放风阀导向杆;14-ϕ24mm 密封圈;15- 放风阀弹簧;16- 放风阀套;17- 放风阀盖;18-ϕ16mm 密封圈;19- 滤尘网;20- 传递杆;21- 密封圈;22- 安装座;23- 微动开关;24- 外罩

紧急阀由上部的紧急活塞、安定弹簧(9)、下部的放风阀部、底部的电联锁部以及上盖(1)、放风阀盖(17)和阀体(10)等组成。

紧急活塞由紧急上活塞(4)、ϕ19mm 密封圈(5)、紧急膜板(6)、紧急下活塞(7)、紧急活塞杆(3)、螺母(8)及密封圈2组成。

放风阀部由放风阀座(11)、放风阀(12)、放风阀导向杆(13)、放风阀弹簧(15)等零部件组成。

电联锁部由传递杆(20)、微动开关(23)、安装座(22)及外罩(24)等组成。

紧急活塞杆(3)的轴向中心孔内,有一个ϕ1.8mm 限制缩孔Ⅰ,用以控制紧急室压力空气向列车管的逆流速度;紧急活塞杆(3)上部还设有ϕ0.5mm 的径向限制缩孔Ⅱ,用以控制列车管压力空气向紧急室的充气速度；在紧急活塞杆 3 下部离下端 11mm 处，钻有 $\phi1.2$mm 的径向小孔Ⅲ，用以在紧急制动后，控制紧急室压力空气排入大气的时间。

紧急活塞在上部极端位置时，紧急活塞杆（3）的底面距放风阀（12）有 4mm 的间隙。放风阀导向杆（13）上套有 $\phi24$mm 密封圈（14），以防止列车管压力空气漏入大气。

紧急阀在阀体安装面内的列车管通道上装有一个 30 目的滤尘网（19），用以清除进入紧急阀的压力空气中的尘埃等杂质。在阀体（10）内还压装了放风阀座（11）。紧急阀体（10）安装面上有两个工作孔口，上面的小圆孔为紧急孔，下面的大圆孔为列车管孔。

紧急活塞上侧经上盖 1 和阀体（10）内的暗道及安装面上的紧急孔与气路板上的紧急室相通；而紧急活塞的下侧经安装面上的列车管孔与气路板上列车管相通。放风阀导向杆（13）的下侧经放风阀盖（17）和阀体（10）内的暗道也与列车管相通。

2. 紧急阀的作用

紧急阀有三个作用位置：充气位、常用制动位和紧急制动位，如图 6-93 所示。

1）充气位

当列车制动机充气缓解时，紧急阀处于充气位。即列车管充气时，列车管的压力空气及安定弹簧首先将紧急活塞压紧在上盖上，由于紧急活塞顶部的异形密封圈与上盖密贴，因而紧急活塞杆顶面的轴向中心孔口被切断，列车管压力空气只有通过活塞底部中心孔口，再经中心孔垂向 $\phi1.8$mm 的限制缩孔Ⅰ，最后经紧急活塞上部径向 $\phi0.5$mm 的限制缩孔Ⅱ到达紧急活塞上侧并向紧急室充风。通过限制缩孔Ⅱ控制列车管向紧急室的充气速度，避免紧急室充气过快而引起意外的紧急制动。

列车管压力空气进入紧急阀后，除充满放风阀上侧与紧急活塞下侧的空间外，还经阀体内暗道到达放风阀导向杆下侧，抵消作用在放风阀的压力，与放风阀弹簧一起使放风阀处于关闭状态。

当列车管压力空气达到定压后，其压力停止上升，最后紧急室达到与列车管压力相等，紧急活塞在安定弹簧作用下，仍保持上部极端位置。

2）常用制动位

当列车管施行常用制动减压时，紧急活塞下部的列车管压力降低，紧急室的压力空气经限制缩孔Ⅱ、Ⅰ向列车管逆流就来不及，紧急活塞两侧产生较小的压力差，克服安定弹簧的反力，紧急活塞稍为下移，使其上方的异形密封圈稍稍脱离上盖，顶面的轴向中心孔口被开放。于是紧急室压力空气便经顶面的轴向中心孔口、紧急活塞轴向中心孔的限制缩孔Ⅰ向列车管逆流。由于限制缩孔Ⅱ的大小保证了在常用制动减压速率下，紧急室压力空气的逆流速率与列车管压力空气下降速率保持一致，使得紧急活塞两侧不会形成足以更多压缩安定弹簧的压力差，紧急活塞悬在此位，放风阀仍处于关闭状态。当列车管压力停止下降，处于保压位时，紧急室压力空气逆流到与列车管压力相等时，停止逆流，紧急活塞在安定弹簧作用下又恢复到极上端位置。可见限制缩孔Ⅱ过小会限低紧急阀在常用制动时的安定性。

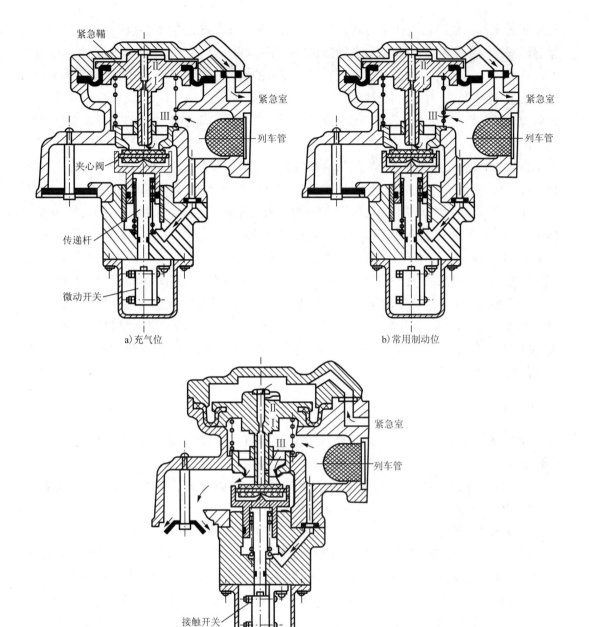

图 6-93 紧急阀的作用位置

Ⅰ、Ⅱ、Ⅲ - 限制缩孔

3) 紧急制动位

当列车产生紧急制动作用时,列车管压力急速下降,紧急室压力空气首先按常用制动位的通路逆流到列车管,由于其逆流速度达不到列车管的降压速度,就进一步在紧急活塞两侧形成了更大的压力差,紧急活塞继续下移,并接触放风阀,紧急活塞底部中心孔口被切断,紧急室压力空气只能经限制孔Ⅰ与紧急活塞下部的径向 $\phi1.2mm$ 的缩孔逆流至列车管,促使紧急活塞两侧压力差再次骤增,紧急活塞进一步下移,进一步压缩安定弹簧并压缩放风阀弹簧。打开放风阀,于是列车管压力空气直接从开启的放风阀口并经紧急阀排气口(喇叭口)排入大气,完成紧急放风作用。用时,由于放风阀与导向杆的下移,带动了传递杆下移,使其顶触微动开关,微动开关内的常开联锁闭合。可见限制缩孔Ⅱ过大会影响紧急阀在紧急制动时的灵敏度。

在紧急制动位,紧急室压力空气只能经限制缩孔Ⅲ排入大气,需相当时间才能排完(约15s),在紧急室压力空气未排尽时,放风阀一直处于开启状态,充入的列车管的压力空气还会经开启的放风阀口排入大气,列车管充气无效。此时由于微动开关内的常开联锁闭合,DK-1型机车电空制动机的紧急制动指令不能切断,不能实现列车管的充风缓解。只有当紧急活塞上侧的剩余压力及其自重低于安定弹簧及放风阀弹簧反力时,紧急活塞才会上移,放风阀口才会关闭,微动开关的常开联锁才会恢复分断。该阀在常用制动后转紧急制动仍然有效。

紧急阀是以压差而产生动作并随之带动电联锁,正与电动放风阀以电引起列车管急速排风相反,紧急阀是外部因素而引起列车管急速排风后的刺激诱发,加速列车管的排风作用,如拉车长阀或列车分离就能诱发紧急阀的排风作用;而电动放风阀是受电的控制而主动发生的列车管快速排风作用。

(七)分配阀

分配阀是DK-1型机车制动机的重要部件之一,它根据列车管压力空气的变化来改变容积室的空气压力,从而间接控制机车制动缸的制动、缓解和保压。

分配阀主要由阀体及管座、主阀部、均衡部、紧急增压部组成,如图6-94所示。分配阀具有缓解位、制动位、保压位、紧急制动位4个作用位置。

1. 分配阀缓解位

列车管增压,主活塞产生压力差,主活塞、滑阀、节制阀下移至极端位置,列车管压力空气向工作风缸充风。容积室压力空气经156塞门排向大气。均衡活塞下方的压力空气通过容积室排向大气。均衡活塞产生压力差,均衡活塞动作,使活塞离开均衡阀。制动缸压力空气经均衡活塞,到均衡活塞轴向中心孔、径向孔,由均衡部排风口排向大气,制动缓解。

2. 分配阀制动位

列车减压之初,主活塞带动节制阀上移,滑阀未动。列车管压力空气由滑阀座排向大气,形成初制动作用。由于列车管的局减作用,更加大了主活塞压力差,主活塞带动滑阀、节制阀一起上移至制动位。工作风缸压力空气由滑阀向容积室充风。容积室与均衡活塞下侧一直是连通的,均衡活塞产生压力差,均衡活塞上移,顶开均衡阀。总风经开放的均衡阀口向制动缸充风。在主阀部,当工作风缸压力与列车管压力接近时,主活塞仅带动节制阀下移,关闭容积室充风通路。在均衡部当制动缸压力与容积室接近时,均衡阀带动均衡活塞一起下移,关闭阀口,停止向制动缸充风。

图 6-94 分配阀外形及结构

3. 分配阀保压位

在列车管刚停止减压时,由于主活塞和滑阀、节制阀都还在制动位,工作风缸仍在向容积室充风,因而工作风缸压力仍继续降低,直到主活塞两侧的列车管与工作风缸压力相接近时,在主活塞尾部原被压缩的稳定弹簧的反力及主活塞自重的作用下,使主活塞仅带动节制阀向下移动,节制阀遮盖住滑阀的背面的制动孔门,切断工作风缸与容积室的通路,工作风缸停止向容积室充风。此时的主阀部处于保压位。

在均衡部,当容积室压力停止上升时,由于均衡阀仍在开放状态,总风仍在向制动缸充风,其压力增大到与均衡活塞下部的容积室压力相近时,在均衡阀、均衡活塞的自重及均衡阀弹簧的作用下,使均衡阀压着均衡活塞杆一起下移,关闭阀口,切断总风与制动缸的通路,停止制动缸的充风,制动缸压力停止上升,使分配阀处于制动保压位。

4. 分配阀紧急位

当列车管由于种种原因而引起急速排风时,分配阀产生紧急制动作用。紧急制动时,主阀各部分的作用,除增压阀外,均与常用制动位相同,只是动作更加迅速,通路变大。

由于列车管压力急速排出,所以在增压阀上部的列车管压力急剧下降,而同时其下部的容积室压力迅速上升。当容积室的压力达到能克服增压阀弹簧的反力和列车管较小的剩余压力时，增压阀上移，于是增压阀处于开放位。这时，总风经小孔迅速流向容积室。容积室的压力受安全阀的控制，按规定要求，机车紧急制动时的制动缸压力为450kPa。

（八）重联阀

重联阀能使乘务员只需操作本务机车制动机，就能保证重联机车的制动与缓解作用与本务机车协调一致。在重联运行中，一旦发生机车分离，重联阀将自动保持制动缸压力，并使重联机车制动机恢复到本务机车的位置，如图6-95所示。

1. 本机位

首先，总风联管来的压力空气被转换阀部柱塞上O形圈遮断，而重联阀活塞下侧经柱塞下侧通大气，重联阀活塞在其上侧重联阀弹簧作用下，带动活塞杆起向下移动，顶开下方的止回阀，这时作用管压力空气被活塞杆上O形圈遮断，而平均管与重联阀止回阀下侧的制动缸通路相通。同时总风联管来的压力空气流入制动缸遮断阀活塞上侧，使活塞克服下侧遮断阀弹簧张力带动活塞杆下移，顶开止回阀，使制动缸管经止回阀与重联阀止回阀下侧的制动缸通路相通，继而与平均管相通。

当本务机车制动机进行制动、缓解操纵时，本务机车制动缸压力将会发生变化，通过重联阀，本务机车制动缸的压力变化将经平均管和机车间的平均管塞门、平均软管传入重联机车的平均管。

图6-95 重联阀外形图

运行中一旦机车间发生断钩分离，列车管、总风联管、平均管等连接软管均断裂，本务机车制动机将产生紧急制动。同时由于总风联管内压力空气下降，制动缸遮断阀活塞在其下侧遮断阀弹簧作用下，带动活塞杆上移，并脱离与止回阀的接触，止回阀在其弹簧作用下，关闭阀口，从而切断了制动缸管与重联阀止回阀处的制动缸通路的连通，制动缸管被遮断。防止了制动缸内压力空气经打开的重联阀止回阀进入平均管后排入大气，从而保证了本务机车的安全，如图6-96所示。

2. 补机位

首先，总风联管来的压力空气经转换阀柱塞上的凹槽流入重联阀活塞下侧，使活塞克服上侧弹簧的作用，带动活塞杆上移，并脱离与止回阀的接触。止回阀在其弹簧作用下，关闭阀口，切断了平均管与止回阀下侧制动缸通路的连通，但作用管经活塞杆上的凹槽与平均管沟通。制动缸遮断阀在总风联管的压力空气作用下，仍与本务位一样，使止回阀开放，制动缸通路沟通后被重联阀止回阀遮断。

在此位置，由于作用管与平均管沟通，本务机车制动缸的压力变化将通过平均管传入重联机车的作用管，重联机车上的分配阀均衡部将根据作用管的压力变化，使重联机车的制动缸压力产生变化，保持了与本务机车制动缸压力协调一致。

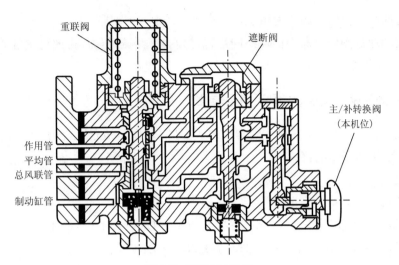

图 6-96　重联阀本机位

在列车管减压制动时，重联机车分配阀主阀部也将产生制动作用，工作风缸将向作用管充风，即向平均管和本务机车制动缸均衡。由于机车分配阀采用间接方式控制制动缸压力，该压力不会引起本务机车的制动缸压力变化，同时重联机车的制动缸压力也不会受影响。同样重联机车误动"单阀"引起的重联机车作用管的充、排气，也不会引起本务和重联机车的制动缸压力的变化。所有重联运行的机车制动缸压力只受本务机车的控制。

运行中一旦机车间发生断钩分离，列车管、总风联管、平均管等连接软管均断裂，由于总风联管内的压力下降，制动缸遮断阀仍与本机位一样，止回阀关闭，制动缸管被遮断。在重联阀部，同样由于总风联管内的压力空气下降，重联阀活塞在其上侧弹簧作用下，带动活塞杆下移，顶开止回阀，自动转换到本机位，即原沟通的平均管与作用管的通路将切断，作用管压力空气被活塞杆上O形圈遮断，防止了作用管压力空气经断裂的平均管排入大气。此时由于列车管压力快速排入大气，重联机车分配阀也将自动产生紧急制动。

第十五节　DK-1型空气制动机的综合作用

机车制动机的综合作用习惯上是根据自阀、单阀手柄位置的变换（该变换是由操纵列车/机车实际运行情况而决定）而确定的机车制动机各主要部件之间的相互关系和作用规律。DK-1型机车制动机的综合作用按自动制动作用、单独制动作用两方面进行介绍。

一、自动制动作用

自动制动作用，即DK-1型机车制动机处于电空位，单阀手柄置运转位，操纵自阀手柄在各位置时的综合作用。该作用用于操纵全列车的制动、保压与缓解。

自动制动通过操作自阀手柄在不同位置，控制均衡风缸压力，再通过中继阀控制列车管压力，通过分配阀控制制动缸压力。

（一）自阀手柄运转位，单阀手柄运转位

该位置是列车运用中，自阀手柄常放位置，是向全列车初充风、再充风缓解列车制动以及列车正常运用所采用的位置。

1. 电路

主要输入：

（1）导线899（电源）→自阀1AC→导线803→DKL（输入板第13点灯亮）。

（2）导线899（电源）→自阀1AC→导线807→DKL（输入板第12点灯亮）。

（3）导线899（电源）→单阀1AC→导线813a→DKL（输入板第6点灯亮）。

主要输出：

（1）缓解电空阀258得电（DKL输出板第14点灯亮）。

（2）排1电空阀254得电（DKL输出板第4点灯亮）。

2. 气路

（1）总风→塞门157→调压阀55（整定压力为列车管定压）→缓解电空阀258→均衡风缸（压力上升至列车管定压）。

（2）总风遮断阀181左侧控制压力空气→中立电空阀253YV→大气。

（3）列车管遮断阀182左侧控制压力空气→遮断电空阀→大气。

（4）作用管（包括分配阀容积室）压力空气→排1电空阀254下阀口→大气。

（二）自阀中立位，单阀运转位

中立位是操纵列车常用制动前的准备和常用制动后的保压的工作位置。根据作用不同可以分为制动前中立位和制动后中立位。

1. 电路

主要输入：

（1）导线899（电源）→自阀1AC→导线807→DKL（输入板第12点灯亮）。

（2）导线899（电源）→自阀1AC→导线805→DKL（输入板第9点灯亮）。

（3）导线899（电源）→单阀1AC→导线813a→DKL（输入板第6点灯亮）。

主要输出：

（1）中立电空阀253得电（DKL输出板第2点灯亮）。

（2）制动电空阀257得电（DKL输出板第6点灯亮）。

如为制动前的中立位，因均衡风缸还未减压，压力开关209将开通另一条电路，使缓解电空阀258得电（DKL输出板第14点灯亮）。

2. 气路

(1) 总风→塞门 157→中立电空阀 253→总风遮断阀 181 左侧,切断总风进入中继阀的通路。

(2) 制动前中立位:总风→塞门 157→调压阀 55(整定压力为列车管定压)→缓解电空阀 258→均衡风缸。均衡风缸充风通路仍然存在(均衡风缸压力不变)。

(3) 制动后中立位:均衡风缸→缓解电空阀 258→初制风缸。由于制动电空阀 257 得电,均衡风缸不再减压而保压。

(三) 自阀制动位,单阀运转位

该位置是操纵列车常用制动的工作位置。自阀手把在该位置停留时间的长短,控制着列车管从最小常用制动减压量开始的各种不同减压量,它与自阀中立位配合使用可使列车管实现阶段常用减压,实现列车的常用制动。

1. 电路

主要输入:

(1) 导线 899(电源)→自阀 1AC→导线 806→DKL(输入板第 10 点灯亮)。

(2) 导线 899(电源)→自阀 1AC→导线 805→DKL(输入板第 9 点灯亮)。

(3) 导线 899(电源)→单阀 1AC→导线 813a→DKL(输入板第 6 点灯亮)。

(4) 导线 899(电源)→209sA→DKL(输入板第 15 点灯亮)。

主要输出:

中立电空阀 253YV 得电(DKL 输出板第 3 点灯亮)。

2. 气路

(1) 由于缓解电空阀 258 失电,其充风阀口关闭,切断了均衡风缸的充风通路。而此时制动电空阀 257 也失电,使得:均衡风缸压力空气→缓解电空阀 258 上阀口→制动电空阀 257→大气。

(2) 总风→塞门 157→中立电空阀 253→总风遮断阀 181 左侧,切断总风进入中继阀的通路。

(四) 自阀重联位,单阀运转位

该位置是重联机车的运行位,也是换端操作时钥匙取出位及非操纵端使用的位置。

1. 电路

主要输入:

(1) 导线 899(电源)→自阀 1AC→导线 811a→DKL(输入板第 8 点灯亮)。

(2) 导线 899(电源)→单阀 1AC→导线 813a→DKL(输入板第 6 点灯亮)。

(3) 导线 899(电源)→209sA→DKL(输入板第 15 点灯亮)。

主要输出:

(1) 中立电空阀 253 得电(DKL 输出板第 3 点灯亮)。

（2）制动电空阀 257 得电（DKL 输出板第 6 点灯亮）。

（3）重联电空阀 259 得电（DKL 输出板第 5 点灯亮）。

（4）遮断电空阀 255 得电（DKL 输出板第 11 点灯亮）。

2. 气路

（1）总风→塞门 157→中立电空阀 253→总风遮断阀 181 左侧，切断总风进入中继阀的通路。

（2）总风→塞门 157→遮断电空阀 255→列车管遮断阀 182 左侧，切断列车管进入中继阀的通路。

（3）均衡风缸→重联电空阀 259→列车管。

（五）自阀紧急位，单阀运转位

该位置是列车运用中紧急停车所使用的位置。

1. 电路

主要输入：

（1）导线 899（电源）→自阀 1AC→导线 804→DKL（输入板第 11 点灯亮）。

（2）导线 899（电源）→单阀 1AC→导线 811a→DKL（输入板第 8 点灯亮）。

（3）导线 899（电源）→209sA→DKL（输入板第 15 点灯亮）。

（4）导线 899（电源）→95sA→464Qs→DKL（输入板第 14 点灯亮）。

主要输出：

（1）中立电空阀 253 得电（DKL 输出板第 3 点灯亮）。

（2）重联电空阀 259 得电（DKL 输出板第 5 点灯亮）。

（3）紧急电空阀 =28-Y01 得电（DKL 输出板第 1 点灯亮）。

（4）制动电空阀 257 得电（DKL 输出板第 6 点灯亮）。

2. 气路

（1）总风→塞门 157→紧急电空阀 =28-Y01→板式放风阀 94 膜板下方（沟通列车管排大气通路）。

（2）由于列车管压力急剧下降，紧急室压力来不及通过缩孔逆流到列车管，紧急活塞失去平衡下移并压下夹心阀，开放列车管排风阀口，进一步加速列车管的排风。同时带动下部电联锁改变电路。

（3）总风→塞门 157→中立电空阀 253→总风遮断阀 181 左侧，切断总风进入中继阀的通路。

（4）均衡风缸→重联电空阀 259→列车管（随列车管排入大气）。

二、单独制动作用

单独制动作用，即 DK-1 型机车电空制动机处于电空位，自阀手柄处于运转位，操纵单阀手柄在各位置时的综合作用,它还包括自阀处于制动位后中立位,单阀手柄置于缓解位时的综合作用。该作用用于单独操纵机车的制动、保压与缓解。

(一)自阀运转位,单阀制动位

该位置是单独操纵机车制动的作用位置,它与单阀中立位配合可单独使机车实现阶段制动。

1. 电路

主要输入:

(1)导线 899(电源)→自阀 1AC →导线 803 → DKL（输入板第 13 点灯亮）。

(2)导线 899(电源)→单阀 1AC →导线 807 → DKL（输入板第 12 点灯亮）。

(3)导线 899(电源)→单阀 1AC →导线 815 → DKL（输入板第 4 点灯亮）。

主要输出:

(1)缓解电空阀 258 得电(DKL 输出板第 14 点灯亮)。

(2)单制电空阀 244 得电(DKL 输出板第 9 点灯亮)。

2. 气路

(1)总风→塞门 134 →调压阀 51（整定压力为 300kPa）→单制电空阀 244 →分配阀容积室。

(2)总风→塞门 157 →调压阀 55（整定压力为列车管定压）→缓解电空阀 258 →均衡风缸(压力上升至列车管定压)。

(二)自阀运转位,单阀中立位

该位置为机车单独制动前的准备以及单独制动后的保压。

1. 电路

主要输入:

(1)导线 899(电源)→自阀 1AC →导线 803 → DKL（输入板第 13 点灯亮）。

(2)导线 899(电源)→单阀 1AC →导线 807 → DKL（输入板第 12 点灯亮）。

(3)导线 899(电源)→单阀 1AC →导线 814 → DKL（输入板第 5 点灯亮）。

主要输出:

缓解电空阀 258 得电(DKL 输出板第 14 点灯亮)。

2. 气路

总风→塞门 157 →调压阀 55（整定压力为列车管定压）→缓解电空阀 258 →均衡风缸(压力上升至列车管定压)。

由于容积室压力空气与外界的通路切断,制动缸压力保持不变。

(三)自阀运转位,单阀缓解位

该位置为单独缓解机车但较运转位快。

1. 电路

主要输入：

(1) 导线899（电源）→自阀1AC→导线803→DKL（输入板第13点灯亮）。

(2) 导线899（电源）→单阀1AC→导线807→DKL（输入板第12点灯亮）。

(3) 导线899（电源）→单阀1AC→导线809→DKL（输入板第7点灯亮）。

(3) 导线899（电源）→单阀1AC→导线813a→DKL（输入板第6点灯亮）。

主要输出：

(1) 缓解电空阀258YV得电（DKL输出板第14点灯亮）。

(2) 排1电空阀254得电（DKL输出板第4点灯亮）。

(3) 单缓电空阀=28-Y07得电（DKL输出板第10点灯亮）。

2. 气路

(1) 总风→塞门157→调压阀55（整定压力为列车管定压）→缓解电空阀258→均衡风缸（压力上升至列车管定压）。

(2) 分配阀容积室压力空气→单缓电空阀=28-Y07→大气。

(3) 分配阀容积室压力空气→排1电空阀254→大气。

第十六节　平板车制动系统

平板车制动系统由空气制动装置、基础制动装置和手制动装置等组成。

一、空气制动装置

空气制动装置由软管连接器、折角塞门、副风缸、集尘器、工作风缸、缓解阀、制动缸、103E型货车空气分配阀、空重车转换装置等组成，其制动原理如图6-97所示。

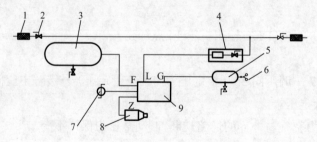

图6-97　空气制动原理图

1-制动软管连接器；2-折角塞门；3-副风缸；4-集尘器；5-工作风缸；6-缓解阀；7-空重车转换装置；8-制动缸；9-103E型分配阀

103E型货车分配阀是空气制动装置的主要部件，它为二压力机构（制动管和工作风缸）

间接作用式,与制动管、制动缸、副风缸相通。它依靠制动管压力的变化来控制工作风缸和容积室的压力,再由工作风缸的压力来控制副风缸的充气,由容积室压力的变化来控制制动缸的充气、保压和排气。制动管增压时,制动管的风进入工作风缸,再经充气阀、止回阀进入副风缸,同时容积室压力空气经滑阀通路排大气,于是制动缸的压力空气排大气,使制动机缓解;制动管减压时,工作风缸的风进入容积室,打开均衡阀,使副风缸的压力空气进入制动缸,产生制动作用。103E型货车空气分配阀每六个月应在705型分配阀试验台上作检查保养。

在空车运行时,请将空重车转换装置扳至空车位。当单车装载货物后总重超过34t时,则应将空重车转换装置扳至重车位。

二、基础制动装置

基础制动装置是将制动缸活塞的推力经杠杆系统增大后传给闸瓦压紧车轮,通过轮轨的黏着产生制动作用。基础制动装置由制动缸所驱动的杠杆系统和闸瓦组成。闸瓦为标准货车铸铁闸瓦。基础制动采用单侧制动,每一个轮对有两块闸瓦,安装在每个车轮内侧。

由于闸瓦经常磨损需要定期检查,调整闸瓦间隙。调整时松动闸瓦间隙调整机构锁紧螺母,转动调整套,使闸瓦接近车轮踏面,保持轮瓦间隙在合适范围内,通过紧固闸瓦平衡螺母压缩平衡弹簧,可调整闸瓦上下间隙,使轮瓦接触均匀;调整闸瓦间隙时,制动缸活塞行程运用范围为:空车位85～135mm;重车位100～140mm,如图6-98所示。

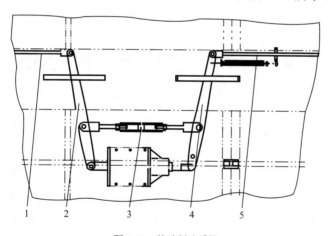

图6-98 基础制动系统

1- 二位上拉杆;2- 制动枕后拉杆;3- 闸瓦间隙调整机构;4- 制动缸前拉杆;5- 一位上拉杆

三、手制动装置

平车手制动装置由棘轮、棘子(棘子)、手制动链轴等组成。在施行制动时,先将棘子的一端嵌卡在棘轮的槽内,棘子的另一端固定在棘轮托板上,以防棘轮逆转,然后双手按顺时针方向转动手轮，手制动链轴一起转动，手制动拉杆上的链条被卷在手制动链轴上，带动手制动拉杆产生制动作用。缓解时，将棘子从棘轮的槽内移开，使棘子离开棘轮，手制动链轴随其反拨力逆转，恢复缓解位置，如图6-99所示。

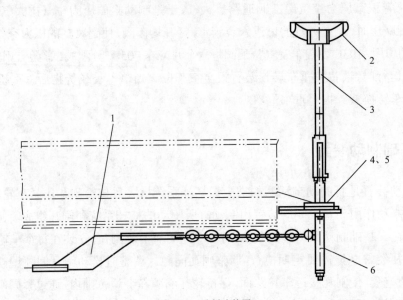

图6-99 手制动装置

1-手制动拉杆；2-制动手轮；3-上转轴；4-棘轮；5-棘子；6-下转轴

第十七节　单元制动器结构及原理

一、概述

城市轨道交通车辆用踏面制动单元是车辆的基础制动部件，其中TMZ03-XX、TMZ04-XX（XX代表制动倍率，以下同此）型踏面制动单元为车辆提供常用制动。TMZ03-XX-T、TMZ04-XX-T型带停放踏面制动单元为车辆提供常用制动和停放制动。本节旨在说明城市轨道车辆用踏面制动单元日常使用、动作原理及简单维护说明。

二、适用范围

本节内容适用于城市轨道交通使用的TMZ03-XX型、TMZ04-XX型、TMZ03-XX-T型、TMZ04-XX-T型踏面制动单元，以下统称TMZ型踏面制动单元。

三、TMZ 型踏面制动单元主要技术参数

(1) 常用制动缸/弹簧制动缸直径：178mm。
(2) 常用制动缸活塞有效面积：248.7cm^2；弹簧制动缸活塞有效面积：245.6cm^2。
(3) 闸瓦托最大伸长量：不小于 125mm。
(4) 常用制动闸瓦一次制动最大行程 L：≥ 16mm。
(5) 停放制动闸瓦一次制动最大行程 L：≥ 15mm。
(6) 闸瓦与车轮踏面间隙 X=10mm±1mm。
(7) 停放制动完全缓解压力：≤ 480kPa。

四、TMZ 型踏面制动单元结构

1. 踏面制动单元内部结构

制动单元内部结构如图 6-100、图 6-101 所示。

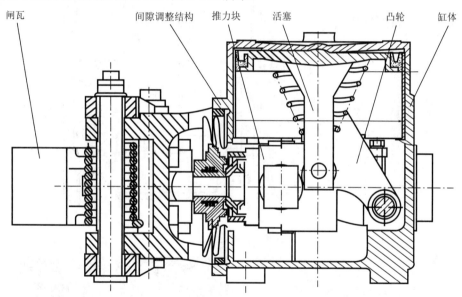

图 6-100　踏面制动单元结构图（常用）

2. 踏面制动单元外观

踏面制动单元外观如图 6-102、图 6-103 所示。

五、TMZ 型踏面制动单元特性

1. 凸轮放大机构

踏面制动单元力的放大机构采用凸轮放大原理，通过改变凸轮轮廓控制制动倍率，使踏

面制动单元的制动倍率可按使用要求进行设计。该凸轮放大机构使制动单元结构紧凑、输出力大、范围广，如图 6-104 所示。

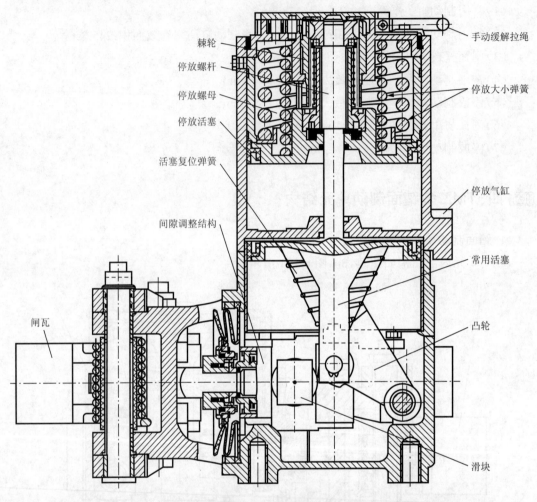

图 6-101　踏面制动单元结构图（带停放功能）

图 6-102　踏面制动单元（常用）

图 6-103　踏面制动单元（带停放功能）

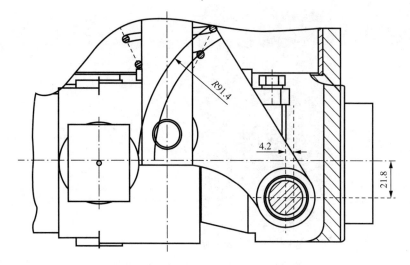

图 6-104 踏面制动单元凸轮放大机构(尺寸单位:mm)

2. 间隙调整机构

图 6-105 所示为 TMZ 型踏面制动单元间隙调整结构,该结构通过推力螺母和调节螺母与丝杆作用,使闸瓦与车轮踏面的间隙始终保持在恒定范围,确保装置的制动效率,通过调整 U 部位的尺寸可实现间隙调整的模块化设计。更换闸瓦时,可旋转复位螺母使丝杆快速回位。

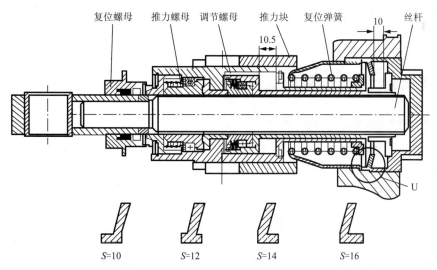

图 6-105 踏面制动单元间隙调整机构(尺寸单位:mm)

3. 闸瓦摆动调节

TMZ 型踏面制动闸瓦托与调节头之间采用摩擦副结构调整其摆动角度,当制动时在输出力的作用下,通过碟簧、摩擦块来施加恰当的力。保证了车辆振动时,闸瓦托不会随振动而发生摇晃摆动;而在制动时,在足够的闸瓦正压力作用下,闸瓦托能发生摆动,以便闸瓦能更好地贴紧车轮踏面,如图 6-106 所示。

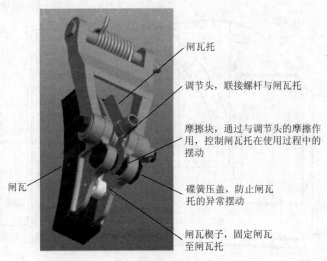

图 6-106　踏面制动单元闸瓦托摆动原理图

4. 快速缓解

停放制动缸具有快速缓解特性。该型踏面制动单元的停放制动缸是根据释放弹簧压缩力,施以闸瓦压力,使车辆自动实现静止停车。当需要手缓解时,拉动手动缓解装置,即可彻底缓解,具有快速缓解特性。

5. 全封闭结构

踏面制动单元采用全封闭结构,雨雪、灰砂不会浸入制动单元壳体内,确保产品使用的可靠性。

六、踏面制动单元作用原理

1. 常用踏面制动单元作用原理

如图 6-107 所示,制动时,压缩空气进入制动缸,克服活塞复位弹簧(4)作用力,推动活塞(6)向下移动,并推动止推环(10)及间隙调整本体(4)向前移动,推动调节头(1)带动闸瓦托并使闸瓦与车轮踏面接触,从而达到制动效果。

2. 间隙调整原理

当有间隙调整时,或闸瓦距车轮踏面的距离大于 X 时,此时的制动位置如图 6-108 所示。首先整个止推环、间隙调整装置及主轴向前移动 X,止动环贴紧止挡盘。凸轮继续旋转,在主轴与联接管的作用下,走刀螺母与联接管的端面齿分离,走刀螺母发生旋转,致使主轴及整个间隙调整装置向前移动距离 V。整个过程主轴向前移动距离为 $X+V$。

制动缓解时,装置需重新回到缓解位(但主轴只需回复距离 X)。首先在复位弹簧作用下,主轴、间隙调整等整个部件往后回复 X。然后在复位弹簧的持续作用下,导致定位螺母与推力螺母的端面齿分离,此时推力螺母发生原地旋转,致使间隙调整装置沿主轴往后回复距离 V,如图 6-109 所示。

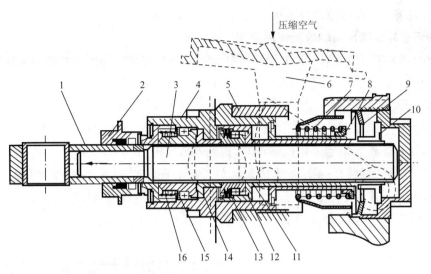

图 6-107 单元制动作用传递原理

1-调节头；2-调节螺母；3-主轴；4-间隙调整本体；5-止推环；6-活塞；7-主轴复位弹簧；8-弹簧座；9-止挡盘；10-止动环；11-联接管；12-走刀螺母；13-碟簧；14-定位螺母；15-推力螺母；16-推力弹簧

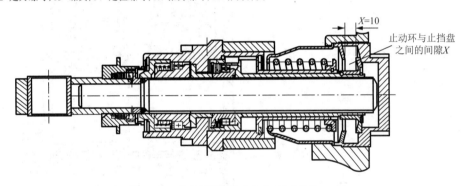

图 6-108 发生间隙调整前状态（尺寸单位：mm）

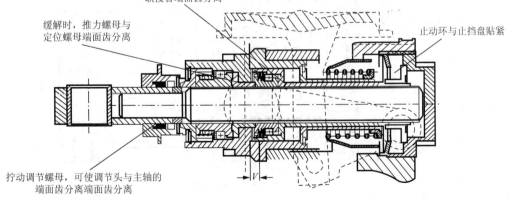

图 6-109 发生间隙调整后状态

如需更换闸瓦时，可进行手动间隙调整。用扳手拧动调节螺母，可使调节头与主轴间端面齿分离,可将主轴在间隙调整机构内旋转着拧进或拧出。

3. 带停放功能踏面制动单元作用原理

TMZ03-XX-T、TMZ04-XX-T型踏面制动单元是带有停放功能的基础制动装置。通过给停放制动缸内充气,可实现对停放制动的缓解;停放制动时,在弹簧的作用下通过螺杆推动常用制动活塞实现制动。

在缓解位时,踏面制动单元的停放缸充入压缩空气,使停放活塞向上移动,停放大小弹簧被压缩,储存能量。当需要停放制动时,排除停放缸内的气体,则停放活塞在弹簧力的作用下向下运动,此时拉钩与棘轮处于锁紧状态(棘轮不能旋转),在停放弹簧力作用下,活塞向下运动,通过压盖压紧停放螺母(接触锥面压紧),停放螺母和停放螺杆同时向下,通过压缩常用制动的活塞实现制动,如图6-110所示。

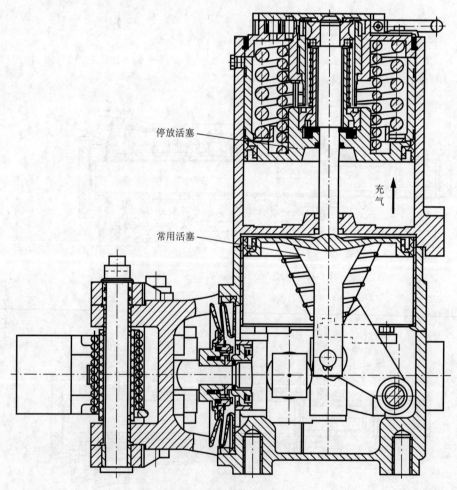

图6-110 停放制动缸缓解位置

4. 手动缓解原理

在停放制动状态下,拉动手动缓解拉索,带动拉钩与棘轮脱离啮合(锁紧销在锁紧销弹簧的作用下向下滑动,卡住拉钩使其不能再啮合)。此时,在停放弹簧力作用下,活塞向下运动,锥面处于压紧状态,停放螺母不能转动,沿活塞向下运动;同时,在螺旋轴压缩弹簧的作用下,停放螺杆有向上运动的趋势,而停放螺杆与棘轮由键连接,因此在扭转力作用下,停放螺杆与棘轮发生旋转,沿停放螺母的螺纹旋转向上到顶端。至此,活塞到达最底端,螺杆到达最顶端,实现停放制动的手动缓解。

第七章 传动系统

岗位应知应会

1. 了解液力耦合器的结构组成及工作原理。
2. 了解液力变矩器的结构组成及工作原理。
3. 了解齿轮变速器内部结构及工作原理。
4. 熟悉卡特972G液力—机械传动箱的构造及原理。
5. 掌握轨道车传动系统的循环回路。
6. 掌握传动轴及车轴齿轮箱的结构形式。
7. 对轨道车液力—机械传动过程有清晰的认识。
8. 熟知从发动机到车轴的动力传递过程。
9. 掌握传动轴及车轴齿轮箱的维护保养内容。

重难点

1. 液力变矩器的结构及原理。
2. 行星齿轮减速机构的结构组成。
3. 一级与二级车轴齿轮箱的结构和功能区别。

按传递能量方式,现有机车的传动装置可分为机械传动、电力传动和液力传动等形式。城市轨道交通工程车辆大多采用液力—机械传动的内燃轨道车,同时随着蓄电池及牵引逆变器技术的发展,电力传动的工程车也开始在城市轨道交通行业得到推广和应用。液力传动式轨道车具有无级变速、操纵简单、起动及加速平稳、牵引性能良好、工作可靠性好、使用寿命长、功率大等优点,在城市轨道交通内燃机车上得到了普遍的应用。城市轨道交通大部分内燃工程车均采用液力—机械传动方式,所以此章节以卡特972G液力传动箱为例讲解液力—机械传动的相关知识。

第一节 液力变矩器结构及工作原理

液力传动装置的主要组成部分是液力传动箱、车轴齿轮箱、换向机构和相互联结的万向轴等,如图7-1所示。它的核心元件是液力传动箱中的液力变矩器,主要由泵轮、涡轮和导向轮组成。泵轮通过轴和齿轮与柴油机的曲轴相连,涡轮通过轴和齿轮与机车的动轮相连,导向轮固定在变矩器的外壳上,并不转动。当柴油机启动时,泵轮被带动高速旋转,泵轮叶片则带动工作油以很高的压力和流速冲击涡轮叶片,使涡轮与泵轮以相同的方向转动,再通过齿轮把柴油机的输出功率传递到机车的动轮上,从而使机车运行。

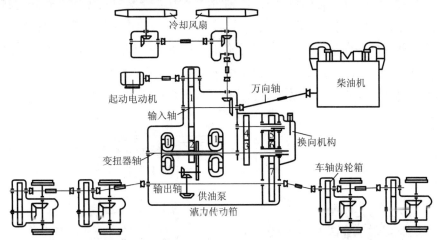

图 7-1　内燃机车液力传动装置结构示意图

液力传动装置通常有液力耦合器和液力变矩器两种,二者均属于液力传动,即通过液体的循环液动,利用液体动能的变化来传递动力。

一、液力耦合器的结构与工作原理

(一)液力耦合器的结构组成

液力耦合器是一种液力传动装置,又称液力联轴器。在不考虑机械损失的情况下,其输出力矩与输入力矩相等。它的主要功能有两个方面,一是防止发动机过载,二是调节工作机构的转速。其结构主要由壳体、泵轮、涡轮三个部分组成,如图 7-2 所示,液力耦合器的壳体安装在发动机飞轮上,泵轮与壳体焊接在一起,随发动机曲轴的转动而转动,是液力耦合器的主动部分;涡轮和输出轴连接在一起,是液力耦合器的从动部分。泵轮和涡轮相对安装,统称为工作轮。在泵轮和涡轮上有径向排列的平直叶片,泵轮和涡轮互不接触。两者之间有一定的间隙(3～4mm);泵轮与涡轮装合成一个整体后,其轴线断面一般为圆形,在其内腔中充满液压油。

图 7-2　耦合器组成结构简图
1- 泵轮;2- 涡轮;3- 壳体

(二)液力耦合器的工作原理

对照图 7-3 分析,当发动机运转时,曲轴带动液力耦合器的壳体和泵轮一同转动,泵轮叶片内的液压油在泵轮的带动下随之一起旋转,在离心力的作用下,液压油被甩向泵轮叶片外缘处,并在外缘处冲向涡轮叶片,使涡轮在液压冲击力的作用下旋转;冲向涡轮叶片的液压油沿涡轮叶片向内缘流动,返回到泵轮内缘的液压油,又被泵轮再次甩向外缘。液压油就这样从泵轮流向涡轮,又从涡轮返回到泵轮而形成循环的液流。

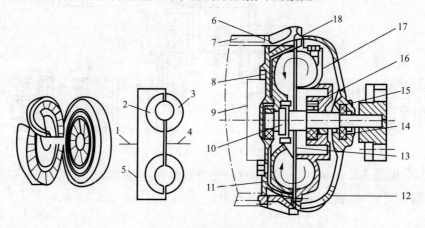

图 7-3 液力耦合器组成示意图

1- 曲轴;2、8- 涡轮;3、17- 泵轮;4、10- 从动轴;5- 接盘;6- 内罩壳;7- 发动机飞轮壳;9- 发动机飞轮;11- 壳体;12- 外罩壳;13- 挡流板;14、16- 轴承;15- 油封;18- 密封垫

液力耦合器中的循环液压油,在从泵轮叶片内缘流向外缘的过程中,泵轮对其作功,其速度和动能逐渐增大;而在从涡轮叶片外缘流向内缘的过程中,液压油对涡轮作功,其速度和动能逐渐减小。液力耦合器要实现传动,必须在泵轮和涡轮之间有油液的循环流动。而油液循环流动的产生,是由于泵轮和涡轮之间存在着转速差,使两轮叶片外缘处产生压力差所致。如果泵轮和涡轮的转速相等,则液力耦合器不起传动作用。因此,液力耦合器工作时,发动机的动能通过泵轮传给液压油,液压油在循环流动的过程中又将动能传递给涡轮输出。由于在液力耦合器内只有泵轮和涡轮两个工作轮,液压油在循环流动的过程中,除了受泵轮和涡轮之间的作用力之外,没有受到其他任何附加的外力。根据作用力与反作用力相等的原理,液压油作用在涡轮上的扭矩应等于泵轮作用在液压油上的扭矩,即发动机传给泵轮的扭矩与涡轮上输出的扭矩相等,这就是液力耦合器的传动特点。

二、液力变矩器的结构与工作原理

液力变矩器是液力传动中的又一种形式,是构成液力自动变速器不可缺少的重要组成部分之一。它装置在发动机的飞轮上,其作用是将发动机的动力传递给自动变速器中的齿轮机构,并具有一定的自动变速、变矩功能。自动变速器的传动效率主要取决于变矩器的结构和性能。

(一)液力变矩器的结构组成

液力变矩器的结构与液力耦合器基本相似,但在泵轮和涡轮之间加入一个固定不动的工作轮——导轮。液力变矩器主要由可旋转的泵轮和涡轮,以及固定不动的导轮三个元件组成,主要零件如图 7-4 所示,各工作轮用铝合金精密铸造,或用钢板冲压焊接而成。泵轮与变矩器壳连成一体,用螺栓固定在发动机曲轴后端的凸缘上或飞轮上,壳体做成两半,装配后焊成一体或用螺栓连接,涡轮通过从动轴与变速器的其他部件相连,导轮则通过导轮轴与变速器的固定壳体相连。所有工作轮在装配后,形成断面为循环圆的环状体。泵轮、涡轮和导轮是液力变矩器转换能量、传递动力和改变转矩必不可少的基本工作元件。

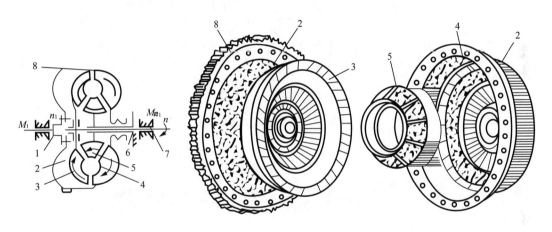

图 7-4 液力变矩器结构组成

1- 发动机曲轴;2- 变矩器壳;3- 涡轮;4- 泵轮;5- 导轮;6- 导轮固定套筒;7- 从动轴;8- 启动齿圈

(二)液力变矩器的工作原理

液力变矩器工作原理如图 7-5 所示。

当发动机启动后,液力变矩器的泵轮被带动高速旋转,此时向变矩器里充进工作油,就会被高速转动的泵轮叶片带动一起转动。由于离心力的作用,使工作油从泵轮叶片流出时具有很高的压力和流速。这样的工作油冲出涡轮叶片,使涡轮与泵轮以相同方向转动,通过齿轮把发动机的输出功率最后传到机车动轮上,使机车运行。当机车起动或低速运行时,液力变矩器中的涡轮转速很低,工作油对涡轮叶片的压力很大,从而满足了机车牵引力大的要求;当涡轮转速随着行车运行速度的提高而加快时,工作油对涡轮叶片的压力也逐渐减小,正好满足高速行车时对牵引力小的要求。由此,发动机发出的大小基本不变的转矩,经过变矩器后就能变成满足机车牵引要求的机车牵引力。当车辆需要惰性运行或制动时,司机只需操纵手柄,将变矩器中的工作油排出,让它流回油箱,使泵轮和涡轮之间失去联系,发动机的转矩就不能传给机车的车轮了。

工作油作为传递能量的介质,从泵轮上得到高压、高速的能量,传到涡轮,从涡轮叶片流出后,经导向轮叶片的引导,又重新回到泵轮。就这样,工作油从泵轮→涡轮→导向轮→泵轮,组成一个循环圆结构,如此往复循环,不断地把发动机的功率传输给机车动轮。

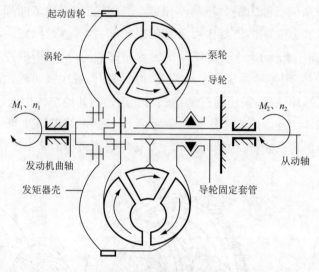

图 7-5 液力变矩器原理图

第二节 齿轮变速器结构及工作原理

液力变矩器虽能在一定范围内自动、无级地改变转矩比和转速比,但存在传动效率低的缺点,且变矩范围最多只能达到 2～4 倍,难以满足机车使用要求。

采用液力变矩器与齿轮变速器串联组成的液力自动变速器,可加大变矩范围,并可得到倒挡和空挡。与变矩器一起配合使用的一般是行星齿轮变速器。行星齿轮变速器由行星齿轮机构和换挡执行机构两部分组成。

一、行星齿轮机构

最简单的行星齿轮机构,由一个太阳轮,一个内齿轮,一个行星架及若干行星齿轮组成,如图 7-6 所示。一般称为单排行星齿轮,三个件是行星排的三个基本构件,且它们具有公共的固定轴线。

按齿轮排数的不同,行星齿轮机构分为单排行星齿轮机构和多排行星齿轮机构。图 7-7a)为单排行星齿轮机构,图 7-7b)为多排行星齿轮机构,它由几个单排行星齿轮机构组成。自动变速器中的行星齿轮变速器采用的就是多排行星齿轮机构。

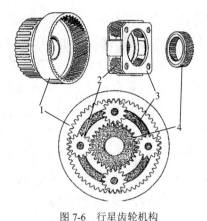

图 7-6 行星齿轮机构

1- 内齿轮;2- 行星齿轮;3- 行星架;4- 太阳轮

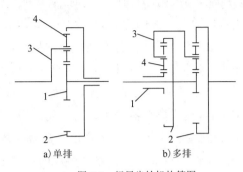

a) 单排　　　　b) 多排

图 7-7 行星齿轮机构简图

1- 太阳轮;2- 齿圈;3- 行星架;4- 行星齿轮

二、行星齿轮变速器换挡执行机构

行星齿轮变速器中所有的齿轮都是处于常啮合状态,其挡位变换必须通过以不同的方式对行星齿轮机构的基本元件进行约束(即固定或连接某些基本元件)来实现。能对这些基本元件实施约束的机构,就是行星齿轮变速器的换挡执行机构。

行星齿轮变速器的换挡执行机构由离合器、制动器、单向离合器三种执行元件组成,起连接、固定和锁止作用。

(一)离合器

1. 离合器的结构

自动变速器中所用的离合器为湿式多片式离合器。通常由离合器鼓、离合器活塞、复位弹簧、离合器钢片、离合器摩擦片、离合器毂等部件组成,如图 7-8 所示。

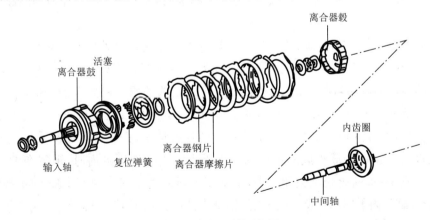

图 7-8 离合器零件分解图

离合器鼓作为离合器的外壳,是一个液压油缸,鼓内有内花键齿圈,与离合器钢片的外花键齿相啮合,内圆轴颈上有进油孔与控制油路相通。离合器活塞为环状,内外圆上有密封圈,安装在离合器鼓内,无油压作用时,活塞被复位弹簧推回至最内端,这时离合器处于分离状态。离合器总分离间隙为 0.5～2.0mm,其值取决于离合器片的片数、离合器在变速器中的位置,不同的生产厂家也有差别。通常离合器片数越多,或离合器交替工作越频繁,分离间隙就越大。间隙的大小可以用挡圈或压板进行调整。在使用中出现间隙过大,通常预示着离合器片磨损严重,应及时更换。否则有可能因间隙过大,复位弹簧被完全压缩,离合器仍未完全接合,造成离合器严重打滑。而出现间隙过小,往往是由于离合器片摩擦有翘曲,此时需要进行更换。因间隙过小会使离合器分离不彻底,增加离合器摩擦片的磨损。

离合器钢片外花键和离合器摩擦片内花键盘分别与离合器鼓和离合器毂相啮合,且交错排列,统称为离合器片,均使用钢材制成,但离合器摩擦片的两面烧结有铜粉末冶金的摩擦材料,与钢片组成钢—粉末冶金摩擦副。近年来也有以纸质或者合成纤维材料浸树脂代替粉末冶金材料。为保证离合器结合柔和及时散热,把离合器片浸在油液中工作,因而被称为湿式离合器。

离合器鼓和离合器毂分别以一定的方式与变速器输入轴和行星排的某个基本元件相连,与输入轴相连的通常为主动件,而另一个为从动件。

2. 离合器工作原理

当压力油经油道进入活塞左面的液压缸时,液压作用力克服复位弹簧的弹力使活塞右移,将所有离合器片压紧,即离合器接合,与离合器主、从动部分相连的输入轴及行星机构元件也被连接在一起,以相同的速度旋转。动力经输入轴、离合器钢片、离合器摩擦片传给齿圈,如图 7-9 所示。

当作用在离合器液压缸上的液压油压力消除时,离合器活塞在复位弹簧的作用下回复原位,并将缸内的变速器油从进油孔排出。离合器分离,离合器主、从动部分可以不同转速旋转。

离合器处于分离状态,离合器片之间有一定的轴向间隙,以保证钢片和摩擦片之间无轴向压力。

离合器处于分离状态时,活塞左端的油缸内不可避免地会残留有少量变速器液压油。当离合器鼓随同变速器输入轴或行星排某一元件一起旋转时,残留的变速器液压油在离心力的作用下被甩向液压缸的外侧,并在该处产生一定的油压。若离合器鼓的转速较高,该油压将推动活塞压向离合器片,力图使离合器接合,从而导致钢片和摩擦片间出现不正常滑磨,影响离合器片的使用寿命。为了防止出现这种情况,在离合器活塞或离合器鼓右端的壁面上设有一个由钢球组成的单向阀。当压力油进入液压缸内时,钢球在油压的作用下压紧在阀座上,单向阀处于关闭状态,保证了液压缸的密封。当液压缸内的液压油通过油路排出时,缸体内的压力下降,单向阀的钢球在离心力作用下离开阀座,阀处于开启状态,残留在缸内的液压油因离心力的作用从安全阀的阀孔中排出,使离合器得以彻底分离,如图 7-10 所示。

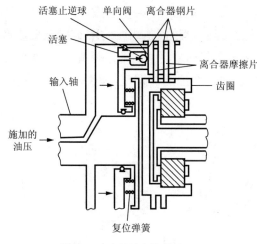
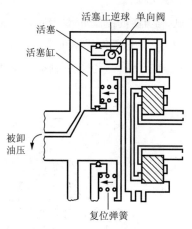

图 7-9 离合器结合状态图　　　　图 7-10 离合器分离状态图

（二）制动器

制动器的作用是固定行星齿轮机构中的某一基本元件,阻止其旋转。制动器一般分为湿式多片制动器和带式制动器。

1. 湿式多片式制动器

湿式多片式制动器结构与离合器结构相似,由制动器活塞、复位弹簧、制动器鼓、制动器摩擦片、制动器钢片等组成,如图 7-11 所示。

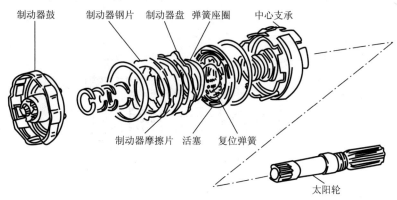

图 7-11 制动器零件分解图

湿式多片式制动器的工作原理与湿式离合器基本相同,只是其钢片通过外花键齿安装在变速器壳体的内花键齿圈上,摩擦片则通过内花键齿和制动器鼓上的外花键槽联接。制动器鼓与行星齿轮机构的元件相连。当液压缸中没有液压油时,制动器鼓可以自由旋转;当液压油进入制动器的液压缸后,通过活塞将钢片和摩擦片压紧在一起,制动器鼓以及与其相连的行星齿轮机构的某一元件被固定住而不能转动。

多片式制动器的工作平顺性较好,还能通过增减摩擦片的片数来满足不同排量发动机的要求。因此,近年来在轿车自动变速器中,多片式制动器使用得越来越多。

2. 带式制动器

带式制动器的制动带缠于制动鼓的外缘上。制动带的一端用一销钉固定在变速器的壳体上,而另一端与液压操纵的制动缸活塞相接触。制动缸活塞压缩内弹簧,在活塞连杆上运动,如图 7-12 所示。为了使制动带和制动鼓之间的间隙能够调整,有两种长度的活塞连杆供选择。

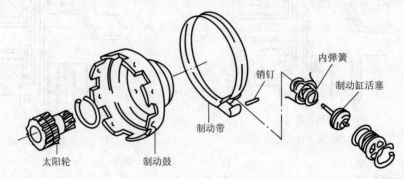

图 7-12 带式制动器结构图

当液压油压力施加在活塞上时,活塞就移至制动缸的左边,压缩外弹簧,活塞连杆随同活塞移至左边,推动制动带的一端。由于制动带的另一端固定在变速器壳体上,制动带的直径就变小,箍紧在制动鼓上,使之无法转动。这时,在制动带与制动鼓之间产生很大的摩擦力,使行星齿轮组中与制动鼓固定连接的元件无法转动。当制动缸中的液压油流出时,活塞和活塞连杆由于外弹簧的弹力而被推回,制动鼓就由制动带松开,如图 7-13 所示。

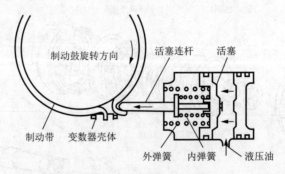

图 7-13 带式制动器的工作图

内弹簧有两个功能:一个是吸收制动鼓的反作用力,另一个是减少制动带箍紧制动鼓时所产生的振动。

当制动鼓高速转动时,制动带要箍紧它,就会受到一反作用力。若活塞与活塞连杆制成一整体,由于反作用力的作用,活塞就会产生振动。为避免这种情况,活塞通过一内弹簧与活塞连杆相连。当制动带受到反作用力时,活塞连杆被推回,压缩内弹簧,以吸收此反作用力,如图 7-14 所示。

当制动缸内液压油压力上升时,活塞与活塞连杆进一步压缩外弹簧,并在制动缸内运动,使制动带收缩,从而均匀地箍紧制动鼓。当活塞缸内油压进一步上升,而活塞连杆在活塞缸内无法再运动时,只有活塞运动,压紧内、外弹簧。当活塞开始接触活塞连杆垫圈时,活塞直接推动活塞连杆,制动带便以更大的压力箍紧制动鼓。

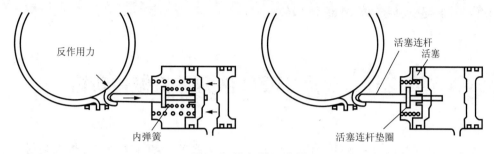

图 7-14　活塞减振工作图

制动带的位置可以设置成使收紧制动带作用力的方向与制动器鼓的转动方向一致,也可以设置成相反。如果制动带被设置成使作用力的方向与制动器鼓的转动方向一致,则制动器鼓的运动使制动带的箍紧力增大,而使所需的液压作用力减小。如果收紧制动带的运动方向与制动器鼓的转动方向相反,则鼓的运动使制动带的箍紧力减小,而使所需的液压作用力增大。

为了防止由于过快地制动引起行星齿轮机构元件换挡冲击,应使制动带在开始箍紧时有稍许打滑。随着制动带衬里的磨损,滑动量增大。由于磨损使制动带与制动器鼓之间的间隙增大,而使制动带的箍紧力减小。因此,大多数较早期的自动变速器的制动带需要定期调整。但是随着技术的改进,近期的自动变速器的制动带不再需要定期调整。在需要定期调整制动带的自动变速器上,用调整螺钉调整制动带与鼓之间的间隙,调整螺钉也用于固定制动带。过量的滑动会引起制动带烧蚀或不正常的磨损。

(三)单向离合器

单向离合器的作用是阻止行星齿轮机构的某一个元件相对于另一元件发生某一方向的运动。单向离合器有楔块式和滚柱式两种。楔块式单向离合器的结构和工作原理与液力变矩器中的单向离合器完全相同,在此不再叙述。

滚柱式单向离合器由内圈、外圈、弹簧等组成,如图 7-15 所示。在单向离合器的外圈内侧有均布的楔形槽,槽一端宽一端窄,槽内装有滚柱和弹簧,弹簧将滚柱推向槽较窄的一侧。

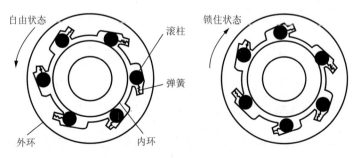

图 7-15　滚柱式单向离合器结构和工作原理

如果内圈固定而外圈逆时针转动，摩擦力推动滚柱压缩弹簧向槽宽的一侧移动，内外圈脱开，外圈可以转动。如果外圈顺时针方向转动，摩擦力和弹簧弹力使滚柱移向槽窄的一侧，使内外圈卡死连成一体，外圈不能转动。

第三节 卡特972G液力—机械传动箱

CY-220型重型轨道车采用美国卡特比勒公司生产的CAT C7型电控燃油喷射柴油发动机配套CAT 972G型液力—机械传动箱（与发动机组成动力单元），可实现自动换挡，液力换向。

卡特彼勒972G液力传动箱的传动形式采用液力—机械传动形式，其中液力变矩器为液力传动，变速器为机械传动，图7-16为传动箱变速器实物图。

972G液力传动箱变速器内设置6个液力离合器，可提供4个前进挡和4个后退挡。手动模式下，挡位和方向的转换可通过手动操作变速器换向换挡控制来实现。如果在自动模式下，自动换挡控制将完成挡位和方向的转换。变速换挡控制可根据变速换挡控制开关和发动机转速来确定自动换挡点。

动力单元电子控制系统通过电子控制变速器换挡换向。要使变速器换到所需挡位和方向，动力单元ECM需从变速器换挡换向控制接收操作指令。然后ECM向所选方向离合器调节阀（变速器离合器）发出信号。输出信号使调节阀（变速器离合器）电磁阀励磁。励磁后的调节阀可电子调节所选离合器油压。另外，ECM也可以进行自动换挡换向。ECM通过使用下列信号确保离合器的稳定闭合：发动机转速传感器、变矩器车速传感器、变速器速度传感器和变速器油温传感器。

图7-16 972G液力—机械传动箱变速器

另外，ECM还具有下列功能：空挡起动，走行控制，备用警报，自动换挡控制，变速换挡控制，车速限制，变速器空挡位装置等。

一、972G液力变矩器

（一）液力变矩器外部结构

图7-17为972G液力传动箱变速器变扭器与油泵驱动齿轮，变速器壳体(1)上安装有变速器作业油泵(4)和液力补偿油泵。变矩器壳体(1)位于飞轮壳和变速器壳体(6)之间。变

速器作用时,驱动齿轮(8)带动变速器油泵和补偿油泵驱动齿轮(2)转动。油泵驱动法兰(3)通过花键与变速器作业油泵(4)连接。液力补偿油泵紧固在变速器作业油泵(4)上。变矩器输出齿轮(7)可向行星变速器输入齿轮(9)传递转矩。

(二)变矩器内部结构及工作原理

变矩器内部结构如图 7-18 所示。转动件壳体(1)、泵轮(2)和油泵驱动齿轮(3)均由飞轮驱动。这些部件转动时作为一个整体,转速与发动机转速相同。变矩器油液通过支承总成(9)上的进油口流入变矩器。油液通过变矩器壳体上的通道直接流到进油口(4),然后再流经支承总成(9)和泵轮(2)内通道。泵轮(2)转动时,可作为油泵将油液压入涡轮(6)。涡轮用螺栓紧固在轮毂上。轮毂通过花键连接在输出轴(5)上。然后,涡轮中的油液流入静止的导轮(7)中。导轮与连接板(8)用花键连接。连接板与支承用花键连接。支承用螺栓固定在变矩器壳体上。压力油液经过支承(9)内通道,流到出油口(10)。然后从出油口流出,进入机油冷却器,在冷却器内冷却后流出到变速器,冷却并润滑变速器的各内部部件。

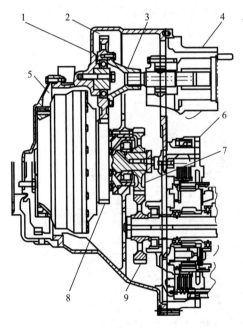 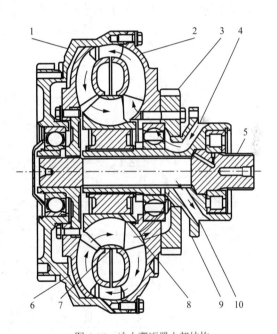

图 7-17 972G 液力传动箱变速器、变矩器与油泵驱动齿轮的联结

1- 变矩器壳体;2- 变速器和液力补偿油泵驱动齿轮;3- 油泵驱动法兰;4- 变速器油泵;5- 变速器;6- 变速器壳体;7- 变矩器输出齿轮;8- 驱动齿轮;9- 行星变速器输入齿轮

图 7-18 液力变矩器内部结构

1- 转动件壳体;2- 泵轮;3- 齿轮;4- 进油口;5- 输出轴;6- 涡轮;7- 导轮;8- 连接板;9- 支承总成;10- 出油口

液力变矩器由泵轮、涡轮和导轮组成。导轮固定在壳体上。泵轮、涡轮分别装在泵轮轴和涡轮轴上,变矩器内充满液力油。工作时发动机通过泵轮轴带动泵轮高速旋转,液力油获得很高速度和压力。这样使发动机的机械能转变为液力油的动能和压力能。液力油流出

泵轮进入涡轮,作用于涡轮的叶片上,推动涡轮旋转,液力油的动能和压力能再转为机械能。从涡轮流出的液力油进入导轮。导轮固定不动,不发生能量转换。在导轮导向下,液力油又重新流回泵轮,循环流动不已。液力变矩器实质上是一种力矩变换器。

二、972G 液力传动箱

(一)972G 液力传动箱变速器结构

变速器结构如图 7-19 所示。变速器安装在变矩器壳体和输出分动器箱之间。变速器输入功率可从变矩器经过变速器输入齿轮获得。变速器设有 6 个液压驱动离合器,可提供 4 个前进挡和 4 个后退挡。离合器 1 和离合器 2 距离变速器输入端最近。离合器 1 为后退方向离合器,离合器 2 为前进方向离合器。离合器 3,离合器 4,离合器 5 和离合器 6 为换挡离合器。离合器 3 提供 4 挡,离合器 4 提供 3 挡,离合器 5 提供 2 挡,离合器 6 提供 1 挡。换向离合器和换挡离合器必须同时起作用,以便功率通过变速器传递。

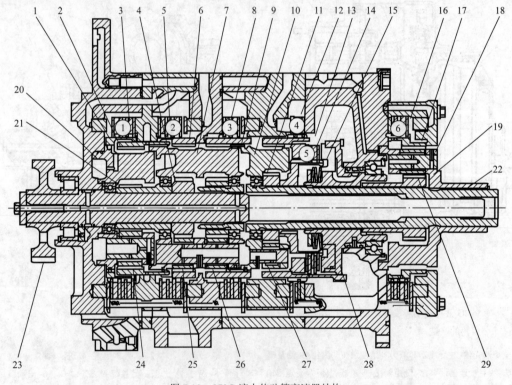

图 7-19　972G 液力传动箱变速器结构

1-连接齿轮;2-离合器 1 齿圈;3-离合器 1;4-中心齿轮 2;5-离合器 2;6-离合器 2 齿圈;7-行星架 2 和 3;8-离合器 3;9-离合器 3 齿圈;10-行星架;11-中心齿轮 4;12-离合器 4;13-离合器 4 齿圈;14-离合器 5;15-转动毂;16-离合器 6;17-离合器 6 齿圈;18-行星齿轮 6;19-油封;20-行星架 ;21-中心齿轮 1;22-输出轴;23-输入齿轮和输入轴;24-行星齿轮 1;25-行星齿轮 2;26-行星齿轮 3;27-行星齿轮 4;28-壳体总成;29-行星齿轮 6

(二)972G 液力传动箱变速器工作原理

图 7-20 为 972G 液力传动箱变速器。

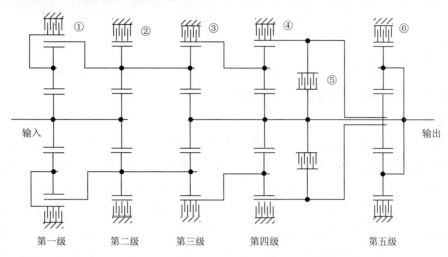

图 7-20　972G 液力传动箱变速器简图
①~⑥ - 离合器的编号

各挡位变速器内离合器的结合关系如表 7-1 所示。

离合器结合关系表　　　　　　　　　　　　　　　表 7-1

变速器挡位	变速器内结合的离合器	变速器挡位	变速器内结合的离合器
中位	3	后退 1 挡	1 和 6
前进 1 挡	2 和 6	后退 2 挡	1 和 5
前进 2 挡	2 和 5	后退 3 挡	1 和 4
前进 3 挡	2 和 4	后退 4 挡	1 和 3
前进 4 挡	2 和 3		

行星齿轮 1、中心齿轮 1、齿圈 1 分别代表第一级行星齿轮、中心齿轮、齿圈。
行星齿轮 2、中心齿轮 2、齿圈 2 分别代表第二级行星齿轮、中心齿轮、齿圈。
行星齿轮 3、中心齿轮 3、齿圈 3 分别代表第三级行星齿轮、中心齿轮、齿圈。
行星齿轮 4、中心齿轮 4、齿圈 4 分别代表第四级行星齿轮、中心齿轮、齿圈。
行星齿轮 5、中心齿轮 5、齿圈 5 分别代表第五级行星齿轮、中心齿轮、齿圈。

1. 前进 1 挡

变速器在前进 1 挡时,离合器 6 和离合器 2 起作用。离合器 2 保持齿圈 2 相对离合器 2 静止。离合器 6 保持齿圈 6 相对离合器 6 静止。输入轴转动中心齿轮 2,中心齿轮 2 转动行星齿轮 2。由于离合器 2 保持齿圈 2 静止,行星齿轮 2 在齿圈内转动。行星齿轮 2 的转动导致第二、第三级行星架与输入轴以同一转动方向转动。随着第二、第三级行星架的转动,行星齿轮 3 也开始转动。行星齿轮 3 转动齿圈 3 和输出轴,齿圈 3 转动第四级行星架。

第四级行星架转动时,行星齿轮4也跟着转动。行星齿轮4带动齿圈4转动。齿圈4用花键紧固在壳体总成上。

行星齿轮4同时转动中心齿轮4。中心齿轮4转动输出轴。壳体总成转动中心齿轮5。由于离合器6保持齿圈5静止,行星齿轮5在齿圈内部转动。使第五级行星架转动从而带动输出轴转动。

传送给输出轴的转矩被分配在行星齿轮3,中心齿轮4和第五级行星架上。来自输出轴的功率通过输出分动器传递给车轴齿轮箱。

2. 前进2挡

变速器挂前进2挡时,离合器5和离合器2起作用。离合器2保持齿圈2静止。离合器5保持转动毂静止。输入轴转动中心齿轮2。中心齿轮2转动行星齿轮2。由于离合器2保持齿圈2静止,行星齿轮2在齿圈内转动。行星齿轮2的转动导致第二、第三级行星架与输入轴以同一转动方向转动。随着第二、第三级行星架的转动,行星齿轮3也开始转动。行星齿轮3的转动带动齿圈3和输出轴转动。齿圈3带动第四级行星架转动。第四级行星架转动时,行星齿轮4也跟着转动。行星齿轮4带动齿圈4转动。齿圈4用花键紧固在壳体总成上。行星齿轮4同时转动中心齿轮4。中心齿轮4转动输出轴。由于离合器5保持转动毂静止,功率从离合器5传递到转动毂。转动毂转动输出轴。

传送给输出轴的转矩被分配在行星齿轮3,中心齿轮4和转动毂上。来自输出轴的功率通过输出分动器传递给车轴齿轮箱。

3. 前进3挡

变速器挂前进3挡时,离合器4和离合器2起作用。离合器2保持齿圈2静止。离合器4保持齿圈4静止。输入轴转动中心齿轮2。中心齿轮2转动行星齿轮2。由于离合器2保持齿圈2静止,行星齿轮2在齿圈内转动。行星齿轮2的转动导致第二、第三级行星架与输入轴以同一转动方向转动。随着第二、第三级行星架的转动,行星齿轮3也开始转动。行星齿轮3的转动带动齿圈3和输出轴转动。齿圈3带动第四级行星架转动。由于离合器4保持齿圈4静止,行星齿轮4在齿圈内转动。行星齿轮4和第四级行星架的转动带动中心齿轮4转动。中心齿轮4带动输出轴转动。

传送给输出轴的转矩被分配在行星齿轮3和中心齿轮4上。来自输出轴的功率通过输出分动器传递给车轴齿轮箱。

4. 前进4挡

变速器挂前进4挡时,离合器2和离合器3起作用。离合器2保持齿圈2静止。离合器3保持齿圈3静止。输入轴转动中心齿轮2。中心齿轮2转动行星齿轮2。由于离合器2保持齿圈2静止,行星齿轮2在齿圈内转动。行星齿轮2的转动导致第二。第三级行星架与输入轴以同一转动方向转动。由于离合器3保持齿圈3静止,第二、第三级行星架的转动带动行星齿轮3在齿圈内转动。行星齿轮3的转动带动输出轴转动。来自输出轴的功率通过输出分动器传递给车轴齿轮箱。

5. 后退 1 挡

变速器挂后退 1 挡时,离合器 1 和离合器 6 起作用。离合器 1 保持连接齿轮静止。离合器 6 保持齿圈 6 静止。输入轴转动中心齿轮 1。中心齿轮 1 转动行星齿轮 1。第一级行星架与连接齿轮连接所以也保持静止。行星齿轮 1 的转动带动齿圈 1 以与输入轴相反的方向转动。齿圈 1 与第二、第三级行星架连接。随着第二、第三级行星架的转动,行星齿轮 3 也随之转动。行星齿轮 3 转动齿圈 3 以及输出轴。齿圈 3 转动第四级行星架。第四级行星架带动行星齿轮 4 一起转动。行星齿轮 4 转动齿圈 4。齿圈 4 用花键紧固在壳体总成上。行星齿轮 4 同时也转动中心齿轮 4。中心齿轮 4 转动输出轴。壳体总成转动中心齿轮 5。由于离合器 6 保持齿圈 5 静止,行星齿轮 5 在齿圈内转动。使第五级行星架转动从而带动输出轴转动。

传送到输出轴的转矩分配到行星齿轮 3,中心齿轮 4 和第五级行星架上。来自输出轴的功率通过输出分动器传递给车轴齿轮箱。

6. 后退 2 挡

变速器挂后退 2 挡时,离合器 1 和离合器 5 起作用。离合器 1 保持连接齿轮静止。离合器 5 保持转动毂静止。输入轴转动中心齿轮 1。中心齿轮 1 转动行星齿轮 1。第一级行星架与连接齿轮连接所以也保持静止。行星齿轮 1 的转动带动齿圈 1 以与输入轴相反的方向转动。齿圈 1 与第二、第三级行星架连接。随着第二、第三级行星架的转动,行星齿轮 3 也随之转动。行星齿轮 3 转动齿圈 3 以及输出轴。齿圈 3 转动第四级行星架。第四级行星架带动行星齿轮 4 一起转动。行星齿轮 4 转动齿圈 4。齿圈 4 用花键紧固在壳体总成上。行星齿轮 4 同时也转动中心齿轮 4。中心齿轮 4 转动输出轴。由于离合器 5 保持转动毂静止,功率通过离合器 5 传送戴到转动毂。转动毂转动输出轴。

传送到输出轴的转矩分配到行星齿轮 3,中心齿轮 4 和转动毂上。来自输出轴的功率通过输出分动器传递给车轴齿轮箱。

7. 后退 3 挡

变速器挂后退 3 挡时,离合器 1 和离合器 4 起作用。离合器 1 保持连接齿轮静止。离合器 4 保持齿圈 4 静止。输入轴转动中心齿轮 1。中心齿轮 1 转动行星齿轮 1。第一级行星架与连接齿轮连接所以也保持静止。行星齿轮 1 的转动带动齿圈 1 以与输入轴相反的方向转动。齿圈 1 与第二、第三级行星架连接。随着第二、第三级行星架的转动,行星齿轮 3 也随之转动。行星齿轮 3 转动齿圈 3 以及输出轴。齿圈 3 转动第四级行星架。由于离合器 4 保持齿圈 4 静止,行星齿轮 4 在齿圈内转动。行星齿轮 4 和第四级行星架的转动带动中心齿轮 4 一起转动。中心齿轮 4 转动输出轴。

传送到输出轴的转矩分配到行星齿轮 3 和中心齿轮 4 上。来自输出轴的功率通过输出分动器传递给车轴齿轮箱。

8. 后退 4 挡

变速器挂后退 4 挡时,离合器 1 和离合器 3 起作用。离合器 1 保持连接齿轮静止。离合器 3 保持齿圈 3 静止。输入轴传动中心齿轮 1,中心齿轮 1 传动行星齿轮 1。第一级行星架与连接齿轮连接所以也保持静止。行星齿轮 1 的转动带动齿圈 1 以与输入轴相反的方向转动。齿圈 1 与第二、第三级行星架连接。随着第二、第三级行星架的转动,行星齿轮 3 也随之转动。行星齿轮 3 转动输出轴。来自输出轴的功率通过输出分动器传递给车轴齿轮箱。

三、972G 液力传动箱附件

变矩器主油泵设在变矩器后端,液力油通过油散热器散热。管路中设有一组滤清器,以保持液力油清洁。GCY-220 型重型轨道车还设有惰行润滑泵,在无动力拖行时起润滑作用。自走行时,将惰行系统旁通球阀打开;无动力拖行时,将旁通球阀关闭。惰行系统旁通球阀(型号:YJZQ-J32N)安装在机器间内,传动箱的右侧。惰行系统内设有一套滤清器,以保持油液清洁。惰行泵进油口设有一粗滤器,以防止油底壳残渣进入惰行泵。油散热系统如图 7-21 所示。

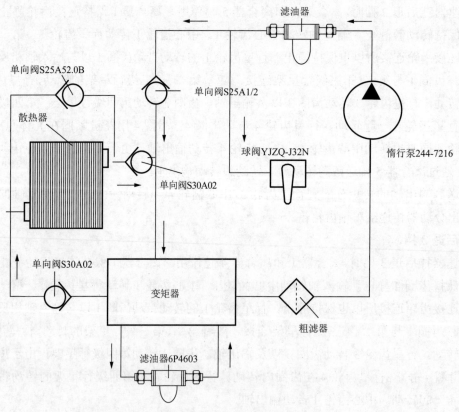

图 7-21　传动箱油散热系统管路图

油散热器必须定期清除表面的灰尘,保持足够的散热能力。附件管路中的滤油器要定期清洗,保持滤网清洁。主油泵吸油口粗滤器及惰行泵吸油口粗滤器位于各自吸油法兰处,更换传动油时应同时清洗粗滤器,保持滤网清洁、畅通。

第四节 传动轴及车轴齿轮箱

一、传动轴

液力传动内燃机车普遍采用万向节传动轴来传递柴油机、液力变速器和车轴齿轮箱之间的功率。当机车运行时,由于振动或通过曲线,安装在车架上的液力变速器会相对于安装在转向架上的齿轮箱发生运动。采用万向节传动轴驱动就可以补偿由于这一相对运动所产生的角度和长度的变化,并给驱动机构的布置提供多样性和灵活性。运用经验证明,采用万向节传动轴传递动力不仅可靠,而且还具有工作稳定、维护简单等优点。

万向节传动轴能适应输入和输出轴间的角度和长度的不断变化,其主要组成有万向节突缘叉、套管叉、十字节总成、花键轴总成。花键轴由三部分焊成,一端是空心花键轴,另一端为叉部,中间是空心轴。采用空心轴可减轻质量,并且在直径相同的条件下(即空心轴外径与实心轴直径相同),允许有较高的临界转速。花键套的内部有矩形花键,并允许花键作轴向移动。图 7-22 为万向节传动轴结构示意图。

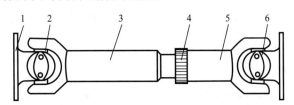

图 7-22 万向节传动轴结构示意图
1- 突缘叉;2- 十字节总成;3- 花键轴总成;4- 油封盖;5- 套管叉;6- 锁片

万向节传动轴在使用过程中,为了避免传动轴受外力撞击变形而失去平衡,影响使用寿命,应注意检查传动轴的弯曲、变形和平衡情况,必要时予以校正。如发现损坏严重时,应及时更换传动轴总成。

拆装传动轴时,应注意套管叉和花键轴的相对位置,必须保证套管叉与花键轴上的叉轭在一个平面内,传动轴在出厂前已做过动平衡试验,在套管上焊有平衡块,因此在拆装时要做好标记,原样装好,以免破坏传动轴的平衡。十字轴应能在轴承内自由转动,不应有卡滞现象。

传动轴每行驶 1500km 应进行一次 3 号锂基润滑脂补充,以保证十字轴与滚针轴承、花键套与花键轴等摩擦副的润滑,同时要经常检查连接螺栓、保险垫片的状态是否正常以及传动轴的万向节、十字轴及花键轴的磨损情况。

二、车轴齿轮箱

车轴齿轮箱是整个驱动系统的最后一环,它的作用是传递和增大到车轮的扭矩,并将绕车体纵轴的转动变成绕车轴轴线的转动,因此车轴齿轮箱中一定要有一对锥齿轮。下面是两种类型的车轴齿轮箱的结构形式。

1. 单级车轴齿轮箱

单级车轴齿轮箱只有一对锥齿轮,其结构如图 7-23 所示。它的优点是结构简单,质量轻;缺点是减速比不大(一般在 2.4～3 范围内)。

2. 两级车轴齿轮箱

两级车轴齿轮箱由一对锥齿轮及一对圆柱齿轮构成,其结构如图 7-24 所示。动力的传递是先锥齿轮后圆柱齿轮。特点是锥齿轮的转速高,扭矩较小,对提高锥齿轮寿命有利。另外,因为锥齿轮对工作条件比较敏感,所以,这样布置可以减小锥齿轮受到来自车轮与钢轨的冲击的影响。但是,采用这种结构时,由于锥齿轮转速高,要求锥齿轮的加工精度和齿面粗糙度都比较高,如果工艺质量得不到保证,会影响传动的平稳性,带来较大的附加载荷。两级车轴齿轮箱的另一种结构是先圆柱齿轮后锥齿轮,它的特点与上述相反。这两种结构的车轴齿轮箱在机车上都有采用。

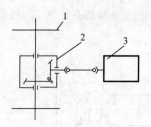
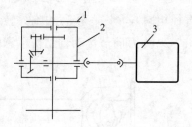

图 7-23　单级车轴齿轮箱结构简图　　图 7-24　两级车轴齿轮箱结构简图
1- 轮对;2- 一级减速齿轮箱;3- 二级减速齿轮箱　　1- 轮对;2- 二级齿轮减速箱;3- 分动箱

三、GCY-300 型内燃调机车车轴齿轮箱

GCY-300 型内燃调机车轴齿轮箱的输入端与液力传动箱输出端用万向轴联接在一起,通过齿轮传动最终驱动轮对。车轴齿轮箱有一级车轴齿轮箱(Ⅰ轴)和二级车轴齿轮箱(Ⅱ轴)。二级车轴齿轮箱为双级减速,第一级是高速级传动;第二级是低速级传动。一级车轴齿轮箱是低速级传动。

1. 齿轮箱结构

二级车轴齿轮箱和一级车轴齿轮箱结构组成分别如图 7-25、图 7-26 所示,其结构详情不一一赘述。

2. 齿轮箱悬挂

车轴齿轮箱是用滚动轴承自由悬挂在车轴上的。当机车牵引时,由于受轮对牵引力的反扭矩作用,齿轮箱有向下翻转的趋势,因此车轴齿轮箱必须用平衡杆来支撑。

设计平衡杆时应注意使其平行于轨面,而在地方允许的情况下越长越好,以便减小机车在运行中由于簧上部分的振动而引起的垂向分力。

支座应具有足够的弹性。弹性大，则由于簧上部分振动而引起的平衡杆中的力就小；但弹性过大，会因车轴齿轮箱在动轴上的旋转角过大而影响万向节传动轴的正常工作。

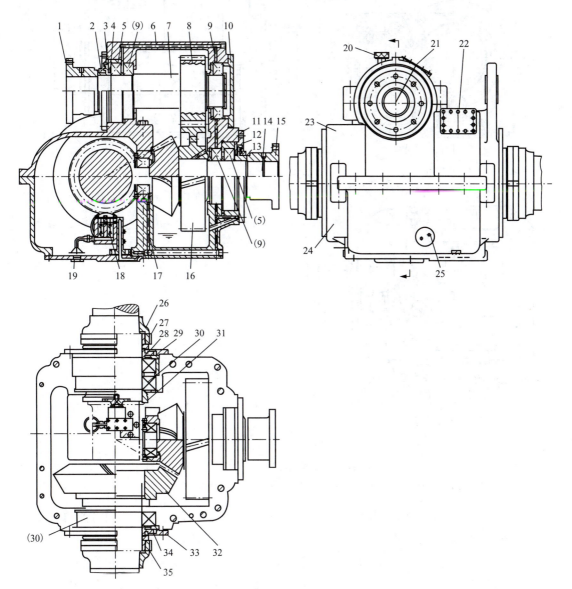

图7-25 二级车轴齿轮箱

1-输入法兰；2、11、34-油封盖；3、13、28-密封圈；4、12、33-挡油板；5、9、17、29、30-轴承；6-上箱体；7-一轴；8-主动斜齿轮；10-端盖；14-齿轮轴；15-输出法兰；16-被动斜齿轮；18-齿轮泵；19-放油螺塞；20-透气孔；21-一轴检查孔；22-二轴检查孔；23-中箱体；24-下箱体；25-油位螺钉；26-钢套；27-圆螺母；31-油泵齿轮；32-螺旋锥齿轮；35-紧套

3. 齿轮箱结构及调整

二级车轴齿轮箱的低速级传动和一级车轴齿轮箱相同。以下仅以二级车轴齿轮箱说明其结构及调整。

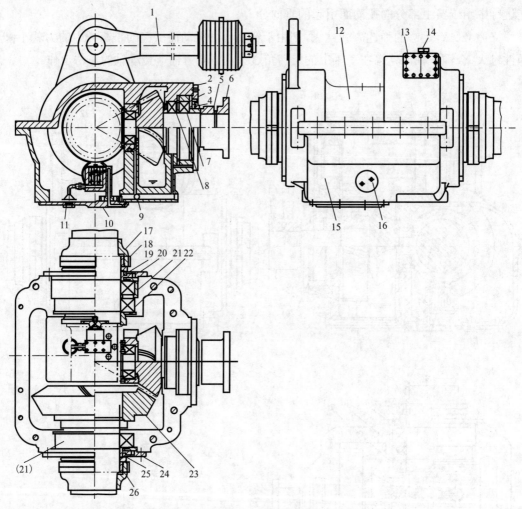

图 7-26 一级车轴齿轮箱

1-拉臂总成;2、24-油封盖;3、19-密封圈;4、25-挡油板;5-齿轮轴;6-输入法兰;7～9、20、21-轴承;10-齿轮泵;11-放油螺塞;12-上箱体;13-检查孔;14-透气孔;15-下箱体;16-油位螺钉;17-钢套;18-圆螺母;22-油泵齿轮;23-螺旋锥齿轮;26-紧套

车轴齿轮箱箱体为开式,由上、中、下箱体组成,箱壁上开有润滑油道,润滑油通过箱壁油道对滚动轴承润滑。上箱及中箱各装有一个通气孔,可使箱体内与大气相通和兼作加油口使用。上箱体、中箱体上均设有一个检视孔,用以检查齿轮啮合情况。下箱体后部侧面有两个油位螺钉,用来检查润滑油油量。下箱体及油底壳上各有一个放油孔,平时用油堵封闭。

车轴齿轮箱共有三根轴。即第一轴(输入轴)、第二轴(中间轴)和第三轴(车轴)。第一轴上安装有输入法兰及小斜齿轮,法兰一侧装有一个向心球轴承,用以承受轴向力。中间轴位于中、下箱体的分箱面上。中间轴为螺旋齿轮轴,外侧压装一个大斜齿轮,与第一轴上的小斜齿轮啮合。

为了调整螺旋锥齿轮对的侧隙和锥顶的对中,在中间轴的外侧及车轴两端均装有调整垫片,侧隙控制在 0.25～0.30mm 之间。

拉臂是联结车轴齿轮箱同转向架的受力构件。拉臂轴线平行于钢轨，其一端与箱体拉臂耳座之间用关节轴承构成铰链连接，使车轴箱在车轴上可以作微量摆动；另一端通过多片橡胶金属缓冲垫用螺母紧固在转向架构架上，以适应可能出现的相对运行及吸收运行中的冲击载荷。

4. 齿轮箱油泵及润滑

图 7-27 为齿轮箱结构图，齿轮油泵能完成正反向的泵油，满足前进、后退两种工况的需要。换向阀中有 4 个球阀，球阀的交互开启、关闭完成换向功能。

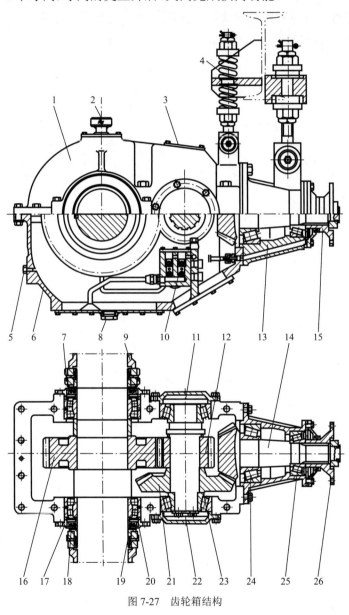

图 7-27　齿轮箱结构

1- 上箱体；2- 透气孔盖；3- 观察孔盖；4- 齿轮箱悬挂；5- 油位观察螺栓；6- 下箱体；7- 油封；8- 放油螺堵；9- 钢紧套；10- 油泵；11、22- 端盖 12、16- 二级减速直齿轮；13- 前箱体；14- 输入轴；15- 轴承座；17- 轴承；18- 迷宫油封；19- 挡油板；20- 密封圈；21- 密封圈；23～25- 轴承；26- 输入法兰车轴齿轮箱采用飞溅润滑和压力油润滑两种方式；当低速运行时主要由油泵提供润滑油各润滑点,保证润滑和带走热量；中高速运行时,啮合齿轮飞溅起来的油被收集在上箱的集油槽内,流向各润滑点。

车轴齿轮箱内装有润滑油,使用过程中应经常检查油量是否满足要求,油中杂质含量是否超标,必要时添加或更换润滑油。

新车走合期满后应换油一次,以后每运行 6000km 或使用半年换油一次。放油时应在油温未降低时进行。放净后用柴油或煤油冲洗壳体及齿轮,清洗油底壳放掉清洗油后加入新油,加油时应过滤以保持润滑油的清洁。

第八章　电气系统

> **岗位应知应会**
>
> 1. 了解工程车电气系统的组成部分。
> 2. 了解工程车电气系统各部分的作用。
> 3. 熟悉起动电机和充电发电机的保养。
> 4. 掌握工程车操控面板各电气部件的位置分布及作用。
> 5. 熟悉电力蓄电池轨道车各电气部件的分布及工作原理。
> 6. 认识轨道车电气系统的组成及各部分作用。
> 7. 熟知常用电气器件在电路中的作用。
> 8. 对电力蓄电池轨道车的系统组成及各部作用有清晰的认识。
>
> **重难点**
>
> 1. DGY-300 型内燃轨道车的电路原理。
> 2. 电力蓄电池轨道车各电气柜的作用及工作原理。

第一节　内燃轨道车电气系统概述

电气系统包括充电发电机、起动电机、蓄电池、电子控制单元（ECU）、水温传感器、机油压力传感器、进气温度压力传感器、转速传感器及继电器等。

一、充电发电机

轨道车的发动机的充电发电机额定电压为 28V，带有晶体管调节器。发电机在车上与蓄电池并联工作，工作时发电机自激磁。

发电机在安装、接线时要注意：
（1）必须充分冷却。
（2）必须防尘、防溅、防油。
（3）检查发电机皮带的张紧。
（4）只能与电压调节器和蓄电池连接运行。

二、起动电机

发动机的起动电机为电磁控制、齿轮传动、以摩擦片式单向器传递转矩的直流电动机。

三、电子控制单元

电控发动机的电子控制单元（ECU），主要由控制模块及连接线束组成，采用CAN总线方式实现发动机与整车电控单元的自由通信，可实现整车故障诊断和报警处理，具有稳定的系统处理能力和多层次的系统保护和纠错措施，提高了发动机的可靠性和安全性。

发动机ECU安装在发动机上，主要连接线束由喷油器线束、传感器线束和整车线束组成，其中喷油器线束和传感器线束在发动机出厂时已安装完毕，轨道车生产厂家只连接整车线束。

四、蓄电池

蓄电池的主要用途是起动时供给起动机强大电流；另外，在发动机停转或充电发电机电压较低时，它向各用电设备供电，而在发电机电压高于蓄电池电压时，它又能将发电机的一部分电能转变为化学能储存起来，即充电。当发电机超载时，它又能协助充电发电机供电。使用过程中，应按有关规定对蓄电池进行充电和维护。

五、各种传感器

传感器的主要用途是指示机车运行情况，并为电子控制单元（ECU）运算提供数据。

机车上所用传感器主要有：机油温度传感器、机油压力传感器、燃油压力传感器、发动机转速传感器、增压空气压力传感器等。

六、继电器

继电器是一种电子控制器件，它具有控制系统（又称输入回路）和被控制系统（又称输出回路），通常应用于自动控制电路中，它实际上是用较小的电流去控制较大电流的一种"自动开关"。继电器在电路中起着自动调节、安全保护、转换电路等作用。

七、断路器

断路器的作用是正常情况下接通和断开高压电路中的空载及负荷电流；在系统发生故障时

能与保护装置和自动装置相配合,迅速切断故障电流,防止事故扩大,从而保证系统安全运行。

第二节　DGY-300型内燃轨道车电路

DGY-300型内燃轨道车的电气系统由电源、仪表、照明、信号指示及报警、操纵控制等部分组成。各电气回路均设有相应的自动脱扣断路器,作为过载及短路故障保护。该车布线均采用低烟无卤车辆电线电缆,且均采用阻燃型软管进行防护,对整车的安全提供了可靠的保证。

一、电源部分

DGY-300型内燃轨道车的电源部分由直流系统和交流系统两部分组成。

直流系统采用24V供电,负极接地,单线制供电方式。当柴油机正常运转时,其自带的发电机除给整车供电以外,同时还给蓄电池组充电。当柴油机停止运转时,整车由蓄电池组供电,通过前后操纵台显示屏的电流值可随时了解蓄电池组的工作情况。

交流系统主要由柴油发电机组、空调、电暖器等组成。

1. 蓄电池组

蓄电池组由12块NM-200型蓄电池串联组成,主要供柴油机起动、车内照明及各用电器的工作。

2. 充电发电机

柴油机自带24V、150A硅整流充电发电机,内附电压调节器,该发电机主要供蓄电池充电和其他控制回路及照明用电。

3. 柴油发电机组供电

该车在设备间内设有一台P65-5型柴油发电机组,功率为48kW,主要用于供空调机组、电动工具用电,并向外界提供AC380V或AC220V动力电源。控制柜安装在机器间内,其操作维护详见《发电机组使用维护保养说明书》。

4. 外接电源供电

该车在车架前、后两端均安装有外接电源插座。当发电机组停机或处于不工作状态时,应将发电机组供电和外接电源供电开关置于断开位。

二、控制及仪表部分

该车前、后司机台各设一个操纵台,可实现双向操纵。前、后操纵台上安装有轨道车参数显示屏、车速表、双针压力表及报警指示灯。显示屏及仪表均附有内照明,可保证夜间及隧道内照明，图8-1为仪表板一、图8-2为仪表板二示意图。

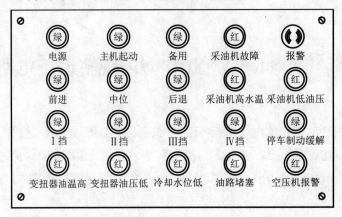

图8-1 仪表板一

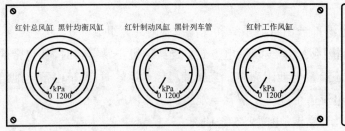

图8-2 仪表板二

前、后操纵台上分别安装有起动开关、司机控制器、自动/手动换挡开关、液力油散热开关、撒砂开关、紧急停机开关、紧急制动开关、百叶窗控制开关、停车制动缓解开关及各辅助开关等，图8-3为操纵板一、图8-4为操纵板二示意图。

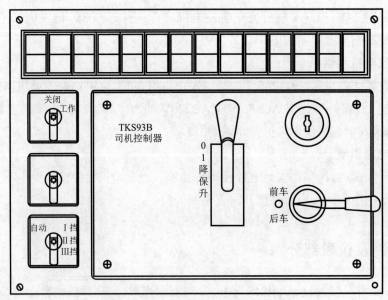

图8-3 操纵板一

1. 车辆显示仪表

车辆显示仪表分别安装在前、后操纵台上,通过柴油机、液力传动箱及微机控制器,以串行通信形式,将动力单元的运行参数及运行状态在屏上显示,同时可显示故障报警信号,通过显示屏上的按钮,可以控制液晶显示屏有关参数的翻页,用来显示柴油机、液力传动箱及车辆状态的各种运行参数,该系统具有先进的故障诊断及保护功能。

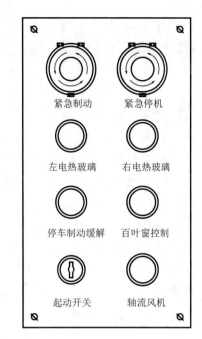

图 8-4 操纵板二

显示屏中各显示数值说明:

(1)充电电流:反映柴油机上充电发电机工作是否处于正常的监测参数,当柴油机转速达到 800r/min 及以上时,该表应有充电电流显示为正值。若发现柴油机转速在 800r/min 及以上充电显示为负值时,请及时检查充电回路,以免造成蓄电池亏电,控制系统无法正常工作。

(2)蓄电池电压:显示蓄电池电压值。

(3)车速:在运行中通过变速器转速传感器,能准确地反映该车的行驶速度,并为自动换挡提供依据。

(4)里程:累计行车里程,为检查保养提供依据。

(5)柴油机转速:用于显示柴油机工作状态下的转速。

(6)机油压力:用于显示柴油机工作状态下柴油机机油压力。

(7)柴油机水温:用于显示柴油机工作状态下冷却液温度。

(8)传动箱油温:用于显示液力传动箱工作状态下油温。

(9)传动箱油压:用于显示液力传动箱工作状态下油压。

注意:车辆停库或长期不用时,请定期为蓄电池补充电,如果蓄电池电压过低,柴油机、变矩器控制器将无法工作。

2. 双针压力表

该车前、后端司机操纵台各设置三个风压表,分别显示总风缸、制动风缸、均衡风缸、列车管、制动风缸和工作风缸的压力,以供司机判断整车的制动状况。

三、信号指示、报警及保护装置

该车在前、后仪表板上均安装有主机起动指示、油路堵塞报警指示、前进指示、后退指示、挡位指示、柴油机故障报警指示、停车制动缓解指示、冷却水位低指示等装置。

(1)起动指示:在前后仪表板上分别装有起动指示灯,柴油机起动,起动电锁在起动位时,起动指示灯亮,起动完毕,电锁返回到运转位时该灯灭,属正常。如电锁返回到运转位时,该灯还亮,说明起动机触点黏接在一起,应立即停机,检修起动机,否则起动机将很快烧坏。

(2)油路堵塞指示灯:在液压油箱的吸油滤清器上安装有油路堵塞报警开关,正常工作时,灯灭属正常工作,如工作状况下灯亮,表明液压油路有堵塞现象,应立即停机检查,清洗滤网,检查油质,否则将损坏油泵。

(3)前进指示:当操纵台上的换向开关置于前进位时,该指示灯亮。

(4)后退指示:当操纵台上的换向开关置于后退位时,该指示灯亮。

(5)挡位指示:该车设置4个挡位,每个挡位均设有对应的指示灯,当车辆在不同挡位上运行时,对应的挡位指示灯亮。

(6)柴油机故障报警指示灯:在前后端仪表板上安装有柴油机故障报警指示灯,为检修柴油机快速判断柴油机的故障部位提供了可靠的依据。

(7)停车制动缓解指示:单元制动器缓解时,该指示灯亮。

(8)冷却水位低指示:当散热器膨胀水箱中冷却液位低时,该指示灯亮。

(9)空压机报警指示:当空压机检测到故障时,该指示灯亮。

四、照明

(1)在前、后端车体顶部安装有两组DC24V头大灯,每盏照明灯的功率为200W,作为轨道车远照灯使用,控制开关设置在前后操纵台上。

(2)在前、后车体两侧各安装有DC24V行车照明灯,白色每盏照明灯的功率为100W,红色灯作为标志灯使用,控制开关设置在前后操纵台上。

(3)在前、后司机室及机器间顶部设置有10盏LED冷光源照明灯,用于司机夜间或隧道内工作使用。

五、其他电器设备

(1)电源总开关:在Ⅱ端司机室电器柜旁的隔墙处设有电源总开关。起动发动机前首先要将该电源总开关闭合,当离开时切断整车电源总开关,避免蓄电池电量损耗。

(2)整车设有仪表灯、前后大灯、侧灯、警灯、风扇、刮水器、室内顶灯、电加热玻璃、电加热排水阀、轴流风机、变矩器散热、紧急制动、停车制动缓解等用电器,其开关均设在前、后操纵台面上,打开相应开关,该电器即可工作。

(3)注意:请及时检查雨刮器喷水壶的玻璃液高度,无液时严禁操作喷水开关!

(4)该车前、后端车架下均安装电喇叭和高低音风喇叭,风喇叭采用电控风动模式。电喇叭和风喇叭控制开关为脚踏开关,设置在前后操纵台下,行车前可操纵脚踏开关,提示车上及车下人员注意。

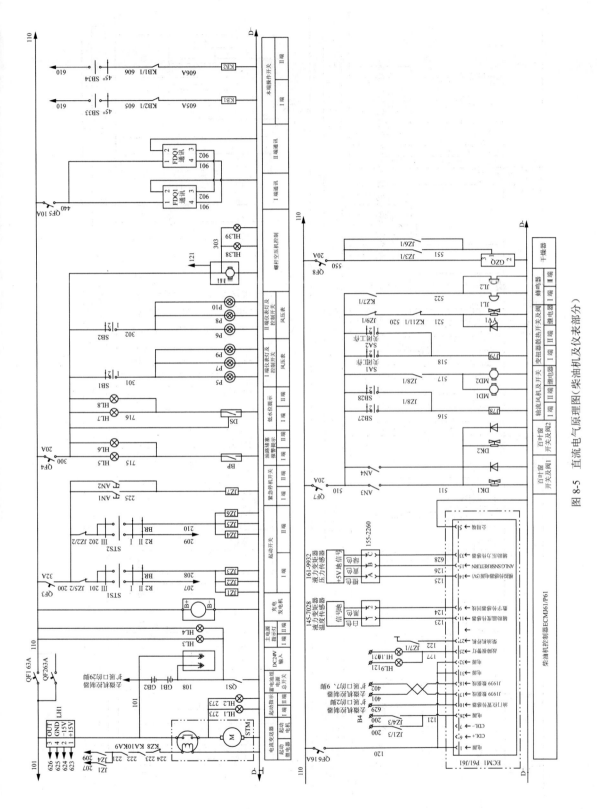

图 8-5 直流电气原理图（柴油机及仪表部分）

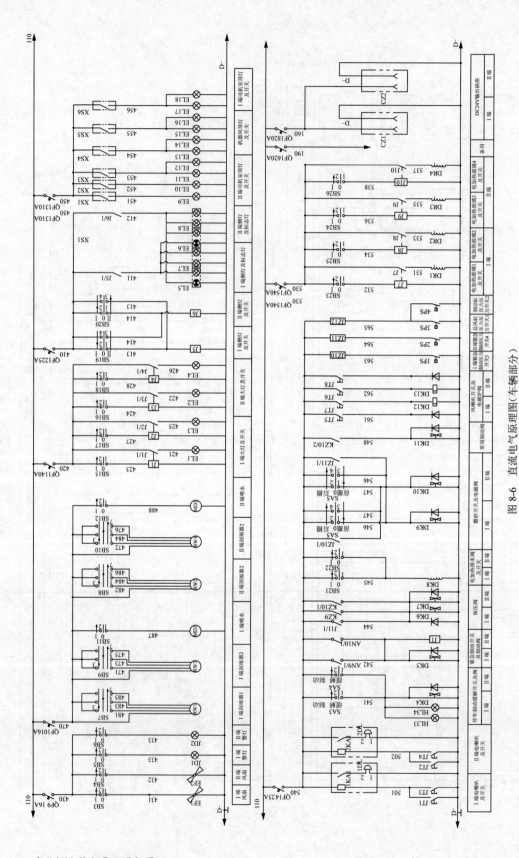

图 8-6 直流电气原理图(车辆部分)

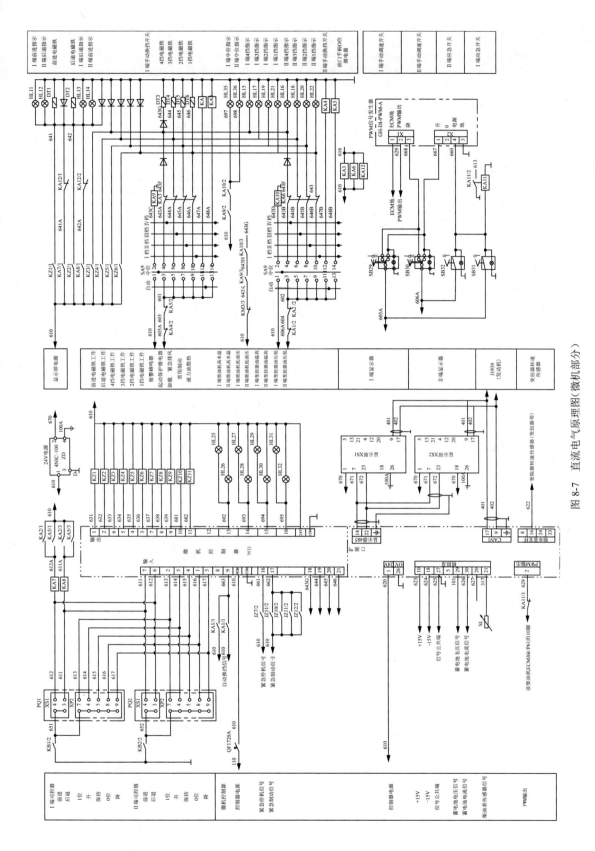

图 8-7 直流电气原理图(微机部分)

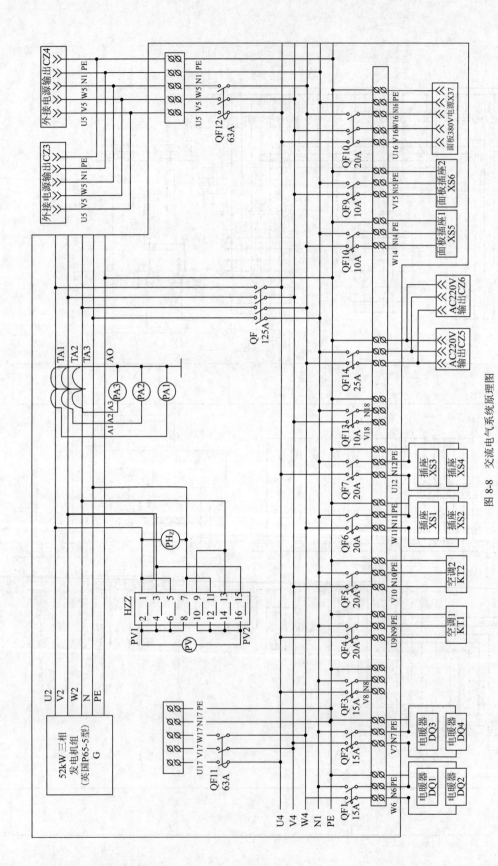

图 8-8 交流电气系统原理图

（5）DC24V 充电插座：该车前、后端的两侧设置有 DC24V 充电插座，可使用外部充电机为整车蓄电池充电。

（6）保护装置：各电气回路均设有自动脱扣断路器，这些开关起过载及短路保护作用，不应作电源开关使用，故应使其一直处于闭合状态。运行中，如发现有回路断电时，说明该回路有过载或短路现象，应及时进行检查处理。

六、交流部分

（1）DGY-300 型内燃轨道车配置一台 P65-5 型柴油发电机组，发电机组输出电压为 380V，频率 50Hz，向司机室交流用电设备提供电源，同时向车外施工工具提供电源。

（2）在司机室内安装有 2 台多美达空调。具体使用保养参见其使用说明书。

（3）输出插座：在车架下前、后端均安装有 AC380V 和 AC220V 电源输出插座。

电气原理图见图 8-5～图 8-8。

第三节　内燃轨道车电气系统使用及维护

一、起动电机的保养

起动电机使用前，应对柴油机、起动系统电路和蓄电池的充电状况进行检查。

在正常情况下，柴油机一次就能起动，每次起动电机的运转时间不应超过 12s；如一次不能起动，需作第二次起动时，两次起动的时间间隔不少于 5min，以使蓄电池内部完成必要的化学反应。绝不允许在柴油机及起动电机尚未停止转动时，再起动，否则将引起齿轮与齿圈之间剧烈的撞击而损坏机组。当起动成功后，应立即放开点火钥匙，使起动齿轮从啮合位置退回原位。

当柴油机连续几次不能起动时，应排除故障后再进行起动。

应经常检查起动电机紧固件的连接是否牢固，导线接触是否紧密，导线绝缘有无损坏。

定期检查起动机齿轮磨损情况及传动装置是否灵活。

二、充电发电机的保养

柴油机自带 DC28V、150A 充电发电机。它的壳内装有集成电路调节器，发电机输出的直流电是通过此调节器来控制的,负极通过外壳自行搭铁,故发电机质量轻、体积小、结构简单、维护方便、使用寿命长,低速时充电性能好。

充电发电机必须与蓄电池配合使用。

接线必须正确可靠,正负极切不可接错,否则将损坏硅整流发电机和调节器。

充电发电机由皮带传动,使用中应该定期检查皮带的张紧力,以保证充放电机能够正常充电。

检查发电机在正常运行时的温升是否正常(发电机的绕组允许温度升105℃)。

发电机运行时,不允许用螺丝刀等金属物品将正极等接线柱与机壳或负极短接以观察有否火花来判断发电机是否发电,这样容易将元件烧坏。

经常用压缩空气或"皮老虎"吹净各部的灰尘。

第四节　ZER4型蓄电池轨道车电气系统

ZER4型(郑州项目)蓄电池电力工程车是沿用成熟的工程车平台,结合郑州业主的具体要求,开发的一种适用于DC1500V接触网供电的四轴蓄电池电力工程车。

ZER4型(郑州)蓄电池电力工程车既可以通过DC1500V接触网供电,也可以通过DC800V牵引蓄电池供电。

一、主电路原理说明

(一)主电路主要部件

电动工程车主电路主要包括:受电弓、高压柜(接触器、传感器、熔断器等设备)、牵引蓄电池、高速断路器、线路电抗器、牵引变流器、辅助逆变器与牵引蓄电池充电机柜、制动电阻、牵引电动机、回流接地装置等设备。

(二)主电路原理

电动工程车主要包括接触网供电模式与牵引蓄电池供电模式,两种供电模式通过直流接触器进行切换,下面分别对这两种供电模式进行阐述。

1. 接触网供电模式

当工程车处于接触网受流工况时,接触网DC1500V经过受电弓、二位置开关(至受电弓位)、熔断器、接触器、电流传感器、高速断路器、直流母线(包含预充电电路、电抗器续流电路、过电压保护电路等)、电抗器向牵引逆变器供电,逆变后向牵引电机提供能量。牵引变流器包含2个牵引逆变模块,每个逆变模块有相应的牵引控制单元(TCU)单独控制,向1个转向架的 2 台异步牵引电动机供电；当某一转向架的电动机故障时，可以切除 1 个逆变模块，仅由 1 个逆变模块向 1 个转向架的 2 台牵引电机供电，从而实现机车架控模式。再生制动过程则相反，再生的能量通过接触网网段下的其他车辆、本车辅助逆变器消耗，剩余能量将消耗在制动电阻上。

辅助变流柜内包括 1 个辅助逆变模块与 1 个斩波充电模块。其中，牵引蓄电池充电模块将直流母线的直流电压降压斩波后向牵引蓄电池充电，可以实现牵引蓄电池的恒流、恒压、浮充、均充过程，并能在再生制动工况下快速进入牵引蓄电池充电过程。

2. 牵引蓄电池供电模式

牵引蓄电池供电时，牵引蓄电池正极通过隔离开关、防反充二极管、接触器、高速断路器、直流母线、线路电抗器等向牵引逆变器供电。当工程车处于再生制动工况时，反馈的能量向辅助逆变器供电或者经斩波充电模块向牵引蓄电池充电，剩余的能量将消耗在制动电阻上。

（三）牵引逆变器

1. 基本功能

逆变器控制装置即传动控制单元（DCU），采用"异步电动机直接转矩控制"、"黏着控制"软件和"交流传动模块化设计"硬件，主要完成对 IGBT 逆变器及交流异步牵引电动机的实时控制、黏着控制、制动斩波控制，同时具备完整的牵引变流系统故障保护功能、模块级的故障自诊断功能和一定程度的故障自复位功能以及部分车辆级控制功能，DCU 是组成列车通信网络的一部分，与多功能机车车辆总线 MVB 接口及通信。牵引变流器主要功能如下：

（1）机车牵引加载逻辑控制。

（2）牵引逆变器逻辑控制。

（3）IGBT 元件驱动控制。

（4）牵引电动机牵引特性控制。

（5）中间直流环节控制。

（6）电机及逆变器控制。

（7）黏着控制。

（8）低恒速控制。

（9）牵引变流系统故障诊断与记录。

（10）MVB 通信功能。

（11）故障转向架隔离。

（12）故障与保护等。

（13）防溜车检测功能。

2. 主要技术参数

牵引逆变器的电气参数如下：

（1）直流回路参数：

接触网电压(V)：　　　　　　　　　DC1500（1000～1800）；
牵引蓄电池电压(V)：　　　　　　　DC800（DC921～DC614）；
支撑电容器(mF)：　　　　　　　　2×4.3±5%。

(2)牵引模块参数(包含2个模块，以下为单个模块参数)：

额定输出容量(kV·A)：　　　　　　300；
输出电压范围(V)：　　　　　　　　0～1404；
输出频率(Hz)：　　　　　　　　　0～200；
额定输出电流(A)：　　　　　　　　160；
最大输出电流(A)：　　　　　　　　300；
效率(额定点)(%)：　　　　　　　　＞98%；
控制方式：　　　　　　　　　　　直接转矩控制；
冷却方式：　　　　　　　　　　　走行风冷；
控制电源电压(V)：　　　　　　　　DC110（DC77～DC137.5）；
控制电源功耗(kW)：　　　　　　　≤0.15，起动时≤2（1s）。

(3)制动斩波单元参数：

最大制动平均电流(A)：　　　　　　2×200。

3. 冷却系统维护说明

牵引变流器的冷却采用走行风冷却方式，冷却系统由热管散热器及其护罩组成，其使用寿命设计为牵引变流器最大使用寿命，即在变流器使用周期内不需对散热器进行更换；热管散热器及其护罩基本外形结构如图 8-9 所示。

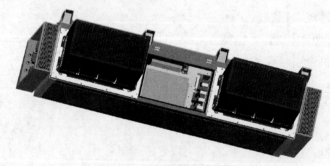

图 8-9　主逆风冷散热示意图

冷却系统的维护方便，主要分以下两个步骤：

(1)检查散热器及护罩是否损坏(堵塞、腐蚀、破损)，确认护罩是否能有效保护散热器并保证通风面积。

(2)清洁热管散热器时，用压缩空气清除粘在散热器上的污垢和其他异物。

（四）牵引蓄电池充电

牵引蓄电池充电有以下两种模式：

（1）接触网供电模式下，接触网 DC1500V 经过受电弓、二位置开关（至受电弓位）、接触器、牵引蓄电池充电模块向牵引蓄电池充电。

（2）库内充电模式，在库内充电模式下，库内 AC380 电源经过库内充电插座、牵引蓄电池斩波充电模块、接触器向牵引蓄电池充电。

（五）辅助变流柜

辅助变流柜内包括一个辅助逆变模块和一个斩波充电模块。

辅助逆变模块将直流母线的直流电（DC1500V 或者 DC800V）通过逆变、滤波、隔离后输出三相四线 AC380V，50Hz 的交流电源，或者将库内 AC380V 交流电压进行隔离、滤波等处理后输出三相四线 AC380V，50Hz 的交流电源，向主压缩机、空调、散热风机等交流负载供电，同时可以从 U、V、W 相中任意一相与中心线 N 之间取出 AC220V 交流电。

牵引蓄电池、浮充、均充过程，并能在再生制动工况下快速进入牵引蓄电池充电模块将直流母线的直流电压降压斩波后向牵引蓄电池充电，或者将库内 AC380V 交流电压进行整流、升压后向牵引蓄电池供电，可以实现牵引蓄电池的恒流、恒压充电过程。

1. 辅助逆变模块

额定电压 1（V）：	DC1500（DC1000～DC1800）（接触网供电）；
额定电压 2（V）：	DC800（DC940～DC627）（牵引蓄电池供电）；
额定电压 3（V）：	AC380±5%（库内 AC380V 充电）；
三相交流输出电压(V)：	3AC380，±5%（50Hz±1Hz，电压谐波≤5%）；
三相输出容量(kV·A)：	80；
三相输出电压不平衡度(%)：	≤1%（没有单相负载时）；
单相输出电压(V)：	1AC220±5%（50Hz±1Hz）；
单相输出容量(kV·A)：	5，变压器中性线应具有与三相相同的负载能力；
输出电压波形：	正弦波；
效率(%)：	≥90；
控制电源电压(V)：	DC110（DC77～DC137.5）；
控制电源功率(kW)：	0.15；
噪声(dBA)：	74（距离 1m 测试）；
防护等级：	内部控制 IP54，风道 IP20；
冷却方法：	强迫风冷；
风机功率(kW)：	小于 2.4；
控制系统与通信方式：	微机数字控制系统；
主电路形式：	两电平电压型三相逆变电路(逆变器)。

2. 斩波充电模块

输入电源 1（V）：	接触网电源，DC1500（DC1000～DC1800）；

输入电源2（V）： 库内电源，3AC380±5%；
输入电源3（V）： 再生制动，≥DC1200；
输入端功率因数： ≥0.92（当采用输入电源1或输入电源2h）；
额定输出电压(V)： DC921（384节蓄电池）；
最大输出电压(V)： DC1030 允差 ±1%；
最大输出电流(A)： 88；
最大输出功率(kW)： 80；
输出电压纹波系数(%)： ≤1（接蓄电池负载）；
效率(额定条件下)(%)： ≥90%；
控制电源电压(V)： DC110（DC77～DC137.5V）；
控制电源功耗(kW)： 0.1，起动时功耗0.1kW（1s）；
冷却方式： 强迫风冷（与辅助逆变模块共散热风机）。

（六）受电弓主要参数

额定电压(V)： DC1500；
电压范围(V)： DC1000～DC2000；
额定工作电流(有效值)(A)： 1600；
最大工作电流(A)： 2160；
最大静止电流(A)： 460；
工作环境温度(℃)： -25～45；
落弓高度(包括绝缘子)(mm)： 310＋10；
最低工作高度(从落弓位置滑板面起)(mm)： 150；
最高工作高度(从落弓位置滑板面起)(mm)： 1950；
最大升弓高度(从落弓位置滑板面起)(mm)： ≥2550。

（七）牵引电机主要参数

绝缘等级： 200级；
类型： 4极铜条鼠笼式三相感应电机；
供电方式： 逆变器；
接触网电压(V)： DC1500（DC1000～DC1800）；
牵引蓄电池电压(V)： DC800（DC940～DC627）；
额定功率(kW)： 105（接触网供电）；
额定功率(kW)： 76.5（蓄电池供电）；
额定电压(基波有效值)(V)： 624（接触网供电）；

额定电压(基波有效值)(V)：	505（蓄电池供电）；
额定电流(基波有效值)(A)：	128（接触网供电），119（牵引蓄电池供电）；
最大起动电流(基波有效值)(A)：	150（从启动加速到恒功起始速度时间约 5min）；
额定频率(Hz)：	37.9（接触网供电），30.6（蓄电池供电）；
额定转速(r/min)：	1112（机车速度 18km/h）（接触网供电）， 895r/min（机车速度 14.5km/h）（蓄电池供电）；
额定转矩(N·m)：	902（接触网供电）；816N·m（牵引蓄电池供电）；
起动转矩(N·m)：	1096（半磨耗）；
功率因数：	≥0.82；
齿轮传动比：	9.37（65/23×63/19）；
齿轮传动效率(%)：	98；
冷却方式：	自通风；
悬挂方式：	架悬；
质量(kg)：	620。

（八）制动电阻主要参数

制动电阻箱安装在工程车车顶，用于能耗制动，消耗电制动工况下的再生能量。

振动与冲击：	满足 IEC 61373 1 类 A 级；
额定功率(kW)：	2×135；
额定电阻值(20℃)(Ω)：	2×4.9（-5%～+7%）；
最大电阻值(470℃)(Ω)：	≤5.84；
最小电阻值(-25℃)(Ω)：	≥5.18；
额定工作电压 U_n (V)：	DC1800；
允许工作电压：	满足 IEC60077—1；
绝缘：	依照 TB/T 3251.1—2010；
污染等级：	PD4；
外壳防护等级：	IP20；
电阻元件及其支撑防护等级：	IP00；
引出线防护等级：	IP20；
接线盒防护等级：	IP 65；
运用海拔(m)：	≤2500；
环境温度(℃)：	-25～+45；
质量(kg)：	310±3%；
平均功率(kW)：	135；

电阻带最高温度(℃)： ≤425（环境温度45℃时）。

(九) 线路电抗器

线路电抗器及支撑电容器，使直流电路电压保持稳定并将电压波动限制在允许范围内，吸收直流输入端的谐波电压，抑制逆变器对输入电源的干扰，在逆变器发生短路时抑制短路电流并满足逆变器开关元件换相的要求，线路电抗器实物如图8-10所示。

图8-10 线路电抗器

(十) 高速断路器

UR6型断路器是一种直流高速限流空气断路器。该设备设计用来对线路出现的短路进行检测，能保证自由脱扣，快速断开主触头，并且在切断电路的过程中，通过产生恒定的过电压，来快速灭弧，图8-11为高速断路器示意图。

(十一) 库内充电过程

(1) 机车处于静止状态。

(2) 检查确认牵引蓄电池隔离开关(=11-s02)置于"ON"状态。

(3) 插入司机室钥匙，并将钥匙置于打开状态。

(4) 手动转换占用端供电模式开关(=22-s23 或 =22-s24)位置，到"零位"位置。

(5) 检查确认占用端充电控制按钮(=21-s07 或者 =21-s08)被按下。

(6) 检查确认占用端均充控制按钮(=21-s05 或者 =21-s06)状态，按下为均充模式，未按下为正常模式。

(7) 手动转换库内充电模式开关有效(=22-s25，位于低压柜上)，到"正常"位置。

(8) 连接好库内充电电缆，并接通电源。

(9) 手动转换库内充电模式开关(=22-s25，位于低压柜上)，到"库内充电"位置。

(10) 观察操纵台上的容量显示装置和安全警示灯，充电开始。

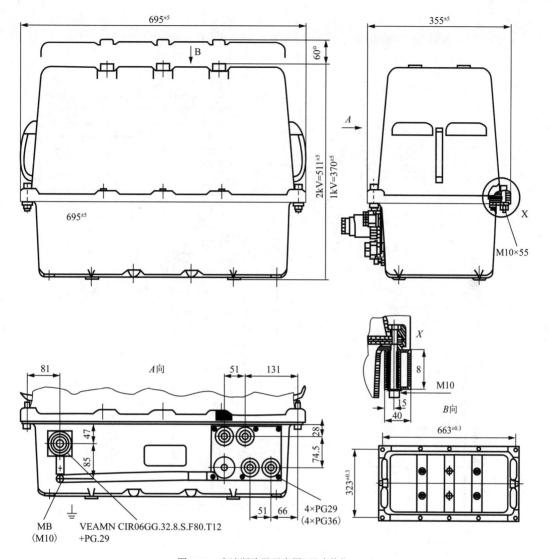

图 8-11 高速断路器示意图（尺寸单位：mm）

（十二）主电路原理图

图 8-12 为主电路原理图。

二、辅助电路原理说明

辅助变流柜内包括一个辅助逆变模块与一个斩波充电模块。辅助逆变模块将直流母线的直流电（DC1500V 或者 DC800V）通过逆变、滤波、隔离后输出三相四线 AC380V，50Hz 的交流电源向主压缩机、空调、散热风机等交流负载供电，同时可以从 U、V、W 相中任意一相与中心线 N 之间取出 AC220V 交流电，图 8-13 为辅助电路原理图。

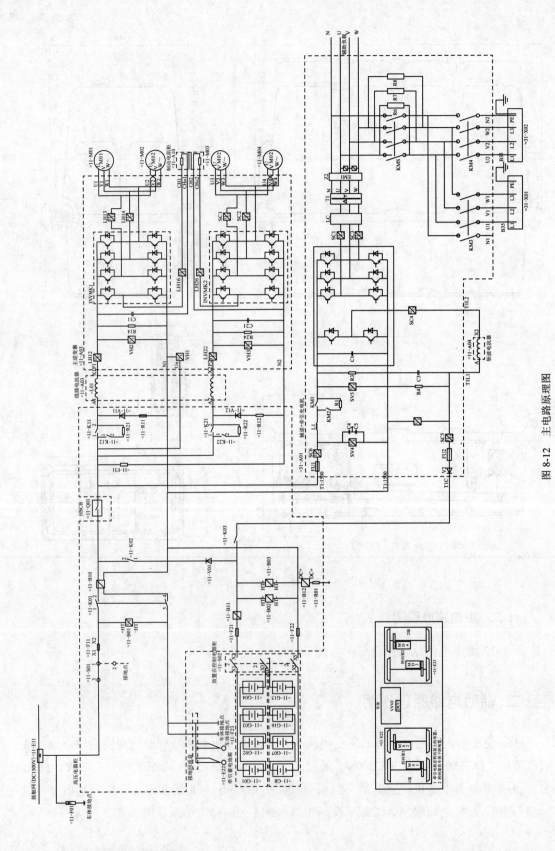

图 8-12 主电路原理图

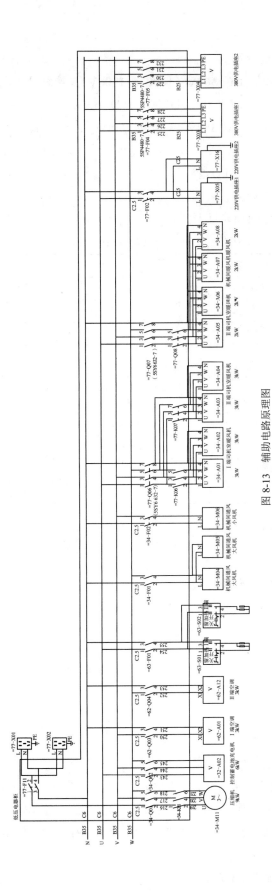

图 8-13 辅助电路原理图

1. 辅助逆变模块参数

(1) 输入电源：　　DC1500V（1000～1800V）（接触网供电）；
　　　　　　　　　DC800V（DC921～DC627V）（牵引蓄电池供电）。
(2) 输出电源：　　3AC380Vrms±5%，50Hz±1%，80kV·A（包括单相负载容量）；
　　　　　　　　　1AC220Vrms%，50Hz（单相负载最大5kW）。
(3) 冷却方式：　　强迫风冷。

2. 辅助负载分配计算

主要辅助负载分配计算见表8-1。

主要辅助负载分配　　　　　　　　　　　表8-1

代码	辅助负载	输入电功率(kW)	备注
1	压缩机	9	额定输入下功率因数0.89
2	控制蓄电池充电机	8	
3	空调1	3.5	
4	空调2	3.5	
5	司机室插座1	2	
6	司机室插座2	2	
7	机械间通风风机	3×0.064	
8	窗加热	4×0.2	
9	暖风机	3×4+2×4	
合计		49	不包括向液压起重机和轨道检测车上设备供电

辅助逆变器的容量为80kV·A，因此可以满足郑州工程车辅助供电的需求。

三、控制电路原理说明

（一）主要用途

控制电路主要完成对主电路、制动系统、辅机系统的主要设备的控制、设备监控以及整车故障信息的提示。

（二）标准

《机车控制与照明电路标准电压》（TB 1126—1999）。
《铁路应用　机车车辆电气设备　第1部分：一般使用条件和通用规则》（GB/T 21413.1—2008）。
《铁路应用　机车车辆电气设备　第2部分：电工器件　通用规则》（GB/T 21413.2—2008）。
《轨道交通　电磁兼容　第3-1部分：机车车辆 列车和整车》（GB/T 24338.3—2009）。

(三)控制电路

1. 主要功能说明

(1)从原理上讲,控制电路主要完成如下功能:

①直流电源分配:从电源柜将110V直流电压、24V电压送给照明系统、计算机控制系统、信号系统、控制开关、仪器仪表等部件。

②传递司控器、扳键开关、继电器、方向、模式选择等指令信号。

③控制接触器、继电器、表盘、信号灯等部件动作。

(2)从功能上讲,控制电路主要有以下控制功能:

①电源分配:从蓄电池或充电机获取AC380V/50Hz交流电,输出DC110V直流电,送给各低压控制部件、逻辑控制电路以及微机控制系统。

②仪表显示:采用DC110V或24V提供给仪器仪表,显示网压、速度、里程、蓄电池工况、辅助系统故障、各汽缸压力、制动状态、故障提示信息等。

③司控器控制:牵引/制动力级位控制,速度控制,两个操作台的司控器互斥。

④方向和钥匙控制:向前、向后、无方向,机车及操作端占用控制。

⑤辅助系统控制:完成受电弓、主断路器、压缩机、风机、照明系统、空调、信号系统等设备的控制。

⑥变流器及电机控制:控制设备的启停,控制辅机设备对牵引设备进行冷却,控制变流器及电机的隔离。

⑦保护逻辑控制:对机车重要部件做保护处理,防止设备过压、过流等原因造成的设备损坏以及潜在的安全危险。

⑧系统监控及故障提示:主要由计算机控制系统完成。

2. 控制电路原理

图8-14为控制电源原理图。

(四)计算机控制系统

1. 通信模式

微机控制系统采用多功能车辆总线(MVB)以及列车总线(WTB)通信方式。

2. 标准

《铁道机车车辆电子装置》(IEC 60571—1998)。

《机车车辆电气设备电磁兼容性试验及其限值》(EN50121-1-3—2000)。

《列车通信网络标准》(IEC61375-1)。

《机车司机室通用彩色液晶显示装置》(Q/TEG113—2006)。

3. 系统组成

计算机控制系统采用列车级和车辆级控制,列车级采用绞线式列车总线WTB,车辆控

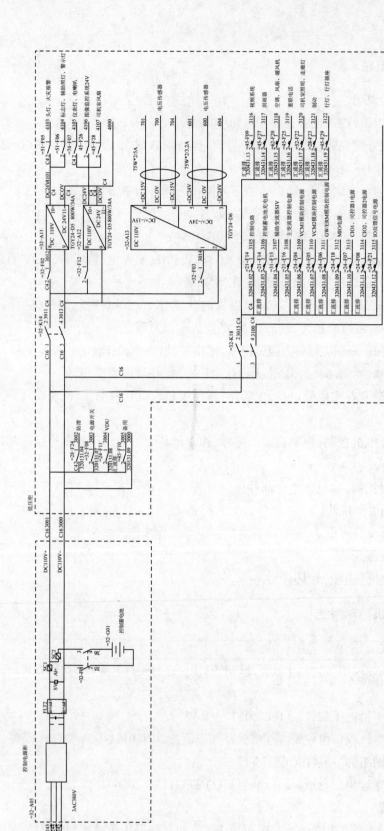

图 8-14 控制电源原理图

制级采用多功能车辆总线 MVB。

计算机控制系统采用中央控制单元集中控制,中央控制单元完成车辆控制、事件记录以及网关功能。计算机控制系统采用分布式的信号采集及执行模式,信号输入输出由数字量输入输出模块、模拟量输入输出模块完成。此外,中央控制单元通过 MVB 总线与子控制系统、人机接口设备实现通信。子控制系统包括牵引传动控制单元、辅助变流器控制单元、制动控制单元,人机接口设备。

4. 网络拓扑

控制网络拓扑如图 8-15 所示。模块的配置见表 8-2。

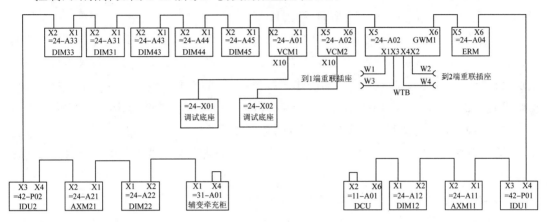

图 8-15 网络系统拓扑结构

表 8-2 模块的配置

司机室	低压柜
车辆控制模块 VCM1	数字量输入模块 DIM33
车辆控制模块 VCM2	数字量输入输出模块 DXM31
网关模块 GWM	数字量输入输出模块 DXM43
故障记录模块 EMR	数字量输入模块 DIM44
模拟量输入输出模块 AXM11	数字量输入输出模块 DXM45
数字量输入模块 DIM12	
模拟量输入输出模块 AXM21	
数字量输入模块 DIM22	

(五)功能说明

1. 控制功能

(1)系统冗余控制。中央控制单元设置冗余。正常情况下随机选取主设备和从设备,若主设备发生故障,从设备自动代替主设备。

(2)关键信号冗余。对于关键控制电路,控制系统均对控制信号进行了备份,若一个通道发生故障,另外一个通道发送相同数据。

(3)总线冗余。计算机控制系统采用互为冗余的车辆总线进行数据传输。

（4）牵引制动控制。计算机控制系统具有牵引/制动控制功能，该功能主要通过牵引控制单元负责完成。实现的功能有：运行方向信号（向前、向后、无方向）；牵引/制动信号（牵引、制动、惰行）；牵引/制动级位信号（司控器级位信号）。

（5）空电联合制动控制。为了有效地制动操作和提高乘坐平稳性，计算机控制系统协调进行整个空电联合制动的混合控制。计算机控制系统将来自司控器的制动命令传输给制动控制单元和牵引控制单元。在尽可能发挥机车电制动力的基础上，制动控制单元将补充空气制动力，以满足总制动力要求。

（6）低恒速控制。电动工程车具有自动稳定功能，能根据参数设定，使工程车以 2～10km/h 的速度进行恒速运行，控制精度为 ±1km/h。

低恒速控制功能由计算机显示屏、中央控制单元、牵引控制单元共同完成。在电动工程车运行过程中，操作人员可以通过显示器选择"低恒速"控制模式，并设定运行速度值，TCU 模块会根据参数设定控制牵引逆变器的输出频率，控制系统可以根据运行反馈信息自动调整电机的转矩输出，可自动切换牵引/制动模式，最终达到控制车辆恒速运行的目的。

（7）监视功能。计算机控制系统主要监视对象有：系统自身设备、机车牵引系统、高压电路、辅助电源系统、低压供电系统。微机控制系统持续监视车载主要设备的状态并通过显示器显示各设备状态信息。

（8）故障诊断功能。车载诊断系统是计算机控制系统的重要组成部分，中央控制单元收集并在故障数据库中存储列车的事件、故障和列车状态的相关信息。故障信息在司机台上通过人机接口显示出来，并且通过其他设备可以上传到地面维修和服务系统中，供长期的储存和深入的地面分析。

诊断功能可以协助司机和检修人员进行工作。当故障发生时，协助司机采取适当的操作，并使维护人员更容易地查找并解决故障。如果列车发生故障，将以纯文本信息在显示器上显示给司机。

在显示器上，每条纯文本信息都分配有故障代码，根据不同的故障类别进行故障评估。故障类别和纯文本信息显示在显示器的界面上。此外，司机可以从显示器上获得他所必须实施的操作的指导说明。

故障信息包括下面数据：故障内容、故障代码、车号、时间、日期。

2. 检修功能

（1）在线检测。计算机控制系统有在线测试功能，用来在列车静止状态下检查主要子设备的操作。

（2）每个子系统按照计算机控制系统测试要求自动进行测试。如在测试中要求进行操作，操作状态提示将在显示器相关界面上显示：牵引系统——检查牵引/制动操作等；制动系统——检查制动操作；辅助电源系统——检查输出电压等。

3. 自检功能

（1）计算机控制系统自检。计算机控制系统在上电后对各 MVB 节点通信状态进行检查，当某个节点通信出故障时,在显示器的网络拓扑中该节点显红色,表示该节点无电源或无通信。

(2)软件版本检测。与计算机控制系统有总线通信的子系统的软件版本可以在显示器上进行检查。

(3)I/O 自检。计算机控制系统的输入/输出状态可以在显示器 I/O 界面上进行检查。

4. 初始设定

(1)时间校订。计算机控制系统的时间和日期可以在显示器上进行设置。

(2)轮径设定。轮径可以在显示器上设置。

5. 数据下载和软件更新

记录的数据可以通过使用列车控制与诊断系统 TCMs 便携式维护工具下载。下载的列车控制与诊断系统 TCMs 记录的数据,可通过便携式维护工具进行分析。

6. 事件记录功能

计算机控制系统可以监视车辆级/列车级的数据,并在开机状态下持续记录列车上检测到的故障、重要的操作信号和各装置性能参数。

第五节　ZER4 型蓄电池轨道车蓄电池组

一、总体结构

电动工程车配备有一个牵引蓄电池组,在没有外接电源的情况下为整车运行提供动力电源。每台电动工程车配置 400 个单体蓄电池。每个单体之间使用带绝缘层的导体连接,确保蓄电池箱体任何部分都绝缘。所有单体蓄电池都可以从蓄电池箱上方直接提出,方便维修更换。每个蓄电池单体的电压为 2V,整个牵引蓄电池组串联输出 DC800V 电压,蓄电池组的容量不小于 400Ah。

二、基本功能

考虑到蓄电池使用当地温度相对较高,为了更好地保证蓄电池的充电和延长蓄电池寿命,蓄电池设置了浮充和均充模式,并且进行了自动温度补偿。在蓄电池箱体内安装有温度传感器,用于测量环境温度和电池温度。

牵引蓄电池组最低限定电压为 614V,当蓄电池低于 614V 时电动工程车禁止运行。操作人员可以通过容量检测单元设定提示报警值,当蓄电池电压达到设定值时,系统会发出蜂鸣声音报警,提醒操作人员及时为蓄电池充电。

当牵引蓄电池容量低于满容量的 20% 时,系统会发出蜂鸣声音报警,提醒操作人员及时为蓄电池充电。

三、牵引蓄电池技术说明

(一)牵引蓄电池简述

电动工程车采用的牵引蓄电池是铅酸蓄电池。铅酸蓄电池是利用硫酸铅的电解原理制作的拥有可充电功能的电池元件。铅酸蓄电池具有使用寿命长、内阻小、自放电率低、密封反应效率高、充电能力强、大电流放电特性好、体积和质量能量比高、无酸雾逸出和电解液泄露等特点。该蓄电池荷电出厂,不需要进行烦琐的初充电活化,不需要进行完全放电维护,使用过程中不污染环境、使用安全可靠、维护简单。

(二)牵引蓄电池参数

额定电压(V):　　　　　　　　2,由 384 个单体组成,每 48 个一组,共 8 组;
蓄电池组质量(kg):　　　　　　1700 允差 0～6%;
外形尺寸(mm):　　　　　　　 1032×811×930(长×宽×高);
使用电压范围(V):　　　　　　1.6～2.4(614～921);
环境温度范围:　　　　　　　　满足机车环境温度;
使用环境湿度:　　　　　　　　满足机车环境湿度;
5 小时率容量 C_5(Ah):　　　　≥400(放电电流:80A,终止电压:1.75V);
正电极:　　　　　　　　　　　管状;
负电极:　　　　　　　　　　　栅极;
电解液类型:　　　　　　　　　H_2SO_4,gel 胶体;
循环次数:　　　　　　　　　　>1200 次(EN 60254-1);
月自放电率:　　　　　　　　　≤3%(20℃)。

(三)牵引蓄电池充电

蓄电池充电分为"正常充电"和"均衡充电"两种充电方式,正常充电用于牵引蓄电池组正常使用过程中的充电,均衡充电用于维护性充电(建议六个月进行一次),具体充电曲线如下(以下充电曲线描述中的电压为蓄电池单体电压,电流为蓄电池组电流):

1. 正常充电

正常充电分为以下 3 个阶段(环境温度 25℃):

(1)第一阶段:64A 恒流充电,检测蓄电池组电压。当电压达到 2.35V,则跳转第二阶段。

第一阶段时间超过 6h 且还没达到跳转第二阶段条件,则停止充电并报故障。

(2)第二阶段:蓄电池组电压达到单体 2.35V 时,蓄电池充电电压恒定在 2.35V,限制时间 4h。当第二阶段时间超过 4h 或者充电电流小于 8A,则跳转第三阶段。

(3)第三阶段:蓄电池充电电压恒定在 2.27V,限流 10A。第三阶段时间超过 12h,则停止充电。

2. 均衡充电

均衡充电建议半年进行一次。蓄电池均衡充电分为以下 3 个阶段(环境温度 25℃):

(1)第一阶段:64A 恒流充电,检测蓄电池组电压。当电压达到 2.35V,则跳转第二阶段。第一阶段时间超过 6h 且还没达到跳转第二阶段条件,则停止充电并报故障。

(2)第二阶段:蓄电池组电压达到单体 2.35V 时,蓄电池充电电压恒定在 2.35V,限制时间 4h。当第二阶段时间超过 4h 或者充电电流小于 8A,则跳转第三阶段。

(3)第三阶段:蓄电池充电电压恒定 2.4V,限制充电电流不大于 10A,限制时间 10h。第三阶段时间超过 10h,则停止充电。

3. 充电时间要求

无论是正常充电模式还是均衡充电模式,充电时间都必须满足以下要求:

(1)蓄电池组从 20% 充电到 85% 的时间不大于 6h。

(2)蓄电池组从 20% 充电到 100% 的时间不大于 10h。

(3)蓄电池组在完成第二阶段充电过程后容量大于额定容量的 98%。

4. 温度补偿

无论是正常充电模式还是均衡充电模式,充电时温度补偿按照以下要求进行:

以 25℃ 温度为基础,温度每升高 1℃,充电电压下降 4mV(单节),最低电压限制在 2.2V(单节)。

以 25℃ 温度为基础,温度每降低 1℃,充电电压上升 4mV(单节),最高电压限制在 2.5V(单节)。

5. 蓄电池充电曲线

图 8-16 为蓄电池充电曲线。

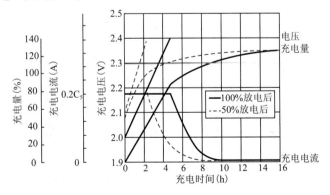

图 8-16 蓄电池充电曲线

放电深度 50% 及 100% 后用限流 $0.2C_5$,恒压 2.40V/ 单体(25℃)的充电特性曲线

(四)牵引蓄电池容量检测及显示系统

1. 牵引蓄电池容量检测和保护装置

牵引蓄电池容量检测系统包括蓄电池容量检测装置和蓄电池故障检测单元,容量检测装置由测量主机和显示单元组成,测量主机是容量检测系统的测量计算单元,通过对蓄电池组的端电压(由电压传感器得到)、流过电流(由电流传感器得到)的测量,利用安时法并进行温度补偿计算得到蓄电池组的剩余电量。

2. 牵引蓄电池容量显示单元

显示单元负责对蓄电池组当前状态进行显示。包括:剩余电量(相对总电量的百分比)、蓄电池组端电压,蓄电池组输入或者输出电流,蓄电池组平均温度。当蓄电池剩余容量低于设定值时,蜂鸣器进行声音报警,并可给机车控制系统提供深度放电容量保护控制信号。显示终端面板装按键供用户输入密码以及设置一些参数。这些参数包括:电池端电压报警界限,温度报警界限以及蓄电池容量。

第六节 ZER4型蓄电池工程车电气柜

一、高压电气柜

电动工程车配备有一个高压电气柜,安装在车下。电气柜内主要装有如下功能电路的电器元件:

(1)受电弓供电回路(DC1500V)的手动故障隔离的单极三位置开关(=11-s01)、短路保护的熔断器(=11-F11)、电压检测的电压传感器(=11-B01)、双极直流接触器(=11-K01)及差分电流传感器(=11-B10)。

(2)牵引蓄电池供电(DC800V)回路短路保护的熔断器(=11-F21、=11-F22)、电流检测电流传感器(=11-B11)、电压检测的电压传感器(=11-B02、=11-B03)、防反冲隔离二极管(=11-V01)、单极直流接触器(=11-K02)、牵引蓄电池充电控制接触器(=11-K03)。

(3)预充电回路的接触器(=11-K12、=11-K22)及电阻(=11-R21、=11-R22)、短接接触器(=11-K11、=11-K21)等。

高压柜元件布置如图8-17～图8-20所示,元件说明见表8-3～表8-6。

图8-17中序号说明见表8-3。

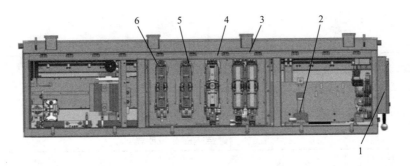

图 8-17 高压柜内部结构图 1

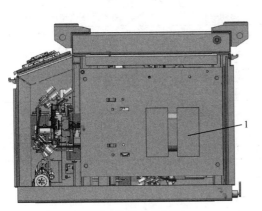

图 8-18 高压柜内部结构图 2

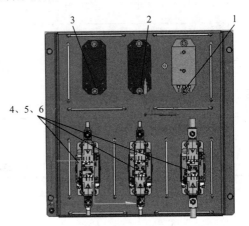

图 8-19 高压柜内部结构图 3

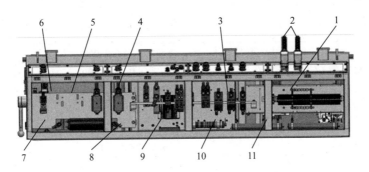

图 8-20 高压柜内部结构图 4

高压柜内部结构图 1 说明表　　　　　　　　　　表 8-3

序号	部件代码	名　称	型　号	功　能
1	=11-s01	三位置开关	THG4A（01）	接触网、接地、库内电源切换
2	=11-B11	电流传感器	LTC 1000-sF	牵引蓄电池电流检测
3	=11-K01	直流接触器	CT1215_08_V_110ET	受电弓供电
4	=11-K02	直流接触器	CT1115_08_V_110ET	牵引蓄电池供电
5	=11-K11	直流接触器	CT1115_04_V_110ET	充电短接接触器
6	=11-K21	直流接触器	CT1115_04_V_110ET	充电短接接触器

图 8-18 中序号说明见表 8-4。

高压柜内部结构图 2 说明表   表 8-4

序号	部件代码	名称	型号	功能
1	=11-V01	二极管及散热器	ZP9 1000-65/sF16	牵引蓄电池输出防反向

图 8-19 中序号说明见表 8-5。

高压柜内部结构图 3 说明表   表 8-5

序号	部件代码	名称	型号	功能
1	=11-B03	电压传感器	AV100-1000	牵引蓄电池回路电压检测,给蓄电池容量管理系统
2	=11-B02	电压传感器	NCV1-2000V	牵引蓄电池回路电压检测
3	=11-B01	电压传感器	NCV1-2000V	受电弓回路电压检测
4	=11-K12	接触器	CL1115/02-P-110ET-U2	预充电接触器
5	=11-K22	接触器	CL1115/02-P-110ET-U2	预充电接触器
6	=11-K03	接触器	CL1115/02-P-110ET-U2	充电机控制接触器

图 8-20 中序号说明见表 8-6。

高压柜内部结构图 4 说明表   表 8-6

序号	部件代码	名称	型号	功能
1	=92-X187.01	端子排	280-833	连接控制线
2	=91-X187.01 =91-X187.02	连接器	HDC-sH10B-Ds	连接控制线
3	=41-A11-K01 =41-A11-K02	继电器	V23162-D0721-B110	1A 差动继电器 50A 差动继电器
4	=11-B10	差动电流传感器	NCA5-1000A/sP1	接地检测
5	=11-F22	熔断器	DTR3.11（1000V，800A）	牵引蓄电池供电 −
6	=11-F21	熔断器	DTR3.11（1000V，800A）	牵引蓄电池供电 +
7	=11-F11	熔断器	DTR DTR-FL4（DC2000V，630A）	受电弓供电
8	=11-B12	电流传感器	CT0.1-P	蓄电池接地检测
9	=11-R01	线绕电阻	RXG600D-400W	接地检测电阻
10	=11-R21	预充电电阻	RXQ13KJ-A-50Ω±5%	预充回路限流电阻
11	=11-R22	预充电电阻	RXQ13KJ-A-50Ω±5%	预充回路限流电阻

二、低压电气柜

电动工程车设置一个低压电气柜,安装在机械间内。低压电气柜内主要装有如下功能电路的电器元件:

（1）380V 负载、220 负载和 110V 配电等。

（2）用于机车控制的网络控制模块。

（3）进出柜体的接线端子和连接器等。

(4)DC24V 直流电源等。

柜内右边上部安装用于机车辅助回路控制的断路器及辅助回路的进线端子,后正上方安装用于机车控制的 DXM 模块;后正下方安装控制的回路进线端子;柜内左边正面安装接触器、继电器等控制回路元器件。

低压电气柜元件布置如图 8-21～图 8-23 所示,元件说明见表 8-7～表 8-9。

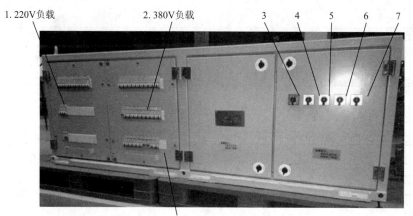

图 8-21　低压电气柜布置 1

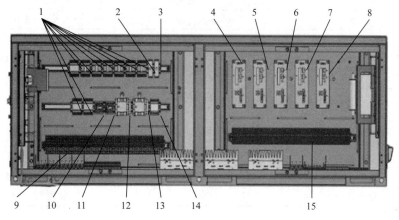

图 8-22　低压电气柜布置 2

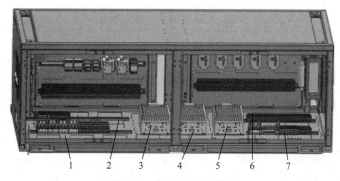

图 8-23　低压电气柜布置 3

图 8-21 中序号说明见表 8-7。

低压电气柜电气元件说明表 1　　　　　　表 8-7

序号	部件代码	名　称	功　能
1		双极断路器	220V 负载
2		三相(级)断路器	380V 负载
3	=32-s05	转换开关	库内充电模式
4	=23-s03	转换开关	转向架隔离
5	=32-s01	转换开关	控制电源断合开关
6	=43-s11	转换开关	无人警惕隔离
7	=52-s311	转换开关	机械间行灯插座开关

图 8-22 中序号说明见表 8-8。

低压电气柜电气元件说明表 2　　　　　　表 8-8

序号	部件代码	名　称	功　能
1		继电器	
2	=21-K14	时间继电器	主断路器延时断开
3	=28-K01	时间继电器	断电延时施加停放制动
4	=24-A33	数字量输入模块	数字量输入模块 DIM33
5	=24-A31	数字量输入输出模块	数字量输入输出模块 DXM31
6	=24-A43	数字量输入输出模块	数字量输入输出模块 DXM43
7	=24-A44	数字量输入模块	数字量输入模块 DIM44
8	=24-A45	数字量输入输出模块	数字量输入输出模块 DXM45
9	=92-X150.03	端子排组成	柜内接线端子
10	=21-K02	接触器	HSCB 控制
11	=21-K03	接触器	HSCB 控制
12	=32-K14	直流接触器	蓄电池输出控制
13	=32-K18	直流接触器	蓄电池输出控制
14	=32-F15	接地检测装置	110V 电路接地检测装置
15	=92-X150.04	端子排组成	控制回路端子

图 8-23 中序号说明见表 8-9。

低压电气柜电气元件说明表 3　　　　　　表 8-9

序号	部件代码	名　称	功　能
1	=92-X150.01	端子排组成	辅助回路端子
2	=92-X150.02	端子排组成	辅助回路端子
3	=32-A11	电源模块	DC110/24V
4	=32-A12	电源模块	DC110/24V
5	=32-A13	电源模块	DC110/24V、15V
6	=92-X150.05	端子排组成	控制回路端子
7	=92-X150.06	端子排组成	控制回路端子

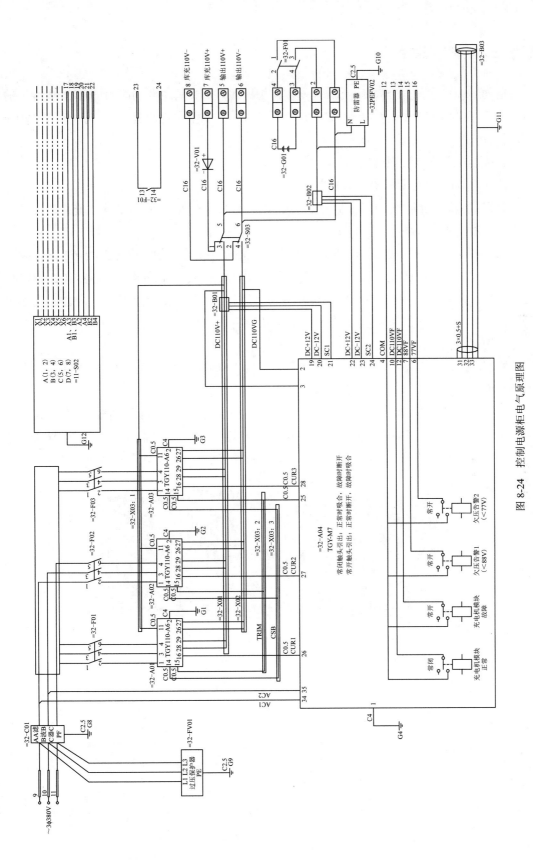

图 8-24 控制电源柜电气原理图

三、控制电源柜

电动工程车设置一个控制电源柜,安装在机械间内部。其主要功能如下:控制电源柜的AC/DC模块将3AC380V电源变为DC110V电源,为控制蓄电池组充电,并为机车DC110V负载供电。

1. 控制电源柜电气原理图

图8-24为控制电源柜电气原理图。

(1)控制蓄电池充电机的输出电压(即蓄电池组的端电压)由控制蓄电池充电机内部的电压传感器sV1来检测。

(2)控制蓄电池充电机的输出电流由控制蓄电池充电机内部的电流传感器sC1来检测。

(3)控制蓄电池的充电电流和输出电流由控制蓄电池充电机内部的电流传感器sC2来检测。

(4)控制蓄电池充电机具有输出过流保护、输出过载保护、输出过压、欠压检测、输入短路保护、输入过压、欠压保护、模块过热保护等功能。

2. 控制电源柜设备布置

控制电源柜主要由控制蓄电池、牵引蓄电池隔离转换开关、3个AC/DC模块和1个监控模块组成。

控制电源柜的左部为牵引蓄电池隔离转化开关;中间的下部为两个控制蓄电池箱(每个箱体由4个控制蓄电池组成),中间上部为刀开关、自动开关、过压保护器等;右上部为AC/DC模块,右中部是监控模块和二极管,右下部是滤波器;对外接线端子安装在最右侧,如图8-25所示。

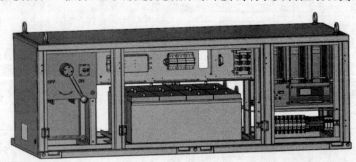

图8-25 控制电源柜示意图

第二篇 实 务 篇

第九章　工程车一次出乘作业标准

岗位应知应会

1. 提高工程车司机作业过程中的安全意识。
2. 为工程车司机作业过程的标准化操作做好铺垫。
3. 对工程车司机的日常工作内容有清晰的认识。
4. 掌握工程车司机各项作业的基本要求。

重难点

1. 工程车厂内调车作业的基本流程及安全注意事项。
2. 工程车正线作业的基本流程及安全注意事项。

为规范工程车组人员一次出乘作业标准，加强作业标准的卡控，确保作业安全，特制订《工程车一次出乘作业标准》。

一、作业条件

（1）按照运营生产需要及组内排班计划，当值工程车司机必须持证上岗。
（2）出勤前 8h 内禁止饮酒（包括含酒精的饮料），保证精力充沛，精神集中。
（3）工程车司机（车长）采用四班二运转制，严格按规定时间出乘。
（4）机班人员必须同时出、退勤。机班人员不得少于 2 人。

二、作业工器具

（1）司机日志、手电筒（信号灯）。
（2）检点锤、800M 电台。
（3）平调电台、400M 电台。

三、出勤作业

（1）按规定着装，并注意整洁。
（2）认真在《司机日志》上抄写有关运行揭示、调度命令、注意事项等内容，交厂调签字确认。
（3）参加 DCC 交班会，认真听取车厂调度传达的指示、安全注意事项，了解工作计划，重要内容要做好记录,对于当天作业中可能出现的情况要及时反映。

四、交接班作业

(1)机班工作进行对口交接,对机车状态、班中遗留的作业、安全要点、注意事项及当日需要说明的问题进行重点说明。做到四不交班:
①工具备品不齐不交。
②未进行机车清洁不交。
③有故障未修复或不交代清楚不交。
④未做好防溜不交。

(2)检查行车备品情况,按规定对各类灯具、电台进行充电、检查,并做好记录。

(3)机班班长对照当天的作业计划进行布置,做好机班的人员分工,围绕"灯岔、路、人、车、时"做好作业安全预想,了解机车车辆的制动防溜状态、停放位置、作业任务。

(4)学习各类安全信息、安全要求、事件信息等。

五、整备作业

(一)整备类别

按照工程车辆作业性质不同,整备可分为冷机整备和热机整备。其中热机整备又分为:调车作业前的整备、正线作业前的整备和特殊作业前的整备。

(二)整备要求

(1)整备作业时,当班人员按规定穿戴防护用品,严格按照表9-1分工进行整备作业。

整备作业分工　　　　　　表9-1

序号	类别	人数(人)	工具	负责人
1	冷机整备	1	手电、检车锤	机班班长指定
2	热机整备	2	手电、检车锤、无线电台	机班班长指定
3	调车作业整备	2	手电、检车锤、无线电台	机班班长
4	正线作业整备	3	手电、检车锤、无线电台	机班班长
5	特殊作业整备	3	手电、检车锤、无线电台	机班班长

(2)整备作业时,作业人员按照作业分工和要求完成整备作业,并填写相关台账。

(3)热机整备时,启机运转时间不少于30min。

(4)整备作业中发现故障及时填写《设备故障记录簿》报工班长和设备管理人员。

（三）整备周期

（1）所有工程车每周只进行 1 次热机整备，本周内有作业计划的工程车应在作业前进行热机整备，无作业计划的工程车全部集中在周日进行热机整备。

（2）周六夜班人员对本周内各类工程车冷、热机整备情况进行统计，并在周日早交班会上进行工作交接，周日白班人员按照统计结果对工程车进行冷、热机整备。

（四）冷机整备

检查确认工程车辆的防溜、油位状态、水位状态、随车工器具，填写《工程车组生产交班日志》并进行交接。

（五）热机整备

1. 检查走行部

（1）检查走行部有无部件脱落，盖板是否锁闭良好。

（2）前后轴齿轮箱吊架、安全托架、悬挂装置各部拉杆、螺栓、圆销、开口销等牢固无脱焊，弹簧无折损，作用良好。

2. 检查机械间

（1）发动机各油、水位是否充足。

（2）各传动皮带松紧和皮带轮润滑、紧固情况。

（3）检查膨胀水箱水盖、静液压油箱油盖、传动箱加油口盖、空压机滤清器组立是否脱落。

3. 检查两端司机室

（1）电源各控制开关置断开位。

（2）操纵台各开关位置、换向换挡油门手柄在正确位。

（3）检查工具备品、防护用品是否齐全、良好。

4. 起机

（1）起动发动机，观察发动机工作是否正常。发动机预热待水温达到50℃后，调速手柄置 1500r/min 工作不少于 10min，检查前、后端仪表显示是否正常。

（2）对 40kW 发电机以及雅马哈发电机进行发电性能试验，雅马哈发电机试验时间不少于 30min（冬季应对电暖器进行性能试验）电机工作应正常。

（3）各部件连接正常、动作灵活、无异响。

（4）检查油、水、风路等密封装置有无渗漏。

（5）对 JZ-7 型空气制动机进行"七步闸"试验（见第十一章）。

（6）检查停放制动作用是否良好。

（7）检查工程车两端下大灯、头灯、标志灯作用是否良好，电喇叭、风笛作用是否良好。

(8)静止状态下走车试验。

5.停机

(1)检查确认蓄电池电源开关在断开位。

(2)排除总风缸中的水分,排除油水分离器内污水。

(3)填写《工程车组生产交班日志》、《工程车运行日志》并进行交接。

(六)调车作业前的整备

(1)检查内容按照工程车《日常保养内容》进行检查,并将结果填写在《工程车运行日志》内。

(2)按规定填写《工程车组生产交班日志》。

(3)起机:

①起动发动机,检查发动机转速无异常,各运动部件连接正常、动作灵活、无异响。

②检查油、水、风路等密封装置有无渗漏。

③检查停放制动作用是否良好并进行制动机简略试验。

④检查工程车两端下大灯、头灯、标志灯作用是否良好,电喇叭、风笛作用是否良好。

⑤走车试验。

(七)正线作业前的整备

(1)正线作业的工程车辆需提前一天进行整备作业,每台车都需在地沟上进行检查(作业前工程车辆需要在材料线吊装钢轨或其他物料时,班组长应掌握好生产计划,安排作业人员在车辆未出库装货物之前进行车底检查,装好货物后如无特殊要求可不再入库进行车底检查)。

(2)正线作业的工程车辆须严格按照《各类工程车检车流程及内容》进行检查作业,并进行整列车的《制动机性能试验》,将结果填写在《工程车运行日志》内。

(3)PC-30型平板起重车整备作业时还需对立柱式悬臂起重机进行试验,确认技术状态,并填写《立柱式悬臂起重机技术状态交接表》。

(八)特殊作业前的整备

如遇正线、车厂设备故障需出动救援车辆时,重点检查以下内容:

(1)救援电客车时,确认过渡车钩技术状态良好,安装牢固。

(2)检查确认各油、水位是否在规定位置。

(3)启机后对制动机进行七步闸试验、柴油机转速试验、走车试验。

(4)检查工具备品、防护用品是否齐全、良好。

(九)其他要求

(1)整备过程中发现油、水(燃油除外)不足时应及时补充。

（2）发现故障时及时填写、登记《设备故障记录簿》，将故障信息及时反馈给班组长，由班组长组织人员进行处理，并将故障信息报给技术员。

（3）每周日按规定检查机车备用灯具；每半月对强光灯充电；每半年对红闪灯进行充电，认真做好记录。

六、调车作业

调车作业流程及要求如下：
1. 接班检查
（1）检查400M、800M通信电台，确认电量充足，通话良好。

（2）检查列车车钩、风管连接状态，制动防溜状态，按规定进行制动机试验。

2. 接受调车作业单
（1）到DCC接受调车作业单，确认调度命令内容无误，并与厂调进行核对。

（2）当班班长组织当班人员传达学习调车作业计划，做到听清、问清、传达清，严格执行"三清一不动"，即：计划不清、信号不清、变更计划和股道不清，不动车。

3. 车辆整备
（1）司机联控信号楼开始整备作业，并做好时间点的记录。

（2）作业人员按照厂内调车前的整备要求对工程车进行整备，重点确认过渡车钩的安装状态，工程车油位及水位、柴油机转速试验、制动机七步闸试验、带载走车试验。

4. 动车运行
（1）动车前要确认库门状态安全，铁鞋防溜已撤除，联控信号楼报整备完毕，并询问前方进路。

（2）信号楼回复后，司机要先确认信号开放状态，显示白灯后，司机探头至窗外，手指口呼"白灯好"，然后再回复信号楼。

5. 连挂作业
（1）确认被连挂车辆停留位置，距连挂车辆10m处一度停车。

（2）连挂电客车时，车长确认停留车辆铁鞋防溜和防护信号或禁动牌状态，连挂前应征得检修负责人同意，方可指挥连挂。当被连挂机车车辆挂有禁动牌或防护灯（旗）时，无论灯（旗）是否打开，均不能挂车。

（3）连挂平板车时，距离被连挂车辆10m处一度停车，车长确认车辆车钩、防溜及装载货物的加固状态、车门及侧板关闭符合要求，无防护信号，车上车下无人作业，无侵线的障碍物，方可指挥连挂。

（4）车长确认无误后指挥司机进行连挂并报10m、5m、3m距离信号，距连挂车辆1m时停车，车长检查过渡车钩的状态、电客车自动车钩状态，确认完毕后指挥司机以3km/h速度进行连挂。

(5)连挂后车长检查确认连挂状态,电客车自动车钩钩舌锁闭指示器状态正常,并拍照记录,以备后查。

(6)连挂完毕后进行试拉,试拉前先确认反向信号机位置不影响试拉作业。当反向信号机位置比较近时,应先联控信号楼开放反向信号再动车试拉。

(7)试拉好后,车长撤除防溜,同配合人员一起填写《非自身动力转轨作业单》。

6. 牵引、推进运行

(1)运行中加强瞭望,手比眼看、高声呼唤,严格按规定速度运行,做好互控。

(2)作业中需越过信号机或道岔停车时,必须保压停车,尾部距反向信号机或道岔应预留不少于10m的安全距离,方便车长确认反向信号或道岔开放的状态。

(3)列车运行到达指定地点停稳后车长及时联控信号楼,询问前方进路。

(4)司机换端作业时,将自阀手柄置于取出位并取出,单阀手柄置于运转位,确认制动缸压力不下降后再取出单阀手柄进行换端。

(5)换端完毕后司机联控车长报告换端完毕,车长确认信号开放后联控信号楼,根据信号楼的指令和地面信号显示要求推进作业。

(6)推进时车长加强瞭望,做好互控。

(7)库门前停车后,车长下车检查库门状态,确认无误后在地面指挥列车推进,入库后注意控制速度,做好三、二、一车距离信号的互控和停车指令的下达。

7. 摘车作业

(1)工程列车解钩时必须执行"一关前、二关后、三摘风管、四提钩"的作业程序。

(2)电客车解钩前要先确认电客车铁鞋防溜已做好,手拉电客车自动车钩缓解拉环进行解钩。

(3)分钩前司机确认反向信号,安全后再进行分钩。

8. 入库收车

(1)入库后,先断负载,做防溜,再停机,断电源,填写相关台账,关闭好门窗。

(2)将车辆停留状态报信号楼。

(3)当班人员及时更新值班室占线板上工程车辆的停放状态。

七、正线作业

正线作业流程及要求如下。

1. 接班检查

(1)检查确认正线施工列车编组、作业内容等情况,提前准备好需要携带的工具、备品。

(2)检查400M、800M通信电台,确认电量充足,通话良好。

(3)认真摘抄相关运行揭示,重点了解正线有、无限速地段。

(4)检查列车车钩、风管连接状态、制动防溜状态,按规定进行制动机试验。

2. 接受调度命令

(1)到 DCC 接受调度命令,确认调度命令内容无误,并与厂调进行核对。

(2)机班人员做好调度命令的传达。

3. 出库前检查

(1)确认行车凭证已交付,信号已开放,登乘人员已上车并处于安全位置。

(2)确认车辆手制动、停放制动缓解、铁鞋等防护标志已撤除。

4. 出库运行

(1)工程车出车厂时,应在出厂信号机前一度停车,用车载无线电台或 800M 无线便携台与行调核实运行有关事项,核对调度命令时须使用标准用语,确认信号机开放正确后方可动车。

(2)运行时,司机严格按照工程车《出入车厂及正线呼唤应答标准用语》进行作业。

(3)正线行车执行"问路式行车法",凭调度命令及地面信号行车。运行时加强瞭望,严格控制速度。

(4)工程车在车站始发、停车后再开时、反向运行时司机应及时联系行调,确认地面信号或按行调的命令行车。

(5)停车后人员下车进入轨行区时,须征得行调同意后方可进入。

(6)运行中,副司机要定时进行机械间巡视,一次作业巡视次数不得少于 4 次并在司机手账上做好记录,有异常情况时及时通知司机停车。

5. 施工作业

(1)工程列车在施工区域内凭"封锁命令"及施工负责人"动车指令"行车。

(2)原则上工程车正线作业时不进行甩挂作业,因特殊工作安排需进行甩挂作业时,司机应熟知相关作业要求。

(3)认真执行单进路封锁的行车规定,动车前必须先与行调、车长和施工负责人联系,具备动车条件后方准动车。

(4)施工作业需停车时,应采用自阀停车,列车管压力不得低于 100kPa,停车超过 20min 时,制动机要做简略试验(列车管达到规定压力以后,自阀减压 100kPa 并保压 1min,测定列车管贯通状态,司机检查列车管漏泄量,压力下降每分钟不得超过 20kPa,补机司机确认后部机车列车管压力)。

(5)在装卸物料作业后,司机或车长要对平板车侧、端墙板锁铁装置一一确认。

(6)施工作业运行中原则上不能退行,需要退行时,联系施工负责人,经施工负责人联系行调并取得行调同意后,方可退行。动车前确认反向信号机位置、信号机显示状态,无误后可以动车。

6. 运行回厂

(1)回厂前先与行调联系,凭调度命令及地面信号显示行车,加强瞭望,控制速度。

(2)作业结束后不能立即回厂时,机班人员不得擅自离开机车,必须保持列车制动、电台畅通。

(3)工程车辆回厂后要及时入库做好防溜,正线作业如遇特殊情况,工程车司机应及时将信息反馈车厂调度。

(4)入库停机后,机班人员对车辆进行全面检查。

八、退勤作业

(1)填写《工程车组交接班记录本》等相关岗位台账,做好交接班。

(2)交班机班须与接班机班进行对口交接,机班工具管理员按要求对机车及工具箱的工器具、备品进行交接;班长对机车状态、班中遗留的作业、安全要点、注意事项及当日需要说明的问题进行重点说明。做到五不交班:未完成机车保养不交;工具备品不齐不交;未进行机车清洁不交;有故障未修复或不交代清楚不交;未做好防溜不交。

(3)所有交接班检查接收完毕后,在《工程车组交接班记录本》签字确认。

(4)向车厂调度汇报作业完成情况,及时反馈各种安全信息,必要时应填写《安全事件报告单》交运用调度。

第十章　工程车安全操作方法

岗位应知应会

1. 了解机车的技术参数及性能。
2. 掌握机车的各项操作方法及流程。
3. 掌握不利条件下的机车操纵方法。
4. 对机车的技术参数和操作方法达到熟练掌握的程度。
5. 掌握机车从整备到收车的各项流程,提高司机驾驶技能。

重难点

1. 工程车出车前的各类检查。
2. 工程车长大下坡道的操纵方法。
3. 工程车不良天气下的操纵方法。
4. 机车换端、带载、调速、故障调速的操作方法。

第一节　DGY-300型轨道车运行安全操作方法

一、DGY-300型轨道车主要技术参数

DGY-300型轨道车,配置原装进口美国卡特CATC11动力单元,采用液力—机械传动,其排放满足美国非公路EPA Ⅲ标准,采用JZ-7型制动机。

1. DGY-300型轨道车参数及性能指标

轨距(mm):	1435;
发动机功率(kW):	336;
变速器:	TR43E44;
车轮轮径(mm):	840;
轴数:	4轴;
车钩中心距轨面高度(mm):	880±10;
单轴重(t):	约12.5;
外形尺寸(mm):	14970×2680×3760（长×宽×高）;
自重(t):	约50;

发动机技术指标：	废气排放符合欧洲 EURO Ⅲ号和美国非公路 EPA Ⅲ；
最高运行速度(km/h)：	80；
通过最小曲线半径(m)：	100；
传动方式：	液力—机械传动；
制动方式：	JZ-7 空气制动及手制动；
起动方式：	DC24V 电起动；
车钩形式：	13B 型下作用车钩，2 个；
紧急制动距离(m)：	≤400（单机、平直道,制动初速 80km/h）。

2. 发动机主要技术参数

型号：	CAT C11；
形式：	水冷、直列六缸、四冲程、增压、增压中冷；
额定功率(kW) / 转速(r/min)：	336（451ps）/2100；
最大转矩(N·m) / 转速(r/min)：	2056/1400；
排量(L)：	11.1；
缸径 × 行程(mm)：	130×140；
额定功率下燃油消耗率(kW·h)：	219.5g。

3. 变速器主要技术参数和规格

型号：	TR43E44；
形式：	液力变矩器 + 机械变速；
挡位：	四进四退；
换挡方式：	电—液换挡。

二、安全操作注意事项

(1)触摸屏禁止用带有油污的手接触。

(2)进入触摸屏检测系统,测试各类指示灯,保证指示正常。

(3)插上启动钥匙并转到"运转"位,查看显示参数是否正常,确认 ECM 得电后方能进行下一步操作。

(4)长时间停留时需在车轮放置安全铁鞋,防止溜车。

(5)禁止触摸任何运动及高温部件。

三、DGY-300 型轨道车操作基本要求

(1)操作者必须有相应的上岗资格证,使用前必须阅读本车使用说明书并熟练掌握操作要领。

(2)操作时,要穿工作服和护趾工作鞋、戴安全帽,要遵守《DGY-300型轨道车使用保养说明书》的要求。

(3)不得未经许可私自操作。严禁无证人员驾驶。

(4)操作者必须熟悉工程车的性能,严禁违规使用工程车。

(5)操作时,如发生故障必须停止作业,并报设备维修部门,在修复并确认后,方可操作。

四、操作流程

(一)起动前检查

检查发动机机油、传动箱润滑油、空压机润滑油、燃油箱燃油、冷却水及液压油等是否充足。检查部位按表10-1进行。

油、水位检查标准　　　　表10-1

序号	部位名称	检查标准
1	发动机	油位在油尺上下刻度之间,偏高位置
2	传动箱	不低于静态最低油位
3	车轴齿轮箱	不低于油位指示器的1/2
4	空压机	不低于油位指示器的1/2
5	燃油箱	见油位表显示
6	冷却水箱	膨胀水箱高度的2/3,最低水位不低于1/3
7	静液压油箱	油位指示器高度的2/3,最低位不低于1/3

(1)检查燃油管路、机油系统、冷却水管路、空气制动管路、液压管路及传动箱附件等部位有无渗漏现象。管路中的截止阀均应位于正确的工作位置。

(2)检查控制面板上的开关、监控仪表及灯具、雨刮器等是否正常。

(3)检查空压机、发电机的皮带的松紧度。

(4)目视检查传动轴螺栓及车轴齿轮箱悬挂拉臂螺栓有无松动。

(5)排除各风缸、油水分离器的污水。

(6)检查各主要部件等有无异常现象,发现问题必须及时处理。

(7)检查随机工具要求齐全,状态或功能良好。

(二)电器动作试验

(1)确认前、后操纵台上各开关及操纵手柄在正常状态,确认电器控制箱内各断路器已扳置接通位,闭合电器控制箱左侧电源总开关,确认蓄电池电压在DC2428V范围内。

(2)将点火钥匙插入柴油机起动开关内并扳至运转位,查看显示参数确认ECM得电。

(3)打开本端操纵开关,手动换挡选择开关扳至"自动"位,将司机控制器钥匙插入锁孔内并逆时针旋转90º,解除换向锁定,将换向手柄扳至"前"或"后"位,手动换挡选择开关顺序扳至手动Ⅰ-Ⅳ挡,液晶显示屏显示相应挡位和方向指示。说明手动换挡控制系统工作正常。

(4)确认司机控制器的换向手柄在"前"或"后"位,将手动换挡选择开关扳至"自动"位,闭合电气控制箱内的微机换挡控制器电源开关。此时操纵台上Ⅳ挡指示灯工作,同时可以观察微机控制器上"电源"、开关量输入显示部分"0"、方向"前"或"后"、"自动"、开关量输出显示部分换挡"4"灯亮。

(5)将司机控制器手柄扳至"1"位,此时液晶显示屏显示"1"挡位和方向指示,计算机换挡控制器上"电源"、司控器"1"、方向"前"或"后"、换挡"1"灯亮。

(6)将司机控制器手柄扳至"降"位,计算机换挡控制器上"降"、"1"灯亮。手柄扳至"保"位,计算机换挡控制器上"降"、"1"、"保"灯亮。

(7)手柄扳至"升"位,计算机换挡控制器上"降"、"1"、"保"、"升"灯亮。

(8)完成了以上步骤,说明调速和自动换挡输入正常,可以启机。

(三)起机

(1)确认司机控制器换向手柄在"0"位,确认手动换挡选择开关在"空挡"位,点火钥匙开关扳至运转位,查看显示参数确认ECM得电,再将点火钥匙开关扳至起动位,柴油机启动,启动后即松开点火钥匙。

(2)如果发动机不能在10s内起动,则应松开钥匙,间歇不少于2min后,再重新进行第二次起动。如连续3次仍无法起动,则应检查故障原因并进行排除。

(四)起机后的检查

(1)柴油机起动后,再次查验柴油机、传动箱等各部及其辅助装置、制动系统等是否工作正常。

(2)确认手动换挡转换开关在"空挡"位,再将司机控制器的换向手柄扳至运行方向位,将司机控制器油门控制手柄扳至"升"位,柴油机转速升高,松手后自动回"保"位,柴油机转保持不变,扳至"降"位,柴油机转速降低,推回"0"或"1"位,柴油机回怠速位。

(3)转速试验或空压机需要快速供风时,将本端操作开关闭合,必须确认挡位选择开关在"空挡"位。将司机控制器钥匙开关打开,将方向手柄置于"前进"或"后退",提升柴油机转速。(注:发动机起动后,机油压力应在15s内开始升高。如果机油压力表在15s内无油压显示,应立即停机,并查找故障原因。在机油压力达到正常值前,应保持发动机转速不变)

(4)发动机起动后,保持怠速运转3~5min,以使冷却水温达到正常值,检查各仪表数值是否正常。同时检查发动机是否漏油漏气,当发动机机油压力达到正常值,机油温度达到60℃(140°F)时发动机可满载运转。[注:温度从0℃升置60℃,发动机预热时间约为5min。如果环境温度低于0℃(32°F),预热时间将会稍长。如果发动机怠速运转,应将发动机转速提高到1000~1200r/min,这样可迅速提高发动机的作业温度]

(5)发动机起动后,空压机即开始充风,总风缸风压应逐渐上升到750~800kPa,制动管和均衡风缸风压应上升到 500kPa。

（6）非使用端操纵台所有开关均置关闭位。

（五）制动机检查及试验

发动机起动后，空压机即开始充风，制动阀手把置于缓解位置，对 JZ-7 型空气制动机进行"七步闸"的检查和试验。

检查各风表指示压力应符合表 10-2 的规定。

JZ-7 型制动机各风缸定压　　　　表 10-2

名称	总风缸	均衡风缸	工作风缸	制动管	制动缸
显示值(kPa)	700～800	500	500	500	0

1. 列车管和工作风缸泄漏量检查

将自阀手柄移到"最小减压"位时，均衡风缸减压 50kPa，列车管减压 50kPa，制动缸压力应为 100～125kPa，保持 60s。列车管泄漏量不超过 20kPa。

2. 阶段作用检查

自阀从"最小减压"位开始施行阶段制动，直至"最大减压"位，检查阶段制动是否稳定，减压量与制动缸压力应符合要求。

3. 单阀缓解性能检查

当自阀手柄置"最大减压"位时，将单阀移至"单独缓解"位，检查制动缸压力能否缓解到 50kPa 以下，且单阀手柄应能自动复原到"运转"位。

4. 过充作用检查

将自阀手柄置过充位，列车管压力应比规定的 500kPa 高 30～40kPa，同时过充风缸上 ϕ0.5mm 小孔应排风。此时均衡风缸空气压力应为定压。当手柄移至运转位时，列车管的过充量应能自动消除而恢复到定压，而且机车不应发生自然制动。

5. 常用全制动检查

当列车管定压 500kPa 时，均衡风缸减压 140kPa 的时间应为 5～7s。列车管减压 140kPa，制动缸压力应在 7～9s 内上升到 350～360kPa。

6. 缓解性能检查

自阀手柄从常用"全制动"位移到"运转"位，制动缸压力从 350kPa 下降到 35kPa 的时间应为 5～7s，并检查均衡风缸、列车管、工作风缸压力是否恢复正常。

7. 过量减压位作用检查

列车管压力在定压 500kPa 时，将自阀手柄移至"过量减压"位，均衡风缸和列车管的减压量均为 240～260kPa，制动缸压力仍为 350～360kPa，不应紧急制动。

8. 手柄取出位检查

将自阀手柄由"运转"位迅速移至"手柄取出"位，均衡风缸减压量应为 240～260kPa，列车管压力不变。中继阀应自锁。

9. **紧急制动作用检查**

自阀手柄由"运转"位移至"紧急制动"位时,应发生紧急制动。列车管在3s内从规定压力下降到0,制动缸压力应在5～7s内从0升到450kPa。

10. **紧急制动后的单独缓解作用检查**

自阀施置紧急制动后,把单阀手柄置于"单独缓解"位,在10～15s内制动缸开始缓解,并在25～28s制动缸压力缓解到0。

11. **单独制动作用检查**

自阀置运转位,单阀阶段制动或阶段缓解作用稳定,单阀手柄由"运转位"移至"全制动"位,制动缸空气压力由0上升到300kPa的时间为3s以内,单阀手柄由全制动位移回运转位,制动缸空气压力由300kPa下降到35kPa的时间应在4s以内。

换另一端操纵并试验以上项目。

五、DGY-300型轨道车运行操作

1. **起动操纵**

(1)将自阀及单阀手柄置于制动区,将缓解手制动。

(2)将空挡锁定钥匙开关扭置右"90°"位置,解除空挡锁定,将换向换挡控制手柄推置向"前"或向"后"位置即可使机车起动前行。

2. **牵引列车起动的操纵**

牵引列车起动前要进行试闸。起车前要压缩车钩,压缩车钩的车辆数不得超过车辆总数的2/3,以防整个车列移动或超越后部警冲标,并且在起动前不得将车辆的制动力缓解,起动时要做到充满风再起车,拉开钩再加速。

3. **在坡道上的操纵**

在坡道上操纵时要利用有利地形,提高柴油机的转速,在柴油机高转速、车辆高速度的前提下,力求在坡底接近限制速度,充分利用车列动能闯坡,减少爬坡时间,爬坡时,随着车列速度降低,牵引力逐渐增大,以防止空转而降低牵引力,爬坡速度不得低于其持续速度。如果采用手动换挡时,应相应升高发动机转速,当速度下降到换挡点以下时,应切换挡位。

4. **不良天气时的操纵**

不良天气时在线路上进行调车作业时,无论牵引还是推进运行,均应接通全部风管,严格执行试闸的规定,运行时应当掌握适当的速度,以保证车列遇到障碍时能够及时停车。在雨、雪、雾等不良天气时,轨面湿润,容易发生空转,因此在起车时和运行途中均应随时注意司机主控制手柄的操纵,以防空转和降低牵引力。制动时要防止滑行,擦伤车轮;运行中要注意信号,信号看不清时应及早减速,不要因错过制动时机而冒进信号,更不要臆测行车。

5. **车速控制**

车辆运行过程中,可通过司机控制器调节发动机转速,计算机控制器根据车速和发动机

转速的变化自动换挡。本车的车速设定为58km/h,当车速超过58km/h时,计算机控制器报警;当车速超过60km/h时,切断动力;当车速超过62km/h时,紧急制动。

操作过程中注意:一般车速不应超过58km/h;当车辆的速度达到58km/h报警时,应立即降低发动机转速。

6. 换向操作

将司机控制器发动机转速手柄置"0"位,施行制动使车辆停稳,再将司机控制器方向手柄置"前进"或"后退"方向。

7. 故障操纵

司机控制器油门控制手柄回"0"位,将直流控制柜面板上的应急转换开关打至"应急位"。

利用故障调速翘板开关(旋钮开关)进行发动机升、降速的控制,每按下翘板开关(拨动旋钮开关)一次发动机转速升(降)50r/min。司机控制器换向手柄置运行方向位,挡位转换开关扳至手动Ⅰ挡,相应变速器Ⅰ挡电磁铁得电,进入手动Ⅰ挡状态,当车速上升到对应的换挡点速度时,将换挡转换开关切换为Ⅱ挡,其他挡位按相应的方式操作。

降速时,车速降到对应的换挡点时切换挡位进行降挡操作。计算机换挡控制器故障时应注意,当速度达到58km/h时,系统不会报警限速,所以操作时尽量不要使用Ⅳ挡。

六、40kW发电机组操作规程

(1)检查40kW发电机组的柴油机机油油位与膨胀水箱水位满足要求。

(2)将交流控制柜面板上"工作位置"转换开关打至"断开"位,检查交流总电源空开"QF"及各用电器空开在断开位。

(3)闭合发电机组控制面板电源各空开。

(4)长按发电机组控制面板上的绿色"RUN"按钮,发动机启动。

(5)将交流控制柜面板上"工作位置"转换开关,打至"发电机组"位,电磁离合器吸合发电机开始工作,通过"电压测量转换"开关,观察各相间电压和线间电压满足要求时,闭合交流总电源空开"QF"及所需用电器空开。

(6)关机时应遵循先断负载的原则,关闭用电器空开和交流总电源空开"QF","工作位置"转换开关打至"断开"位,按下发电机组操控面板上红色"STOP"按钮关闭柴油机。最后关闭发电机组控制面板电源空开。

七、运行中的注意事项

(1)注意观察显示屏显示正常(有无故障内容)。

(2)瞭望信号、鸣笛。

(3)出现车轮打滑时应减速。

(4)下坡时严禁熄火,严禁做空挡溜放。

(5)行车时应经常注意各仪表读数是否正常。在发动机冷却水温度达到50℃,总风缸风压达500kPa以上时,方可起步,以中速行驶。水温未达到70℃时,不得高速行驶。

(6)遇到特殊情况可直接使用"非常制动",停车后,必须作记录,并及时检查车辆有无损坏,当发现影响行车安全时应及时处理破损部件,修复后方能行车。

(7)制动后必须先缓解制动,使制动缸压力回零,才能起步。

(8)车辆未全部缓解制动时,不得加负荷。

(9)车辆在运行中或未停稳前,手动换挡时不允许进行换向操纵。

(10)车辆各安全保护装置和监督计量器具不得盲目切(拆)除或任意调整其参数,保护电器装置动作后,在未判明原因前严禁盲目启机或切除各种保护装置。

(11)附挂运行时,应切断电源总开关,严禁进行电器动作试验。

八、停机

(1)将换向换挡控制手柄置于"中间"位,再施行制动,使车辆停稳。

(2)在发动机停机前,让发动机怠速运转3～5min,将控制面板的点火钥匙开关扳至"停止"位,柴油机即停止工作。

(3)取出点火钥匙。

(4)停机后,必须施加手制动。

(5)断开电源总开关。

九、无火回送

(1)锁定"空挡锁定"开关,换向换挡控制手柄置于中间位。

(2)自阀手柄置于手柄"取出"位,并取出手柄;单阀手柄置于"运转"位并取出手柄;两端客货车转换阀均置于货车位,开放无动力装置的截断塞门,同时将分配阀的常用限压阀的限制压力调置245kPa;缓解停车手制动。

(3)传动箱和车轴齿轮箱润滑油位保持在正常工作高度。

(4)长距离无火回送前,应拆下传动箱置车轴齿轮箱之间的传动轴。

(5)短距离拖行不得超过50km,此时允许不拆传动轴,但必须将惰行系统惰行泵旁通球阀关闭。

(6)手动缓解单元制动停车制动。

十、回库后的操作

(1)清扫司机室。

(2)关闭电源总开关。

(3)检查燃油管路、机油系统、冷却水管路、空气制动管路、液压管路及传动箱附件等部位有无渗漏现象。

(4)排除各风缸、油水分离器的污水。

(5)检查各主要部件等有无异常现象,发现问题必须及时处理。

(6)窗户从内部关好,车门上锁。

第二节　ZER4型电力蓄电池轨道车安全操作方法

一、ZER4型电力蓄电池轨道车技术参数

ZER4型电力蓄电池轨道车是一种适用于DC1500V受电弓供电的四轴电力工程车,该机车可由接触网或车载牵引蓄电池供电,绿色无污染,节能环保。该车采用直—交电传方式,使用DK-1型电空制动机。其主要技术参数如下:

接触网供电时(V)：　　　　　　DC1500；

网压波动范围：　　　　　　　　1000～1800V；

接触网供电时(V)：　　　　　　DC800；

网压波动范围：　　　　　　　　614～921V；

轨距(mm)：　　　　　　　　　 1435；

轴式：　　　　　　　　　　　　Bo-Bo；

电传动方式：　　　　　　　　　直—交；

轴重(t)：　　　　　　　　　　 ≤14；

整备质量(t)：　　　　　　　　 55.4；

前后车钩中心距(mm)：　　　　 14636；

车体宽度(mm)：　　　　　　　 2680；

车钩中心线高度(新轮)(mm)：　880±10；

转向架中心距(mm)：　　　　　 7060；

转向架固定轴距(mm)：　　　　 2200；

轮径(mm)：　　　　　　　　　 840/805/770(新/半磨耗/全磨耗轮)；

受电弓滑板距轨面高度(新轮落弓高度)(mm)：3750。

(1)轮周牵引功率(持续制)：

接触网供电时(kW)：　　　　　　　400；

蓄电池供电时(kW)：　　　　　　　300；

最高速度：

接触网供电时(km/h)：　　　　　　60；

蓄电池供电时(km/h)：　　　　　　40。

(2)额定速度：

接触网供电时(km/h)：　　　　　　35.7；

蓄电池供电时(km/h)：　　　　　　27.8。

(3)起动牵引力：

接触网供电时(kN)　　　　　　　　100；

蓄电池供电时(kN)　　　　　　　　100。

(4)牵引恒功率速度范围：

接触网供电时(km/h)：　　　　　　14.4～60；

蓄电池供电时(km/h)：　　　　　　10.8～450。

(5)轮周电制动功率：

接触网供电时(kW)：　　　　　　　300；

蓄电池供电时(kW)：　　　　　　　300。

(6)制动恒功率速度范围：

接触网供电(km/h)：　　　　　　　13.5～60；

蓄电池供电时(km/h)：　　　　　　10.8～40。

(7)最大电制动力(5～13.5km/h)

接触网供电时(kN)：　　　　　　　80；

蓄电池供电时(kN)：　　　　　　　80。

二、安全操作注意事项

(1)带心脏起搏器的人员不允许登上得电的机车。

(2)不允许在得电机车的机械间内停留超过1h。

(3)在机车运用过程中，带电部件和旋转部件有危险。如果盖板在未经允许的情况下取下、不正确操作或维护不良，可能导致死亡或严重的人身伤害。

(4)主变流器包括大电容。这些电容可能在长时间内(几天内)有高压，即使机车和电网隔离。

(5)不要接触任何有高压或低压的屏柜。

（6）在机车上和机车下进行工作时，不要抽烟。

（7）机车长时间停留时需在车轮处放置安全铁鞋，防止溜车。

三、ZER4型电力蓄电池轨道车操作基本要求

（1）操作者必须有相应的上岗资格证，使用前必须阅读本车使用说明书并熟练掌握操作要领。

（2）操作时按规定穿戴劳动保护用品和绝缘鞋。

（3）未经许可不得私自操作。严禁无证人员驾驶。

（4）操作者必须熟悉工程车的性能，严禁违规使用工程车。

（5）操作时，如发生故障必须停止作业，并报设备维修部门，在修复并确认后，方可操作。

四、操作流程

1. 启动前检查

（1）检查空压机润滑油、车轴齿轮箱油均在观察窗中间刻线 2mm 以上且各部无泄漏。

（2）检查外部电源和所有连接电缆是否已经拆除。

（3）检查蓄电池箱外侧墙上的侧门及各电气柜箱门是否关闭且锁死。

（4）检查控制面板上的开关、监控仪表及灯具、雨刮器等是否正常。

（5）检查机车受流装置是否降下。

（6）检查高压柜内的两位置开关(=11-s01)是否置于"受电弓/受流器"位。

（7）检查各主要部件等有无异常现象，发现问题必须及时处理。

（8）检查随机工具要求齐全，状态或功能良好。

2. 启机操作

（1）使用蓝钥匙解除控制电源柜内牵引蓄电池隔离开关的机械联锁，将隔离开关 =11-s02 手柄置于"ON"位。

（2）检查并闭合低压柜上的所有的空气断路器。

（3）检查并闭合控制电源柜上的所有的空气断路器，电气部件开始自检。

（4）将机车两端的重联控制转换开关，一端打至头端，另一端打至尾端。

（5）供电模式选择开关选择机车供电模式：接触网/轨、牵引蓄电池。接触网/轨模式的供电模式选择开关应置于"接触网/轨"位；牵引蓄电池模式的供电模式选择开关应置于"牵引蓄电池"位。

（6）检查紧急制动按钮是否松开后，将本端钥匙开关闭合。在该操纵台激活后，计算机显示屏显示主画面。

（7）检查计算机无异常报警，供电模式确定有效后，通过扳动主断路器开关（=21-s03 或

=21-s04)到位置"合"来合主断,如主断闭合条件满足,则主断闭合,启机完成。（受电弓模式需要待升弓完毕,网压正常后才能闭合主断。）

3. 升弓操作

(1) 除库内受电弓升弓试验之外,正常运用时严禁在库内及其他无接触网区域进行升弓。

(2) 出库及入库前必须确保受电弓处于降弓状态,并至少有两名操作人员做好该检查项的互控。

(3) 检查确认该操作端已激活,即具备操纵权。

(4) 升弓前机车需要在蓄电池供电模式工作,以使空压机能正常打风至压力 900kPa。

(5) 将供电模式选择开关(=22-s23)置于"接触网供电"位置。

(6) 通过扳动受电弓扳键开关(=21-s01)到位置"合"来升起受流装置。

4. 启机后检查

(1) 检查计算机显示屏无异常报警或红点,蓄电池状态显示屏及各仪表显示无异常。

(2) 若使用接触网模式,检查接触网网压在 1000～1800V 范围内;若使用蓄电池模式,检查牵引蓄电池电压值在 621～921V 范围内。

(3) 检查各电气柜内无异响。

(4) 检查空压机打风正常,总风缸风压应逐渐上升到 900kPa,制动管和均衡风缸风压应上升到 500kPa。

5. 制动机性能试验

机车高速断路器闭合后,制动缸压力低于起始供风压力时空压机开始工作,待空压机供风停止时,对 DK-1 型电空制动机进行制动机性能试验。

检查各风表指示压力应符合表 10-3 的规定。

DK-1 型电空制动机风缸定压　　　表 10-3

名称	总风缸	均衡风缸	制动管	制动缸
压力值(kPa)	750～900	500	500	0

(1) 将自阀从"运转"位移至"紧急"位,列车管压力在 3s 内降至 0,制动缸压力在 5s 内升至 400kPa,最高压力为 450kPa。单阀从"运转"位移至"缓解"位,制动缸压力能缓解到 0。单阀从"缓解位"移至"运转"位,制动缸压力不得回升。自阀从"紧急"位移至"运转"位,观察列车管压力变化。列车管压力从 0 上升至 480kPa 的时间不大于 9s。

(2) 自阀从"运转"位移至"制动"位,待列车管减压 40～60kPa 时自阀回"中立"位,列车管、均衡风缸的泄漏量分别不大于每分钟 10kPa 与 5kPa。自阀从"中立"位移至"运转"位,待各风缸恢复定压后,将自阀从"运转"位移至"制动"位,列车管减压 40～50kPa,制动缸压力为 90～130kPa;列车管减压 100kPa,制动缸压力为 240～270kPa;列车管减压 140kPa,制动缸压力为 340～380kPa。

(3) 将自阀从"中立"位移至"运转"位,待各风缸恢复定压后,将自阀从"运转"位移至"制动"位,待均衡风缸减压 140kPa 后,自阀回"中立"位。均衡风缸减压 140kPa 的时间为 5~7s,制动缸压力升至 340~380kPa 的时间为 6~8s。在"中立"位保压 1min,制动缸泄漏量每分钟不大于 10kPa。将自阀从"中立"位移至"运转"位,制动缸压力由 340~380kPa 降至 40kPa 的时间不大于 7s,均衡风缸、列车管能恢复至定压。

（4）单阀阶段制动与阶段缓解均稳定正常。单阀实施一次全制动,制动缸压力从 0 升至 280kPa 的时间不大于 4s。单阀实施一次缓解,制动缸压力从 300kPa 降至 40kPa 的时间不大于 5s。

（5）将自阀从"运转"位移至"制动"位,待列车管、均衡风缸减压结束后,将自阀移至"重联"位。列车管、均衡风缸减压后能够保压。

（6）自阀、单阀在"运转"位,拉下"车长阀"应产生紧急制动,并不能自然缓解。切断电空制动控制器电源,应产生常用制动,闭合电源后,制动机恢复正常。

（7）换端进行以上试验项目。

五、蓄电池轨道车运行操作

1. 起动操作

（1）转动操纵台上的司机主控制手柄上模式选择开关的位置:"向前"或者"向后"。
（2）通过按下"停放制动缓解"按钮来缓解停放制动。
（3）通过制动控制手柄来缓解空气制动。
（4）将司机控制器的牵引制动手柄从 0 位逐渐向"牵引"位推进,机车起动。
（5）机车起动之后司机必须实时按下"警惕"按钮,否则将出现报警直至牵引封锁。

2. 牵引列车起动的操作

牵引列车起动前要进行试闸。起车前要压缩车钩,压缩车钩的车辆数不得超过车辆总数的 2/3,以防整个车列移动或超越后部警冲标,并且在起动前不得将车辆的制动力缓解,起动时要做到"充满风再起车,拉开钩再加速"。

3. 在坡道上的操纵

在坡道上操纵时要利用有利地形,车辆高速度的前提下,力求在坡底接近限制速度,充分利用列车动能闯坡,减少爬坡时间,爬坡时,随着车列速度降低,牵引力逐渐增大,以防止空转而降低牵引力,爬坡速度不得低于其持续速度。

4. 不良天气时的操纵

不良天气时在线路上进行作业时,无论牵引还是推进运行,应接通全部风管,严格执行试闸的规定,运行时应当掌握适当的速度,以保证车列遇到障碍时能够及时停车。在雨、雪、雾等不良天气时,轨面湿润,容易发生空转,因此在起车时和运行途中应随时注意司机主控制手柄的操纵,以防空转和降低牵引力;制动时要防止滑行,擦伤车轮,运行中要注意信号,信号看不清时应及早减速,不要因错过制动时机而冒进信号,更不要臆测行车。

5. 车速控制

（1）机车运行过程中，可通过司机控制器调节机车速度。本车的车速设定为蓄电池模式40km/h，受电弓模式60km/h。

（2）司机可通过司控器手柄的制动区利用电制动来降低机车速度。

（3）调速或停车时应将空气制动和电制动配合使用，严禁单独使用电制动停车。

6. 低恒速操作

（1）当允许低恒速设置的条件满足后，主界面会出现设置低恒速的按键"低恒速"，否则不显示该键。

（2）按下主界面的键低恒速对应的软键7，激活低恒速控制模式，主界面显示数字键，速度设置框显示为红黄色。

（3）通过按硬键"1"至"9"及"0"调节速度大小。

（4）最后按下"确认"键对应的硬键E，完成低恒速设置。低恒速设置成功后，司控器牵引区将失去对机车调速的控制。

（5）在激活低恒速控制模式之后，此时主界面"低恒速"键显示为黄色，速度设置框显示为红色，然后按"低恒速"键，退出低恒速控制模式。在退出低恒速控制模式之后，主界面"低恒速"键和速度设置框均恢复为黑色。

7. 换向操作

将司机控制器发动机转速手柄置"0"位，施行制动使车辆停稳，再将司机控制器方向手柄置"前进"或"后退"方向。

8. 停机操作

（1）必须确认机车处于静止状态。

（2）机车施加空气制动（制动缸压力大于150kPa或停放制动）。

（3）断开主断路器。

（4）将开关柜上供电模式开关置于"0"位。

（5）通过使用操纵台上的受电弓升/降扳钮开关来降下受电弓（如果受电弓在升弓状态）。

（6）两端司机控制器的控制手柄在"0位"。

（7）断开司机室的控制电源隔离开关，所有的仪表和控制系统都同时失电：机车停止。

9. 无火回送

（1）无火回送时蓄电池工程车整车处于断电状态，即控制电源柜内隔离开关处于"关闭"位。检查车轴齿轮箱油位应符合要求，走行部无异常。

（2）当电力蓄电池工程车无火回送时，制动由拖运机车完成，被拖运的机车作为车辆。连接拖运机车与被拖运机车的列车管，并将列车管折角塞门置于"关闭"位。

（3）关闭中继阀列车管塞门115和塞门137。

（4）开放分配阀缓解塞门156、无火塞门155和塞门139。

（5）关闭风源系统中的总风塞门112。

(6) 调整安全阀 190,使其整定值为 250Pa±10Pa。

(7) 将停放制动切除塞门 177 打向切除位,同时手动缓解所有停放制动装置。

(8) 调整完毕后打开列车管折角塞门,将自阀置于"重联"位,单阀置于"运转"位进行试验。当列车管压力为定压时,总风缸压力应低于列车管压力 140～180kPa。当列车管减压时,制动缸最高压力应限制在 250Pa±10kPa。

10. 回库后操作

(1) 清扫两端司机室,并按规定填写《工程车运用日志》。

(2) 确认机车各负载与高速断路器均断开后,将控制电源柜隔离开关置于"关闭"位,并按规定保管蓝钥匙。

(3) 检查空压机及制动管路无渗漏现象,并做好机车防溜。

(4) 检查各主要部件等有无异常现象,发现问题必须及时处理。

(5) 锁闭机械间门及司机室车窗,并将车门上锁。

六、库内充电操作

(1) 所有参与作业人员必须按规定穿戴劳动保护用品,绝缘鞋的防护等级在 1000V 以上。

(2) 检修作业前机车两端必须悬挂红闪灯及禁动牌,并打好铁鞋,使机车处于防溜状态。

(3) 在充电作业区域设置警示隔离带,使用充电重联线连接库内供电插座与机车的库内充电插座,并检查连接紧固可靠。

(4) 将控制电源柜内隔离开关置于"闭合"位后,闭合库内供电插座的断路器。

(5) 检查确认牵引逆变器卸载后,将手动转换开关(=11-s01)置于"库内充电"位置。

(6) 闭合司机操纵台上的"充电控制"按钮开关后蓄电池充电开始,观察蓄电池状态显示屏各项参数是否正常。

(7) 待蓄电池的当前容量大于总容量的 80%,且充电电流低于 5A 时,按照与充电相反的顺序结束充电。

第十一章　JZ-7型空气制动机七步闸流程

> **岗位应知应会**
>
> 1. 熟练掌握JZ-7七步闸的试验流程。
> 2. 熟练掌握JZ-7七步闸的各步流程的压力及时间参数。
>
> **重难点**
>
> 1. 每一步制动机试验的相关技术参数。
> 2. 每一步制动机试验的测试目的。

一、试验前仪表确认

(1) 总风缸压力在750～800kPa正常工作范围(红针)。

(2) 列车管压力为500kPa（黑针）。

(3) 均衡风缸压力为500kPa（黑针）。

(4) 制动缸压力为0（红针）。

(5) 工作风缸压力为500kPa（红针）。

(6) 操纵风缸压力为650kPa（黑针）。

(7) 如一切正常,可进行下一步操作。

二、第一步:试验检查

1. 列车管和工作风缸泄漏检查

(1) 将自阀手柄移至"最小减压量"位。

(2) 均衡风缸减压50kPa,列车管减压50kPa。

(3) 制动缸上升125kPa。

(4) 保压1min。

(5) 列车管和工作风缸泄漏每分钟不超过20kPa。

2. 阶段制动检查

(1) 自阀手柄由"最小减压量"位开始,施行阶段制动到"最大减压量"位。

(2) 检查阶段制动是否稳定。

(3) 列车管减压量与制动缸压力符合表11-1的要求。

列车减压量与制动缸压力 表 11-1

列车管减压(kPa)	50	70	100	140
制动缸压力(kPa)	100～120	150～180	230～260	340～360

3. 单阀缓解性能检查

(1)自阀手柄在"最大减压量"位时,将单阀手把推向"缓解"位。

(2)复位弹簧作用应良好,单阀缓解是否良好。

(3)制动缸缓至 30kPa 时,松开单阀自动复回"运转"位。

(4)1min 内允许制动缸压力上升,但不超过 100kPa。

(5)将自阀手柄移至"运转"位。

(6)确认列车管压力逐渐升高,2min 内恢复定压(500kPa±10kPa),列车不自然制动。

三、第二步:试验检查

常用制动检查,当列车管和工作风缸达到定压后:

(1)自阀手柄移至"最大减压量"位。

(2)列车管减压 140kPa,时间为 4～7s。

(3)制动缸压力 340～360kPa,时间为 5～7s。

(4)将自阀手柄由最大减压量位移至"运转"位。

(5)制动缸压力由 340～360kPa 降至 30kPa,所需时间为 5～8s。

四、第三步:试验检查

(1)过量减压作用检查。当列车管充至定压后,将自阀手柄移至"过减"位。

①均衡风缸减压 240～260kPa。

②列车管减压 240～260kPa。

③制动缸压力上升至 350～420kPa。

④分配阀不起紧急作用。

(2)将自阀手柄移至"最小减压"位:均衡风缸压力逐渐上升,列车管、制动缸压力保持不变。

(3)将自阀手柄移置"运转"位:

①列车管恢复定压。

②制动缸压力降为 0。

五、第四步:试验检查

(1)自阀手柄"取出"位检查。待均衡风缸、列车管压力稳定后,将自阀手柄迅速移至"取出"位时：
①均衡风缸压力降至 240～260kPa 时,中继阀自锁。
②列车管保持原定压力不变。
(2)再将自阀手柄移至"过充"位：
①过充作用检查。
②均衡风缸压力恢复正常。
③列车管瞬间排风后又恢复定压,并逐步达到高于定压 30～40kPa 压力。
④机车产生制动后迅速缓解。
⑤过充风缸上的排风孔应排风。
⑥将自阀手柄移至"运转"位。
⑦确认列车管过充压力逐渐消失,2min 后恢复定压（500kPa±10kPa）,列车不发生自然制动。

六、第五步：紧急制动作用检查

(1)将自阀手柄移至"紧急制动"位时：
①列车管压力由 500kPa 迅速降至 0 的时间不大于 3s。
②均衡风缸减压 240～260kPa。
③制动缸压力由 0 上升至 400～420kPa 的时间为 5～7s。
(2)紧急制动后单独缓解作用检查。（自阀在"紧急"位,将单阀手柄推至"单缓"位时起）：
①在 10～15s 后制动缸压力开始缓解。
②在 28s 内制动缸压力降到 0。
(3)最后将自阀手柄由紧急制动位移回"运转"位：
①均衡风缸、列车管、工在风缸恢复定压。
②缓解良好。
③列车管由 0 上升至定压时间为 5～6s。

七、第六步：单阀阶段制动和阶段缓解检查

(1)将单阀进行阶段制动,每次制动量不得超过 50kPa：
①制动是否稳定。
②阶段制动是否正常。
③阶段制动保压是否良好。
(2)单阀阶段缓解：
①阶段缓解是否稳定。

②阶段保压是否良好。

八、第七步：单阀全制动作用检查

（1）将单阀手柄推至"全制动"位：
①制动缸压力由 0 升至 300kPa（闸瓦与车轮间隙应在 4～7mm 范围内）。
②所需时间在 3s 以内。
（2）将单阀手柄由全制动位移回"运转"位：
①制动缸压力由 300kPa 降至 0。
②所需时间在 4s 以内。
（3）检查确认：
①总风缸压力应在 750～900kPa 范围内。
②列车管压力为 500kPa±10kPa，均衡风缸压力为 500kPa±10kPa。
③制动缸压力为 0。

九、按下紧急按钮试验

（1）按下紧急按钮后机车应立即起紧急制动作用。松开紧急按钮 4s 后机车缓解。
（2）在坡道上做制动试验是要先施加停车制动，试验性能良好后在动车前再缓解停车制动。
（3）机车走车前，上述的试验必须通过。

十、JZ-7 型制动机七步闸检查方法

七步闸检查操作顺序见表 11-2。

七步闸检查操作顺序　　　　　　　　　　表 11-2

顺序	自阀							单阀			
			制动区							制动区	
	过充位	运转位	最小	最大	过减位	取柄位	紧急位	缓解位	运转位	制动	全制
第一步											

续上表

顺序	自阀							单阀			
	过充位	运转位	制动区		过减位	取柄位	紧急位	缓解位	运转位	制动区	
			最小	最大						制动	全制
第二步											
第三步											
第四步											
第五步											
第六步											
第七步											

第十二章　DK-1型电空动机操作及六步闸流程

> **岗位应知应会**
>
> 1. 熟练掌握DK-1六步闸的试验流程。
> 2. 熟练掌握DK-1六步闸的各步流程的压力及时间参数。
>
> **重难点**
>
> 1. 每一步制动机试验的相关技术参数。
> 2. 每一步制动机试验的测试目的。
> 3. DK-1制动机无火回送和作为重联补机如何设置制动机塞门。

第一节　制动机操作说明

一、制动柜电空位使用前准备

（1）闭合电空制动机电源。

（2）制动逻辑控制单元上的2个转换开关的位置：463QS向上闭合/不补风；464QS向上闭合/安全投入。

（3）调整均衡风缸调压阀55，使其输出压力值分别为500kPa±10kPa。

（4）开通除无火塞门155、分配阀缓解塞门156、无火安全阀塞门（=28-P17）和风缸排水塞门163/164外的制动机其余各塞门。

（5）重联阀93转换手柄置于"本机位"。

调整完毕后，即可利用自阀、单阀进行性能试验检查。

二、退乘

（1）切断电空制动机电源。

（2）关闭风源系统中的总风缸塞门111、113。

三、重联模式

当机车以外重联模式运行（和前部机车连接列车管、平均管、总风联管），机车作重联补机时，需再进行以下操作：制动柜重联阀上的转换按钮置于"补机"位，分配阀156塞门置于"关闭"位，中继阀列车管塞门115置于"关闭"位。自阀置于"重联"位，单阀置于"运转"位，闸位锁定后将钥匙取出。

四、库停后操作

（1）按压"停放制动施加"按钮，停放制动施加，停放指示器红色。
（2）断开制动机电源，制动机自动常用制动。

五、无火回送

当整台车或一个机车编组（整台车和车辆）无火回送时，制动由拖运机车完成。被拖运的机车作为车辆。

（1）关闭停放制动塞门=28-P05（位于司机室气路屏），相关塞门如图12-1所示。

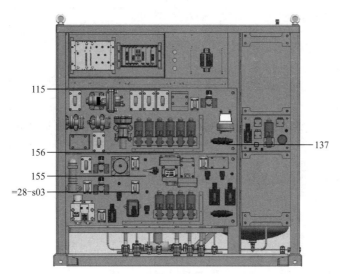

图 12-1 无火回送相关塞门

（2）待单元制动器停放缸风压降为0，拉动制动器上停放缓解手柄，使机车停放制动缓解（注意机车已做好防溜措施）。

（3）切断 DK-1 型制动机电源，将自阀手柄置于"重联"位，单阀手柄置于"运转"位。

（4）将无火安全阀塞门（=28-s03）、分配阀塞门156、无火塞门155打开，将中继阀列车管塞门115、紧急增压塞门137关闭。

（5）联接另外一台机车将无火机车列车管充至定压，观察闸缸压力是否为0。

（6）从主控机车缓解、制动至少3次循环，观察无火机车闸缸压力变化是否正常。确认分配阀、安全阀调至250kPa±10kPa。

（7）测试完成后可以联挂走车。

第二节　DK-1型电空制动机六步闸试验

DK-1型电空制动机六步闸试验步骤见表12-1。

DK-1型电空制动机六步闸试验表　　　　　表12-1

步骤	检查流程	检查标准
第一步	自阀手柄、单阀手柄均置于"运转"位观察各风缸定压	列车管、均衡风缸为定压500kPa，制动缸压力为0
	将自阀手柄从"运转"位打至"紧急"位，观察列车管与制动缸压力变化	列车管压力在3s内降至0，制动缸压力在5s内升至400kPa，最高压力为450kPa
	单阀手柄从"运转"位打至"缓解"位，观察制动缸压力变化	制动缸压力缓解到0
	单阀手柄从"缓解"位打至运转位，观察制动缸压力变化	制动缸压力不得回升
	自阀手柄从"紧急"位打至"运转"位，观察列车管压力变化	列车管压力从0升至480kPa的时间不大于9s
第二步	自阀手柄从"运转"位打至"制动"位，待列车管减压40～60kPa时自阀手柄回"中立"位，观察列车管、均衡风缸的保压情况	列车管减压40～60kPa后保压，列车管、均衡风缸的泄漏量分别不大于每分钟10kPa与5kPa
	自阀手柄从"中立"位打至"运转"位，待各风缸恢复定压后，将自阀手柄从"运转"位打至"制动"位，待列车管减压量达到试验量时回"中立"位，观察在不同减压量时制动缸的压力是否满足要求	列车管减压40～50kPa，制动缸压力为90～130kPa；列车管减压100kPa，制动缸压力为240～270kPa；列车管减压140kPa，制动缸压力为340～380kPa
第三步	将自阀手柄从"中立"位打至"运转"位，待各风缸恢复定压后，将自阀手柄从"运转"位打至"制动"位，待均衡风缸减压140kPa后，自阀手柄回"中立"位，观察均衡风缸减压140kPa所需要的时间，制动缸的压力，升压时间	均衡风缸减压140kPa的时间为5～7s，制动缸压力升至340～380kPa的时间为6～8s
	自阀手柄"中立"位保压1min，观察制动缸的泄漏量	制动缸泄漏量每分钟不大于10kPa
	将自阀手柄从"中立"位打至"运转"位观察制动缸的压力变化及所需时间，观察均衡风缸、列车管压力变化	制动缸压力由340～380kPa降至40kPa的时间不大于7s，均衡风缸、列车管能恢复至定压
第四步	单阀手柄实施阶段制动	阶段制动作用应稳定正常
	单阀手柄实施阶段缓解	阶段缓解作用应稳定正常
	单阀手柄实施一次全制动。观察制动缸的升压时间	制动缸压力从0升至280kPa的时间不大于4s
	单阀手柄实施一次缓解。观察制动缸的缓解时间	制动缸压力从300kPa降至40kPa的时间不大于5s

续上表

步骤	检 查 流 程	检 查 标 准
第五步	将自阀手柄从"运转"位打至"制动"位,待列车管、均衡风缸减压结束后,将自阀手柄打至"重联"位。观察均衡风缸、列车管的压力变化	列车管、均衡风缸减压后能够保压
第六步	自阀手柄、单阀手柄"运转"位,拉下"车长阀",观察紧急制动作用	拉车长阀应产生紧急制动,并不能自然缓解
	关闭车长阀,切断电空制动控制器电源,观察制动机作用	切断电空制动控制器电源,应产生常用制动,闭合电源后,制动机恢复正常

第十三章 过渡车钩的拆装作业流程

岗位应知应会

1. 了解过渡车钩的来由及作用。
2. 掌握过渡车钩拆装作业的流程步骤。
3. 熟练独立地完成过渡车钩拆装作业。

重难点

1. 过渡车钩的拆装流程。
2. 过渡车钩拆装过程的安全注意事项。

一、过渡车钩的来由

1. 工程车车钩

沿用铁路上的工程车 13 号缓冲车钩,如图 13-1 所示。

2. 电客车车钩

永久性牵引杆和半永久性牵引杆,如图 13-2 所示。

图 13-1　工程车 13 号车钩

图 13-2　电客车车钩

3. 过渡车钩

为了实现工程车车钩与电客车车钩的安全连接牵引而设置的中间连接装置就叫过渡车钩,如图 13-3 所示。

二、过渡车钩的安装方法

（1）由两个人以上将过渡车钩挂在 13 号车钩上。

（2）推动钩舌将 13 车钩推至闭锁位。
（3）检查过渡车钩安装的牢固性。

图 13-3　过渡车钩

三、过渡车钩的拆除方法

（1）由一人两手抓牢安装在 13 号车钩上的过渡车钩。
（2）另一人手提 13 号车钩的钩提杆，使 13 号车钩处于半开位。
（3）两人抓牢过渡车钩，向外拉动，使 13 号车钩处于全开位，抬起过渡车钩并取出。

四、安装注意事项

（1）由于过渡车钩比较沉重，在搬运和安装的过程中应加派足够人员防止意外砸伤。
（2）工作环境复杂，防止意外伤害。

第十四章　单元制动器的维护与闸瓦的更换

> **岗位应知应会**
>
> 1. 对城市轨道交通轨道车单元制动器结构有清晰的认识。
> 2. 掌握城市轨道交通轨道车单元制动器闸瓦更换及维护方法。
> 3. 熟练独立地完成单元制动器闸瓦的更换。
> 4. 熟知单元制动器日常保养的主要内容。
>
> **重难点**
>
> 1. 单元制动器闸瓦更换的流程及安全注意事项。
> 2. 单元制动器闸瓦间隙调节的步骤流程。

踏面制动单元是轨道车辆基础制动装置中的重要部件,它直接关系到列车运行安全,为此,其技术状态应始终保持良好,在使用过程中应注意合理维护。

一、日常检查与维护

(1)经常检查制动单元与车体的连接螺栓是否松动或脱落。
(2)经常检查踏面制动单元本身活动连接部件,检查制动单元应能正常制动与缓解。
(3)经常检查闸瓦与车轮踏面间隙是否正常。
(4)车辆运行前,应将单阀置于制动或缓解位,检查确认制动单元能正常制动与缓解。
(5)辅修时检查踏面制动单元间隙调整的动作是否正常。
①顺时针拧动踏制动单元调节螺母,使闸瓦后退一定距离。
②经数次制动与缓解,闸瓦与车轮踏面间隙逐渐减小,直至恢复至正常间隙。
(6)辅修时检查停放制动缸是否正常。
①向停放制动缸充入总风,制动单元应处于缓解状态。
②排出总风气压,停放制动缸及踏面制动单元处于"制动"位。
③拉动手动缓解装置的拉绳,踏面制动单元应能彻底缓解。

二、注意事项

1. 使用踏面制动单元更换闸瓦注意事项

(1)更换闸瓦时,应留有适当间隙,不宜间隙过大。使用者注意检查闸瓦磨耗情况,闸瓦磨耗到限后,应立即更换新闸瓦。

(2)顺时针(从踏面制动单元闸瓦方向看)旋转调节螺母,应使闸瓦托回缩至与车轮踏面有适当间隙以方便更换闸瓦。

(3)不宜使闸瓦托回缩至踏面制动单元根部,以防影响再次制动作用。

2. 使用带停放功能的制动单元注意事项

(1)因总风缸无风源时,停放制动缸产生制动作用,所以动车前一定要先缓解停放缸,方可动车,即停放制动缸未缓解前,严禁动车,否则会产生抱闸运行现象。

(2)车辆在无动力回送调车或与其他车辆混编时,可根据需要接上列车管,通过列车管向回送停放汽缸充气,使停放缸缓解,当列车管压力达到450kPa以上时,方可动车。

(3)总风缸无风源时,此停放制动缸只能实现一次手动缓解,手动缓解之后不能再次制动。若需再次制动,必须再次向停放缸充气,待风压达到450kPa以上时,方可实施二次制动。

(4)分解和组装停放制动缸时,必须在专业人员指导下或经正式培训后,方可进行。

三、踏面制动单元闸瓦更换方法

踏面制动单元日常维护时,必须注意安全,穿上规定的安全保护工作服,如保护鞋和手套等,所有的维护工作步骤和程序都要小心仔细进行。

(一)闸瓦部位结构介绍

踏面制动单元闸瓦部位结构由闸瓦、闸瓦托、闸瓦楔子、开口销、调节螺母等组成。闸瓦由闸瓦楔子安装于闸瓦托上,开口销穿过闸瓦托及闸瓦楔子起保护限位作用,拧动调节螺母可调整闸瓦与车轮间的间隙,如图14-1所示。

(二)闸瓦更换标准

踏面制动单元闸瓦作为磨耗件,应将闸瓦的摩擦面状况及磨耗情况作为日常检查重点。当闸瓦磨耗异常或磨耗到限时应对闸瓦进行更换(闸瓦具体更换时机以闸瓦厂家的闸瓦维护说明为依据)。

(三)闸瓦更换说明

1. 制动缓解

当需要对踏面制动单元闸瓦进行更换时,需首先确认踏面制动单元处于缓解状态。注意:TMZ03-××、TMZ04-××型(常用踏面制动单元)需排出缸内空气,确定装置处于缓解状态;TMZ03-××-T、TMZ04-××-T型(停放踏面制动单元)排出常用和停放缸内空气后将处于停放制动状态,必须拉动手动缓解拉索进行手动缓解,不可采用向停放缸内充气的方式进行制动缓解。拉动手动缓解拉索后,确定装置处于缓解状态。

2. 手动调整间隙

缓解后,使用开口为 46mm 的扳手顺时针拧动调节螺母,此时闸瓦与车轮踏面之间的间隙将逐渐增大。目测闸瓦与踏面间隙调整到能足够更换新闸瓦后,停止拧动调节螺母,如图 14-2 所示。

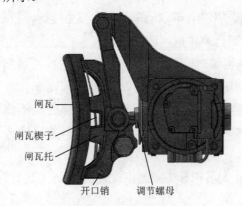

图 14-1　踏面制动单元闸瓦部位　　　图 14-2　顺时针拧动调节螺母增自闸瓦与踏面间隙

3. 取出闸瓦

用钢丝钳将开口销从闸瓦托上取出,放入废弃箱。用手托住需更换的闸瓦,另一只手将闸瓦楔子从闸瓦托下侧拔出(可用工具将闸瓦楔子钩出或从闸瓦托上部敲击将其退出)。闸瓦楔子取出后,可从闸瓦托上取下需更换的闸瓦,如图 14-3 所示。

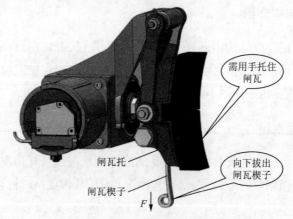

图 14-3　踏面制动单元闸瓦楔子拆卸示意图

4. 安装闸瓦

将新闸瓦重新装入闸瓦托上,使闸瓦瓦背与闸瓦托圆弧面贴合。然后用力将闸瓦楔子从下侧插入闸瓦托内使闸瓦楔子底部圆孔与闸瓦托上的开口销安装孔基本对齐。按图 14-4、图 14-5 所示方向插入新开口销(规格为 DIN94,8×100),使开口销同时穿过闸瓦托孔和闸瓦楔子底部通孔。用钢丝钳将开口销的开口扳开,使其不能从闸瓦托中退出。用开口扳手拧动调节螺母,保证闸瓦与车轮踏面间隙大于 10mm。

图 14-4　踏面制动单元开口销安装示意图　　图 14-5　踏面制动单元开口销安装状态示意图

5. 安装状态确认

闸瓦更换完成后,确认闸瓦瓦背与闸瓦托弧面贴合;用手拉动闸瓦及开口销确保闸瓦安装状态正常。反复充排气,重复进行制动—缓解动作,以自动调节闸瓦与车轮踏面间隙,确保整个踏面制动单元动作正常。

第十五章　故障判断与处理

岗位应知应会

1. 了解城市轨道交通轨道车各系统的常见故障。
2. 掌握城市轨道交通轨道车常见故障的原因及处理方法。
3. 对城市轨道交通轨道车各系统故障发生的原因有一定的分析能力。
4. 掌握城市轨道交通轨道车各系统故障的应急处理方法。

重难点

1. 熟悉电气部件故障的排除方法。
2. 掌握单元制动器故障的原因分析与应急处理方法。
3. 掌握制动机各阀件的故障分析与排除方法。

判断与排障检查，是工程车司机经常遇到的问题。工程车出现故障后，司机能否根据现象尽快而准确地找出故障原因并予以排除，这关系到工程车的正常工作和安全运行。

工程车主要由发动机、传动、制动、车身、车架及电气几大部分组成。故障的查找应由表及里、由简到繁逐步查找。故障现象、原因分析和排除方法见表15-1。

机车常见故障及处理方法表　　　　表15-1

序号	现象	故障原因	排除方法
一	无法起动或起动困难	燃油管路堵塞	检查油管路，排除异物
		滤清器堵塞	检查或清洗滤清器
		油管路中有空气	打开排气螺钉排除空气，拧紧松动的管接头
		低压油泵不输油或供油断纹	检查供油管路有无泄漏，若排除泄漏后仍不供油，应检查输油泵
		起动无力、转速低	检查电瓶电量是否充足，连线是否紧固，查看起动机有无故障
		喷油压力低，雾化不良	检查喷油嘴，调整到规定压力，如仍雾化不良，则换掉柱塞间隙超限的油嘴
		汽缸压力不足	检查活塞与缸壁间隙、活塞环间隙及有无对口；检查气门间隙及气门密封面有无烧蚀；检查汽缸垫是否被冲，缸盖是否有裂纹
		机油黏度大，阻力增大	检查配气相位角是否符合规定换成冬季机油或预热起动

续上表

序号	现象	故障原因	排除方法
二	运转不稳动	汽缸供油不均匀和供油时间不正确	检查调整高压油泵和供油时间,柱塞偶件磨损严重应更换
		油路有空气	排除空气并找出渗入空气部位予以处理
		调速器飞锤移动不灵活	校正或送修
		调速器与喷油泵连接销和孔磨损间隙过大	修理或更换销子
		个别汽缸工作不正常	检查喷油缸是否堵塞,针阀运动是否灵活,气门是否有漏气
		高压油泵调整杆和油门拉杆不灵活	调整或更换
		调速器传动盘或推力盘磨损超限	送修或更换
三	运转后突然熄火	喷油罐或调速器工作不良	检查喷油罐和调速器工作状况,确有不良状态时应更换、修理
		油箱内燃油用完或油箱漏油	加注燃油或处理好漏油处所,加入燃油
		油路进入空气或燃油含有水分	检查油管及接头处,查找渗入空气处的部位,换掉含有水分的燃油
		输油泵不输油或供油不畅	检查输油泵及排除故障,处理进出油阀密封不良处所
		活塞与汽缸咬死或轴烧坏	修理或更换
		柴油滤清器堵塞	清洗或更换滤清器
四	功率低	供油时间不准	检查调整供油角度
		供油量小	检查输油泵或校修高压油泵
		喷油罐雾化不良	调整至规定压力,清洗喷嘴积炭
		燃烧不充分	汽缸压力低,空气进路歧管有堵塞,柴油质量或油号不对,调整喷油压力
		配气相位不准确	检查凸轮的键是否磨损松动,正时齿轮啮合面是否磨损,应予调整修复
		曲轴转动阻力过大	检查曲轴连杆各间隙情况,换机油
五	排烟为白色	柴油中有水分	更换柴油
		喷油时间过迟	调整
		发动机温度过低	待温度升高后自然消除
		汽缸垫损坏,缸盖或缸套有裂纹,向燃烧室渗水	更换冲坏的汽缸垫,检查缸盖及缸体,处理渗水故障,视情况确定处理方案
六	排烟为黑色	空气滤清器过脏	清洗空气滤清器
		气门漏气	研磨气门或调整气门间隙,必要时更换气门
		喷油嘴雾化不良	检查、调整喷油嘴
		供油时间过晚	调整油提前角至标准值
		串油阀或柱塞偶件严重磨损	检查调整出油阀,更换柱塞偶件

续上表

序号	现象	故障原因	排除方法
六	排烟为黑色	高压油泵调节机构松动或失灵	调整、紧固、校正或修理
		负荷过大	减小负荷
		活塞与汽缸壁间隙过大	更换活塞或缸套
七	排烟为蓝色	空气滤清器内机油过多	检查滤清器中油面,放出多余机油
		机油压力过高	适当旋出限压阀螺钉
		油底壳油面过高	放出多余机油,使之符合规定
		活塞与缸壁间隙过大或失圆	更换活塞环或缸套
		活塞环对口窜机油	调整活塞环相对位置
		连杆弯曲变形	校正
八	油底壳油面升高	汽缸套水封损坏	更换水封
		汽缸盖裂纹	修复或更换
		汽缸垫冲坏	更换
		汽缸套与机体接合面漏水	检查原因,修理或更换汽缸套
		汽缸套的圆台肩低于汽缸体	重新调整安装,应高于0.2~0.4mm
九	机油压力过低或过高	限压阀调整不正	调整限压阀
		机油泵泵油不足	检修机油泵和进油管路
		油底壳机油过少	加注机油
		机油滤清器堵塞	清洗、检查
		机油过稀或过稠	按季度加规定的机油
		主轴颈、连杆轴颈间隙过大	重新调整或合瓦
		机油温度过高	调整曲轴连杆间隙,降低负荷
		机油泵传动齿轮与机油泵输入轴连接不良	调整、检修
		摇臂及轴的润滑油路不畅	修理、更换
		机油压力表或感应塞环	检修、更换
十	水温过高	负荷过重	减轻负荷
		百叶窗卡死	检查修理
		冷却水不足	加足冷却水
		节温器失效	更换
		风扇皮带过松	调整皮带松紧度,必要时更换皮带
		水套中水垢太多	清洗水垢
		水泵工作不良	修复水泵,调整间隙,必要时更换
		水温表或感应塞失灵	检查或更换
		供油时间过早或过晚	调整供油时间,使之符合规定
		分水管被异物堵塞	清理异物

续上表

序号	现象	故障原因	排除方法
十一	起动电机不动作	电瓶电量不足	给电瓶充电,如电压仍低,应修理电瓶
		起动按钮接触不良	检修或更换按钮
		电瓶接线柱与线卡接触不良	清除污物后,重新接紧线卡
		起动机电磁开关内部线断路	用万用表检查,处理故障
		检修中线路接错	检查重接
		起动电机齿轮与发动机齿圈咬死	调整电机上的偏心螺钉,使它们啮合间隙符合规定
		电刷磨损过度或电刷弹簧过软	更换电刷或弹簧
		绝缘电刷架搭铁	找出搭铁部位并处理
		起动机整流子表面烧蚀	用细砂布打磨整流子表面,清除表面凹凸处,使之光滑平整
		磁场电枢线圈短路或断线	用摇表(即500V兆欧表)检查并处理故障部位
十二	电表显示不充电	充电发动机皮带过松	调整皮带松紧度,若皮带有油应清洗
		电瓶至发电机接线不良	检查并重新连接
		发电机内部接线不可靠	拆开端盖检查,重新接线
		硅整流二极管击穿	检查确定后换新
		调节器触点烧蚀或电阻烧坏	修复烧蚀的触点,换掉被烧坏的电阻,若无法修复,只有换新调节器
		定子线圈断路或短路	用万用表检查并排除
		修理时搭铁极性接错	更正
		发电机集电环绝缘击穿	用万用表或摇表检查处理
		修理时硅管装反	重新装配
		磁场线圈烧断或搭铁	用万用表或摇表检查处理
		电刷卡住或磨损过甚	处理或换新
		电刷架引出线螺钉绝缘坏	用表检查处理
		电刷与集电环位置不正	重新装配,使电刷与集电环对应一致
		充电电路连线松落	检查处理
		柴油机转速较低	转速升高后即可充电
		电压调节器触点烧蚀黏结不能松开	检查调速器,处理故障触点,不能恢复即换新调节器
		电流表坏,不能准确显示	换新电流表
		电瓶电已充足	非故障
十三	离合器打滑	压力弹簧疲劳过软或因热变形弹力衰退	更换压盘总成
		离合器过热,摩擦片烧蚀	更换从动盘
		摩擦表面有油污	查明和排除油污来源,去除摩擦表面油污或更换从动盘

续上表

序号	现象	故 障 原 因	排 除 方 法
十三	离合器打滑	摩擦片过度磨损	磨损超限,更换从动盘,切勿随意铆接摩擦片
		分离轴承与离合器分离环之间有间隙	调整间隙至 2～3mm
		从动盘或压盘翘曲、变形	更换从动盘或压盘总成
		液压操纵的离合器,出现踏板行程越踩越大的故障	检查调整总泵顶杆公分至推杆的行程,畅通油路,保证分泵推杆拉灵活
		飞轮表面烧坏或严重磨损	修复或更换
		操作不当	掌握要领正确操纵
十四	离合器分离不彻底	分离杠杆的调整位置发生变化,压盘倾斜	按要求调整
		从动盘或压盘翘曲、变形	更换从动盘或压盘总成
		从动盘轴向移动不灵活	对花键配合副修磨操作,去除脏物,除锈和涂油
		摩擦片受潮发生粘连,新车的离合器由于长期不使用而不能分离	处理摩擦面,如果粘连严重,更换从动盘
		变速器一轴与曲杆不成一条直线	检查装配是否符合要求
		踏板自由行程过大,离合器分离行程不足	调整踏板自由行程,检查离合器分离行程
		液压操纵的离合器,油路系统缺油,油压不足或有空气	检查解决油路系统的密封并加油,或排净油路系统中的空气
十五	起步时离合器发抖	分离杠杆扭曲或不在同一平面上	按要求调整或更换
		分离轴承座三凸耳不在同一平面上	调整或更换
		从动盘总成上的铆钉松动	修复或更换
		压紧弹簧弹力不均匀或断裂	更换
		扭转减振弹簧断裂	更换
		从动盘翘曲歪斜和变形	更换从动盘
		从动盘厚薄差过大,摩擦片表面不平,接触面不均匀	更换压盘总成
		分离轴承接触不正常	检查分离轴承、分离叉,必要时更换
		其他原因:离合器罩与飞轮的固定螺钉松动;柴油机支脚减震垫损坏;或固定螺钉松动,变速器与飞轮壳的固定螺钉松动	查明原因,排除故障
十六	变速器异响	轴承或花键磨损严重	更换轴承或花键油
		齿轮磨损严重,侧间隙过大	更换齿轮
		轴的锁紧螺母松动	将锁紧螺母拧紧锁牢
		换挡叉弯曲变形与齿轮叉槽摩擦	修复或更换新件
		缺少润滑油	加注符合要求的润滑油
十七	变速器脱挡	啮合套磨损严重	更换啮合套
		换挡叉轴凹槽磨损严重	更换叉轴
		换挡叉轴锁紧螺母松动	将锁紧螺母拧紧锁牢

续上表

序号	现象	故 障 原 因	排 除 方 法
十七	变速器换挡	定位锁弹簧松动或折断	固定或更换
		移动花键套齿及与之啮合的齿轮间磨损严重	更换破损件
		换挡轴与变速器主、副轴不平等	调整使之平行
		主轴中心线与柴油机曲轴中心线不在一条直线	修复、调整
		离合器壳结合面与飞轮、曲轴中心线不垂直	调整、修复
十八	换挡比较困难	离合器分离不开	调整间隙,符合规定值
		换挡叉轴锁紧螺母松动	将锁紧螺母拧紧锁牢
		定位销弹簧太硬、太松或折断	更换弹簧
		换挡叉轴凹槽磨损严重	更换叉轴
		换挡叉轴变形	修复或更换
		换挡杆定位销松动,球头磨损	修复或更换不能修复的零部件
		操纵拉杆等部件变形	修复或更换
十九	换挡时产生乱挡	换挡杆定位锁松旷、损坏或球轴磨损,使换挡杆失去控制力,不能向正确方向移动	拆下换挡杆,检查定位销,处理好松旷、磨耗超限或损坏,应更换
		换挡叉叉块开槽或换挡杆下端工作面过度磨损,使换挡杆不能准确地挂入挡位	拆下变速杆检查下端工作面,如磨损过甚应焊修,换挡杆弹簧折断应更换
		换挡叉轴互锁装置的球槽、钢球、横销等磨损过甚,失去了互锁作用	检查叉轴、钢球、横销磨损而引起的故障,应焊修镶套或更换钢球横销等
二十	变速杆松动	变速叉与齿轮环槽不垂直,造成两者配合无间隙,这样当齿轮旋转时,使变速叉与齿轮环槽擦碰而造成变速杆移动	调整变速叉与齿轮环槽的垂直度和间隙
		滑动齿轮套齿与轴键槽磨损松旷,径向间隙较大,在齿轮传力时也会引起抖动	检查更换磨损较大的组件
		定位球与壳体孔间隙过大,变速器工作时,定位球随同变速叉轴在壳孔内前后窜动,从而引起前后抖动	调整定位球与壳体之间间隙,使之达到规定值,调整不出来,则更换磨损严重部件
二十一	变速器漏油	变速器各连接部分螺栓松动或衬垫不严、损坏而漏油	检查衬垫损坏应更换,如螺栓松动则拧紧即可
		变速器各轴端与座孔松旷而漏油	检查如属变速器输入或输出轴磨损超限应镀铬修复,座孔磨损应镶套修复
		变速器油封或凸缘磨损而漏油	如凸缘漏油或磨损成沟槽应焊修或镶套修复,油封坏应更换
二十二	换向箱发响	齿轮磨损过甚	检查调整或更换齿轮
		轴承松旷引起两啮合齿轮轴不平行,造成啮合间隙过大或过小	若在正向行驶时发响而逆向不发响,说明正向齿轮磨损,损坏或轴承损坏,若正向与逆向行驶都发响,说明输入轴齿轮磨损或轴承损坏应更换
		换挡叉面歪斜,换挡叉与齿轮摩擦而引起声响	检查判断,若握住换向杆就不响,就可以判断是换挡叉与齿轮摩擦声,拆下换挡叉校正

续上表

序号	现象	故障原因	排除方法
二十三	换向箱发烫	齿轮磨损或打坏,引起摩擦阻力增大	检查齿轮加快磨损原因予以消除,更换打坏齿轮
		轴承损坏,引起运转阻力增大	用手摸轴承处很烫,说明轴损坏,应更换
		缺少润滑油或润滑油牌号不对或油质变坏、过脏	检查整个换向箱壳都发烫,应加润滑油或更换变质润滑油
		装配不当,轴承调整不当引起运动阻力过大	重新装配调整,用手转动输入法兰盘,稍有紧度且灵活即可
二十四	无法换向	拨叉折断	更换
		拨叉滑杆变形过大	修复或更换
		输入轴花键严重变形,滑动齿轮被卡死	修复或更换
		过桥轴齿轮折断	更换
二十五	无输出传动	差速器前后壳连接螺栓被切断	更换符合规定的螺栓
		十字轴折断	更换
二十六	传动轴震动	传动轴弯曲变形	进行冷校正后重新做动平衡,若无法消除,应更换
		传动轴两端万向节叉的相对位置不正确	重新装配,使之保持同一平面内
		万向节十字轴轴承和传动轴花键严重磨损	更换
		动平衡片脱落	更换后重新做动平衡
二十七	传动轴异响	万向节、十字轴、滚针轴承、花键严重磨损	更换磨损超限配件
		传动轴花键松旷、变形	修复或更换
		传动轴弯曲变形	冷压校正后重新做动平衡
二十八	车轴齿轮箱异响	轴承或齿轮严重磨损	更换
		齿轮牙齿被折断	更换
		润滑机油泵损坏	修理或更换
		悬挂杆断裂	更换
二十九	车轴齿轮箱无输出传动	输入四锥主动齿轮折断	更换
		圆锥被动齿轮的连接螺栓被折断	更换
		车轴圆柱齿轮处键被折断	换新键
三十	车轴齿轮箱温度高	无润滑油或油泵滤网堵塞	查明无润滑油原因,并清洗滤网
		润滑油泵出故障	检查并修复
		滑动轴承间隙过小,润滑油道堵塞	调整滑动轴承间隙至 0.25～0.36mm 之间
三十一	轨道车运行时摇晃或跳动	导框前后间隙过大,导致轨道车左右晃动	调整好导框衬板前后间隙,达到规定值
		导框前后、左右间隙都过大,导致轨道车即窜动又晃动	调整车轴轴承箱间的前后和左右间隙,达到规定值
		钢板、圆柱弹簧有损坏,导致轨道车跳动	检查拉杆、圆柱弹簧有无损坏,更换无弹性或折断弹簧
		弹簧托架损坏	修复
		液压减振器工作不良	检查修理
		拉杆头磨损或橡胶垫损坏	修复或更换

续上表

序号	现象	故障原因	排除方法
三十二	自动制动机下方不排风	均衡风缸排风塞门开放或管路泄漏	检查均衡风缸排风塞门及管路有无泄漏并处理泄漏
		自动制动机均衡勾贝的排风阀与阀座间有异物垫位,或均衡勾贝卡在上方	将自动制动机手把由缓解位置到非常位置往复2~3次,利用压缩空气推压均衡勾贝(即活塞)并吹出异物
		自动制动均衡勾贝的排风阀座被拉伤	
三十三	减压时不起制动作用	缓解阀泄漏严重	先拉缓解阀,若副风缸有无风压,如有泄漏进行处理
		截断塞门或支管处有堵塞	可卸下三通阀活接头,开通截断塞门进行试验,发现堵塞针对具体情况进行处理
		三通阀作用不良或制动管截断塞门没有关闭或关闭不严	在常用制动减压不起制动时,可将制动手把迅速推到非常制动位置,如起制动作用但又迅速缓解,则是后面制动机下面的制动风管截断塞门没有关闭或关闭不严,则应关闭,关闭之后试验仍无制动则为三通阀故障,需拆下校验修理
三十四	在常用制动保持位置时,发生自然缓解及制动缸不保压	副风缸缓解阀泄漏	在进行制动保压时,发生自动缓解应首先检查副风缸缓解阀有无泄漏,有泄漏应处理
		三通阀作用不良	制动后,三通阀排风口不排风,但制动勾贝伸出少许后又缩回,有时反复发生,同时从制动缸处可听到漏气的音响,应更换制动缸的勾贝垫
		制动缸勾贝垫破损或制动缸内壁有划伤	检查时先进行制动后,立即将下方的截断塞门关闭,如仍然缓解,则为三通阀有故障,应送校修。如关闭截断塞门后不再有自然缓解,则故障在制动机上,应检查修理。在处理此类故障时,要考虑气候因素,在冬季由于三通阀油脂变硬使阻力变大或制动勾贝胶垫硬化所引起的漏风,也会造成自然缓解故障,应加冬季用油脂和更换硬化的胶垫
三十五	在常用制动后,充风后不起缓解作用	三通阀作用不良	在制动后充风时进行检查,如三通阀排风口不排风,卸下排风管进行疏通,如三通阀排风口仍不排风,而制动缸支管处又无泄漏时,属三通阀故障,应送校修
		制动缸缓解弹簧折断	制动后充风时,从制动缸风压表上看是缓解状态,但制动勾贝杆没有完全缩回,用手推能缩回时,说明制动缸勾贝弹簧折断,应更换弹簧
		制动缸勾贝杆弯曲或基础制动部分有故障	制动缸勾贝杆弯曲或基础制动部分有故障,可直观进行检查,发现问题及时处理

续上表

序号	现象	故障原因	排除方法
三十六	7kW发电机不发电	接线错误	详细检查，按接线圈重新接线
		磁场线圈断路	用万用表查出串断线点，有锡焊焊牢，焊接点要进行绝缘处理
		失去剩磁	利用电瓶励磁，把电瓶正极接到发电机励磁绕阻的F1、负级接到F2
		硅整流二级管损坏	更换
		接线头松动或接触不良	将接触不良线头进行清除污锈重新接好
		电刷和集电环接触不良及电刷压力不足，有火花产生	清理集电环表面，打磨电刷表面与集电环表面的弧度相吻合，增强电刷弹簧的压力
		开关接触不良	检查开关接触部分，可用细砂纸擦净接触表面，如无法修则更换
		刷握生锈使炭刷不能上下滑动	拆下刷握，用细砂纸擦净接触表面，如损坏则更换
		转速太低	把转速提高到额定值
		电压表不准，发电机的实际电压较表上读数为高	按期校验电压表，损坏则换电压表
		磁场线圈部分短路	处理或更换磁场线圈
		交流电枢线圈断路	找出断路点重新焊接进行绝缘处理
		磁盘变阻器断线	将断线处接牢固，如损坏严重则更换变阻器
三十七	发电机温升过高	负荷超载	应随时注意电流表，勿使其超过额定值
		磁场线圈短路	修复或更换磁场线圈
		交流电枢线圈短路	拆换已短路的线圈
		通风道阻塞	将电机内部彻底吹净
		定子与转子有摩擦	检查转子轴及轴承座，轴承有无松动
三十八	发电机轴承过热	轴承磨损过度	更换轴承
		润滑油规格不对或装得太多，油内有杂质	用煤油清洗轴承，加入3号润滑脂，约为轴承室的1/2或1/3，不可过多
三十九	作业车油泵发响	油箱旁油阀Q11sA16未打开，造成齿轮泵吸空发出响声	打开出油阀Q11sA16
		液压油箱内油太少	按规定加足液压油
		吸入滤油器堵塞	清洗或更换滤网
		油太冷或黏度过大	按季节使用液压油
		油过热产生蒸气	降低工作温度，不超过60℃或更换变质的液压油
		油泵转速过高	降低发动机转速
		油箱通气孔堵塞	清除疏通

续上表

序号	现象	故障原因	排除方法
四十	液压油产生泡沫	油箱内油面过低	按规定加足
		油泵的密封损坏	更换密封件
		吸入管道中的接头漏气	处理漏气接头
		吸入软管漏气	更换软管
		用油错误	按规定用油
四十一	液压油管路振动发响	管夹未固定好或松动	紧固
		管路堵塞或泄漏	疏通或修复
		电磁阀卡住或回不到位	清洗电磁阀或修磨锥阀
		油的黏度过大或油脏	换合适的油或换新油
		吸入滤油器堵塞	清洗或更换滤网
		液压油黏度过大或油泵转速过高,油温过高	调整转速,减轻负荷,按季节用液压油
四十二	液压吊无动作	油箱油量不足或太少	立即停车加足油把转速调到额定值
		发动机转速过低	调到100L/min以上
		手动换向阀处在中位	扳到工作位置
		执行机构卡住	检查并排除
		多路换向阀卡住	检查并排除
四十三	液压系统压力不足或无压力	油泵泵出油较小或不泵油	油泵转向不对或油泵损坏,根据检查结果来调整转向或修理油泵
		吸油管阻力过大	检查疏通油管,清洗滤网或换油
		柴油发动机的马力不足,转速过低	检查柴油机工作状况或提高转速,转速无法提高则要进行修理
		油泵体有铸造缩孔或砂眼,造成内部泄漏	检查确认和处理
		油泵轴扭断或轴键松落、磨损严重或打滑	检查确认更换断轴或换轴键
		溢流阀(安全阀)压力调整过小或锥阀卡死在开口位置	拆开溢流阀清除异物,更换过软的弹簧,重新调整压力
四十四	工作速度缓慢	油泵转速过低,泵油量过小	提高柴油机转速,清除系统内泄漏处
		油箱透气孔堵塞或液压过黏	疏通液压油箱盖上的透气孔,换合适的液压油
		油泵组件磨损较大,造成内部泄漏	更换磨损件或更换油泵总成
		液动机构内部密封装置损坏,导致内泄	拆开液动机构,更换已磨损和老化的密封圈
四十五	喇叭不响	连接导线接头松脱或有断、短路之处	打开大灯察看灯光,若不亮,应检查保险是否跳开,未跳开应检查各接线头
		保险器跳开	先检查线路有无短路,然后合闸
		喇叭断电触点烧蚀,或不闭合和不能张开	检查处理喇叭断电触点,调整触点之间间隙
		线圈烧坏或有脱焊处	拆开喇叭检修
		继电器线圈断路,触点不能闭合	检查修理或更换

续上表

序号	现象	故障原因	排除方法
四十六	喇叭声音沙哑	蓄电池存电不足	开大灯不明亮,应给电瓶充电
		断电触点烧蚀,或有污物而接触不良	拆开断电器,用细砂纸打磨烧蚀点,使之接触良好
		振动子和铁芯间的间隙四周不等而歪斜,发生碰撞	调整振动子与铁芯之间的间隙,使四周均等
		振膜片破裂、弯曲或扩音筒螺钉松动	更换破裂振动膜片,上紧扩音筒的螺钉
		音响调整螺母调整过紧,使膜片振幅过滤	调校,使之合适
		扩音筒振动膜片变形而导致声音不正常	修理、调校
四十七	前照灯不亮	保险器自动跳开或损坏	先检查有无短路,然后合闸
		前照灯开关的熔断丝烧断	更换
		电源导线断路	检查并连接断开导线
		灯泡搭铁线脱落或接触不良	接好搭铁线,接前先除生锈蚀物等
		前照灯开关坏或灯丝烧断	更换
四十八	前照灯灯光暗淡	蓄电池充电不足	检查电瓶电量,不足应充电
		导线接头松动接触不良	检查处理松动接头
		导线过细,电阻过大	更换较粗导线
		灯泡玻璃表面发黑	更换新灯泡
		搭铁不良	检查并处理
		新换灯泡的灯丝不位于发射镜焦点而引起散光	更换符合规定的灯泡
四十九	蓄电池容量降低	发电机调节器电压调整过低,使电瓶经常光电不足,长期处于放电状态	检查发电机调节器的调压器,如确系光电压调得过低,则应重新调整略高于电瓶额定电压
		电瓶单格的电压低于1.5V(高率放电)	应查出是充电不足还是其他原因引起,针对情况进行处理
		电解液而过低,极板露出部分产生硫化	清除白色结晶使硫化物并添加蒸馏水或稀释硫酸超过极板 15mm
		电解液比重过高,引起极板硫化	添加蒸馏水调比重至规定值,或抽出电解液再加蒸馏水
		极板活性物质脱落	检查处理
五十	电解液损失过快	充、放电流过大而频繁	除补充电解液外,还应控制大电流频繁充、放电节奏
		电瓶内木隔板损坏击穿或极板短路	分解电瓶检查,针对具体情况进行处理
		连续长途运行,也容易消耗电解液	无需检查处理,适当补充即可
		蓄电池壳有裂缝,造成电解液泄漏	送修、补漏
五十一	柴油机动力足但不能起动或牵引力过小	油位过低	检查油位,需要时补加油
		吸油滤网被堵	检查滤网,进行清洗
		供油压力过低	同上
		工作油泡沫多	检查管路是否漏气
		油泵工作不正确	解体检查油泵、端面间隙过大需修复
		主控制阀没有到位	检查风缸压力,检查阀是否被卡住

续上表

序号	现象	故障原因	排除方法
五十二	液压传动油箱油温过高	注入冷却器油量过小	调节管道节油伐,使冷却油量增加
		挡位选择不正确	按到运行速度选择挡位
		工作油泡沫过多	检查管路是否漏气
		主控制阀没有到位	检查风缸压力、阀是否被卡住
五十三	换挡、换向无指示	换挡换向电气系统失灵	检查电气系统
		风压太低	检查风压,调整到规定范围
		限位开关移动	检查是否松动,重新调整开关位置
五十四	液压传动箱有异响	润滑不良引起轴承烧坏	更换轴承,检查润滑系统
		轴承保持架脱落损坏	更换轴承
		齿轮的齿断裂	更换齿轮

第十六章 常用工器具的使用流程

岗位应知应会

1. 掌握常用工、器具及测量仪器各按钮或部件的作用。
2. 掌握常用工、器具及测量仪器测试各参数的操作步骤。
3. 熟练使用岗位常用测量工具测量各项参数。
4. 掌握常用工、器具或测量仪器所测量参数的基本含义。

重难点

1. 使用第四种检查器测量轮对各项参数。
2. 轮对各参数的含义。
3. 使用万用表测试电压、电流、电阻及通断。

第一节 钳形电流表

钳形电流表是一种用于测量正在运行的电气线路的电流大小的仪表，可在不断电的情况下测量电流。维护操作组所使用的是福禄克 319 手持式钳形电流表。该电流表可以测量交流电流和直流电流、交流电压和直流电压、电阻、通断性、电阻、通断性和频率。

一、结构及功能

1. 整体结构

福禄克 319 钳形电流表的结构如图 16-1 所示，其中数字代表的名称及功能如表 16-1 所示。

MIN、MAX、AVG（最小值、最大值、平均值）功能：

（1）按一次此按钮将仪表设为 MAX（最大值）模式。

（2）再按一次此按钮将仪表设为 MIN（最小值）模式。

（3）第三次按此按钮，仪表显示读数的 AVG（平均值）。

（4）按住此按钮超过 2s 可使仪表返回到正常操作状态。

（5）在 MIN、MAX、AVG（最小值、最大值、平均值）模式时按"HOLD"按钮可冻结实时记录。在该模式下，按 MIN/MAX 按钮可

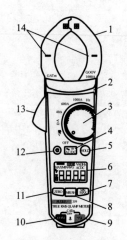

图 16-1 福禄克 319 钳形电流表功能图

选择并显示已记录值。

福禄克 319 手持式钳形电流表各部分对应功能表　　　　表 16-1

编号	名称及功能
1	电流感测钳
2	触摸挡板（为了安全起见,不要握在仪表挡板以上的任何位置）
3	旋钮开关:功能说明见表 16-2
4	选择交流或直流模式
5	保持按钮:冻结显示屏读数,再按一次则解除读数冻结
6	液晶显示屏
7	MIN、MAX（最大值、最小值）按钮:当首次按此按钮时仪表显示最大输入值,随后再按此按钮则显示最小输入和平均输入;按住此按钮 2s,即可退出最大值最小值模式。该功能适合于电流、电压、频率模式
8	INRUSH（启动电流）按钮:按此按钮进入启动电流模式,再按一次退出;积分时间为 100ms
9	VΩ:电压、电阻输入端子
10	公共端子
11	ZERO（归零）按钮:将显示屏归零以进行直流测量
12	背光灯按钮:打开或关闭背光灯。当没有按键或切换动作时,背光灯在持续亮 2min 后关闭
13	钳口开关
14	对准标记:为了达到准确度规格,导线必须与两个标记对准

旋钮开关功能说明　　　　表 16-2

开关挡位	功　　能	开关挡位	功　　能
OFF	仪表关机	600A	600A 电流量程
V	直流与交流电压	1000A	1000A 电流量程
Ω	电阻与通断性	Hz	频率
40A	40A 电流量程		

2. 显示屏

要同时查看显示屏的所有显示,在仪表开机的同时,按下 AC/DC 按钮。显示屏说明如图 16-2 所示。

二、使用方法

测量电流时,要使用钳形电流表上的对准标记将导线在钳口内居中。

1. 归零

在进行直流电流测量之前,先将仪表归零,以确保读数正确。将仪表归零可消除读数中的直流偏移（环境噪声）。

在归零仪表之前,请确保钳口已闭合并且钳口之间没有导线。要归零仪表,按 ZERO 按钮。

1	INRUSH（启动电流）功能已激活（仅319型）	7	直流模式
2	HOLD（保持）功能已激活	8	交流模式
3	电压	9	电池低电量，必须更换
4	电流	10	负读数
5	电阻	11	高电压指示符
6	频率（仅319型）	12	MAX- 显示最大读数；MIN- 显示最小读数；AVG- 显示平均读数

图 16-2　显示屏

2. 测量交流或直流电流

（1）将旋转功能开关旋至合适的电流量程。

（2）如果需要，可按"AC/DC"按钮选择直流，默认是交流。

（3）如要进行直流测量，先等待显示屏稳定，然后按 ZERO 按钮将仪表归零。在归零仪表之前，请确保钳口已闭合并且钳口之间没有导线。

（4）按住钳口开关张开夹钳并将待测导线插入夹钳中。

（5）闭合夹钳并用钳口上的对准标记将导线居中。

（6）查看液晶显示屏上的读数。

为了避免触电或人身伤害，并且流向相反的电流会相互抵消，测量电流时一次只能在夹钳中放入一根导线，如图 16-3 所示。

3. 测量交流和直流电压

（1）安全操作：

①在进行电气连接时，先连接公共测试导线，再连接带电的测试导线；切断连接时，则先断开带电的测试导线，然后再断开公共测试导线。

②使用测试探针时，手指应握在护指装置的后面。

（2）将旋转功能开关转至 V 挡。

（3）如果测量直流电压，按"AC/DC"按钮变换为直流。默认是交流。

（4）将黑色测试导线插入 COM 端子，并将红色测试导线插入 VΩ 端子。

(5)将探针接触想要的电路测试点,测量电压,如图16-4和图16-5所示。
(6)查看液晶显示屏上的读数。

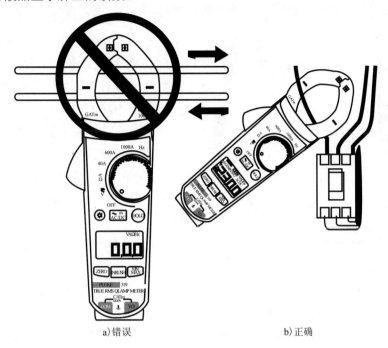

a)错误　　　　　　　　　　　　b)正确

图16-3　测量电流的接线

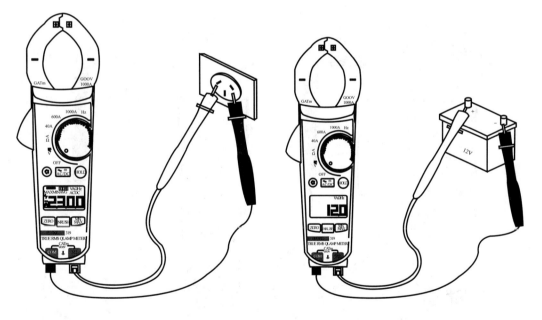

图16-4　交流电压的测量　　　　　图16-5　直流电压的测量

4.测量电阻

在测量电路的电阻时,为避免触电或人身伤害,请确保已经切断电路的电源,并将所有电容器放电。

(1) 将旋转功能开关转至 Ω 挡。

(2) 切断被测电路的电源。

(3) 将黑色测试导线插入 COM 端子,并将红色测试导线插入 VΩ 端子。

(4) 将探针接触想要的电路测试点,测量电阻,如图 16-6 所示。

(5) 查看液晶显示屏上的读数。

5. 测量通断性

在测量电路的通断性时,为避免触电,请确保已经切断电路的电源,并将所有电容器放电。

(1) 切断被测电路的电源。

(2) 将旋转功能开关转至 Ω 挡。

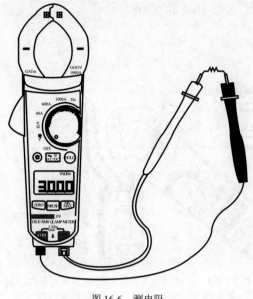

图 16-6 测电阻

(3) 将黑色测试导线插入 COM 端子,并将红色测试导线插入 VΩ 端子。

(4) 将探针与待测电路或组件的两端连接,如图 16-7 所示。

(5) 如果电阻小于 30Ω,蜂鸣器持续发声,表示连通。如果显示屏显示 OL,表示电路开路。

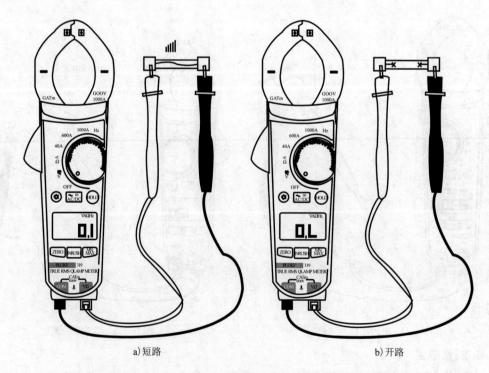

a) 短路　　　　　　　　　　　b) 开路

图 16-7 测试通断性

6. 测试电流频率

（1）将旋转开关旋至 Hz（频率）位。

（2）按住钳口开关张开夹钳并将待测导线插入夹钳中。

（3）闭合夹钳并用钳口上的对准标记将导线居中。

（4）查看液晶显示屏上的读数。

频率读数出现在显示屏上。

7. 测量电机启动电流

测量起动电流，步骤如图 16-8 所示。具体如下：

（1）将电源线放入夹钳中，确保电线对准夹钳上的对准标记。

（2）在电源断开时，将旋转开关旋至正确的电流 A 量程。

（3）按"INRUsH"按钮。

（4）打开电源并记下显示屏上的启动电流读数。

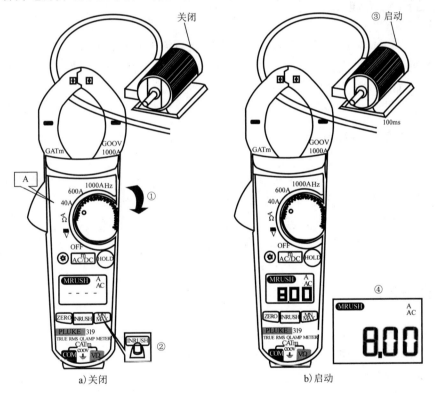

图 16-8 测量启动电流

①~④为测量步骤

三、注意事项

（1）被测线路的电压要低于钳表的额定电压。

(2)测高压线路的电流时,要戴绝缘手套,穿绝缘鞋,站在绝缘垫上。
(3)钳口要闭合紧密,不能带电转换量程。

第二节 兆欧表(摇表)

当电器设备例如电机、电缆、家用电器等受热和受潮时,绝缘材料会老化,其绝缘电阻便降低,从而造成电器设备漏电或短路事故。为了避免事故发生,就要求经常测量各种电器设备的绝缘电阻,判断其绝缘程度是否满足设备要求。最常用的仪表就是兆欧表,也叫绝缘电阻表。它与测电阻仪表的不同之处在于测量绝缘电阻时本身就有高电压电源。

一、结构及原理

兆欧表主要由作为电源的手摇发电机(或其他直流电源)和作为测量机构的磁电式流比计双动线圈流比计组成。测量时,实际上是给被测物加上直流电压,测量其通过的泄漏电流。在表的盘面上读到的是经过换算的绝缘电阻值。

二、兆欧表的正确使用

在兆欧表上有3个接线端钮,分别标为接地E、电路L和屏蔽G。一般测量仅用E、L两端,E端通常接地或接设备外壳,L端接被测线路,电机、电器的导线或电机绕组。测量电缆芯线对外皮的绝缘电阻时,为消除芯线绝缘层表面漏电引起的误差,还应在绝缘上包以锡箔,并使之与G端连接。

三、注意事项

(1)测量前先将兆欧表进行一次开路和短路试验,检查兆欧表是否正常。具体操作为:将两连接线开路,摇动手柄指针应指在无穷大处,再把两连接线短接一下,指针应指在零位。
(2)被测设备必须与其他电源断开,测量完毕一定要将被测设备充分放电(需2~3min),以保护设备及人身安全。
(3)兆欧表与被测设备之间应使用单股线分开单独连接,并保持线路表面清洁干燥,避免因线与线之间绝缘不良引起误差。
(4)摇测时,将兆欧表置于水平位置,摇把转动时其端钮间不许短路。摇测电容器、电缆时,必须在摇把转动的情况下才能将接线拆开,否则反充电将会损坏兆欧表。
(5)摇动手柄时,应由慢渐快,均匀加速到120r/min,并注意防止触电。摇动过程中,当出现指针已指零时,就不能再继续摇动,以防表内线圈发热损坏。

(6)应视被测设备电压等级的不同,选用合适的绝缘电阻测试仪。一般额定电压在500V以下的设备,选用500V或1000V的兆欧表;额定电压在500V及以上的设备,选用1000～2500V的兆欧表。量程范围的选用一般应注意不要使其测量范围过多地超过所测设备的绝缘电阻值,以免使读数产生较大的误差。

(7)禁止在雷电天气或在邻近有带高压电导体的设备处使用兆欧表测量。

第三节 万 用 表

万用表别名多用表、复用表。 一般以测量电流、电压和电阻为主要目的,有的还可以测量晶体管共射极直流放大系数 hFE、频率、电容值、逻辑电位、分贝值等。万用表有很多种,应用广泛的有机械指针式的和数字式的万用表。数字式万用表与机械指针式万用表相比,数字式万用表灵敏度高,精确度高,抗干扰性能好,过载能力强,便于携带,使用也更方便简单,显示清晰,从根本上消除读取数据时的视差。因此数字式万用表已成为主流,且有取代指针表的趋势。维护操作组使用的万用表均为福禄克数字万用表。万用表各位置功能说明如图 16-9 所示。

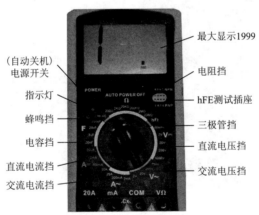

图 16-9　万用表各位置功能示意图

一、结构及原理

万用表主要由表头、测量电路、选择开关、表笔和插孔组成。表头为灵敏电流计,选择开关是一个多挡位的旋转开关,表笔分为红黑共两只,插孔分别标为"COM"、"VΩ"、"mA"以及"20A"符号。当微小电流通过表头,就会有电流指示。但表头不能通过大电流,所以,必须在表头上并联与串联一些电阻进行分流或降压,从而测出电路中的电流、电压和电阻。

数字万用表是在数字直流电压表的基础上扩展而成的,核心就是一个200mV量程的数字电压表,其主要工作原理是需要把被测量的电压信号、电流信号、交流电压信号、电阻、电容、电感、二极管等统一转换为直流电压信号并且经过衰减器衰减到200mV以下,再由模/数(A/D)转换器将电压模拟量转换成数字量,然后通过电子计数器计数,最后把测量结果用数字直接显示在显示屏上。

二、使用方法

(一)电压的测量

1. 直流电压的测量

测量方法如图16-10所示,首先将黑表笔插进"com"孔,红表笔插进"VΩ"孔,把量程选择旋钮选到比预计电压值大的量程(注意:表盘上的数字均为最大量程,"V-"表示直流电压挡,"V~"表示交流电压挡,"A"表示电流挡),把两支表笔放在电源两端,保持接触稳定。数字可以从显示屏上读取,若显示为"1",则表明量程太小,功能开关应置于更高量程。如果在数值左边出现"-",则表明表笔与实际电源极性相反,此时红表笔接负极。

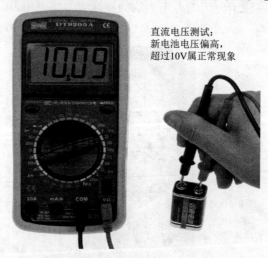

直流电压测试:
新电池电压偏高,
超过10V属正常现象

图16-10 万用表测电压

2. 交流电压的测量

表笔插孔和直流电压的测量一样,不过旋钮应该打到交流挡"V~"处所需的量程即可。交流电压无正负之分。无论测交流和直流电压,都要注意安全,不要随便接触表笔的金属部分。

(二)电流的测量

1. 直流电流的测量

直流电流的测量方法如图16-11所示。

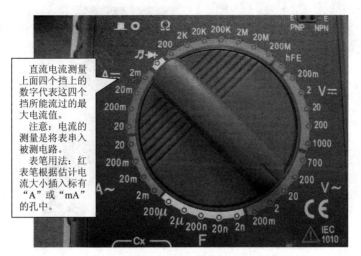

图 16-11 电流的测量

（1）首先将黑表笔插入"COM"插孔，当测量最大值为 200mA 的电流时，红表笔插入"mA"插孔，当测量最大值为 20A 的电流时，红表笔插入"20A"插孔。

（2）将功能开关置于直流电流挡"A-"量程，并将测试表笔串联接入到待测负载上，电流值显示的同时，将显示红表笔的极性。

贴心提示：

（1）如果使用前不知道被测电流范围，将旋转开关置于最大量程并逐渐下降。

（2）200m 表示最大输入电流为 200mA，过量的电流将烧断熔断丝，应再更换；20A 量程无熔断丝保护，测量时间不能超过 15s。

2. 交流电流的测量

测量方法与"1."相同，不过挡位应该打到交流挡位，电流测量完毕后应将红笔插回"VΩ"孔，若忘记这一步而直接测电压，表或电源会报废。

（三）电阻的测量

将黑表笔插进"com"孔，红表笔插进"VΩ"孔，把旋钮打到"Ω"中所需的量程，用表笔接在电阻两端的金属部分。测量中不要把手同时接触电阻两端，读数时要保持表笔和电阻有良好的接触。注意单位，在 200 挡时，单位是 Ω，2k 代表 2000Ω，2M 代表 2MΩ。

（四）二极管的测量

数字万用表可以测量二极管，测量方法如图 16-12 所示。表笔位置和测电压一样，用红表笔接二极管的正极，黑表笔接二极管的负极，这时会显示出二极管的压降。肖基特二极管的压降是 0.2V 左右，普通硅整流管（1N4000、1N5400 系列等）约为 0.7V，发光二极管为 1.8～2.3V。调换表笔，显示屏显示"1."则为正常，因为二极管的反向电阻很大，否则此管已被击穿。

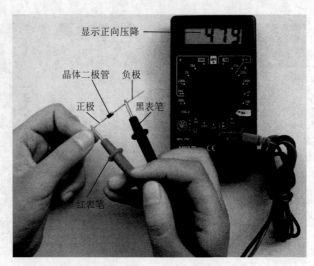

图 16-12　二极管的测量

（五）数字万用表对通断的测试

（1）将黑表笔插入 COM 插孔，红表笔插入 V/Ω 插孔（红表笔极性为"+"）将功能开关置于二极管挡，并将表笔连接到待测二极管，读数为二极管正向压降的近似值。

（2）将表笔连接到待测线路的两端，如果两端之间电阻值低于约 70Ω，内置蜂鸣器发声。内置蜂鸣器发声这个功能在实际中作用很大，可以提高测量线路通断的工作效率，是电子检修的必备功能。

三、注意事项

（1）测量电流与电压不能选错挡位。如果误选电阻挡或电流挡去测电压，就极易烧坏电表。

（2）测量电阻时，不要用手触及元件的裸体的两端（或两支表棒的金属部分），以免人体电阻与被测电阻并联，使测量结果不准确。

（3）万用表不用时，不要旋在电阻挡，因为内有电池，如不小心易使两根表棒相碰短路，不仅耗费电池，严重时甚至会损坏表头。

（4）如果无法预先估计被测电压或电流的大小，则应先旋至最高量程挡测量一次，再视情况逐渐把量程减小到合适位置。测量完毕，应将量程开关旋到最高电压挡，并关闭电源。

（5）满量程时，仪表仅在最高位显示数字"1"，其他位均消失，这时应选择更高的量程。

（6）测量电压时，应将数字万用表与被测电路并联。测电流时应与被测电路串联，测直流量时不必考虑正、负极性。

（7）当误用交流电压挡去测量直流电压，或者误用直流电压挡去测量交流电压时，显示屏将显示"000"，或低位上的数字出现跳动。

（8）禁止在测量高电压（220V 以上）或大电流（0.5A 以上）时换量程，以防止产生电弧，烧毁开关触点。

第四节　扭力扳手的使用

一、定扭矩扳手

目前在装配时使用的定扭矩扳手，如图 16-13 所示。它由头部（1）和手柄（2）两部分组成，其头部可以更换。现举例说一下正确使用定扭矩扳手的方法：假如要紧固一个要求扭矩达到 300N·m 的螺母，先用风动扳手等将螺母拧至接近 300N·m，不可超过，再通过旋钮（4）将定扭矩扳手的扭矩调到 300N·m[刻度表（3）上可观察到数值]，最后用定扭矩扳手紧固螺母，当听到定扭矩扳手发出咔嗒咔嗒声，即表示该螺母的扭矩已达到规定值。

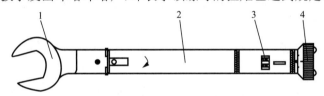

图 16-13　定扭矩扳手结构

1- 头部；2- 手柄；3- 刻度表；4- 旋钮

由于定扭矩扳手使用较灵活（头部可更换，扭矩可调节），故又将其作为测扭矩扳手使用。使用定扭矩扳手要特别注意：作用在扳手上的力 F 的方向要与开口的方向朝向同一侧，否则扳手会损坏，如图 16-14 所示。

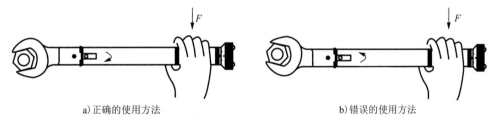

a）正确的使用方法　　　　　　　　　　b）错误的使用方法

图 16-14　使用方法

二、扭矩检测扳手

1. 扭矩检测扳手组成

扭矩检测扳手组成如图 16-15 所示。

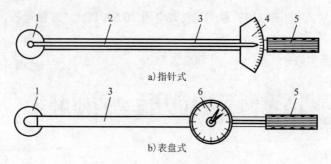

图 16-15 扭力检测扳手

1- 头部；2- 长指针；3- 传力杆；4- 刻度盘；5- 手柄；6- 表盘

2. 扳手种类及特点

（1）指针式扭矩检测扳手传动杆上的变形量与施加在头部的扭矩成正比，头部固定有长指针指向手柄端的刻度盘。检测时指针所对应的刻度即为扭矩值，如图 16-15a）所示。

扭矩精度不是很高，用于一般紧固件的扭矩检查。

（2）表盘式扭矩检测扳手检测扭矩显示在表盘上，传力杆上有指示扭矩的表盘，传力杆变形推动使指针旋转。双指针扳手的主动针指示扭矩瞬时值，被动针（一般为红色）指示最大值，如图 16-15b）所示。

扭矩精度较高，用于重要紧固件的精确紧固、扭矩检查或试验研究。

3. 使用方法

扭矩检查通常使用三种方法：松开法、紧固法、标记法。

（1）松开法。测得螺纹副松开的瞬时值。朝螺纹联结松开的方向转动检测扳手，读取最大瞬时值。

该方法误差大，松开扭矩比实际扭矩小 10%～20%。

（2）标记法。松开前作标记，松开后，再紧固至标记处的扭矩值。该方法有可能改变摩擦系数和损坏防松紧固件。一般松开 60°左右即可复紧，如图 16-16 所示。

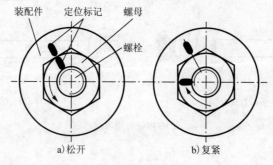

图 16-16 标记法

（3）紧固法。螺纹副连接拧紧后，检测扳手朝螺纹拧紧的方向转动，直至手部出现轻微振动感觉，此时扳手的瞬时值定义为螺纹副连接的拧紧力矩。

该方法对测试人员技术水平和熟练程度要求较高。

第五节　LLJ-4D型机车车轮第四种检查器

一、功能

LLJ-4D型新型机车车轮第四种检查器,具有测量车轮踏面圆周磨耗、轮缘厚度、轮缘垂直磨耗、轮缘高度、轮辋宽度、轮辋厚度、避开距、踏面擦伤深度和长度、踏面剥离深度和长度、车轮碾宽等功能。

二、结构

检查器是由尺身、轮缘厚度及踏面磨耗测尺、轮缘厚度测尺、轮缘垂直磨耗测尺、轮辋宽度测尺、碾宽测量刻线、避开距刻线、定位角铁、定位销、踏面磨耗及轮缘高度测尺锁紧螺钉、轮辋宽度测尺锁紧螺钉、轮缘高度测尺锁紧螺钉、轮辋宽度测尺尺框、轮辋宽度测尺等组成,如图16-17所示。

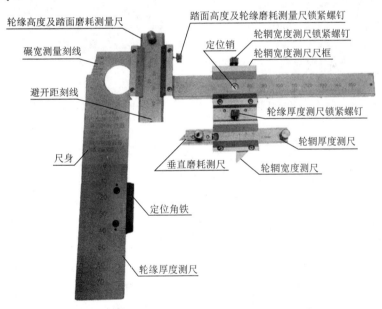

图16-17　LLJ-4D型第四种检查器结构

三、操作方法

1. 测量车轮踏面圆周磨耗及轮缘高度

车轮踏面圆周磨耗和轮缘高度测量如图16-18所示。测量步骤如下:

(1)移动轮辋宽度测尺尺框,使定位销落入销孔内,然后锁紧其锁紧螺钉。

(2)将定位角铁与车轮内侧面密贴,并使轮辋宽度侧头与车轮踏面接触。

(3)推动踏面磨耗测尺使其测量面与车轮轮缘接触,以左边游标读取踏面磨耗值,从右边游标读取轮缘高度值。测量范围:圆周磨耗为 0～7mm,轮缘高度为 22～37mm。

2. 轮缘厚度及垂直磨耗

轮缘厚度及垂直磨耗测量如图 16-19 所示。测量步骤如下:

(1)同测量车轮踏面圆周磨耗及轮缘高度的测量步骤(1)、(2)。

(2)推动轮缘厚度测尺使其测头与轮缘接触,从游标中读取轮缘厚度值。轮缘厚度的测量范围为:22～34mm。

(3)推动垂直磨耗测尺使其测头与轮缘接触,如果刻线超过轮缘厚度测尺双刻线,则说明已经有轮缘磨耗了,如果双线全部超出轮缘厚度测尺双刻线,则磨损到线了。

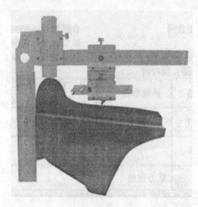

图 16-18　测量踏面圆周磨耗及轮缘高度

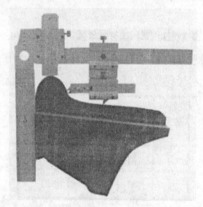

图 16-19　轮缘高度及垂直磨耗

3. 轮辋厚度

轮辋厚度测量步骤如下:

(1)同车轮踏面圆周磨耗及轮缘高度测量步骤(1)、(2)。

(2)读取轮辋厚度测尺刻线中与轮辋内侧边缘对齐的数值,该数值即为轮辋厚度,测量范围为 0～90mm。

4. 轮辋宽度

(1)同"1.→(1)、(2)"。

(2)推动轮辋宽度测尺尺框,使其测头与车轮外侧面贴靠,从游标中读取轮辋宽度值。如果踏面有碾宽,应减去碾宽。轮辋宽度的测量范围为:70～146mm。

5. 踏面擦伤深度

(1)同"1.→(2)"。

(2)移动轮辋宽度测尺尺框,使其测头落入擦伤最深处,测量此轮缘高度值,记作 h_1。

(3)测量同一圆周未擦伤处,轮缘高度值记为 h_2,擦伤深度为 $h_1 \sim h_2$。测量范围为 22～37mm。

6. 踏面擦伤长度

用检查器的轮辋厚度测尺的外刻线,沿着车轮圆周方向测量擦伤部位的长度,测量范围为:0～90mm。

7. 踏面剥离深度

测量方法同踏面擦伤深度的测量。

8. 踏面剥离长度

测量方法同踏面擦伤长度的测量。

9. 车轮碾宽

车轮碾宽的测量如图 16-20 所示。

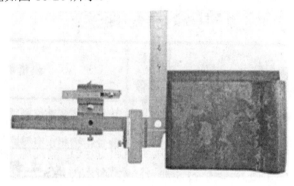

图 16-20　车轮碾宽的测量

将尺身垂直外边贴紧轮辋外侧面,用碾宽测量刻线测量碾宽,读取碾宽最宽处所对准刻度线值,即为车轮碾宽值。测量范围为:3～6mm。

10. 避开距测量

当检查器放在轮箍上进行测量时,避开尺刻线部分正好与轮缘顶处尖点接触,则读取接触点处,所指示的数值即为避开距。

第十七章　岗位安全关键点

> **岗位应知应会**
>
> 掌握各类作业的安全风险及卡控措施。
>
> **重难点**
> 1. 工程车司机的关键作业。
> 2. 工程车司机各关键作业的风险。
> 3. 针对各关键作业的风险源所采取的安全卡控措施。

工程车司机岗位主要从事厂内调车及施工作业、正线运输及施工作业和工程车辆的检修保养及故障处理等工作内容,岗位技能涉及较多,如厂内电客车调车转线、正线钢轨等设备运输、工程车加油作业等,作业安全要求较高。本章主要讲解工程车司机岗位涉及的危险源及控制措施,对员工通用安全、消防安全、交通安全不做讲解。

一、调车作业

1. 风险描述

(1)未按规定核对调车作业单,未及时发现问题,造成因漏写或错写勾数导致调车中断或错误调入股道。

(2)未按规定速度运行,造成超速、脱轨等。

(3)未按规定加强瞭望,认真确认信号机、道岔和进路,造成冒进、挤岔、脱轨等。

(4)未按规定连挂作业,造成连挂速度过高,导致设备损坏或人员受伤。

(5)未按规定进行分钩作业,造成车辆溜逸或人员受伤。

2. 控制措施

(1)接到调车计划后,车长必须亲自向司机传达计划,做到听清、问清、传达清,严格执行"三不清一不动":计划不清、信号不清、更变计划和股道不清,不动车。

(2)调车过程中,要严格执行"四个一度停车":

①单机挂车和推进车辆挂车距停留车列10m前。

②无人看守道口或出入车库大门前。

③距尽头线土挡 10m 前。

④故障道岔和故障信号机前必须一度停车确认、联控。

(3)调车作业要严格执行调车动车前"四个询问进路"：

①调车作业的每一勾。

②压信号调车。

③越出车厂线路调车。

④越过故障信号机调车。

(4)调车作业时认真确认"灯、岔、路"，严格把握"四个关"：

①计划关。

②信号关。

③进路关。

④速度关。

(5)严格执行"唱一勾、干一勾、划一勾"的制度。严禁做与行车无关的事情，严禁接打手机。

(6)库内走行时严格遵守库内各限制速度，加强瞭望，确认道岔、岔尖及手信号，防止误认信号；注意前方机车、人员等情况，加强鸣笛，防止碰撞。

(7)单机或牵引运行时，前方进路由司机确认；推进运行时，由调车长确认。无论推进或是牵引运行，司机必须在车列运行方向操纵台操纵，车长必须在司机一侧显示信号。

(8)车长应正确及时显示信号，司机应不间断瞭望，确认信号，并鸣笛回示；没有车长的信号禁止动车；没有鸣笛回示时，车长应立即显示停车信号（电台回示除外）。

(9)连挂车辆，车长应显示连挂信号和三、二、一车距离信号（三车约 66m，二车约 44m，一车约 22m），没有显示连挂信号和距离信号不准挂车；单机连挂车辆不显示三、二、一距离信号，但距离被连挂车 10m 时必须一度停车。

(10)距离被连挂车辆 10m 时应一度停车，调车长确认车辆装载货物的加固状态、车门及侧板关闭符合要求，无防护信号，车上车下无人作业，无侵线的障碍物，两车车钩状态及被连挂车辆防溜良好后，方可指挥司机挂车。

(11)分钩时必须执行"一关前、二关后、三摘风管、四提钩"的作业程序。

二、压信号调车作业

1. 风险描述

(1)司机不清楚存在压信号调车作业的位置。

(2)司机在从事压信号调车作业时，未认真核对调车作业单，作业过程中司机未及时与信号楼值班员做好联控，擅自动车会造成列车挤岔、冲突、脱轨等。

(3)司机未按压信号调车作业规定速度运行，造成超速。

(4)司机未认真确认进路和道岔情况，盲目动车会造成列车挤岔、脱轨等。

2. 控制措施

（1）司机应认真检查调车作业单，发现有遗漏时，司机应当面询问厂调。

（2）司机应主动与信号楼值班员联系，在得到信号楼值班员电台通知："××道至××道进路好，同意压信号调车"，并确认进路正确后方准压信号调车。

（3）压信号调车时／越过关闭的信号机时，司机（车长）应得到车厂信号楼值班员同意越过该信号机的通知，确认进路正确后方可越过该信号机，最高限速 10km/h，司机应严格控制速度，不间断瞭望，认真确认进路和道岔位置开通情况是否正确。

（4）司机必须认真确认进路上的每一架调车信号机，如进路中间有关闭的信号机，司机必须在该信号机前一度停车并与信号楼值班员联系，得到值班员口头同意越过该架信号机时方准越过。

三、工程车连挂电客车作业

1. 风险描述

（1）连挂速度过高，造成车钩损坏。

（2）未按规定调整钩位，确认车钩高度，造成连挂困难或损坏车钩。

（3）未确认连挂状态，盲目试拉造成脱钩等。

（4）车长调整车钩未给司机下达停车信号，司机盲目动车造成人身伤害或设备损坏等。

2. 控制措施

（1）接近连挂车辆 1m 左右距离时，再次一度停车。

（2）车长检查电客车及工程车车钩状态，调整好过渡车钩高度。

（3）车长按规定下达连挂信号，司机确认连挂信号后以低于 3km/h 的速度进行连挂。

（4）连挂后车长检查连挂是否到位，重点确认电客车指示线是否到位，并做好拍照记录。

（5）待车长检查确认连挂妥当后，车长按规定下达试拉信号，司机确认试拉信号后再试拉。

四、试车线调试及调车作业

1. 风险描述

（1）未按规定执行一度停车规定。

（2）车辆进入试车线后，未与信号楼、作业负责人联系确认，擅自动车。

（3）未按规定进行制动机贯通试验，未按规定速度运行，未正确操作制动机，造成列车冲撞车挡、列车冲突、脱轨或设备损坏等。

（4）接触网带电调试，司机未确认接触网终点标位置，未按规定速度运行，造成越过接触终点标等。

2. 控制措施

（1）试车线作业时，车辆进入试车线后，应及时联系信号楼，报告车辆所属位置，并询问进路。

待司机与信号楼联控并确认进路准备好后,司机联系作业负责人,按作业负责人要求动车调试。

(2)作业前司机应联系作业负责人,要求列车在无调试试验模式下,保持25km/h以下速度往返运行一次,运行中司机进行制动机贯通试验(当速度达到25km/h时,自阀减压50kPa,直到停稳,司机注意观察车辆制动距离,确认制动机性能良好)。

(3)接触网带电调试时,司机应确认接触网终点标位置,做好三、二、一车距离和速度控制,做到安全停车,严禁越过接触网终点标。

(4)往返调试作业时,司机应根据调试速度要求,准确掌握制动时机、制动距离和减压量,应早减压、少减压,做到一次停妥,并按以下规定进行操作:

①初次减压量,不得少于50kPa。

②追加减压一般不应超过两次;一次追加减压量,不得超过初次减压量;累计减压量,不应超过最大有效减压量。

③自阀减压排风未止,不应追加,不得缓解机车制动。

④列车速度在15km/h以下时,不应缓解列车制动。

(5)试车线作业时,车长加强瞭望,严格控制速度,在尽头线10m处一度停车。

五、厂内补砟作业

1. 风险描述

(1)未弄清施工作业区域,擅自越出作业区域。

(2)装车作业时,未对全列车施行制动措施,造成列车溜逸。

(3)装车完毕后,未检查装载情况,造成偏载,引发事故或造成设备受损。

(4)作业完毕后,未检查端墙、侧墙锁闭情况,造成侵限。

2. 控制措施

(1)厂内线路补砟作业时,作业前,当班班长应及时了解作业区域、作业径路、速度要求,组织当班人员做好安全预想。

(2)装车作业时,列车应全列制动,列车管减压量不得低于100kPa。

(3)装车完毕后,车长检查道砟装载情况,确认无偏载。

(4)作业时,按施工负责人要求进行作业,作业完毕后,车长检查平板车卫生、端墙、侧墙锁闭情况,不符合要求时及时联系施工负责人处理。

六、接触网作业车施工作业

1. 风险描述

(1)液压平台升降动作时,身体部位放在升降爬梯上,造成斩断手脚等人身伤害。

(2)未与施工负责人联系弄清接地线连挂地点,若接地线影响行车未发现,造成车辆撞上接地线。

（3）作业完毕后,未检查作业平台落位、平台护栏及护栏插销状况,造成侵限。

2. 控制措施

（1）强调人身安全,液压平台升降动作时,必须通知现场人员请勿靠近接触爬梯。

（2）在液压平台附近粘贴安全警示标语。

（3）提前做好接触网作业车全面检查试验,机班与使用部门施工负责人提前1h,共同确认作业平台技术状态,并填写《JW-7型接触网检测作业车作业平台液压系统技术状态交接表》。

（4）接触网检修作业时,司机联系施工负责人,明确作业内容、作业区域以及接地线连挂地点(确认接地线不影响行车)。

（5）作业负责人应指定专人在司机室与司机进行联控。

（6）作业中司机要加强瞭望,注意控制速度,停车位置要准确（每次检查停车,尽可能地停在检查地点的后方,避免频繁地与信号楼联控询问反向进路）。

（7）作业完毕后,检查确认作业平台落位是否正确,作业平台护栏是否折叠、插销位置是否正确,发现问题时及时联系施工负责人处理。

七、压道作业

1. 风险描述

（1）未弄清施工作业区域,擅自越出作业区域。

（2）司机未按规定速度运行,造成超速运行。

（3）司机未加强瞭望,密切注意线路变化。

（4）司机发现异常情况未立即停车。

2. 控制措施

（1）压道作业前,机班人员做好与OCC、DCC和施工负责人联控,明确作业区域、走行路径、速度要求,核对好调车作业单和调度命令,弄清注意事项及安全要求。

（2）压道作业时,机班要严格按照规定速度要求运行,不得超速。运行中,司机要加强瞭望,密切注意线路变化,发现异常立即停车。

八、架车线调车作业

1. 风险描述

（1）未按规定执行一度停车,未认真确认转向架转盘是否落锁,易引起脱轨。

（2）司机未按规定速度运行,造成超速运行。

（3）司机发现异常情况未立即停车。

（4）反向牵出作业,司机未确认反向信号机的状态,盲目牵出造成冒进。

2. 控制措施

（1）严格执行库门前一度停车措施。

（2）确认转向架转盘是否完全落锁。

（3）作业中严格控制速度 3km/h 以下。

（4）作业中做好互控,发现异常立即停车。

（5）反向牵出时,注意确认反向信号机状态。

九、工程车正线作业

1. 风险描述

（1）未按要求对全列车进行全面检查试验,造成漏检,引发设备故障等。

（2）未认真摘抄相关运行揭示,不明确正线有无限速地段。

（3）未按要求核对好调度命令,臆测命令内容导致行车事故。

（4）不清楚,不便于司机瞭望的信号机的位置。

（5）司机未按规定速度运行,造成超速运行。

（6）未按规定加强瞭望,认真确认信号机、道岔和进路。

（7）未与行调、施工负责人做好联控,未核对走行进路,未确认好行车凭证,臆测行车导致事故。

2. 控制措施

（1）根据施工计划,提前召开机班安全预想会,弄清作业内容、作业时间、作业区域、请销点站、接触网供电安排、防护措施等。

（2）提前准备好需要携带的各类填写记录（司机手账、正线作业提示卡等）和工具备品（400M、800M 电台、手电筒、红闪灯等）,并确认工具备品状态良好。

（3）按要求认真对全列车进行全面检查试验,重点检查货物装载加固状态、油位、水位、走行部、重联接线、制动试验等,确保车辆状态良好。

（4）认真摘抄相关运行揭示,重点了解正线有无限速地段。

（5）按要求核对好调度命令,确认命令完整无漏项,命令内容明确无歧义。

（6）发车前要求施工负责人对货物加固状态进行确认,并让施工负责人指派专人全程盯控货物状态,若发现异常及时通知司机停车。

（7）对设置在弯道上、不便于司机瞭望的信号机在正线提示卡和司机手账上做好标注。正线运行过程中,机班再次做好提醒,按规定限速 30km/h,不得超速运行。

（8）工程车正线运行时,司机、副班司机要不间断瞭望,通过车站限速 40km/h,通过限速地段时,应提前控制速度,加强瞭望,确认信号显示状态、道岔开通位置,发现异常立即停车。

（9）因施工需要,作业过程中需打开平板车端、侧墙,机班要求施工人员,使用后及时锁闭好平板车端、侧墙,车长做好端墙、侧墙锁闭情况的检查确认,若不符合要求应及时联系施工负责人立即处理。

（10）正线运行中，机班要做好与施工负责人及行车调度的沟通工作，遇到问题第一时间联系行车调度，按行车调度指令办事。

（11）正线作业中，机班与行车调度及施工负责人要做好联控，核对好走行进路，确认好行车凭证，严禁臆测行车。

十、工程车加油作业

1. 风险描述
（1）加油过程中易引发火灾。
（2）油洒落在作业现场且未及时清理，导致人员摔倒。

2. 控制措施
（1）作业前设置好隔离区域。
（2）作业时准备好灭火器。
（3）严禁接打手机，严禁烟火。
（4）清理好作业现场。

十一、工程车检修作业

1. 风险描述
（1）接触发动机冷却水管造成人员烫伤。
（2）身体或衣服被传动部件缠住造成人员伤害。
（3）启机前未检查确认人员、工器具等出清情况，造成人身伤害或设备损坏。

2. 控制措施
（1）检修作业时，注意安全警示标志。
（2）严格执行起机作业程序的规定，启机前必须确认人员、工器具等已出清，按规定程序进行起机。
（3）发动机在运转过程中，严禁开盖检查。
（4）待发动机充分冷却后方可开始检修作业。
（5）启机后未得到司机同意，不得进入机械间进行检查作业。

附录 城市轨道交通工程车司机考核大纲

工程车司机考核大纲如附表 1 所示。

工程车司机考核大纲　　　　　　　　　　　　　　　　附表 1

分类	章节	考核内容	掌握程度	考核形式
基础知识篇	一	行车基础知识	熟悉	笔试
	二	轨道车概述	熟悉	笔试
	三	车体	熟悉	笔试
	四	走行系统	精通	笔试
	五	柴油机	熟悉	笔试
	六	制动系统	精通	笔试
	七	传动系统	熟悉	笔试
	八	电气系统	熟悉	笔试
实务篇	九	工程车一次出乘作业标准	熟悉	笔试
	十	工程车安全操作方法	了解	笔试
	十一	JZ-7 型空气制动机七步闸流程	精通	笔试
	十二	DK-1 型电空动机操作及六步闸流程	精通	笔试
	十三	过渡车钩的拆装作业流程	熟悉	笔试
	十四	闸瓦间隙调整及更换作业流程	熟悉	笔试
	十五	故障判断与处理	熟悉	笔试
	十六	常用工、器具的使用流程	精通	笔试
	十七	岗位安全关键点	精通	笔试

参考文献

[1] 孙竹生,鲍维千. 内燃机车总体及走行部 [M]. 3 版. 北京:中国铁道出版社,1995.

[2] 刘豫湘. DK-1 型电空制动机与电力机车空气管路系统 [M]. 北京:中国铁道出版社,1998.

[3] 姜靖国. JZ-7 型空气制动机 [M]. 北京:中国铁道出版社,1986.

[4] 袁文科,胡孝,王汉生. JZ-7 型空气制动机故障分析及处理 [M]. 北京:中国铁道出版社,1989.

[5] 王爱民. DK-1 型电空制动机检修及故障处理 [M]. 北京:中国铁道出版社,1996.

[6] 胡跃进. 轨道车专业知识培训教材 [M]. 成都:西南交通大学出版社,2012.

[7] 霍洪生,霍金友,田更全. 轨道车司机 [M]. 北京:中国铁道出版社,1999.

[8] 聂崇嘉. 液压传动与液力传动 [M]. 成都:西南交通大学出版社,1991.

[9] 谢米恰斯脱诺夫. 内燃机车的液力传动 [M]. 北京:人民铁道出版社,1958.

[10] 连级三. 电传动机车概论 [M]. 成都:西南交通大学出版社,2001.

[11] 鲍维千. 机车总体及转向架 [M]. 北京:中国铁道出版社,2010.

[12] 王京生. 卡特皮勒新型燃油系统 [J]. 小型内燃机与摩托车,1996(6):11-12.

[13] 包学志. 机车通用知识 [M]. 成都:西南交通大学出版社,2009.

[14] 《铁路职工岗位培训教材》编审委员会. 内燃机车司机 [M]. 北京:中国铁道出版社,2012.

a)停车位置标　　　　　　b)警冲标　　　　　　a)限速信号牌　　　　b)解除限速信号牌

图 1-11　停车位置标与警冲标　　　　　图 1-12　限速信号牌和解除限速信号牌

图 2-1　GCY-220 重型轨道车　　　　　　　图 2-2　GCY-300 型内燃调机

图 2-3　DGY-300 型重型轨道车　　　　　　图 2-4　JW-7 型接触网作业车

图 2-5　DPC-30 型带起重机轨道平车　　　　图 2-6　WGJ 型网轨检测车

图 2-7　钢轨打磨车

图 2-8　隧道清洗车

图 2-9　ZER4 型电力蓄电池轨道车

图 3-4　排障器

图 4-24　橡胶弹簧

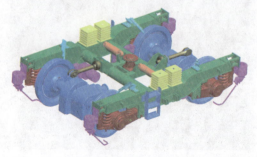

图 4-27　DGY-470A 型内燃调机转向架上的旁承

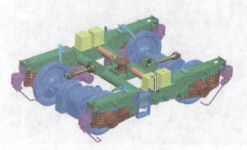

图 4-55　DGY-300 型轨道车转向架

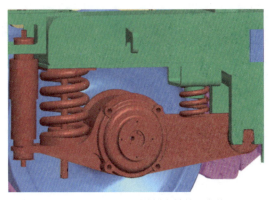

图 4-56　DGY-300 型轨道车轴箱及安装

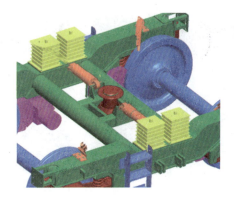

图 4-57　转向架系统示意图

图 4-61　轮对驱动系统

图 4-62　ZER4 型蓄电池轨道车轴箱位置

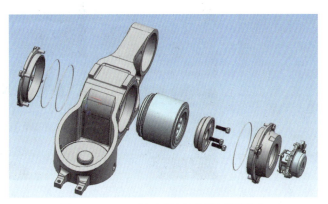

图 4-63　ZER4 型电力蓄电池轨道车轴箱结构

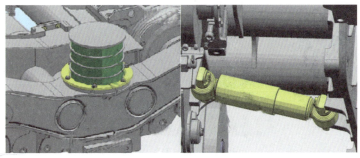

图 4-65　二系悬挂装置

图 4-66　牵引装置

图 6-10　进气阀

图 6-12　温度开关

图 6-13　油气筒

图 6-14　安全阀

图 6-15　压力维持阀

图 6-16　压力开关

图 6-17　油过滤器

图 6-18　油细分离器

图 6-82　主司机操纵台俯视图

图 6-83　制动控制器

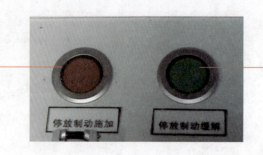
图 6-84　停放制动按钮

停放施加按钮

停放缓解按钮

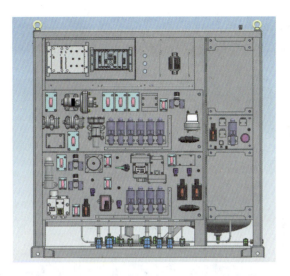
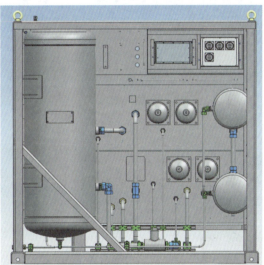
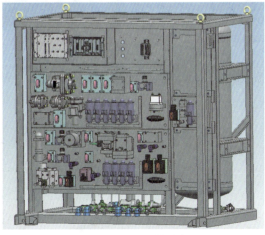

图 6-85 DK-1 型制动柜

图 6-88 制动控制单元 DKL

图 6-94a) 分配阀外形及结构

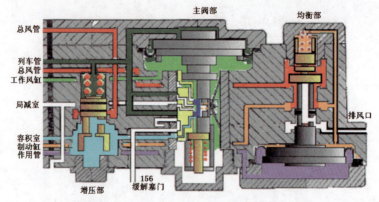
图 6-94b) 分配阀外形及结构

图 6-95 重联阀外形图

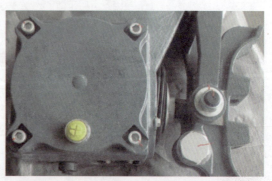
图 6-102 踏面制动单元(常用)

图 6-103 踏面制动单元(带停放功能)

图 7-16 972G 液力—机械传动箱变速器

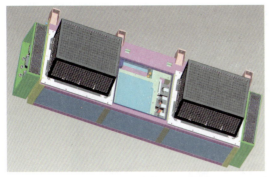

图 8-9 主逆风冷散热示意图

图 8-10 线路电抗器

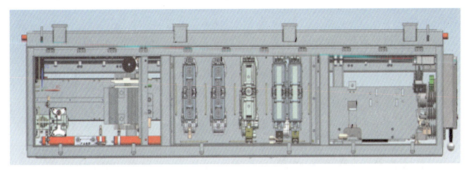

图 8-17 高压柜内部结构图 1

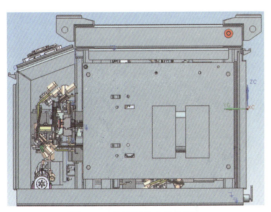

图 8-18 高压柜内部结构图 2

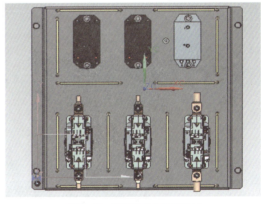

图 8-19 高压柜内部结构图 3

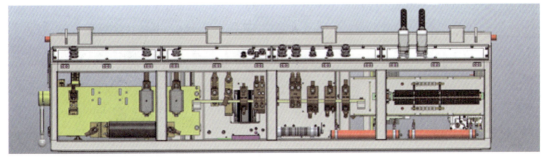

图 8-20 高压柜内部结构图 4

图 8-21 低压电气柜布置 1

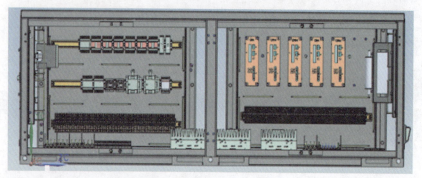

图 8-22 低压电气柜布置 2

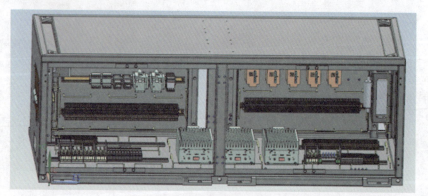

图 8-23 低压电气柜布置 3

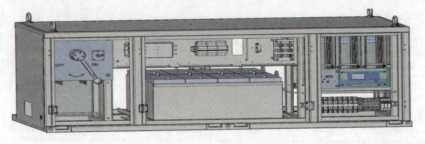

图 8-25 控制电源柜示意图

图 12-1　无火回送相关塞门

图 13-1　工程车 13 号车钩

图 13-2　电客车车钩

图 13-3　过渡车钩

图 14-2　顺时针拧动调节螺母增自阀瓦与踏面间隙

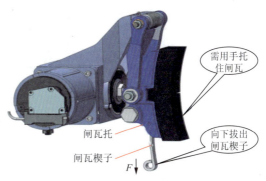

图 14-3　踏面制动单元闸瓦楔子拆卸示意图

图 14-4　踏面制动单元开口销安装示意图

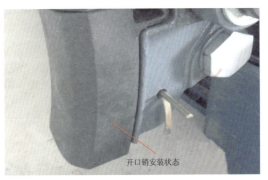

图 14-5　踏面制动单元开口销安装状态示意图

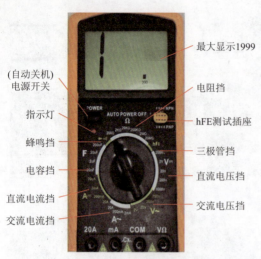

图 16-9　万用表各位置功能示意图

图 16-10　万用表测电压

图 16-11　电流的测量